BLUE BOOK

智库成果出版与传播平台

助残志愿服务蓝皮书

BLUE BOOK OF VOLUNTARY SERVICES FOR
PERSONS WITH DISABILITIES

中国助残志愿服务发展报告
（2024）

REPORT ON THE DEVELOPMENT OF VOLUNTARY SERVICES
FOR PERSONS WITH DISABILITIES IN CHINA (2024)

志愿服务法治化
The Legalization of Voluntary Services

顾　问／吕世明
主　编／凌　亢
副主编／康　丽　代恒猛　骆　燕

社会科学文献出版社
SOCIAL SCIENCES ACADEMIC PRESS (CHINA)

图书在版编目（CIP）数据

中国助残志愿服务发展报告 . 2024：志愿服务法治
化 / 凌亢主编 . --北京：社会科学文献出版社，2024.
12. --（助残志愿服务蓝皮书）. --ISBN 978-7-5228
-4327-8

Ⅰ . D699. 69

中国国家版本馆 CIP 数据核字第 20240U0D10 号

助残志愿服务蓝皮书

中国助残志愿服务发展报告（2024）
——志愿服务法治化

顾　　问 / 吕世明
主　　编 / 凌　亢
副 主 编 / 康　丽　代恒猛　骆　燕

出 版 人 / 冀祥德
责任编辑 / 张炜丽　路　红
文稿编辑 / 陈丽丽　王雅琪　孙玉铖 等
责任印制 / 王京美

出　　版 / 社会科学文献出版社·皮书分社（010）59367127
　　　　　 地址：北京市北三环中路甲 29 号院华龙大厦　邮编：100029
　　　　　 网址：www. ssap. com. cn
发　　行 / 社会科学文献出版社（010）59367028
印　　装 / 天津千鹤文化传播有限公司

规　　格 / 开 本：787mm×1092mm　1/16
　　　　　 印 张：26.75　字 数：402 千字
版　　次 / 2024 年 12 月第 1 版　2024 年 12 月第 1 次印刷
书　　号 / ISBN 978-7-5228-4327-8
定　　价 / 168.00 元

读者服务电话：4008918866

徐　爽　　徐宝剑　　许莲丽　　杨之易　　叶静漪

余益伟　　张　硕　　张承蒙　　张祖平　　赵海全

赵建建　　赵云亭　　周思伟　　周漪楠

主编简介

凌　亢（凌迎兵）　南京邮电大学教授，博士生导师，国家特支计划哲学社会科学领军人才、中宣部文化名家暨"四个一批"人才，享受国务院政府特殊津贴。兼任中国统计学会副会长、中国统计学会残障统计分会会长、中国统计教育学会特殊教育统计分会名誉会长，中国助残志愿者协会志愿服务法治研究专委会顾问、标准化工作专委会顾问，东南大学、南京航空航天大学、天津财经大学等 12 所大学教授，《统计学报》《调研世界》等学术期刊顾问或编委。主要研究方向为应用统计和残障统计。主持完成国家社会科学基金课题 7 项，国家自然科学基金课题 2 项，省部级课题 30 余项（其中重大、重点课题 9 项）。出版专著、教材、工具书 28 部，发表论文 100 余篇，独立或作为第一完成人获省部级教学、科研奖励 19 项（其中一等奖 4 项）。

中国助残志愿者协会简介

中国助残志愿者协会（China Association of Volunteers for Persons with Disabilities，CAVPD），是由助残志愿者、志愿助残服务组织以及关心支持助残服务事业的单位和人士自愿组成，按照章程开展志愿助残活动的全国性、联合性、非营利性的社会组织。

协会成立于 2015 年 5 月 20 日，业务主管单位为中国残疾人联合会，以培育和践行社会主义核心价值观为统领，普及志愿助残理念，弘扬人道主义精神，发展志愿助残服务事业，促进残疾人共享经济社会发展成果，培育残健共融、和谐友爱的社会文明风尚。党的十八大以来，以习近平同志为核心的党中央对残疾人事业格外关心、格外关注，我国残疾人事业取得历史性成就，助残志愿服务得到全面发展，中国助残志愿者协会充分发挥作用，积极凝聚社会力量，参与助残志愿服务，培育特色服务品牌，为助残志愿服务奠定了坚实的发展基础。

助残志愿服务作为志愿服务的重要组成部分，在促进社会主义核心价值观于助残领域落实落细、实现残疾人全面发展和推进残疾人共同富裕等方面发挥着积极作用。在我国已有较多地方立法和实施经验以及志愿服务事业蓬勃发展的背景下，《中国助残志愿服务发展报告（2024）》以志愿服务法治化为主题，立足志愿服务法治建设，紧扣服务中国式现代化的重大责任与机遇，对接国际发展趋势，围绕志愿服务法治化相关理论与实践进行研究。协会将充分发挥蓝皮书智库成果出版与传播平台的作用，通过组织研创发布蓝皮书，传播志愿服务理念，弘扬志愿服务精神，培育志愿服务文化，为推进中国式现代化创造良好的社会环境。

序

法治引航志愿路　时代礼颂爱心歌

在全面建成社会主义现代化强国、实现第二个百年奋斗目标的新征程上，志愿服务如同和煦的阳光，温暖地照耀着社会文明进步的道路，成为新时代党和人民共同奋斗、实现美好生活的重要实践。2023 年，首部"助残志愿服务蓝皮书"的研创和发布为助残志愿服务理论与实践研究作出了重要贡献。2024 年，研创团队续写助残志愿服务新篇章，通过"助残志愿服务蓝皮书"这一有力度、有深度、有温度的载体，聚焦"志愿服务法治化"这一主题，系统地研究志愿服务的理论与实践问题，为推动志愿服务法治化进程提供参考。

党的二十大报告强调"提高全社会文明程度，完善志愿服务制度和工作体系"，党的二十届三中全会进一步提出"推动志愿服务体系建设"，党中央对志愿服务工作的重要指示为今后的工作指明了方向，提供了遵循，令我们备受鼓舞、倍感振奋。2024 年 4 月，中共中央办公厅、国务院办公厅印发《关于健全新时代志愿服务体系的意见》，对新时代志愿服务体系进行系统部署，对于推动我国志愿服务高质量发展具有重要意义。志愿服务立法已纳入十四届全国人大常委会立法规划，这是志愿服务领域的一件大事。全面贯彻习近平总书记关于志愿服务的重要论述和重要指示批示精神，深入把握中国特色志愿服务事业发展规律，把握新时代新征程对志愿服务的新要求，积极推进志愿服务国家立法，做好志愿服务立法研究，建设中国特色的志愿服务法律制度体系，已经成为十分迫切的需要。

在这样的背景下，"助残志愿服务蓝皮书"研创团队系统梳理、总结我国志愿服务法治化发展的历史经验，厘清当前法治化发展现状以及所面临的困境与难题，并致力于解答未来我国志愿服务法治化进程中的重大课题，以期为志愿服务的法治化建设提供坚实的理论支撑和实践指导。我们欣喜地看到"助残志愿服务蓝皮书"如期面世，这在中国志愿服务发展史上又是一件独具创新的大事，影响深远、意义重大。在此，我谨代表中国助残志愿者协会，向"助残志愿服务蓝皮书"的出版发行表示诚挚的祝贺！向编撰团队表示衷心的感谢！向倾情奉献的志愿者们表达崇高的敬意！

"助残志愿服务蓝皮书"不仅是对助残志愿服务领域深入研究的成果，更是对新时代志愿服务法治化发展的深刻思考。蓝皮书为我们提供了一个全面的框架，从总报告到分报告，从专题篇到区域篇，再到借鉴篇，研究成果不仅为我们提供了宝贵的理论支持，更为我们提供了实践指导。它全面分析了我国助残志愿服务的新发展，总结了实践经验，把握了健全新时代助残志愿服务体系的新要求。我们深知，助残志愿服务作为志愿服务的重要组成部分，对于推进残疾人事业全面发展具有不可替代的作用。中国助残志愿者协会自成立以来，始终坚持以培育和践行社会主义核心价值观为统领，普及志愿助残理念，弘扬人道主义精神。其目标是促进残疾人共享经济社会发展成果，培育残健共融、和谐友爱的社会文明风尚。在此过程中，我们特别感谢阿里巴巴公益基金会在推动助残志愿服务和无障碍事业发展中所作出的积极贡献。他们的行动和支持，为我国残疾人事业的可持续发展贡献了重要力量，为志愿服务立法和助残志愿服务提供了宝贵的实践经验。我们感谢众多像阿里巴巴公益基金会一样致力于助残志愿服务事业的组织和个人，他们的共同努力为残疾人共享经济社会发展成果，培育残健共融、和谐友爱的社会文明风尚作出了不可磨灭的贡献。

在法治化的道路上，我们深知任重而道远。志愿服务法治化是推动志愿服务高质量发展的关键。它不仅涉及立法理念、志愿者权益保障、志愿服务组织、志愿服务活动等各个方面，还包括了志愿服务工作体系与法治化、志愿服务回馈制度法治化等重要议题。这些内容在"助残志愿服务蓝皮书"中得到了充分的体现和深入的分析。

　　我们坚信，通过法治化的手段，可以更好地保障志愿者的权益，激发志愿服务的活力，推动志愿服务的规范化和专业化。同时，我们也认识到，志愿服务法治化是一个系统工程，需要政府、社会组织、志愿者以及社会各界的共同努力。在此，我呼吁所有关心和支持志愿服务的人士，让我们一起行动起来，以法治化为契机，推动志愿服务高质量发展。让我们携手并进，为残疾人事业的发展贡献力量，为构建和谐社会、实现共同富裕的目标而努力！

　　最后，感谢所有参与"助残志愿服务蓝皮书"编写的专家学者及工作人员，正是你们的努力和智慧，让这本蓝皮书得以成功出版。我也希望这本蓝皮书能够成为推动我国志愿服务法治化进程的重要参考，为相关政策的制定和实施提供有力的支持。

　　中国助残志愿者协会将大力弘扬志愿服务精神，积极配合全国人大及政府相关部门，推动志愿服务立法，以勇于担当作为的实际行动扮演好自己的角色，发挥应有的作用并作出特殊的贡献。让我们共同期待，在法治的阳光下，志愿服务能够绽放出更加绚丽的光彩，为实现中华民族伟大复兴的中国梦贡献力量！

中国助残志愿者协会　会长

吕世明

2024 年 12 月

摘　要

志愿服务是社会文明进步的重要标志，是新时代党引导动员人民群众贡献智慧力量、创造美好生活、实现奋斗目标的生动实践。助残志愿服务作为志愿服务的重要组成部分，是推进残疾人事业全面发展的重要手段。党的二十大报告提出"完善志愿服务制度和工作体系""完善残疾人社会保障制度和关爱服务体系，促进残疾人事业全面发展"，为推动助残志愿服务高质量发展指明了方向。在我国已有较多地方立法和实施经验以及志愿服务事业蓬勃发展的背景下，本书编写紧扣服务中国式现代化的重大责任与机遇，对接国际发展趋势，围绕志愿服务法治化相关理论与实践进行研究，为推进志愿服务立法、促进我国志愿服务法治体系建设提供决策参考。

全书包括总报告、分报告、专题篇、区域篇、借鉴篇五个部分。总报告一沿袭首部"助残志愿服务蓝皮书"总报告的研究，继续聚焦助残志愿服务领域，全面分析我国助残志愿服务新发展，总结助残志愿服务发展的实践经验成果，把握新时代健全助残志愿服务体系的新要求，明确我国助残志愿服务高质量发展思路和方向。总报告二紧扣志愿服务法治化主题，对志愿服务法治化发展状况进行全面深入研究，客观呈现中国志愿服务法治化发展态势。分报告从立法理念、志愿者权益保障、志愿服务组织、志愿服务活动、助残志愿服务制度、志愿服务工作体系、志愿服务适度回馈制度法治化等方面全方位梳理我国志愿服务发展进程。专题篇围绕公益诉讼、应急志愿服务、老年志愿服务、科技赋能等当前热点问题进行研究。区域篇关注省、市、社区不同层面志愿服务实践，为志愿服务立法奠定坚

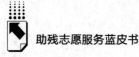

实基础。借鉴篇介绍美国、德国志愿服务立法经验，结合中国国情提出立法建议。

关键词： 助残志愿服务　志愿服务工作体系　法治化

目 录 ⟳

I 总报告

II 分报告

III 专题篇

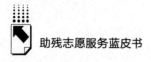

Ⅳ　区域篇

Ⅴ　借鉴篇

附　录

皮书数据库阅读**使用指南**

总 报 告

B.1

中国助残志愿服务发展报告[*]

康丽 凌亢[**]

摘 要： 助残志愿服务在满足残疾人需求、促进残疾人社会参与和融合、提升残疾人生活质量方面发挥了重要作用，是促进残疾人事业全面发展的重要手段。本报告从六个方面全面梳理了我国助残志愿服务近两年取得的新发展，从五个方面系统总结了我国助残志愿服务发展的宝贵经验，并从健全新时代助残志愿服务体系视角阐述了未来我国助残志愿服务的发展方向和任务。近两年，我国助残志愿服务取得的新发展主要包括：助残志愿服务制度化建设稳步推进，助残志愿服务组织体系逐步健全，助残志愿服务队伍建设不断加强，多样化助残志愿服务活动广泛开展，助残志愿服务品牌示范效应持续释放，助残志愿服务文化氛围日趋浓厚。党的领导、以人为本、多方联动、培树典型、培育阳光文化是我国助残志愿服务取得的宝贵经验。在现有

* 本报告系国家社会科学基金项目"新时代残疾统计体系建设与创新研究"（项目编号：22BTJ2009）的阶段性成果。

** 康丽，南京特殊教育师范学院管理学院（无障碍管理学院）副教授，主要研究领域为残疾人事业管理；凌亢，南京邮电大学教授，中国统计学会副会长，主要研究领域为应用统计、残障统计。

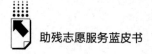

成就基础上，未来我国助残志愿服务还需进一步健全助残志愿服务动员体系、供给体系、组织体系、阵地体系、文化体系和保障体系，积极构建助残志愿服务国际合作交流新格局。

关键词： 助残志愿服务　志愿服务体系　制度化建设

志愿服务是社会文明进步的重要标志，是新时代党引导动员人民群众贡献智慧力量、创造美好生活、实现奋斗目标的生动实践。党的二十大报告明确提出"完善志愿服务制度和工作体系"的目标任务，为志愿服务工作的战略方向与路径提供了清晰的指引。各地及相关部门按照党中央决策部署，完善制度机制，壮大人才队伍，丰富活动项目，加强阵地建设，推动志愿服务事业蓬勃发展。2023 年 3 月 16 日，党的二十届二中全会通过《党和国家机构改革方案》，组建了中央社会工作部，负责全国志愿服务工作的统筹规划、协调指导和督促检查等工作，促进了志愿服务工作的科学化。2024 年 4 月 12 日中共中央办公厅、国务院办公厅印发《中共中央办公厅 国务院办公厅关于健全新时代志愿服务体系的意见》（以下简称《意见》），这是贯彻落实党的二十大精神的重要举措，是系统部署健全新时代志愿服务体系的首份中央文件。《意见》构建了新时代志愿服务体系的框架，明确了一个总体要求和八个方面的重点任务，是一个具有时代特征、中国特色和规律特性的科学体系，对完善志愿服务制度和工作体系、促进志愿服务事业长远发展具有深远意义。

助残志愿服务作为志愿服务的重要领域，在满足残疾人需求、帮助残疾人克服各种障碍、促进社会参与和残健融合、提升残疾人幸福感和生活质量方面发挥了重要作用，在传承中华文明、弘扬社会主义核心价值观、实现共同富裕方面具有深远的意义和价值，是促进残疾人事业全面发展的重要手段，是推动社会主义现代化建设、提升国民幸福感、实现中华民族伟大复兴中国梦的有力支撑。全面贯彻落实党的二十大报告中"完善残疾人社会保障制度和关爱服务体系，促进残疾人事业全面发展"以及"完善志愿服务制度和工作体系"的重要精神，传承中华文明基因，传递扶弱助残爱心火种，为残疾人创造更加幸福美好的生活，助残志愿服务迎来了前所未有的发展机遇，获得了全面发展。本报告沿袭首部"助残志愿服务蓝皮书"总报告的研究，继续聚焦助残志愿服务领域，全面分析我国助残志愿服务新发展，总结助残志愿服务实践的经验成果，把握新发展阶段助残志愿服务发展新要求，推动我国助残志愿服务高质量发展。

一 中国助残志愿服务事业的新发展

助残志愿服务作为志愿服务的重要组成部分，是推进残疾人事业发展的重要手段。2023 年以来，全国各地立足中华优秀传统文化资源优势，不断深化新时代文明实践内涵，统筹社会资源和志愿服务力量参与残疾人事业发展，为残疾人解难题、办实事，社会助残志愿服务蔚然成风，为残疾人事业发展营造了良好社会氛围。

（一）助残志愿服务制度化建设稳步推进

助残志愿服务在制度化建设方面稳步推进，从中央到地方陆续颁布了相关政策法规和标准规范，为助残志愿服务的健康发展提供了制度保障。

1.政策法规的推动

2023 年 12 月 29 日第十四届全国人民代表大会常务委员会第七次会议通过关于修改《中华人民共和国慈善法》的决定，助残志愿服务是自愿提供服务、无偿开展的助残公益活动，法律中有关志愿服务的规定同样适用于助残志愿服务。

2023 年 9 月，农业农村部、国家发展改革委、教育部、民政部、人力资源和社会保障部等多部委联合发布《关于修订〈"我的家乡我建设"活动实施方案〉的通知》，要求大学生发挥所长，参与健康咨询、日间照料、教育辅导等志愿服务；鼓励在乡在外能人支持家乡公益事业，开展尊老敬老、

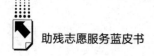
关爱儿童、助学助残等社会公益活动。

2023 年 12 月，司法部、中国残疾人联合会联合发布《关于进一步加强残疾人法律服务工作的意见》，要求各级司法行政机关要壮大法律援助志愿者队伍，开展法律援助志愿服务活动，组织法律援助志愿者为有需要的残疾受援人提供盲文、手语翻译、心理疏导等服务，各级残联给予必要支持和协助。

2024 年 1 月，交通运输部、国家铁路局、中国民用航空局、国家邮政局、中国残疾人联合会、全国老龄工作委员会办公室联合发布《关于进一步加强适老化无障碍出行服务工作的通知》，要求各地督促出行服务的运营单位优化窗口人工服务和志愿服务，助力残疾人、老年人等群体平等便捷地享受出行服务。

2024 年 4 月，《中共中央办公厅 国务院办公厅关于健全新时代志愿服务体系的意见》提出健全精准高效的志愿服务供给体系，聚焦百姓民生，积极组织济困解难、扶弱助残、扶老爱幼、救灾援助等志愿服务；健全充满活力的志愿服务队伍组织体系，推进各行各业志愿服务队伍建设，引导文化文艺志愿者、科技志愿者、平安志愿者、应急志愿者、助残志愿者等利用专业特长为社会做贡献。《意见》提出要丰富志愿服务供给内容，推进供需对接，提升服务质效，为助残志愿服务的制度化、规范化提供了具体措施。

2024 年 5 月 7 日，司法部为推动落实《关于进一步加强残疾人法律服务工作的意见》，正式发布《司法部办公厅关于开展"法在身边　助残护残"活动的通知》，要求各司法厅（局）开展助残志愿法律服务，加强与各级残联的沟通协作，及时全面掌握残疾人在法律服务方面的特殊需求，探索采取个性化定制方式提供志愿法律服务，推广菜单式服务，实现供需双向互动、精准匹配。

2. 团体规定的深化

2023 年 2 月，共青团中央、全国学联联合发布《关于增强新时代大学生社会实践活动实效 深化共青团实践育人工作的意见》，指出推进青年志愿者服务社区行动，开展高校志愿服务提升计划，组织动员大学生在助老助残、关爱青少年、基层社会治理等领域实施"小而美"的常态化志愿服务项目。2024年1月，中国助残志愿者协会在中国残联组联部指导下，结合工作职能印发《"志愿助残阳光暖"行动实施方案（2024年—2026年）》，深化"阳光助残志愿服务三年行动"，以年度"志愿助残十大阳光行动"为契机，组织开展"志愿助残阳光暖"实施项目。项目主要包括10项内容：一是深化开展"青年志愿者助残阳光行动"；二是为困难重度残疾人提供志愿助残服务；三是助力困难重度残疾人家庭设施无障碍改造工作；四是以国家无障碍环境展示馆为依托平台，做好示范导引、专业咨询；五是积极参与困难重度残疾人就业帮扶行动；六是为困难重度残疾人提供共享法律援助惠残服务；七是积极投身推进志愿服务法治化进程；八是务实开展困难重度残疾人直接联系帮扶；九是做好"志愿助残阳光暖"文化服务宣传推广；十是为困难重度残疾人开展"志愿助残阳光暖"活动。

3. 地方政策法规的响应

地方政府积极响应中央号召，在无障碍环境建设、残疾人康复、残疾人就业等相关地方政策法规中体现了志愿服务相关规定。如《上海市无障碍环境建设条例》第五十七条规定"本市推进阳光助残工程"，鼓励志愿者、志愿服务组织和其他社会组织为残疾人等有无障碍需求的社会成员使用无障碍设施、便利出行、交流信息和获取社会服务等提供志愿服务。《河北省实施〈残疾预防和残疾人康复条例〉办法》第七条规定，"鼓励和支持社会力量通过捐赠、志愿服务等方式提供残疾预防和残疾人康复服务"。《南通市按比例安排残疾人就业办法》鼓励社会力量参与和支持残疾人就业工作，通过提供就业技能培训、开放公益性岗位、提供捐助、提供辅助性就业项目、开展志愿服务等方式，助力残疾人就业。此外，《齐齐哈尔市文明行为促进条例》《保定市文明行为促进条例》《四平市文明行为促进条例》《扬州市文明行为促进条例》《白城市志愿服务条例》等地方性法规的相关规定均倡导和鼓励公民主动承担社会责任、积极参与助残志愿服务等。

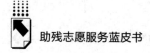

4.标准规范的制定

标准规范的制定是助残志愿服务制度化建设的重要一环，它为服务的提供和管理提供了明确的操作指引。2023年11月，中国标准化研究院与哈尔滨市残联联合研制并发布地方标准《志愿助残服务与管理规范》（DB 2301/T 133—2023），该规范规定了助残志愿服务与管理的基本要求、服务组织、服务注册、服务证件与标志、服务提供、服务监督等内容。2023年3月，大同市图书馆（大同市少儿图书馆）、麦斯达夫（大同）标准技术服务有限公司联合研制的地方标准《图书馆志愿服务规范》（DB 1402/T 07—2022）正式实施，其中服务场所保障部分明确要求应设立无障碍设施、盲人阅览室、盲人视听等，供特殊群体免费使用；服务内容中专门设有特殊人群服务，有对视障人士、读写障碍人士、听障人士服务内容的相关规定。2023年4月，共青团四川省委、四川博物院、成都金沙遗址博物馆、四川青年志愿者协会、四川省科技扶贫基金会联合研制的地方标准《博物馆志愿服务规范》（DB 51/T 2990—2023）正式实施，该规范规定了博物馆志愿服务的总体要求，其中在志愿者应具备的知识技能特殊要求方面，规定为残障人士等特殊群体提供服务的志愿者应掌握手语、盲文或其他相关技能，服务时应协助特殊群体使用轮椅等相关设施设备。这些地方标准规范的实施，促进了助残志愿服务管理和服务的规范化以及服务质量的提升。

通过中央和地方层面的政策法规推动，以及标准规范的制定和实施，助残志愿服务的制度化建设稳步推进。这些政策和规范不仅为助残志愿服务提供了明确的发展方向，也为志愿者、志愿服务组织和相关工作者提供了行动指南。通过制度化、规范化的建设，助残志愿服务正在成为推动社会文明进步和实现社会主义现代化的重要力量。

（二）助残志愿服务组织体系逐步健全

志愿服务组织是以开展志愿服务为宗旨的非营利性社会组织，是汇聚社会资源、传递社会关爱、弘扬社会正气的重要载体。随着我国助残志愿服务事业的快速发展，这些组织在促进残疾人社会参与、保障残疾人权益、维护社会和谐稳定方面发挥了重要作用。

在组织发展与注册方面，2023 年以来，助残志愿服务组织在数量、规模、服务领域等方面都有了不同程度的发展。民政部全国社会组织信用信息公示平台数据显示，2023 年以来我国新增了 400 多家志愿服务组织，其中16 家为专门登记注册的助残志愿服务组织。这些新增组织中，9 家为市级，7 家为县级，多以社会团体或民办非企业组织形式存在，业务主管部门主要为地方残联或民政局。服务领域广泛，涵盖助养、助学、助医、出行、就业和心理咨询等。

在地方实践与创新方面，各地积极实践和创新助残志愿服务组织模式。各级残联将扶残助残纳入公民道德建设、文明创建工程和新时代文明实践中心建设，动员全社会力量大力开展扶残助残志愿服务活动，着力提升志愿服务的规范化、专业化、社会化水平。如杭州市残联建立了市、区、镇街三级助残志愿服务网络体系。[1] 济宁市构建多层次、辐射全市的助残志愿服务网络，建立了市、县、乡、村（社区）四级助残志愿服务网络，助残志愿者队伍达 1500 余个，助残志愿者达 60 余万人。[2] 广西全区 14 个设区市均成立助残志愿服务联合会，并推动各县（市、区）组建助残志愿服务队，形成上下贯通、全面覆盖的助残志愿服务工作体系。据不完全统计，全区在"桂志愿"平台上注册成立的助残志愿服务队达4088 支。[3]

助残志愿服务组织体系的健全发展，不仅体现在行政区划的纵向组织体系和业务领域的横向组织建设上，还涉及参与主体的多元化。在多元化参与主体方面，国家鼓励和支持国家机关、企事业单位、人民团体、社会组织等成立志愿服务队伍开展专业志愿服务活动。城乡社区、基层群众性自治组织

[1] 王皓田：《推进市域社会治理现代化 构建基层治理新格局》，《宏观经济管理》2024 年第 2 期。

[2] 《山东残联——守正创新 融合聚力 全面推动新时代志助残服务》，济宁市残疾人联合会网站，2023 年 7 月 12 日，http：// jnscl. jiningdq. cn/art/2023/7/12/art_ 28599_ 2710501. html。

[3] 《汇聚助残力量，让残疾人共享时代美好》，《当代广西》2023 年第 22 期。

在本社区、本区域广泛开展志愿服务活动。[1] 例如，重庆仁爱社工通过"五社联动"机制，连接社会资源，包括辖区企业、高校、商家等，建立起3支党员助残志愿服务队，为残疾人提供志愿服务、物资帮扶、上门服务等。[2]

在助残志愿服务基地和驿站建设方面，根据中国助残志愿者协会发布的《"十四五"志愿助残服务实施方案》和《志愿助残阳光行动实施方案（2023—2025年）》文件要求，各级残联组织、志愿服务组织以及高校科研机构、行业组织、企事业单位、公益服务机构、公共服务场所等联合创建阳光助残志愿服务基地和阳光助残志愿服务驿站。截至2024年4月，已累计认定7批阳光助残志愿服务基地、5批阳光助残志愿服务驿站，依托这些基地、驿站，广泛开展助残志愿服务活动，打造提升全国助残志愿服务组织管理能力和助残志愿服务技能水平的重要平台。随着基地、驿站的建设，助残志愿服务组织网络不断拓展，规模不断扩大，助残志愿服务供给和服务质量明显提升。

助残志愿服务组织体系的完善，需要在行政区划的纵向组织体系和业务领域的横向组织建设以及多元化参与主体等多个方面同时发力。通过政策引导、资源整合、信息共享和人才培养，构建一个覆盖广泛、专业高效、响应迅速的助残志愿服务组织网络，提高助残志愿服务的可及性、专业性和实效性，为推动助残志愿服务事业高质量发展奠定坚实的组织基础。

（三）助残志愿服务队伍建设不断加强

专业化的助残志愿服务对促进残疾人平等参与社会生活、增强社会对助残志愿服务的认同和尊重、推动助残志愿服务事业发展具有重要意义。随着助残志愿服务活动的广泛开展，助残志愿服务从相对简单的探访活动和家政服务，转变为针对残疾人的不同需求开展专业化帮扶，既进一步提升了残疾人的生活品质，也给他们提供了精神慰藉，营造了更加包容的社会环境。随

---

[1] 凌亢主编《中国助残志愿服务发展报告（2022）》，社会科学文献出版社，2023，第18页。
[2] 王喻燕、丁庆、陈杭星：《"四色"关爱服务残疾人》，《社会与公益》2024年第5期。

着服务领域越来越广泛、参与人群越来越庞大，助残志愿服务的运行面临诸多新的挑战。立足长远，统筹协调残疾人需求和志愿服务资源，进一步提升助残志愿服务规范化、专业化水平成为当前助残志愿服务队伍建设的重要工作。

2023年以来，助残志愿服务队伍建设工作取得了显著进展。第一，专业化教育与培训不断加强。为了提高助残志愿者的专业技能，各地不断加强专业化教育与培训。例如，湖南省定期举办全省助残志愿者骨干培训班，开设了"志愿服务与社会治理"和"志愿服务的专业化和持续发展"等课程，有效提升了助残志愿服务组织和个人的专业素养。[1] 社工借鉴残奥会志愿服务经验，开设系统的助残志愿服务课程，包括助残志愿服务通识，国家通用手语，导盲杖、轮椅及拐杖的使用等，并结合在无障碍服务示范岗中总结的实践经验，不断完善培训体系，提升志愿者的助残服务技能，增强助残志愿服务效果。[2] 上海体育大学"一米阳光"特奥团、福建师范大学心桥助残服务队以及广州体育学院特奥志愿服务队的成功经验表明，高校助残服务的专业化培养是可行且可复制推广的。[3] 第二，服务项目不断拓展。中国助残志愿者协会发布的《志愿助残阳光行动实施方案（2023—2025年）》明确提出，将通过"阳光基地行动"在三年内创建500个"阳光助残志愿服务基地"和500个"阳光助残志愿服务驿站"，这些基地和驿站将成为提升全国助残志愿服务组织管理能力和助残志愿服务技能水平的重要平台。以平台建设为抓手，基地和驿站不断拓展服务项目，满足残疾人多样化的需求。第三，理论研究的不断深入也是提升助残志愿服务专业化水平的关键。中国助残志愿者协会组织相关领域专家学者开展助残志愿服务理论研究，编写"助残志愿服务蓝皮书"、《助残志愿服务规范》、《助残志愿服务手册》（修订版）等，推动助残志愿服务专业化研究水平不断提升。第四，激励与保

---

[1] 易舒冉：《一根陪跑绳带来的启示》，《人民日报》2024年6月25日。

[2] 吴莲芳、王琼玢、郑福红：《从"脑洞"到"行动"：社工助力打造全方位无障碍服务》，《中国社会工作》2023年第12期。

[3] 鲁城、吴燕丹、郑程浩：《包容性发展理念下残疾人社会体育指导员培养管理的共建与共治》，《体育学研究》2024年第2期。

障机制不断完善。通过"阳光激励行动"，中国助残志愿者协会致力于健全激励、保障等助残志愿服务管理制度，建立促进助残志愿服务专业化、常态化和长效化的工作机制。这不仅提升了志愿者的积极性，还为助残志愿服务的可持续发展提供了保障。助残志愿者专业化服务能力的提升是社会发展的必然趋势。通过加强教育与培训、提供实践机会、深化专业理论研究以及完善激励措施，志愿者能够更好地服务残疾人，促进他们的社会融合，推动助残志愿服务事业的发展。这不仅能够帮助残疾人解决实际困难，提升他们的生活质量，还是推动社会文明进步、实现社会主义核心价值观的重要途径。

（四）多样化助残志愿服务活动广泛开展

2023年以来，随着社会对残疾人关注度的不断提升，助残志愿服务活动呈现出多样化的趋势，涵盖了文化娱乐、体育健身、教育培训、心理关爱以及无障碍体验等多个方面，满足了残疾人的多元化需求。

丰富的文化与体育活动。各地积极举办残疾人文化艺术节、残疾人书画展、残疾人音乐会等活动，丰富了残疾人的精神文化生活。同时，组织残疾人参加残运会等体育赛事，鼓励他们积极参与体育锻炼，提高身体素质，增强自信心。

教育培训与就业支持。开展残疾人职业技能培训、残疾人就业指导、残疾人教育支持等活动，帮助残疾人增强自身能力，促进其社会融入。这些活动不仅提升了残疾人的专业技能，还为他们提供了更多的就业机会。

心理关爱与无障碍体验。组织心理咨询讲座、心理辅导服务，为残疾人提供心理支持，帮助他们树立积极的生活态度。此外，举办无障碍设施体验活动，让社会公众体验残疾人的日常生活，提高社会对无障碍环境的认识和理解。

重要时间节点的活动。中国残联联合多部门开展主题为"完善残疾人社会保障制度和关爱服务体系，促进残疾人事业全面发展"的第三十三次全国助残日活动。在诸如全国爱耳日、世界孤独症日、爱眼日、肢残人活动日、国际聋人日、世界精神卫生日、国际盲人节、国际残疾人日等重要时间节点，各地残联联动社会各界开展知识宣传、志愿服务等系列扶残助残文明实践活动。企业、社会组织、志愿者个人等社会力量积极参与，形成了政府、市场、社会共同参与的良好局面，营造了全社会关爱残疾人的浓厚氛围。

青年志愿者的积极参与。广大青年志愿者结合全国助残日、全国志愿助残"阳光行动"主题日等重要时间节点，将助残志愿服务与青春社区行动、大学生社区实践等工作相结合，以经常性服务增强项目活力、提升项目实效。山西省团委实施"敲门行动""窗帘行动""排忧行动"等一系列志愿服务项目，将志愿服务针对的"小切口"与残障人群的"大需求"进一步融合。截至2024年5月，各级团组织和广大青年志愿者开展助残志愿服务活动2.8万场次，参与青年志愿者46万人次，服务对象超248万人次，传承和弘扬了中华民族传统美德，彰显了当代青年的理想信念、爱心善念和责任担当。[1]

多样化的助残志愿服务活动不仅满足了残疾人在物质、精神、社会等多方面的需求，提高了他们的生活质量，还增强了他们的社会参与感和归属感。通过参与各种活动，残疾人能够更好地融入社会。同时，这些活动的广泛开展也提高了社会对残疾人的关注度和理解度，营造了尊重、关爱、帮助残疾人的良好社会氛围，推动了社会主义核心价值观的实践，促进了社会和谐发展。

（五）助残志愿服务品牌示范效应持续释放

我国助残志愿服务蓬勃发展，涌现出一批有影响力的助残志愿服务品牌项目。青年志愿者助残"阳光行动"是共青团助残志愿服务品牌项目，是动员引领广大团员青年积极参与残疾人事业、营造扶残助残社会氛围的重要

---

[1] 杨宝光：《共青团组织持续深入实施青年志愿者助残"阳光行动"》，《中国青年报》2024年7月6日。

方式。各级团组织和广大青年志愿者深入学习贯彻习近平总书记重要指示批示精神，坚持把助残志愿服务作为社区志愿服务主场景，探索"团队帮扶+结对接力"服务机制，聚焦残疾人最基本、最迫切的需求，主动作为、积极探索，通过有序调度、集中活动、下沉社区、普遍参与等形式，推动青年志愿者助残"阳光行动"更加多元、精准发展。截至2024年，中国青年志愿者助残"阳光行动"组织动员超过230余万名青年志愿者结对服务残疾青少年，选拔认证10150名项目专员，通过联合共建、挂牌、完善提升等举措，共建立了2万余个助残志愿服务阵地，积极传递扶弱助残爱心火种，以生动具体的助残志愿服务实践，传承和弘扬中华民族传统美德，彰显当代青年的理想信念、爱心善念和责任担当。[①]

中国青年志愿服务项目大赛暨志愿服务交流会（以下简称"志交会"）是国内级别最高、影响最大、参与最广的志愿服务交流平台。团中央大力扶持和指导助残志愿服务项目发展，搭建全国青年志愿者项目交流展示平台，在中国青年志愿服务项目大赛中设立"阳光助残"专项类别，明确不少于12%比例的残疾人参赛，以赛带训，培育志愿服务项目和骨干人才，依托志交会组织助残志愿服务专题研讨交流会，加强对助残类志愿服务项目的扶持，发挥示范带动作用。2023年，吾声有声——手语推广志愿服务项目，"第二人生——我的冠军梦"助残志愿服务项目，"江苏博爱光明行"志愿服务项目，"天生我才"大龄自闭症青年就业支持志愿帮扶项目，E农计划——助残、助农、助力乡村振兴项目，"爱特天使"融合教育志愿服务项目，芬芳助残·有爱无"碍"项目，融耀我心——特奥融合发展社区志愿服务项目，"探星计划·关爱自闭症儿童"公益项目和"光明阅读"文化助残志愿服务项目等荣获助残志愿服务优秀项目。至2024年，通过开展示范项目评选、举办志愿服务项目大赛和志愿服务训练营等方式，牵动各级团组织动员助残志愿服务项目参加项目大赛，已评选出817个全国优秀项目，对

---

① 刘俊彦、何土凤：《中国青年志愿者行动发展研究报告——纪念中国青年志愿者行动实施30周年》，《广东青年研究》2024年第1期。

730 余名助残志愿服务组织负责人进行专业技能培训。①

中央宣传部、中央文明办等部门联合在全国开展宣传推选志愿服务"四个100"先进典型活动。各地各部门把此次活动作为培育和践行社会主义核心价值观的有效抓手，精心组织实施，使宣传推选的过程成为弘扬中华民族助人为乐传统美德、传播志愿文化、提升志愿服务水平的过程，有力地促进了助残志愿服务的常态化发展。2023 年，北京市"七彩向阳花"青檬助残青少年社会融合项目、大庆师范学院"点亮星星"关爱自闭症儿童志愿服务项目、江西省九江市"心语心"关爱孤独症儿童志愿服务项目、贵州省贵阳市南明区爱心家园儿童特殊教育康复训练中心孤独症家长喘息服务项目、云南省图书馆文化助盲志愿服务项目、甘肃省兰州市城关区正宁路社区"邻里帮帮队"志愿服务项目、宁夏回族自治区"唤醒沉睡的心灵"关注精神障碍患者康复志愿服务项目、中央芭蕾舞团"同在阳光下成长——关爱星星的孩子"系列公益爱心活动、国网唐山供电公司志愿帮扶震后"康复村"项目、上海东方医院"无声有爱"助聋门诊志愿服务项目、山西省图书馆"我是你的眼"文化助盲志愿服务项目等一批项目荣获最佳志愿服务项目。

2024 年 3 月，中国助残志愿者协会按照《"十四五"志愿助残服务实施方案》和《志愿助残阳光行动实施方案（2023—2025 年）》的有关要求，在全国范围内开展了首届志愿助残优秀案例征集活动，阿里巴巴七彩心路助残公益幸福团、"圆肢残人士登长城之梦"活动、"光明影院"无障碍信息传播公益工程、"青春汇爱　阳光助残"志愿服务项目、传递暖心"金融+公益"阳光助残在行动、"益起无障爱"阳光助残志愿服务项目、一缕阳光——蜗居残障人士走向社会个案服务案例、蓝丝带助残——温馨全家福项目等 20 个项目最终荣获最具示范性、典型性的"志愿助残优秀示范案例"。各级残联积极对接主流媒体，加大媒体宣传力度，及时宣传报道助残志愿服

---

① 杨宝光：《共青团组织持续深入实施青年志愿者助残"阳光行动"》，《中国青年报》2024年 7 月 6 日。

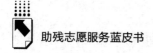

务活动、助残先进典型及其先进事迹，发挥示范引领作用，推动助残志愿工作深入开展，有效激发了志愿者的服务热情。

（六）助残志愿服务文化氛围日趋浓厚

随着社会文明的进步，人们对残疾人的关爱意识逐渐增强，越来越多的人愿意投身助残志愿服务事业，为残疾人提供帮助和支持。这种变化不仅体现在个人行动上，也反映在媒体的广泛报道和宣传中，共同营造了一个良好的社会氛围。

媒体宣传与社会参与。各种媒体通过"线上+线下"的双轮驱动策略，加强了助残志愿服务的公益宣传。线上，新媒体矩阵发挥了重要作用，与各级团属组织公众号、市残联公众号、社会助残服务组织公众号等联动，开展密集报道，持续转发助残志愿服务的公益宣传报道。通过多角度挖掘志愿助残背后的故事，制作了《梦想的力量》等微视频和微电影，唤起了社会对残疾人的关注与关爱。线下，形式多样的公益主题活动不断开展，如"青春助残，为爱奔跑"公益跑和"八桂助残　行善乐业"系列公益活动，吸引了高校学生志愿者、残障儿童及其家长等社会各界人士的积极参与。这些活动不仅增进了社会对残疾人的理解、尊重和关心，也促进了扶弱助残的良好风尚在全社会的形成。

助残志愿服务与专业化帮扶活动相融合。各级残联会同有关部门，充分利用全国助残日、国际残疾人日、残疾预防日等重要时间节点，集中开展形式多样的助残志愿服务和主题宣传。这些活动不仅增进了社会对残疾人的认识，也为残疾人提供了实质性的帮助。为了提供更精准的服务，各级残联将助残志愿服务与专业化帮扶活动相融合，依托特教学校、康复机构、就业培训基地、"如康家园"残疾人之家等机构，组织来自医疗康复、文化、科技、教育等领域的志愿者，为广大残疾人提供日常照料、就业支持、支教助学等志愿服务。这些服务的提供，不断扩大了助残志愿服务的影响力。

无障碍环境建设。随着《中华人民共和国无障碍环境建设法》的颁布，各级残联进一步将助残志愿服务与创建文明城市、无障碍城市的目标相融合。无障碍环境建设成为文明城市、文明单位创建的重要内容，开展无障碍环境体验、盲人定向行走训练等活动，不仅能够提升城市的无障碍环境建设水平，也能为残疾人提供更加便利的生活环境。

通过这些措施，助残志愿服务文化在全社会得到了进一步的推广，为残疾人提供了更加全面和细致的服务，同时也推动了社会文明的进步。

二　中国助残志愿服务发展经验

我国助残志愿服务在党的领导下，通过多方协同合作，推动扶残助残不断呈现新气象，使助残志愿服务既有量的增长，也有质的飞跃。发展经验总结如下。

（一）坚持党的领导，强化政治引领

党建引领是助残志愿服务最大的优势。坚持党建先行引领，深入学习宣传贯彻党的二十大精神以及习近平总书记关于志愿服务和残疾人工作的重要指示批示精神，全面贯彻落实党的二十大报告中"完善残疾人社会保障制度和关爱服务体系，促进残疾人事业全面发展""完善志愿服务制度和工作体系"的重要精神，强化理论武装，提高政治站位，为推动助残志愿服务高质量发展提供了根本保障。

首先，党的领导为助残志愿服务提供了根本的政治保证。助残志愿服务工作始终保持与党和国家发展大局同频共振。通过将助残志愿服务纳入国家发展战略和社会主义精神文明建设大局，志愿服务工作更加贴近国家需求，能够更好地服务残疾人，体现了社会主义国家政治制度优势。其次，党的领导为助残志愿服务提供了坚强的组织保障。在党的关怀和支持下，助残志愿服务组织得以迅速发展，形成了覆盖全国的服务网络。再次，在党的领导下，全社会营造出积极参与助残志愿服务的良好氛围。通过党组织的号召和引领，广大党员干部、人民群众积极参与到助残志愿服

务中来，形成了全社会关心、支持、参与助残志愿服务的生动局面。此外，坚持党的领导，还有助于提升助残志愿服务的质量和效果。在党的领导下，助残志愿服务组织不断加强自身建设，提高服务能力和水平，确保志愿服务工作更加专业、高效、精准，更好地满足残疾人的需求。最后，党的领导为助残志愿服务提供了持续发展的动力。随着国家对残疾人事业重视程度和投入的提升，助残志愿服务得到了更多的政策支持和社会资源，为志愿服务的可持续发展提供了有力保障。总之，坚持党的领导，强化政治引领，不仅确保了助残志愿服务工作的正确方向，而且为志愿服务的专业化、规范化、社会化发展提供了有力支撑，为推动残疾人事业和社会主义精神文明建设提供了根本保障。

（二）坚持以人为本，积极回应需求

助残志愿服务的核心理念是坚持以人为本，这不仅是对残疾人深切关怀和尊重的体现，也是确保服务工作有效性和针对性的关键。在全面建设社会主义现代化国家和实现共同富裕的新征程上，我们致力于使"不让一个人掉队"成为现实，促进社会的平等、包容、共享和可持续发展。

首先，以人为本的服务理念要求我们在开展助残志愿服务过程中深入理解残疾人的生活状况和需求特点。通过开展细致的需求调研，收集残疾人在生活照料、医疗康复、教育培训、就业支持等方面的具体需求，为提供精准服务打下坚实基础。其次，积极回应需求体现了助残志愿服务的灵活性和适应性。服务内容和形式应根据残疾人的个性化需求进行调整，确保每项服务都能解决实际问题，满足残疾人的真正需要。再次，坚持以人为本还要求助残志愿服务工作注重残疾人的参与和意见。在服务项目的规划和实施过程中，应充分听取残疾人的意见和建议，使他们成为服务的参与者和决策者，增强服务的针对性和有效性。此外，积极回应需求也意味着不断优化服务流程，提高服务质量。通过建立和完善服务反馈机制，及时了解残疾人对服务的满意度和改进建议，不断调整和优化服务策略，提升服务的整体水平。最后，以人为本的服务理念强调了对残疾人精神需求的关注。除了物质帮助，助残志愿服务还应提供心理支持、社交互动等服务，帮助残疾人建立自信，增强社会参与感和幸福感。坚持以人为本，积极回应需求是中国助残志愿服务发展的宝贵经验，这一经验强调了服务的个性化、精准化和人性化，为残疾人提供了更加贴心、有效的帮助，促进了残疾人的全面发展和社会融合。

（三）坚持多方联动，促进协同参与

助残志愿服务发展注重坚持多方联动，促进协同参与，这一经验凸显了合作共赢的重要性。促进残疾人共同富裕和残疾人事业全面发展，不仅需要加强残联系统内的工作联动，把助残志愿服务做深、做精、做细、做实，还需积极联手志愿服务组织、助残社会组织、爱心企业等组建助残志愿服务爱心共同体，不断深化与相关志愿服务组织的工作对接和项目合作，共同打造助残志愿服务品牌。

首先，多方联动意味着打破部门和行业的界限，实现资源共享和优势互补。通过政府、社会组织、企业、教育机构以及志愿者个人的广泛参与，形成强大的助残志愿服务网络，共同为残疾人提供全方位的支持。其次，在助残志愿服务中，不同背景和领域的参与者通过沟通和合作，共同规划和实施服务项目。这种合作不仅提高了服务的效率和质量，也使得服务更加精准和专业。例如，企业可以提供资金和技术支持，而社会组织和志愿者则负责具体的服务执行。再次，通过与医疗、教育、文化等不同领域专家的合作，助残志愿服务能够更加专业和精准地满足残疾人的特殊需求。这种跨界合作不仅提升了服务的专业化水平，也使得服务更加多样化和个性化。最后，协同参与扩大了助残志愿服务的社会影响力。不同部门和组织共同为残疾人发声，更加有效地提高了公众对残疾人的认识和关注，促进了社会对残疾人权益的尊重和支持，构建起开放、包容的助残志愿服务环境。总之，坚持多方联动，促进协同参与，不仅提高了服务的广度和深度，而且通过集体智慧和力量为残疾人事业全面发展、持续进步提供了强大的合力和坚实的支撑。

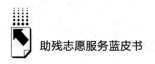

（四）强化培树典型，彰显示范效应

在助残志愿服务领域，国内采取了多种措施来培树典型和建设品牌，以此提升社会对残疾人的关注度和支持度。

选拔和表彰优秀项目和个人。通过中国青年志愿者协会举办的全国优秀助残志愿服务项目，中央宣传部、中央文明办等相关部门开展的全国学雷锋志愿服务"四个100"先进典型宣传推选活动，中国助残志愿者协会开展的"志愿助残优秀案例"评选活动等，选拔和表彰在助残志愿服务中表现突出的优秀项目、先进典型、优秀案例，彰显先进典型的示范作用。

打造有影响力的品牌活动。通过举办"全国助残日"、中国青年志愿者助残"阳光行动"、"国际残疾人日"等具有影响力的品牌活动，提升社会对残疾人的关注，动员广泛力量参与助残志愿服务实践。

提升社会关注度和支持度。这些活动和项目不仅为残疾人提供了更加全面、专业和细致的服务，也推动了社会文明的进步。通过培树典型，发现助残志愿服务中那些感人的事迹和优秀的志愿者，通过表彰这些典型人物，激发更多人的参与热情，形成良好的示范效应。

倡导助残风尚，构建平等、尊重、友爱的环境。优秀的助残志愿服务项目不仅能够为残疾人提供实际帮助，而且是引领社会风尚的标杆，能够吸引更多人投身于助残事业。强化培树典型，倡导助残风尚，构建平等、尊重、友爱的助残环境。在这样的环境中，残疾人能够感受到社会的关怀和支持，而志愿者则能够获得成就感和满足感，共同推动助残志愿服务事业的持续发展。

强化培树典型，倡导助残风尚是中国助残志愿服务发展的重要经验。这一经验不仅扩大了助残志愿服务的社会影响力，也为构建和谐社会、促进残疾人事业的全面发展做出了积极贡献。

（五）培育阳光文化，营造文明风尚

培育阳光文化，营造良好的助残氛围，对于激发社会正能量、促进残疾

人事业健康发展具有重要意义。当前，培育阳光助残文化和营造文明风尚的工作从多个层面全面推进，具体做法涵盖物质层面、行为制度层面和核心价值观层面。首先是物质层面，政府投资建设无障碍设施，如盲道、无障碍卫生间、无障碍电梯等，确保残疾人能够方便地使用公共设施；通过补贴和社会组织捐赠，为残疾人提供轮椅、助听器、盲文打印机等辅助器具，提高他们的生活质量；通过建立和完善残疾人文化和体育活动场所，如残疾人图书馆、体育训练中心等，鼓励他们积极参与社会活动。其次是行为制度层面，国家建立和完善志愿服务制度，鼓励和规范志愿者参与助残服务，如"阳光助残行动"等项目；对助残志愿者进行专业培训，提升他们的服务技能和服务质量；制定和实施相关政策和法规，保障残疾人的权益，如《残疾人保障法》和《无障碍环境建设条例》。最后是核心价值观层面，通过加强助残志愿服务的社会宣传，弘扬社会主义核心价值观和人道主义思想，倡导扶残助残的文明风尚，宣传平等、共享的残疾人观，充分利用"全国助残日""国际残疾人日""残疾预防日""爱耳日""爱眼日""盲人节""聋人节""志愿者日"等重要节点和元旦、春节等重要节日以及残疾人事业重大活动，组织开展形式多样的助残志愿服务和主题宣传活动，增进社会各界对残疾人的理解、尊重、关心和帮助。2023 年的"全国助残日"期间，全国各地举办了数千场文化和体育活动，吸引了数十万残疾人和志愿者参与。通过这些具体措施，阳光助残文化氛围日趋浓厚，社会文明风尚不断提升，为残疾人提供了更加包容的社会环境。培育阳光文化，营造良好氛围，提升了助残志愿服务的内在品质，也为推动残疾人事业的全面发展和社会文明的进步做出了积极贡献。

三　中国助残志愿服务的发展方向

2024 年 4 月印发的《中共中央办公厅 国务院办公厅关于健全新时代志愿服务体系的意见》（以下简称《意见》）是一份具有里程碑式指导意义的纲领性文件。《意见》明确了在新时代背景下健全志愿服务体系的总体目标和基本原则，明确了构建志愿服务体系的重点任务，为新时代助残志愿服务高质量发展指明了方向和路径。根据《意见》要求，未来较长一段时期内推动助残志愿服务事业健康、有序发展，需要采取一系列创新举措和措施。

（一）健全全面参与的助残志愿服务动员体系

残疾人事业是一项综合性的社会事业，助残志愿服务的开展需要全社会的广泛参与。要充分发挥组织动员优势，将思想政治动员与助残志愿服务结合起来，将党员和基层党组织先锋模范作用发挥出来，推动助残志愿服务深入开展，为残疾人提供更加全面和专业的服务，促进社会的和谐与进步。通过思想政治动员，增强社会对残疾人权益保护的认识，强化社会对残疾人的尊重和理解，提高社会对助残志愿服务的重视程度，引导社会各界参与助残志愿服务，形成全社会共同参与的良好氛围。要将助残志愿服务纳入基层党组织的日常工作，组织和动员党员带头参与助残志愿服务，定期开展助残志愿服务活动，通过自己的实际行动影响和带动周围群众，从而发挥基层党组织战斗堡垒作用和党员先锋模范作用，让党员和群众在实践中增强服务意识和社会责任感。此外，加强宣传引导，利用各种媒体和宣传渠道，大力宣传助残志愿服务的重要意义和先进典型，激发党员和群众的参与热情；同时建立和完善志愿服务的激励机制，对表现突出的党员和群众给予表彰和奖励，增强他们的荣誉感和归属感。

拓宽社会动员渠道，加强与所在地高校、社会组织、企事业单位等的合作，促进高校在校生成立助残志愿服务、无障碍服务等公益类社团组织。鼓励和引导各类企业、新经济组织、新社会组织以及新就业群体积极参与助残志愿服务，共同推动社会的和谐与进步。企业可利用自身资源和影响力，通过社会媒体、公共关系活动、社区合作等多元化渠道，动员社会各界参与助残志愿服务，通过参与助残志愿服务，履行社会责任，提升企业形象，扩大社会影响力；新经济组织如互联网企业、共享经济平台等，可以通过开发无障碍技术、提供在线培训等创新方式参与助残志愿服务；新社会组织如非政府组织、社会企业等，可以作为政府与企业、企业与残疾人之间的桥梁，促进资源的有效对接和志愿服务的顺利开展；鼓励新就业群体如自由职业者、远程工作者等，利用自身的灵活性和专业技能，参与助残志愿服务，为残疾人提供更多元的支持；还可以通过建立企业社会责任联盟，促进不同所有制、不同规模的企业之间的交流与合作，共同推动助残志愿服务的发展。

在面对突发事件时，应急动员机制通过预案制定、资源储备和培训演练，确保助残志愿服务的快速响应和有效实施，提高助残志愿服务在紧急情况下的应对能力。针对可能发生的突发事件，如自然灾害、公共卫生事件等，要制定助残志愿服务的应急预案，确保在紧急情况下能够迅速响应；要储备必要的物资和设备，如轮椅、无障碍设施等，以备不时之需；同时需加强志愿者的应急培训和演练，提高他们在紧急情况下为残疾人提供帮助的能力。通过建立健全社会广泛参与的助残志愿服务动员体系，为残疾人提供更加全面、专业和及时的帮助，促进助残志愿服务事业健康发展，实现残疾人的全面参与和社会融合。

（二）健全精准高效的助残志愿服务供给体系

党的二十大报告提出："完善残疾人社会保障制度和关爱服务体系，促进残疾人事业全面发展。"构建精准高效的助残志愿服务供给体系不仅能够满足残疾人多样化、个性化的需求，还能促进社会资源的有效配置和社会治理的创新，是完善残疾人关爱服务体系、促进残疾人事业全面发展的重要措施。丰富供给内容是构建助残志愿服务供给体系的基础。要从残疾人的实际需求出发，提供覆盖面广、内容丰富的服务项目；要积极鼓励和支持残疾人参与社会治理，通过提供必要的培训和支持，使他们能够更好地发声，使他们能够参与到社区建设、公共政策讨论等事务中。供需对接是确保服务有效性的关键。通过精准匹配供给与需求，可以最大化服务资源的利用效率。通过深入调研，准确把握残疾人的服务需求，以此为基础设计和提供服务项目。建立助残志愿服务信息平台，汇集服务供给信息和残疾人需求信息，为实现供需精准匹配提供平台和数据支持。加快推进助残志愿服务与互联网、物联网、大数据、云计算、人工智能等数字科技的深度融合，通过更加灵活、开放、便捷、智能的数字化方式，为助残志愿服务对象、助残志愿者、助残志愿组织、政府监管者及其他利益相关者等多元主体提供多方面的集成服务，推动实现需求整合全覆盖、服务响应零延迟、服务供给精准达、服务监管全方位的目标。

服务质效的提升是助残志愿服务供给体系可持续发展的保障。通过优化服务流程、加强监督管理，可以不断提高服务的质量和效率。通过项目化管理的方式，对助残志愿服务项目进行系统规划、执行和监控。建立助残志愿服务项目库，收集和整理各类服务项目，以便志愿者和残疾人快速找到合适的服务。通过培育和推广助残志愿服务品牌项目，提高项目的知名度和影响力，吸引更多的社会关注和参与。制定助残志愿服务的质量标准和评估体系，根据服务反馈和评估结果，不断优化服务内容和方式，确保服务质量的稳定性和可靠性。总之，构建精准高效的助残志愿服务供给体系，是一项系统工程，需要政府、社会组织、企业和个人的共同努力。通过丰富供给内容、促进供需对接和提升服务质效，逐步构建起一个精准高效、供需对接顺畅、服务质量优良的助残志愿服务供给体系，为残疾人提供更加全面、专业、便捷的服务，促进残疾人的全面发展和社会融合。这不仅是对残疾人的关怀和支持，也是社会文明进步的重要体现。

随着社会进步和残疾人权益保障意识的增强，残疾人多样化需求的快速增长对志愿服务供给提出了迫切要求。许多残疾人需要专业的康复训练和指导，以改善身体状况，提高生活自理能力。然而，康复资源在我国分布不均，一些地区的康复服务供给不足，需要志愿者提供康复训练和指导服务。残疾人教育需求多样化，包括普通教育、职业教育和特殊教育等。然而，由于教育资源有限，一些地区的残疾人教育需求得不到满足，需要志愿者提供教育辅导和关爱服务。残疾人就业需求日益增长，他们需要更多的就业机会和职业指导。然而，由于残疾人就业环境的不完善，一些地区的残疾人就业需求得不到满足，需要志愿者提供就业指导和培训服务。残疾人在生活中面临诸多不便，需要志愿者提供生活照顾、心理关爱、出行陪伴等服务。随着残疾人生活需求的多样化，志愿者需要提供更加个性化、专业化的服务。残疾人文化需求日益增长，他们需要更多的文化活动和参与机会。然而，由于文化活动供给不足，一些地区的残疾人文化需求得不到满足，需要志愿者提供文化娱乐和参与机会。残疾人在维权过程中面临诸多困难，需要志愿者提供法律援助和维权指导服务。随着残疾人法律需求的增长，志愿者需要提供更加专业、全面的维权服务。

总之，残疾人多样化需求的快速增长对志愿服务供给提出了迫切要求。为了满足残疾人的多样化需求，志愿者需要提供更加专业化、个性化的服务，并在康复、教育、就业、生活、文化、社交和法律等方面加大支持力度。同时，政府和相关部门也需要加大对残疾人事业的投入和支持力度，为志愿者提供更多的培训和资源，推动残疾人事业和志愿服务事业的共同发展。

（三）健全充满活力的助残志愿服务队伍组织体系

助残志愿服务是社会文明的重要组成部分，它不仅帮助残疾人更好地融入社会，也是社会人文关怀的体现。构建一个充满活力的助残志愿服务队伍组织体系，需要从助残志愿服务组织建设、助残志愿者队伍建设、助残志愿者工作能力提升方面进行系统规划和实施。组织建设是助残志愿服务队伍组织体系的基石。一个健全的组织体系能够确保志愿服务有序、高效地进行。建立纵向到底、横向到边的助残志愿服务网络，确保服务覆盖到每一个需要帮助的残疾人。制定完善的志愿者管理政策，包括志愿者招募、注册、培训、服务记录、评价和激励机制等，以规范志愿服务行为，保障志愿者权益。在基层党组织领导下，依托党群服务中心、新时代文明实践中心（所、站）、社会工作服务站等载体，有组织地开展助残志愿服务。加强各级各类助残志愿服务行业组织建设，履行好引领、联合、服务、促进职责。

队伍力量是助残志愿服务队伍组织体系的"血液"，为助残志愿服务提供了动力和活力。志愿者队伍是助残服务的执行者，其规模和质量直接影响服务的效果。建立公开、公平、透明的志愿者招募机制，面向社会各界招募志

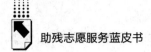

愿者，包括学生、专业人士、退休人员等，吸引不同年龄、职业、教育背景的人群广泛参与，形成多元化的志愿者队伍。构建系统的培训体系，提高志愿者的服务意识和专业技能。培育团队精神和志愿服务文化，增强志愿者的归属感和使命感。通过表彰、奖励、提供优先参与机会等方式，激发志愿者的积极性和创造性。汇聚社会各方面力量，建强新时代文明实践志愿服务队伍。

能力素质是志愿服务队伍组织体系的灵魂，决定着志愿服务的质量和效果。能力提升是确保志愿服务质量提升的关键。联合志愿服务和残疾人事业有关高校、科研机构、学术团体等单位，开展助残志愿服务专业化人才培训。通过持续的教育和培训，提高志愿者专业化服务能力。针对助残服务的特殊性，提供专业培训，如残疾人心理、特殊教育、手语沟通等。鼓励志愿者参与实际服务工作，通过实践积累经验，提升问题解决能力。建立志愿者之间的交流平台，促进经验分享和知识传播。提供持续的教育机会，帮助志愿者更新知识，适应服务需求的变化。同时，需加快助残志愿服务标准、规范、指南的出台，组织相关助残志愿服务项目竞赛，多措并举推动助残志愿服务提质增效。

构建一个充满活力的助残志愿服务队伍组织体系，是一项系统工程，它需要政府的引导和支持、社会的广泛参与，以及志愿者的无私奉献。通过加强组织建设，我们可以确保志愿服务的有序性和高效性；通过壮大志愿者队伍，我们可以汇聚更多的爱心和力量；通过提升志愿者能力，我们可以提供更专业、更贴心的服务。这不仅能够帮助残疾人解决实际困难，提升他们的生活质量，也是推动社会文明进步、实现社会主义核心价值观的重要途径。

（四）健全覆盖广泛的助残志愿服务阵地体系

助残志愿服务阵地是联系志愿者与残疾人的桥梁，是实现精准服务的重要平台。为更好地服务残疾人，提升服务质量和效率，必须从完善站点布局、提升服务功能、推进数字化建设三个方面对助残志愿服务阵地体系进行深入探讨和系统规划。

站点布局是助残志愿服务阵地体系的基础，合理的布局能够确保服务的广泛覆盖和便捷可及。以社区为基本单元，建立助残志愿服务站点，实现服务的近距离和高效率提供。同时，考虑城乡、区域差异，合理规划站点分布，确保服务均衡，避免资源配置不均。在残疾人口密集或服务需求强烈的区域，增设站点或扩大站点规模，满足特殊需求。针对一些偏远或交通不便的地区，设置流动性服务站点，定期开展服务活动。继续推进志愿服务组织、高校、行业企业单位、公益服务机构、公共服务场所等开展阳光助残志愿服务基地和阳光助残志愿服务驿站建设项目，打造提升助残志愿服务管理能力和服务技能水平的重要平台。

服务功能是助残志愿服务阵地体系的核心，多样化的服务功能能够满足残疾人的多元化需求。应进一步完善基础服务，强化专业服务，建立应急服务响应机制。提供信息咨询、需求登记、服务匹配等基础服务，为残疾人提供入门指导；根据残疾人的特殊需求，提供心理咨询、康复指导、就业咨询等专业服务；建立应急响应机制，对残疾人的突发需求做出快速反应，提供及时帮助。

数字化是助残志愿服务阵地现代化的重要标志，能够有效提升服务效率和质量。应建立助残志愿服务信息平台，集成服务预约、需求发布、志愿者管理等功能；开发在线服务系统，提供远程咨询、在线培训、虚拟陪伴等服务；运用大数据技术，分析服务需求和使用情况，优化服务供给和资源配置；利用人工智能等技术，提供语音识别、智能推荐、自动翻译等智能辅助服务。

健全的助残志愿服务阵地体系是为残疾人提供全面、精准服务的重要保障。通过完善站点布局，我们能够确保服务的广泛覆盖和便捷可及；通过提升服务功能，我们能够满足残疾人的多元化需求；通过推进数字化建设，我们能够提升服务效率和质量。当然，这需要政府、社会组织、技术企业以及广大志愿者的共同努力和协作，需要大家携手共建，为残疾人提供更加优质、高效、温馨的服务，共同创造一个无碍、有爱的社会环境。

（五）健全特色鲜明的助残志愿文化体系

助残志愿文化体系是社会文明进步的重要体现，它不仅能够促进残疾人的社会融合，也是推动社会主义核心价值观深入人心的有效途径。构建一个健全且具有特色的助残志愿文化体系，需要从厚植志愿文化基础、营造志愿文化氛围、增强志愿文化自觉三个方面进行深入探讨和实践。

志愿文化的根基深厚与否，直接影响到助残志愿文化的传承和发展。树立正确的价值观念，强调平等、尊重、关爱和互助，是助残志愿文化的核心。挖掘和整理助残志愿服务的历史，总结经验，提炼精神，形成独特的文化传统。通过教育和培训，普及助残志愿服务知识，提高公众对助残志愿文化的认识和理解。加强对助残志愿文化的理论研究，探索其内涵、特征和发展规律，为实践提供指导。

良好的文化氛围能够激发人们的参与热情，促进志愿文化的传播和实践。利用各种媒体平台，宣传助残志愿服务的先进事迹和典型人物，传播正能量。在社区组织开展形式多样的文化活动，如主题讲座、文艺演出、志愿服务体验等，让助残志愿文化深入人心。利用国际残疾人日、志愿者日等残疾人事业和志愿服务事业的重大活动、重要节点，组织开展形式多样的主题宣传活动，注重采用无障碍的宣传方式，广泛宣传党和政府对残疾人事业发展的高度重视和对残疾人的关心关爱。深入挖掘助残志愿服务典型，讲好新时代助残志愿服务故事，总结推广助残志愿服务好经验、好做法，扩大助残志愿文化的社会影响力。在公共场所设置助残志愿服务的宣传栏、文化墙等，营造浓厚的文化氛围。

文化自觉是个体对文化价值的认同和内化，是文化传承和发展的内在动力。鼓励志愿者通过自我教育，提高对助残志愿文化的认识，形成自觉的文化实践。通过参与助残志愿服务，让志愿者亲身体验和感受助残志愿文化的魅力，增强情感认同。引导志愿者将助残志愿文化内化为行为习惯，体现在日常生活和服务实践中。鼓励志愿者在服务中发挥创造力，探索适应时代发展的新形式、新方法，不断丰富和发展助残志愿文化。

构建一个健全且特色鲜明的助残志愿文化体系，是一项长期而复杂的系统工程。它需要社会各界的共同努力，需要每一位志愿者的积极参与。通过厚植志愿文化基础，我们能够为助残志愿文化的发展奠定坚实的基础；通过营造志愿文化氛围，我们能够让助残志愿文化在社会中广泛传播；通过增强志愿文化自觉，我们能够让助残志愿文化在每个人心中生根发芽。让我们携手共进，以文化为引领，以服务为实践，为构建和谐社会、实现中国梦贡献力量。

（六）健全坚实有力的助残志愿服务支持保障体系

助残志愿服务是社会文明进步的重要标志，对于提升残疾人的生活质量、促进社会和谐具有重要意义。为了确保助残志愿服务的健康发展和有效实施，必须构建一个全面的支持保障体系。

第一，要完善发展政策。政策是推动助残志愿服务发展的先导和基础。政府及相关机构应制定具体的助残志愿服务发展政策，明确服务目标、原则、内容和措施，明确助残志愿服务的资金来源，包括政府财政投入、社会捐赠、公益基金等。加强对政策的执行和监督，确保各项政策措施落到实处，发挥应有的作用。通过政策引导，整合政府、市场、社会等各方面资源，形成支持助残志愿服务发展的合力。

第二，注重权益保障。权益保障是助残志愿服务可持续发展的关键。明确志愿者的法律地位，保障其在服务过程中的合法权益，如安全、健康、培训等。保障残疾人在接受服务过程中的权益，确保其得到尊重、平等对待和适宜的服务。制定助残志愿服务标准，规范服务内容和流程，提高服务质量。建立助残志愿服务的监督机制，确保服务的公开、透明和规范。

第三，激励褒奖是调动志愿者积极性、提升服务质量的重要手段。对表现突出的志愿者和志愿服务组织进行表彰，提高其社会认可度和影响力，给予志愿者一定的物质奖励，如补贴、礼品、优惠等，体现对其劳动的尊重和肯定。为志愿者提供职业发展机会，如就业推荐、职业培训等，增强志愿服务的吸引力。打破时空壁垒，完善志愿服务积分回馈制度，建立同一志愿者异地志愿服务积分互认互换机制，推动志愿者在"时间银行"用积分兑换所需的时间和服务，并使其惠及志愿者的整个家庭；创新中央及地方志愿服务荣誉表彰机制，推动表彰类别和形式的多元化。完善志愿服务星级认证制度，形成科学合理、指标清晰、认定公平、管理规范、协调兼容的志愿服务工作标准。

第四，提供法治支撑。法治是保障助残志愿服务健康运行的基础。政府应加大助残志愿服务法治化建设力度，从立法、执法、司法等方面为助残志愿服务法治化建设提供保障。尽快出台国家层面的专门性立法，修改完善有关部门和各省级配套立法，形成外在形式完备、内在内容科学的志愿服务保障法律体系。加大对助残志愿服务领域的执法监管力度，对违法违规行为进行及时查处，保障助残志愿服务的健康发展。畅通残疾人在助残志愿服务领域寻求司法救助的途径，提高司法保障水平，保障残疾人的合法权益。加强法治宣传教育，提高助残志愿者、社会组织和残疾人的法治意识，使他们更加重视和支持助残志愿服务法治化建设。

构建坚实有力的助残志愿服务支持保障体系，是实现助残志愿服务高质量发展的必然要求。通过完善发展政策，我们可以为助残志愿服务提供明确的发展方向和有力的政策支持；通过注重权益保障，我们可以确保志愿者和残疾人的合法权益得到有效维护；通过强化激励褒奖，我们可以调动志愿者的参与积极性，提升其服务质量；通过提供法治支撑，我们可以保障助残志愿服务规范化、法治化运行。

（七）构建助残志愿服务国际合作交流新格局

在全球化的今天，助残志愿服务已不再局限于国界之内，国际合作与交流成为推动助残志愿服务发展的重要途径。积极稳妥地推进国际合作是助残志愿服务国际交流的基础。培养具有国际视野的助残志愿者，了解国际先进的助残服务理念和实践，提升服务的国际化水平。建立和完善国际合作机制，包括合作协议、交流平台、合作项目等，为国际合作提供制度保障。与国际组织和其他国家的助残机构合作，共同实施助残服务项目，通过实践促进经验交流和知识共享。在推进国际合作的过程中，注重风险评估和管理，确保合作的顺利进行和可持续发展。

扩大国际影响力是提升助残志愿服务国际地位和作用的关键。积极参与国际会议和论坛，展示我国的助残志愿服务成果，分享经验，学习国际先进的理念和方法。加入国际助残组织，参与其活动和项目，提升我国在国际助残领域的影响力和话语权。参与制定国际助残服务标准和规范，推动我国助残服务与国际接轨，提升服务的质量和水平。通过国际媒体和网络平台，宣传我国的助残志愿服务实践，提升国际社会的认知度和好感度。举办国际志愿服务交流论坛，邀请国际组织、相关高校共同参与，为各国志愿组织代表和专家提供国际交流机会，有组织地培养推荐优秀志愿者赴海外参与志愿服务。

助残志愿服务的国际合作交流是一项系统工程，需要政府、社会组织、志愿者以及国际伙伴的共同努力。通过积极稳妥地推进国际合作，我们可以学习国际先进的理念和经验，提升助残服务的质量和水平；通过扩大国际影响力，我们可以展示我国的助残服务成果，提升国际地位和作用。让我们携手合作，共同推动助残志愿服务的发展，为构建和谐社会、增进残疾人福祉、实现可持续发展贡献力量。

B.2
中国志愿服务法治化发展报告

莫于川教授团队 *

摘　要：　法治化是志愿服务发展的重要保障。志愿服务法治化是志愿服务制度化的最高形式，即以完备的法律规范体系和系统的制度运行体系，增强志愿服务的专业化和系统化，保障志愿者和志愿组织的合法权益，引导和规范志愿服务活动，从而进一步促进志愿服务发展，提高全社会文明程度和治理水平。我国志愿服务法治化的发展历程经历了萌芽与起步、发展与规范、推进与调整以及深化与完善四个发展阶段。新时代下推进中国式志愿服务法治化的重大课题包括：坚持制度自信，加强国家层面的立法工作；坚持守正创新，形成地方层面的立法特色；坚持问题导向，推进法律规范的贯彻落实；坚持系统观念，完善志愿服务的法治保障。当下志愿服务法治化实践重点是切实推动《志愿服务条例》有效实施，同时要努力尽快推出"中华人民共和国志愿服务法"，从而形成完备的中国式志愿服务法律规范体系和系统的制度运行体系。

关键词：　志愿服务　法制体系　法治化

　　志愿服务已成为体现国家和社会治理水平的一个新的衡量标准。中国志愿服务信息系统显示，截至2024年8月30日，全国实名注册志愿者人数达2.37亿人，志愿者队伍达135万个。普遍多样、良好高效的志愿服务是衡

---

　*　莫于川教授团队成员：莫于川，中国人民大学法学院二级教授、博士研究生导师，主要研究领域为行政法学、社会法学、应急法学；许莲丽，法学博士，北京青年政治学院管理学院副教授，主要研究领域为行政法学、社会工作；农武东，中国人民大学公共管理学院博士研究生，主要研究领域为行政管理、社会法学；何凯源，中国人民大学法学院硕士研究生，主要研究领域为行政法学、民商法学。

量社会文明程度、社会发展水平、社会健康生活方式的一个重要标准。据北京市朝阳区残疾人联合会统计，党的十八大以来，习近平总书记通过讲话、回信、写信等多种方式对志愿者作用贡献和志愿服务事业加快发展作出 10 次以上的指示、批示和指导。2019 年 1 月 17 日，习近平总书记在天津市和平区新兴街道朝阳里社区志愿服务展馆考察调研时强调，"志愿者事业要同'两个一百年'奋斗目标、同全面建设社会主义现代化国家同行。志愿服务是社会文明进步的重要标志，是广大志愿者奉献爱心的重要渠道。各级党委和政府要为志愿服务搭建更多平台，更好发挥志愿服务在社会治理中的积极作用"。① 党的二十大报告指出，"提高全社会文明程度""完善志愿服务制度和工作体系"。② 志愿服务事业与全面建设社会主义现代化国家相向同行，实际上为我们提出了实现中国式志愿服务现代化的重大时代课题。中国式志愿服务现代化的基本要求是，要实现与全面建设社会主义现代化国家相匹配的，以法治化为保障的，以专业化、信息化以及国际化为主要特征的现代志愿服务。③ 从 20 世纪 90 年代开始，中国志愿服务法治化的进程就已悄然启动，最初有关志愿服务的相关规定散落于各类法律规范与政策文件中，例如 1993 年的《中华人民共和国红十字会法》（以下简称《红十字会法》）、1996 年的《中华人民共和国国民经济和社会发展"九五"计划和 2010 年远景目标纲要》，但当时志愿服务活动尚显不足，志愿服务精神尚未深入人心，各类法律规范与政策文件对志愿服务仅是略微提及，缺乏规范性、系统性规定。经过三十余年的发展，我国目前不仅在国家层面出台了专门针对志愿服务活动的法律规范——《志愿服务条例》，31 个省级行政区中也有 27 个颁布了省级层面的专门针对志愿服务活动的地方性法规（香港特区、澳门特区和台湾地区另做分析论述）。

---

① 《习近平为志愿者点赞：你们所做的事业会载入史册》，新华网，2019 年 1 月 18 日，http://www.xinhuanet.com/politics/leaders/2019-01/18/c_1124009449.htm。
② 《高举中国特色社会主义伟大旗帜 为全面建设社会主义现代化国家而团结奋斗——在中国共产党第二十次全国代表大会上的报告》，《党建》2022 年第 11 期。
③ 郭建、王莹：《推进志愿服务现代化的现实困境及逻辑进路》，《道德与文明》2023 年第 4 期。

三十多年来，我国志愿服务法治化的进程发展迅速且卓有成效，具有中国特色的志愿服务法律体系趋于成熟。但我们也应当看到，在我国志愿服务活动趋于复杂多样的实践情形下，国务院于 2017 年颁布的《志愿服务条例》已不能完全适应当前我国志愿服务活动体系化、精细化的需求。2021年 1 月，中共中央印发了《法治中国建设规划（2020—2025 年）》，其中指出："法治是人类文明进步的重要标志，是治国理政的基本方式，是中国共产党和中国人民的不懈追求。"2024 年 4 月，《中共中央办公厅 国务院办公厅关于健全新时代志愿服务体系的意见》指出："积极推进志愿服务国家立法，推动有关部门制定实施细则。"[1] 为进一步深化和完善志愿服务活动，形成完备的中国式志愿服务法律规范体系和系统的制度运行体系，有效应对实践中出现的新问题，加快志愿服务法的制定工作，已经成为十分迫切的需要。在这样的背景下，课题组深刻梳理、归纳、总结我国志愿服务法治化发展的历史经验，厘清当前法治化发展现状以及所面临的困境与难题，并对我国未来志愿服务法治化进行了展望。

一 中国志愿服务法治化的内涵及意义

（一）志愿服务法治化的科学内涵

厘清志愿服务法治化的科学内涵，首先要区分志愿服务"法制"与"法治化"两个概念。通常来说，"法制"是一个静态概念，是法律制度的简称，也是对当下现行有效的法制体系的一种客观描述，一般不强调价值判断与价值追求，是"法治化"的基础。志愿服务法制，是指现行有效的规范志愿服务活动的法律规范和规章制度的总和。我国志愿服务法制从法律形式上看，大致可分为关于志愿服务的人大立法和行政立法。前者主要包括全国人大及其常委会通过的法律，以及地方人大及其常委会通过的地方性法规；后者主

---

[1] 《中共中央办公厅 国务院办公厅关于健全新时代志愿服务体系的意见》，《人民日报》2024年 4 月 23 日，第 1 版。

要包括国务院通过的行政法规，国务院部门和地方政府制定的行政规章。目前，我国尚未出台全国范围内专门的志愿服务法律，相关立法主要散见于《中华人民共和国慈善法》和《中华人民共和国民法典》等法律中。志愿服务的地方立法较为常见，截至 2023 年 12 月，全国已有 56 部地方性法规。例如，《北京市志愿服务促进条例》于 2007 年出台，为 2008 年北京奥运会的志愿服务提供了法律保障。2017 年开始实施的《志愿服务条例》是我国首部全面规定志愿服务的行政法规，对志愿服务的制度化发展具有重要意义。

与"法制"所指涉的静止状态不同，"法治化"强调法律运行的状态、方式、程度和过程，并包含对法律运行的公正性、普遍性、公开性、稳定性的价值判断与追求，同时也要求法律的运行要符合保障人民基本权利的要求。因此，志愿服务法治化的科学内涵，即以完备的法律规范体系和系统的制度运行体系，增强志愿服务的专业化和系统化，保障志愿者和志愿组织的合法权益，引导和规范志愿服务活动，从而进一步完善志愿服务发展，提高全社会文明程度和治理水平。

（二）志愿服务法治化的基本要素

志愿服务在我国的迅速发展与成就得益于本土资源优势，这些资源包括党的领导能力、党政部门的资源调动能力、群团组织的广泛动员能力及优秀传统文化等。志愿服务法治化的推进需要总结和运用已有经验，并正确理解其四大要素。

观念要素。观念是行动的先导。中国传统文化中的利他精神和现代志愿服务理念相辅相成，如《孟子》中的"老吾老，以及人之老；幼吾幼，以及人之幼"与现代志愿服务精神一致。《志愿服务条例》要求志愿者自愿、无偿提供服务[1]，并强调自愿、平等、诚信、合法等原则[2]。传统文化中的

---

[1] 《志愿服务条例》第二条：本条例所称志愿服务，是指志愿者、志愿服务组织和其他组织自愿、无偿向社会或者他人提供的公益服务。

[2] 《志愿服务条例》第三条：开展志愿服务，应当遵循自愿、无偿、平等、诚信、合法的原则，不得违背社会公德、损害社会公共利益和他人合法权益，不得危害国家安全。

利他、互助精神是观念要素的重要来源，但也需结合当代志愿服务理念进行合理区分。

组织要素。志愿服务法治化的发展离不开党政部门的推动与规范，涉及多方主体：党的机构、国家机构、群团组织和志愿服务联合会等。党政部门通过规划、表彰、发布规范性文件等方式推动志愿服务法治化，志愿服务联合会在连接党政部门和志愿服务组织中也发挥了重要作用。法治化进程需要规范协调多元主体间的权力配置和运行机制。

保障要素。法治化要求保障志愿者和志愿服务组织的基本权利。志愿者的权利包括参加活动、获得信息、接受培训、拒绝超出约定范围的服务等。志愿服务组织的权益包括招募志愿者、维护名誉、获得补贴和捐赠等。保障体系的完善是实现志愿服务法治化的重要基础。

指导要素。行政指导通过非强制性手段引导和支持志愿服务活动。[1] 在推进志愿服务法治化进程中，"硬"法与"软"法相结合是必要的。《志愿服务条例》强调了媒体宣传的作用[2]，鼓励全社会支持和参与志愿服务活动，倡导志愿服务成为生活习惯，营造尊重志愿者的社会氛围。

（三）志愿服务法治化的重要意义

管理学理论中的非营利组织"失灵"理论指出，志愿服务活动具有对象特殊性、组织父权性和运行业余性。对象特殊性可能导致组织只为特殊群体服务，组织父权性可能让组织沦为少数人牟利的工具，运行业余性则可能降低活动专业性，增加风险。此外，志愿服务组织还面临任务、责任、财务、权力及效能等困境，如任务定位、责任承担、经费来源、政府关系及组织效能等问题。

在现代法治国家，上述问题的解决需要政府的政策规范、引导、资金扶

---

[1] 莫于川：《行政指导论纲——非权力行政方式及其法治问题研究》，重庆大学出版社，1999，第 29 页。

[2] 《志愿服务条例》第三十五条：广播、电视、报刊、网络等媒体应当积极开展志愿服务宣传活动，传播志愿服务文化，弘扬志愿服务精神。

助和监督，并通过法治化确认、规范和保障。例如，美国于 1973 年制定
《国内志愿服务法》[①]，旨在全国范围内促进和扩大公民志愿服务，帮助弱势
群体。该法要求国家和社区服务机构协调其他机构，支持公民、社区和教育
组织的努力。1997 年，美国颁布《志愿者保护法》，规定志愿者因过失行为
造成伤害可免于承担民事责任，并要求明确举证标准。[②]

　　法治化在现代国家中已成为推动志愿服务的重要途径，政府、社会和公
民也已认识到通过法治化规范和促进志愿服务的重要性。联合国将法治化水
平作为评估一国志愿服务水平的重要指标，国际组织也鼓励各国政府通过法
治化规范和提升志愿服务质量。推进志愿服务的法治化已成为全球趋势，对
我国社会主义现代化建设具有重要意义。

（四）志愿服务法治化的中国特色

　　我国志愿服务政策法规数量众多，涵盖法律、行政法规、地方性法规和
部门规章。在法律方面，全国人大常委会通过了《红十字会法》《公益事业
捐赠法》《慈善法》，规定了红十字会、公益事业捐赠和慈善志愿服务等内
容。在行政法规方面，国务院颁布了《社会团体登记管理条例》和《民办
非企业单位登记管理暂行条例》，确立了"双重管理模式"。《基金会管理条
例》涉及基金会的设立和管理。《民间非营利组织会计制度》和《救灾捐赠
管理办法》规范了非营利组织的会计行为和救灾捐赠行为。

　　地方性法规方面，1999 年广东省出台了《青年志愿服务条例》，引领了
全国其他省份的立法。至今已有 27 个省级行政区制定了志愿服务法规，这
些法规在志愿者、志愿服务、志愿服务组织等方面做了界定，强调公益性、
无偿性和自愿性。同时，各地对志愿者的资格条件，特别是行为能力和未成
年人参与志愿服务的规定进行了详细描述。地方志愿服务法规还详细规定了

---

① H. R. 7066-93rd Congress（1973-1974）: Domestic Volunteer Service Act, H. R. 7066, 93rd
　Cong.（1973），https://www.congress.gov/bill/93rd-congress/house-bill/7066.

② H. R. 7066-93rd Congress（1973-1974）: Domestic Volunteer Service Act, H. R. 7066, 93rd
　Cong.（1973），https://www.congress.gov/bill/93rd-congress/house-bill/7066.

志愿者的权利与义务，包括自主选择、培训保障、安全保障、获得生活所需、信息公开监督等方面的权利，以及自由进退机制等。这些法规共同推动了我国志愿服务事业的发展。

一些发达国家经过长期发展已建立起相对成熟的志愿服务法律制度，积累了比较丰富的实践经验。相比之下，我国的志愿服务实践起步晚、经验少，志愿服务法制建设还存在无序性、分散性、立法层次较低等问题。志愿服务以地方立法为主的模式呈现出分散性特征，虽然它在某种程度上有助于把握本地志愿服务发展需要，具有结合实际情况制定相应规范的优势，但也暴露出其效力层级不高、共识程度不高等缺陷，存在概念模糊、制度混乱的风险，各地立法文本之间普遍存在理解各异、规范不一、内容陈旧、质量参差等问题，无法切实有效地保障志愿者、志愿服务组织以及相关主体的利益，无法构建合理的志愿服务指导协调机制并营造全社会共同参与志愿服务的良好氛围，当前存在的志愿服务法治化进程不够深入和精细化的问题已成为制约我国志愿服务事业稳健发展的重要因素。①

二　中国志愿服务法治化的发展历程

（一）志愿服务法治化的萌芽与起步：1993~2007年

改革开放以来，我国的红十字事业发展迅速，到20世纪90年代，在各类救灾、救助活动以及社会服务性事务中经常能看到红十字会的身影，这一时期人们对志愿服务的理解往往与红十字会联系在一起。1993年10月31日，我国出台了《红十字会法》，其中第二十九条在对国际红十字和红新月运动确立的基本原则的解释中，首次提到"志愿服务"原则，这也是我国首次在法律文本中提到"志愿服务"的概念，标志着我国志愿服务法治化的萌芽。1994年，中国青年志愿者协会成立，这是我国最早

---

① 莫于川主编《中国志愿服务立法的新探索》，法律出版社，2009，第107页。

的志愿服务全国性社会团体，推动了青年志愿服务和社区志愿服务的发展。1994年10月15日，共青团中央和中华全国学生联合会下发了《中国大中学生志愿服务总队章程》，其中简要规定了志愿服务总队的宗旨、目标任务以及志愿服务团体成员的权利与义务。该章程内容较为笼统简略，在效力位阶上属于团体规定，不具有法律效力。但从历史的角度看，该章程作为最早的规定志愿服务团体成员权利义务的文本，具有一定规范意义。这一时期有关志愿服务活动的法律规范还有1998年国务院出台的《社会团体登记管理条例》《民办非企业单位登记管理暂行条例》和1999年全国人大常委会通过的《公益事业捐赠法》。以上3部法律规范虽未在文本内容中直接提及志愿服务，却是这一时期志愿服务活动重要的法律依据来源。

1999年8月5日，《广东省青年志愿服务条例》通过，该条例是我国第一部专门规定志愿服务的地方性法规，是志愿服务法治化进程的里程碑，正式标志着我国志愿服务法治化进程的起步。广东省通过的条例中主要将志愿者群体定位为青年志愿者，这和当时的志愿服务发展实际是密不可分的。《广东省青年志愿服务条例》的制定也影响了很多省市，之后《山东省青年志愿服务规定》（2001年）、《宁波市青年志愿服务条例》（2002年）和《福建省青年志愿服务条例》（2003年）陆续出台，这几个省市同样将志愿服务条例的调整范围主要集中于青年志愿者。2004年出台的《银川市青年志愿服务条例》、2006年出台的《湖北省青年志愿服务条例》、2007年出台的《江西省青年志愿服务条例》和《天津市青年志愿服务条例》都受到了广东地方性法规的影响。从1999年开始到2007年，广东、山东、宁波、福建、黑龙江、杭州、抚顺、银川、成都、南京、吉林、宁夏、湖北、济南、江苏、北京、浙江、江西、天津等相继出台了规范志愿服务活动的地方性法规（见表1）。这些地方性法规为志愿服务活动提供了法治保障，也在全国范围内极大地推动了志愿服务事业的发展。

表 1　1999～2007 年志愿服务地方性法规（部分）

序号	发布日期	文件名称
1	1999 年 8 月 5 日	《广东省青年志愿服务条例》
2	2001 年 8 月 18 日	《山东省青年志愿服务规定》
3	2002 年 12 月 20 日	《宁波市青年志愿服务条例》
4	2003 年 4 月 2 日	《福建省青年志愿服务条例》
5	2003 年 6 月 20 日	《黑龙江省志愿服务条例》（已被修改）
6	2003 年 11 月 21 日	《杭州市志愿服务条例》
7	2004 年 5 月 29 日	《抚顺市志愿服务条例》
8	2004 年 9 月 16 日	《银川市青年志愿服务条例》
9	2005 年 4 月 27 日	《成都市志愿服务条例》
10	2005 年 6 月 1 日	《南京市志愿服务条例》
11	2005 年 11 月 24 日	《吉林省志愿服务条例》（已被修改）
12	2006 年 5 月 12 日	《宁夏回族自治区志愿服务条例》（已被修改）
13	2006 年 5 月 26 日	《湖北省青年志愿服务条例》
14	2006 年 7 月 28 日	《济南市志愿服务条例》
15	2007 年 3 月 30 日	《江苏省志愿服务条例》
16	2007 年 9 月 14 日	《北京市志愿服务促进条例》
17	2007 年 11 月 23 日	《浙江省志愿服务条例》（已被修改）
18	2007 年 12 月 14 日	《江西省青年志愿服务条例》
19	2007 年 12 月 19 日	《天津市青年志愿服务条例》

这一时期有关志愿服务的其他规范性文件还包括：2002 年共青团中央办公厅印发的《中国青年志愿者注册管理办法（试行）》，2005 年中国社会工作协会志愿者工作委员会制定的《中国社区志愿者注册管理办法》，2006 年共青团中央印发的《中国注册志愿者管理办法》以及中组部、中宣部、民政部等印发的《关于在农村基层广泛开展志愿服务活动的意见》。

（二）志愿服务法治化的发展与规范：2008～2016 年

2008 年对中国志愿服务意义重大。在"5·12"地震救援中，300 万名志愿者深入灾区，1000 万名志愿者在后方支持。北京奥运会期间，10 万名赛会志愿者、40 万名城市志愿者及 100 万名社会志愿者提供了卓越服务，赢得广泛赞誉，因此 2008 年被视为中国的"志愿者元年"。在 2010 年上海世博会和广州亚运会中，志愿者也有出色的表现。

北京奥运会和残奥会结束后，中央精神文明建设指导委员会出台《关于深入开展志愿服务活动的意见》，明确志愿服务的重要意义和基本原则，并提出了开展多样化的志愿服务活动、健全运行机制、弘扬志愿服务精神及营造浓厚参与氛围的要求。随后，中共中央办公厅、团中央、民政部、文明办、教育部、全国妇联等部门陆续发布了规范性文件和政策文件，推动志愿服务制度化发展。

这些文件包括 2009 年全国妇联印发的《关于深入推进家庭志愿服务工作的意见》；2012 年文化部和中央文明办印发的《关于广泛开展基层文化志愿服务活动的意见》、民政部印发的《关于加强减灾救灾志愿服务的指导意见》《关于志愿服务记录办法的通知》；2013 年民政部印发的《关于深入开展学雷锋志愿服务活动的通知》；2014 年中央精神文明建设指导委员会印发的《关于推进志愿服务制度化的意见》；2015 年教育部印发的《学生志愿服务管理暂行办法》，国家体育总局印发的《关于优秀运动员全民健身志愿服务实施办法的通知》，中央文明办、民政部、教育部和共青团中央印发的《关于规范志愿服务记录证明工作的指导意见》，中央文明办、民政部和共青团中央印发的《关于推广应用〈志愿服务信息系统基本规范〉的通知》；2016 年中共中央宣传部、中央文明办、民政部、教育部、财政部、全国总工会、共青团中央、全国妇联印发的《关于支持和发展志愿服务组织的意见》以及文化部印发的《文化志愿服务管理办法》。这些文件详细规定了志愿服务的招募、注册、培训、管理、证明开具和保障等基础问题，形成了全社会推动和参与志愿服务的新局面，有力推动了志愿服务法治化的发展。

在这一时期，地方志愿服务法治化建设也得到了长足发展，新疆、海南、四川、广东、陕西、山西、西藏、重庆等省（区、市）相继出台或修改了专门的志愿服务地方性法规（见表 2）。

表2　2008~2016年志愿服务地方性法规（部分）

序号	发布日期	文件名称
1	2008年5月29日	《青岛市志愿服务条例》
2	2008年12月15日	《广州市志愿服务条例》（已被修改）
3	2009年1月9日	《淄博市志愿服务条例》
4	2009年3月27日	《新疆维吾尔自治区志愿服务条例》
5	2009年4月23日	《上海市志愿服务条例》（已被修改）
6	2009年5月27日	《海南省志愿服务条例》
7	2009年9月25日	《四川省志愿服务条例》
8	2010年3月26日	《唐山市志愿服务条例》
9	2010年6月23日	《汕头市青年志愿服务促进条例》
10	2010年7月23日	《广东省志愿服务条例》（2010年修订）
11	2010年8月16日	《昆明市志愿服务条例》
12	2010年11月25日	《陕西省志愿服务促进条例》
13	2011年6月23日	《南宁市志愿服务条例》
14	2012年4月9日	《宁波市志愿服务条例》
15	2012年6月14日	《黑龙江省志愿服务条例》（2012年修订）
16	2012年9月27日	《湖南省志愿服务条例》
17	2012年11月29日	《珠海经济特区志愿服务条例》
18	2012年12月21日	《合肥市志愿服务条例》
19	2013年11月28日	《山西省志愿服务条例》（已被修改）
20	2014年6月18日	《大连市志愿服务条例》
21	2014年9月26日	《福州市志愿服务条例》
22	2014年10月11日	《包头市志愿服务条例》
23	2015年1月14日	《西藏自治区志愿服务条例》
24	2015年5月28日	《重庆市志愿服务条例》
25	2015年7月30日	《吉林省志愿服务条例》（2015年修订）
26	2015年11月26日	《湖北省志愿服务条例》
27	2015年12月23日	《广州市志愿服务条例》（2015年修正）
28	2016年3月23日	《抚顺市志愿服务条例》
29	2016年5月12日	《武汉市志愿服务条例》
30	2016年12月2日	《河北省志愿服务条例》

（三）志愿服务法治化的推进与调整：2017～2022年

2017年，国务院颁布了《志愿服务条例》（以下简称《条例》），以行政法规的形式在全国范围内实现了国内志愿服务规范的统一。《条例》共六章44条，规定了志愿服务的原则、志愿者和组织形式、服务活动、促进措施和法律责任等内容，解决了志愿服务的根本性、长期性和全局性问题。

首先，《条例》首次以行政法规形式明确志愿服务发展的方向和原则，旨在保障各方合法权益，鼓励和规范志愿服务，推动志愿服务事业发展，培育社会主义核心价值观，促进社会文明进步。明确志愿服务为"志愿者、志愿服务组织和其他组织自愿、无偿向社会或他人提供的公益服务"，并强调自愿、无偿、平等、诚信、合法原则，凸显了志愿服务的公益属性。鼓励公众参与，支持组织规范开展志愿服务，体现了党和政府对志愿服务的重视。

其次，《条例》确立了志愿服务的管理体制和机制，强调党委领导、政府主导、社会协同、公众参与。规定国家和地方精神文明建设指导机构应建立志愿服务协调机制，统筹规划、指导和监督志愿服务工作。各级民政部门负责志愿服务行政管理，相关人民团体在各自范围内做好志愿服务工作。志愿服务组织可依法成立行业组织，推动行业交流，任何组织和个人可举报违法行为，构建全方位多元化的监管体系。

再次，《条例》集中保障志愿服务主体的合法权益，确立了实名注册、服务记录和证明等基本制度。规定志愿服务组织应为志愿者提供必要条件，保障志愿者便捷参与服务。志愿服务组织可依法登记、成立行业组织，承接政府服务项目，享受税收优惠和政府指导。志愿服务对象则无偿享受服务，其人格尊严和隐私受保护。

最后，《条例》构建了促进志愿服务发展的政策体系和支持措施。规定县级以上政府将志愿服务纳入国民经济和社会发展规划范围，合理安排资金。提出政府应制定促进措施，提供指导，落实税收优惠，建立统计发布制度，并通过购买服务、表彰奖励、将志愿服务情况纳入公务员和事业单位招考考察范围等方式促进志愿服务。鼓励企业和组织优先招用有良好服务记录的志愿者，要求学校、家庭和社会培养青少年的志愿服务意识和能力，鼓励各类媒体对优秀志愿服务进行宣传。这些措施有助于统筹行政、社会和市场资源，建立推进志愿服务发展的长效机制。

这一时期，除了《志愿服务条例》的出台外，民政部等部门也相继印发了一系列有关志愿服务的规范性文件，包括 2018 年民政部印发的《"互联网+社会组织（社会工作、志愿服务）"行动方案（2018—2020 年）》，2020 年民政部办公厅印发的《志愿服务组织和志愿者参与疫情防控指引》以及民政部颁布的《志愿服务记录与证明出具办法（试行）》，2021 年生态环境部、中央文明办印发的《关于推动生态环境志愿服务发展的指导意见》，2021 年中央文明办、民政部、退役军人事务部联合印发的《关于加强退役军人志愿服务工作的指导意见》。其中，《志愿服务记录与证明出具办法（试行）》共 27 条，首次以部门规章的形式对志愿服务记录和志愿服务记录证明出具工作进行了详尽规定。该办法的出台有力保障了志愿者与志愿组织的合法权益，规范了实践中出现的不依法记录志愿服务信息、不依法出具志愿服务证明以及伪造、编造和使用虚假志愿服务记录和证明的问题，是这一时期我国志愿服务法治化进程持续推进和调整的重要表现。

这一时期，包括天津、辽宁、浙江、河南、宁夏、山西、辽宁等省（区、市）也陆续出台或修订了志愿服务地方性法规（见表3）。

表 3　2017~2022 年志愿服务地方性法规（部分）

序号	发布日期	文件名称
1	2017 年 11 月 28 日	《天津市志愿服务条例》
2	2017 年 11 月 30 日	《辽宁省志愿服务条例》（已被修改）
3	2018 年 7 月 27 日	《浙江省志愿服务条例》（2018 年修订）
4	2018 年 11 月 30 日	《河南省志愿服务条例》
5	2019 年 6 月 6 日	《海口市志愿服务条例》
6	2019 年 7 月 17 日	《宁夏回族自治区志愿服务条例》（2019 年修订）
7	2019 年 7 月 31 日	《山西省志愿服务条例》（2019 年修订）
8	2019 年 9 月 27 日	《辽宁省志愿服务条例》（2019 年修正）
9	2019 年 11 月 15 日	《上海市志愿服务条例》（2019 年修正）

续表

序号	发布日期	文件名称
10	2019 年 12 月 2 日	《安徽省志愿服务条例》
11	2020 年 5 月 11 日	《鞍山市志愿服务条例》（2020 年修正）
12	2020 年 7 月 24 日	《广西壮族自治区志愿服务条例》
13	2020 年 11 月 27 日	《广东省志愿服务条例》（2020 年修正）
14	2020 年 12 月 11 日	《厦门经济特区志愿服务条例》
15	2020 年 12 月 25 日	《北京市志愿服务促进条例》（2020 年修订）
16	2021 年 1 月 15 日	《江苏省志愿服务条例》（2021 年修订）
17	2021 年 5 月 28 日	《福建省志愿服务条例》
18	2021 年 7 月 29 日	《江西省志愿服务条例》
19	2021 年 9 月 29 日	《河北省志愿服务条例》（2021 年修正）
20	2021 年 12 月 3 日	《山东省志愿服务条例》
21	2021 年 12 月 3 日	《宁波市志愿服务条例》（2021 年修订）
22	2022 年 1 月 21 日	《泰安市志愿服务促进条例》
23	2022 年 4 月 8 日	《邯郸市志愿服务条例》
24	2022 年 9 月 28 日	《内蒙古自治区志愿服务条例》

（四）志愿服务法治化的深化与完善：2023年至今

2023 年 9 月 7 日，十四届全国人大常委会公布了立法规划，志愿服务法作为第一类项目，即条件比较成熟、任期内拟提请审议的法律草案位列其中，标志着我国志愿服务法治化进程的重大突破，也标志着我国志愿服务法治化进入了深化与完善的历史阶段。

这一时期，共有 5 部地方性法规出台或修订，分别为《广州市志愿服务规定》《白城市志愿服务条例》《廊坊市志愿服务促进条例》《沈阳市志愿服务条例》《南宁市志愿服务条例》，地方志愿服务法治化的进程在持续深化。2023 年 12 月，十四届全国人大常委会通过了对我国《慈善法》的修正决定。本次修正《慈善法》深刻影响我国慈善事业的发展，对我国的志愿服务事业发展产生重要影响，并对之后志愿服务法的出台提供参考借鉴。具体来说，《慈善法》修正的如下亮点值得在制定志愿服务法过程中吸收、借鉴：一是从法律上明确了我国慈善事业的管理机制；二是完善了对慈善组织的认定与管理机制；三是对慈善活动中公开募捐可能带来的舆论与风险问题进行了回应；四是对慈善组织通过互联网平台进行募捐时互联网平台的责任进行了明确；五是新增了"应急慈善"一章对应急救援救灾过程中可能出现的风险问题做了回应；六是吸收制定了较多"软"法类规定，有利于指导和促进慈善事业的发展；七是深化并完善了对慈善事业的监督与管理措施；八是明确并强化了对慈善组织及其负责人的法律责任；九是对个人接受慈善救助的相关问题进行了规定。

从历史上看，慈善事业与志愿服务事业的发展是相伴而生、相辅相成的。《慈善法》的修正通过是我国慈善事业法治化发展的里程碑事件，对我国志愿服务法治化事业产生了积极推动作用。以《慈善法》的修正通过为契机，以将志愿服务法纳入立法规划为关键起点，在吸收过去三十多年来我国在推动志愿服务法治化进程中积累的经验的基础上，在新时代全面建设社会主义现代化强国的时代背景下，努力尽快推出"中华人民共和国志愿服务法"，以此为基础形成更完备的中国式志愿服务法律规范体系和系统的制度运行体系，是当下应当完成的历史使命。

三 中国志愿服务法治化的发展现状

（一）志愿服务法治化的制度体系

我国志愿服务法治化进程中，法制体系的建设可分为法规和政策两大类。法规包括法律、行政法规、地方性法规、规章等，是由人大及其常委会和政府机关根据法定职权和立法程序通过的规范性文件。政策则是党和政府针对志愿服务领域制定的特定方针、路线、指导意见等。由于立法不完善，政策在补充立法漏洞、增强法规适用性方面发挥重要作用。在实践中，正确处理法规与政策的关系需注意以下几点。

一是摒弃法律万能论，合理发挥政策在志愿服务领域的优势。

二是将实践效果良好的政策转化为法规，提高法律效力，如中共北京市委、北京市人民政府印发《关于进一步加强和改进志愿者工作的意见》。

三是避免政策违反相关法律规定，确保政策制定符合法定程序和上位法的要求。如此才能实现法规与政策的有效衔接和互补，推动志愿服务法治化进程。

（二）志愿服务法治化的宏观分析

1.《中华人民共和国宪法》（以下简称《宪法》）与志愿服务

在我国，《宪法》规定了国家的根本制度和根本任务，是国家的根本法，具有最高的法律效力，一切公私组织都必须以《宪法》为根本的活动准则，志愿服务组织开展志愿服务活动也不能例外。具体来说，可以从我国《宪法》第二条、第二十四条、第三十五条以及第四十二条的相关规定中找到志愿服务活动在根本法上的依据和应当遵循的精神。我国《宪法》第二条第三款规定，"人民依照法律规定，通过各种途径和形式，管理国家事务，管理经济和文化事业，管理社会事务"。一方面，志愿服务在现代国家治理中发挥着越来越重要的作用，在治安、交通、应急救灾、社会服务等社会治理实践中，我们都能够看到经常有大量志愿者的参与，志愿服务已经成为国家治理体系的重要一环。另一方面，志愿服务是公民参与管理国家经济、文化和社会事务的重要途径，参与志愿服务有助于激发公众参与社会治理的热情，同时参与志愿服务也是《宪法》赋予公民的一项权利。根据《宪法》第二十四条①，国家通过普及各种教育，通过在城乡不同范围的群众中制定和执行各种守则、公约，加强社会主义精神文明的建设。在现代社会，志愿服务活动是精神文明教育与加强社会精神文明建设的重要一环。根

---

① 《中华人民共和国宪法》第二十四条：国家通过普及理想教育、道德教育、文化教育、纪律和法制教育，通过在城乡不同范围的群众中制定和执行各种守则、公约，加强社会主义精神文明的建设。国家倡导社会主义核心价值观，提倡爱祖国、爱人民、爱劳动、爱科学、爱社会主义的公德，在人民中进行爱国主义、集体主义和国际主义、共产主义的教育，进行辩证唯物主义和历史唯物主义的教育，反对资本主义的、封建主义的和其他的腐朽思想。

据《宪法》第三十五条①，我国公民有结社自由，而现代志愿服务活动大多是依托志愿服务组织进行，结社自由为公民加入或结成志愿服务组织提供了宪法保障。同时，根据我国《宪法》第四十二条第三款②，国家提倡公民参与义务劳动。志愿服务活动作为一种自愿、自主的义务活动，是我国宪法所大力倡导的，国家有义务发展志愿服务活动。

2. 法律

我国目前缺乏全国统一的专门针对志愿服务的法律，现行志愿服务法律体系主要涉及《民法典》《刑法》《涉外民事关系法律适用法》《公益事业捐赠法》《企业所得税法》《个人所得税法》《慈善法》《境外非政府组织境内活动管理法》等。此外，《精神卫生法》《公共图书馆法》《红十字会法》《公共文化服务保障法》《野生动物保护法》《老年人权益保障法》《义务教育法》《残疾人保障法》等法律在相关条款中支持和鼓励志愿服务。

3. 行政法规

2017年，国务院颁布《志愿服务条例》，该条例是当下我国对志愿服务活动集中做专门调整的最高位阶的法律文件，全文共六章44条，具体框架如下。

第一章：总则。该章包括立法目的、志愿服务概念的界定、开展志愿服务应遵循的基本原则和要求、相关支持等内容，旨在对志愿服务立法中的基本概念、基本精神、基本方向进行总体性的把握，并确立该法作为促进法、规范法、保障法的定位，为整部立法定下总括性、纲领性的基调。

第二章：志愿者和志愿服务组织。该章涵盖了志愿者、志愿服务组织的定义，成为志愿者的基本要求、注册手续，成立志愿服务组织的条件、登记

---

① 《中华人民共和国宪法》第三十五条：中华人民共和国公民有言论、出版、集会、结社、游行、示威的自由。

② 《中华人民共和国宪法》第四十二条第三款：劳动是一切有劳动能力的公民的光荣职责。国有企业和城乡集体经济组织的劳动者都应当以国家主人翁的态度对待自己的劳动。国家提倡社会主义劳动竞赛，奖励劳动模范和先进工作者。国家提倡公民从事义务劳动。

手续、类型，以及志愿服务组织行业治理的要求等。该章旨在厘清志愿者界定标准的基础上鼓励志愿者注册，以适应志愿服务事业的规范化运作，促进志愿服务事业健康有序发展，推动完善志愿服务组织的运作机制，提高志愿服务组织的规范化水平，实现志愿服务活动主体多元化、规范化的协调统一，保障志愿服务事业的稳定有序。

第三章：志愿服务活动。该章全面覆盖了志愿服务活动的各个环节，包括志愿者开展服务的渠道、需要签订志愿服务协议的情形和内容，志愿者的招募和管理、教育培训、专业服务标准和资格，志愿服务组织的义务、保险、服务记录和档案管理、信息公开、服务证明、评估以及应急服务的指导与协调等，特别针对协议签订、信息公开和志愿者培训制度等进行了详细规定，推动志愿服务的规范化和专业化发展。

第四章：促进措施。该章涉及志愿服务的促进措施，包括政府的职责、指导与资助、社会主体的社会责任、购买服务、捐赠优惠和志愿服务激励措施。立法明确了激励和促进志愿服务的措施，通过物质和精神奖励对志愿者进行回馈，要求相关机构提供政策和资金支持，体现出该法的引领和促进作用。

第五章：法律责任。该章规定了有关法律责任的内容，主要包括志愿服务组织的侵权责任、收取或变相收取报酬的责任、提供虚假记录证明的责任、借名营利的责任、政府有关部门的法律责任，旨在化解风险、分担责任，实现各主体的权责结合、权责平衡，为志愿服务的有序开展提供法治保障。

第六章：附则。主要包括其他志愿服务活动组织者以及非注册登记志愿者的法律适用、其他志愿服务活动组织者以及该法实施时间等内容，对法律正文条款进行补充，使其更为完整、完备、完善。

另外，关涉志愿服务活动的现行行政法规还包括 1998 年出台的《民办非企业单位登记管理暂行条例》、2004 年出台的《基金会管理条例》、2016 年新修订的《社会团体登记管理条例》等。

4. 部门规章

民政部于 2020 年颁布的《志愿服务记录与证明出具办法（试行）》是专门针对志愿服务活动的部门规章。除此之外，在其他部门规章中也能够找到有关志愿服务的相关规定。2004 年商务部出台的《援外青年志愿者选派和管理暂行办法》第六条①，规定了援外青年志愿者应当符合的基本条件。2017 年修订的《湿地保护管理规定》第六条②，要求地方人民政府和有关主管部门应当鼓励和支持公民、法人以及其他组织，以志愿服务的形式参与到湿地保护活动中。《养老机构管理办法》《对外援助管理办法》《普通高等学校学生管理规定》《社会体育指导员管理办法》等部门规章，均涉及有关志愿服务的相关规定。

5. 其他规范性文件

其他规范性文件的种类繁多，广义上包含除法律、行政法规、部门规章以外的其他具有规范性质的文件，包括党内法规政策与意见通知、部门内部的工作文件以及其他行业团体规范、国家行业地方团体标准等规范性文件。这类规范性文件是我国推进志愿服务法治化进程中的重要组成部分，在上文已有过相关梳理与分析，这里重点介绍 2015 年由民政部出台的《志愿服务信息系统基本规范》以及 2021 年国家市场监督管理总局与国家标准化管理委员会公布的《志愿服务组织基本规范》。《志愿服务信息系统基本规范》规定了志愿服务信息系统建设的基础数据元、功能要求、信息共享与交换接口、安全要求等，适用于各级各类志愿服务信息系统数据元和功能设计，为管理人员、工程技术人员、系统运维人员提供了管理和技术参考。《志愿服务组织基本规范》规定了志愿服务组织的基本要求、服务管理、组织管理

---

① 《援外青年志愿者选派和管理暂行办法》第六条规定援外青年志愿者应符合以下条件：（一）具有中华人民共和国国籍；（二）年龄一般在 20 岁至 35 岁之间，确属援外青年志愿服务工作必需的，年龄可适当放宽；（三）身体健康；（四）一般具有大学本科以上学历；（五）品行端正，无犯罪、记过处分记录；（六）忠于祖国，乐于奉献，热爱志愿服务事业，志愿到发展中国家从事志愿服务工作。

② 《湿地保护管理规定》（2017 年修改）第六条：县级以上人民政府林业主管部门应当鼓励和支持公民、法人以及其他组织，以志愿服务、捐赠等形式参与湿地保护。

及评估与改进的内容，适用于志愿服务组织的运行和管理，而开展志愿服务的其他组织也可参照使用。

（三）志愿服务法治化的地方努力

1. 地方性法规

省、自治区、直辖市、设区的市的人民代表大会及其常务委员会根据本行政区域的具体情况和实际需要在不同宪法、法律、行政法规相抵触的前提下可以制定地方性法规。我国现行有效的有关志愿服务的地方性法规共56部，汇总如表4所示。

表4　现行有效的志愿服务地方性法规

序号	发布日期	文件名称
1	2003 年 11 月 21 日	《杭州市志愿服务条例》
2	2004 年 9 月 16 日	《银川市青年志愿服务条例》
3	2005 年 4 月 6 日	《成都市志愿服务条例》
4	2005 年 6 月 1 日	《南京市志愿服务条例》
5	2006 年 7 月 28 日	《济南市志愿服务条例》
6	2008 年 5 月 29 日	《青岛市志愿服务条例》
7	2009 年 1 月 9 日	《淄博市志愿服务条例》
8	2009 年 3 月 27 日	《新疆维吾尔自治区志愿服务条例》
9	2009 年 5 月 27 日	《海南省志愿服务条例》
10	2009 年 9 月 25 日	《四川省志愿服务条例》
11	2010 年 3 月 26 日	《唐山市志愿服务条例》
12	2010 年 6 月 23 日	《汕头市青年志愿服务促进条例》
13	2010 年 8 月 16 日	《昆明市志愿服务条例》
14	2010 年 11 月 25 日	《陕西省志愿服务促进条例》
15	2012 年 6 月 14 日	《黑龙江省志愿服务条例》（2012 年修订）
16	2012 年 9 月 27 日	《湖南省志愿服务条例》
17	2012 年 11 月 29 日	《珠海经济特区志愿服务条例》
18	2012 年 12 月 21 日	《合肥市志愿服务条例》
19	2014 年 6 月 18 日	《大连市志愿服务条例》
20	2014 年 9 月 26 日	《福州市志愿服务条例》
21	2014 年 10 月 11 日	《包头市志愿服务条例》

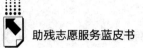
续表

序号	发布日期	文件名称
22	2015 年 1 月 14 日	《西藏自治区志愿服务条例》
23	2015 年 5 月 28 日	《重庆市志愿服务条例》
24	2015 年 7 月 30 日	《吉林省志愿服务条例》(2015 年修订)
25	2015 年 11 月 26 日	《湖北省志愿服务条例》
26	2016 年 3 月 23 日	《抚顺市志愿服务条例》(2016 年修订)
27	2016 年 5 月 12 日	《武汉市志愿服务条例》
28	2017 年 11 月 28 日	《天津市志愿服务条例》
29	2018 年 7 月 27 日	《浙江省志愿服务条例》(2018 年修订)
30	2018 年 11 月 30 日	《河南省志愿服务条例》
31	2019 年 6 月 6 日	《海口市志愿服务条例》
32	2019 年 7 月 17 日	《宁夏回族自治区志愿服务条例》(2019 年修订)
33	2019 年 7 月 31 日	《山西省志愿服务条例》(2019 年修订)
34	2019 年 9 月 27 日	《辽宁省志愿服务条例》(2019 年修订)
35	2019 年 11 月 15 日	《上海市志愿服务条例》(2019 年修订)
36	2019 年 12 月 2 日	《安徽省志愿服务条例》
37	2020 年 5 月 11 日	《鞍山市志愿服务条例》(2020 年修订)
38	2020 年 7 月 24 日	《广西壮族自治区志愿服务条例》
39	2020 年 11 月 27 日	《广东省志愿服务条例》(2020 年修订)
40	2020 年 12 月 11 日	《厦门经济特区志愿服务条例》
41	2020 年 12 月 25 日	《北京市志愿服务促进条例》(2020 年修订)
42	2021 年 1 月 15 日	《江苏省志愿服务条例》(2021 年修订)
43	2021 年 5 月 28 日	《福建省志愿服务条例》
44	2021 年 7 月 29 日	《江西省志愿服务条例》
45	2021 年 9 月 29 日	《河北省志愿服务条例》(2021 年修订)
46	2021 年 12 月 3 日	《山东省志愿服务条例》
47	2021 年 12 月 3 日	《宁波市志愿服务条例》(2021 年修订)
48	2022 年 1 月 21 日	《泰安市志愿服务促进条例》
49	2022 年 4 月 8 日	《邯郸市志愿服务条例》
50	2022 年 9 月 28 日	《内蒙古自治区志愿服务条例》
51	2023 年 1 月 18 日	《广州市志愿服务规定》
52	2023 年 4 月 12 日	《白城市志愿服务条例》
53	2023 年 6 月 1 日	《廊坊市志愿服务促进条例》
54	2023 年 8 月 17 日	《南宁市志愿服务条例》(2023 年修订)
55	2023 年 10 月 9 日	《沈阳市志愿服务条例》
56	2024 年 1 月 23 日	《潍坊市志愿服务规定》

2. 地方政府规章

目前，专门针对志愿服务颁布地方政府规章的案例较为罕见，仅有《贵州省志愿服务办法》、《洛阳市志愿服务管理办法》和《哈密市志愿服务管理办法》采用了地方政府规章的形式。然而，志愿服务元素广泛体现在地方政府规章中。例如，《北京市道路交通安全防范责任制管理办法》第七条第二款鼓励单位和个人参与道路交通安全公益活动，提供志愿服务，并对突出贡献者授予荣誉称号；《江苏省自然灾害救助办法》第八条要求地方政府建立自然灾害救助社会动员机制，鼓励单位和个人参与抗灾救灾、灾后恢复重建、救灾捐赠和志愿服务等活动。以上案例充分展示了地方政府规章中志愿服务的重要性。

3. 行政规范性文件

行政规范性文件虽非法律规范，却具有法律效力，细化了地方志愿服务法制，是志愿服务管理中最常见的规范形式，如《北京市志愿者管理办法（试行）》《山东省文化志愿服务实施办法》《宁夏回族自治区志愿服务记录与证明出具办法（试行）》等。

四 中国志愿服务法治化的当前挑战

当前，由于缺少国家层面专门关于志愿服务的立法，我国志愿服务事业面临以下问题挑战。

第一，国家层面志愿服务立法的缺失严重制约了全民参与志愿服务的广度与深度。在缺乏明确的法律规范和制度保障的情况下，各地区和各个组织在志愿服务活动的开展上可能存在法律风险与不确定性，使得公众的积极性受到限制，志愿服务活动的开展受到制约。比如，关于志愿者法律责任制度的缺失，法律责任的不明确，影响了其参与志愿服务的积极性。

第二，缺乏对志愿服务的规范引导，导致实践中出现了各种不良现象。由于缺乏国家层面的法律约束和规范化指导，我国当前志愿服务活动中出现

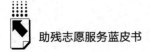

了一些违法、违规的现象，如虚假登记、牟利活动、侵犯权益等，严重影响了志愿服务事业的正常开展和社会效果。

第三，缺乏对志愿服务的激励保障，导致志愿者服务热情减弱。缺乏全国层面有效的激励措施和保障机制，使得志愿者参与志愿服务的积极性受到抑制，影响了志愿服务事业的稳定和持续发展。

第四，缺乏资源支持，使得深化志愿服务活动难以为继。志愿服务活动需要各种资源的支持，包括资金、场地、物资等，但由于缺乏国家层面的法律保障和支持，志愿服务组织和项目往往面临着资金短缺、资源不足的困境，限制了志愿服务活动的深入开展。

第五，缺乏统筹志愿服务活动的力度，使得各自为政的现象较为普遍。缺乏国家层面的立法统筹协调和指导，导致各地区和各个组织在志愿服务活动中出现无法可依、各自为政、多头管理的现象，各部门和其他社会主体之间缺乏整体规划和协同配合，影响了志愿服务活动的整体效果和社会价值的最大化。

由于志愿服务活动多元化且内容丰富，仅依赖民政型行政法规管理难以达到理想效果。应借鉴地方人大立法经验，充分发挥人大主导立法职能，尽快制定"志愿服务法"，以法律手段保障志愿服务快速发展。

五　中国志愿服务法治化的发展展望

（一）坚持制度自信，加强国家层面的立法工作

推进中国式志愿服务法治化的发展必须坚持制度自信。我国志愿服务事业具有独特的资源与优势，如传统的互帮互助精神、高层决策的支持、集中的资源能力和有效的组织动员能力。党组织、青年组织、妇女组织、工会和慈善机构在志愿服务动员和组织方面积累了丰富经验，中央有关部门和社会团体在高层协调、专业指导、政策推动和法律调整中发挥着关键作用。这些资源和优势与西方发达国家有所不同，有助于创

新中国特色志愿服务理论和制度体系。充分利用这些资源和优势可以更有效地推动我国志愿服务事业发展，进一步激发社会组织活力，促进社会发展、民主进程和社会和谐。因此，在仅依赖行政法规的管理和立法模式无法满足我国志愿服务法律保障的特殊需求的情况下，应当在借鉴国际经验的同时，结合本国全民共识和地方实践经验，积极创新和完善志愿服务法律体系。

2023 年 9 月，十四届全国人大常委会立法规划公布，制定"志愿服务法"已被列入第一类项目。基于我国志愿服务事业的特点和志愿服务的全民实践，加快推进"志愿服务法"的制定出台，从而为志愿服务提供更全面、更给力的法律保障。

（二）坚持守正创新，形成地方层面的立法特色

2024 年 4 月，《中共中央办公厅 国务院办公厅关于健全新时代志愿服务体系的意见》指出，要鼓励地方根据发展实际，加强和完善有关志愿服务地方立法。[①] 2000 年制定的《立法法》规定，省、自治区、直辖市的人大及其常委会在不与上位法相抵触的情况下，可以根据具体情况与实际需要制定地方性法规。[②] 2015 年《立法法》修正后，赋予了地方更多的立法权，规定了设区的市的人民代表大会及其常务委员会的立法范围，包括城乡建设与管理、生态环境保护、历史文化保护等。[③] 2023 年《立法法》再一次修正，在设区的市的立法权中增加了"基层治理"事项，同时将"环境保护"

---

① 《中共中央办公厅 国务院办公厅关于健全新时代志愿服务体系的意见》，《人民日报》2024年 4 月 23 日，第 1 版。

② 《中华人民共和国立法法》第六十三条：法律的修改和废止程序，适用本章的有关规定。法律被修改的，应当公布新的法律文本。法律被废止的，除由其他法律规定废止该法律的以外，由国家主席签署主席令予以公布。

③ 《中华人民共和国立法法》（2015 年修正）第七十二条第二款：宪法第八十九条规定的国务院行政管理职权的事项。应当由全国人民代表大会及其常务委员会制定法律的事项，国务院根据全国人民代表大会及其常务委员会的授权决定先制定的行政法规，经过实践检验，制定法律的条件成熟时，国务院应当及时提请全国人民代表大会及其常务委员会制定法律。

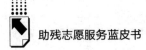

事项修改为"生态文明建设"①，通常认为这意味着设区的市的立法权进一步扩大。可见，在统一完备的国家法律体系下，根据实际需要与具体情形充分发挥地方立法特色，是我国法律体系的基本特征。在实践中，宁波市、杭州市、抚顺市、银川市等地，都是较早根据当地实际情况制定市一级有关志愿服务地方性法规的城市。目前我国 31 个省级行政区（除香港特区、澳门特区和台湾地区）中已有 27 个制定了有关志愿服务的省级地方性法规，另外有 29 个设区的市制定了有关志愿服务的市一级地方性法规。一方面，应当看到过去三十多年一些地方的志愿服务法治化发展卓有成效；另一方面，也要看到一些省份和地区的志愿服务规定同质化严重，没有契合当地发展的实际情况，没有协调好与上级立法规范的关系，不能适应和促进当地志愿服务实践的发展。未来，在推进我国地方志愿服务法治化的进程中，应当坚持守正创新，地方要切合实际出台有特色、适应当地志愿服务事业发展的地方性立法规范。

2020 年修订的《广东省志愿服务条例》以及 2023 年出台的《广州市志愿服务规定》就很好地体现了地方层面的立法特色。广东省作为数字化建设走在全国前列的地区，其在《广东省志愿服务条例》中明确提出要依托省政府政务大数据平台整合志愿服务相关信息和数据资源，建立和完善统一的志愿服务信息平台。在《广州市志愿服务规定》中，要求负责建立健全志愿服务数据的采集管理机制的相关单位做好全市志愿服务数据的管理工作，实现与省级志愿服务信息化平台的互联互通。类似地，在《广东省志愿服务条例》中还提出了鼓励企业在同等条件下优先招用有良好志愿服务

---

① 《中华人民共和国立法法》（2023 年修正）第八十一条第一款：设区的市的人民代表大会及其常务委员会根据本市的具体情况和实际需要，在不同宪法、法律、行政法规和本省、自治区的地方性法规相抵触的前提下，可以对城乡建设与管理、生态文明建设、历史文化保护、基层治理等方面的事项制定地方性法规，法律对设区的市制定地方性法规的事项另有规定的，从其规定。设区的市的地方性法规须报省、自治区的人民代表大会常务委员会批准后施行。省、自治区的人民代表大会常务委员会对报请批准的地方性法规，应当对其合法性进行审查，认为同宪法、法律、行政法规和本省、自治区的地方性法规不抵触的，应当在四个月内予以批准。

记录的志愿者，在公务员考录、事业单位招聘中可以将志愿服务情况纳入考察内容。相应地，在《广州市志愿服务规定》中提出对有良好志愿服务记录的志愿者在办理承租公共租赁住房，或者积分制入户等积分制服务事项时给予优先或者加分等。以上规定，不仅完善了地方志愿服务事业发展的促进措施，还结合当地发展将数字化建设与志愿服务信息化平台结合起来，形成具有地方特色的志愿服务法律规范体系。

（三）坚持问题导向，推进法律规范的贯彻落实

徒法不足以自行。志愿服务法治化，不仅需要完备的法律制度体系，更需要坚持问题导向，结合实际情况，全面深入细致地贯彻落实法律法规政策文件。比如在《志愿服务条例》出台后，为了贯彻落实《志愿服务条例》，推动志愿服务事业开创新的局面，2017 年 10 月 27 日，中央文明办、民政部下发了关于学习宣传和贯彻落实《志愿服务条例》的通知。未来在制定志愿服务法律法规政策文件后，应重点做好以下几点。

首先，组织全面宣传和专业培训。志愿服务法规应成为志愿服务骨干和组织的重要培训内容，通过培训加强对法律法规的宣传和理解。

其次，对照全国立法修订地方性法规。各地应按照全国立法内容，梳理地方志愿服务条例和政策文件，确保与全国立法一致，及时修订与废止不符合的部分。

最后，严格执行法律法规内容，确保基本原则、管理体制、权益保障、促进措施和法律责任等有效落实。

（四）坚持系统观念，完善志愿服务的法治保障

我国志愿服务法制已步入体系化精细化阶段，但现行法律规范过于笼统，未来需重视精细化，提升操作性。以已有地方性法规和《志愿服务条例》为基础，迫切需要出台国家层面的"志愿服务法"。非立法权组织也应遵循法治精神，制定章程和行为规范。形成"法—条例—地方性法规—党内法规—规范性文件—组织章程"的法律与"软"法规范体系。

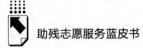
　　"志愿服务法"应解决八大关键问题：一是确立宗旨，包括弘扬志愿精神、保障志愿者权益、促进事业发展；二是明确志愿服务的基本法律问题；三是确定公益奉献、自愿平等、民主参与等法律原则；四是规范管理体制和机制；五是全面规范志愿服务活动运行；六是明确组织、志愿者的权利与义务；七是加强志愿者队伍建设；八是保障经费和风险防控，建立法律责任制度。志愿服务事业是复杂的社会系统工程，需科学构建和不断完善规范体系，以推动其法治化、系统化、高效化发展。

结　语

　　《法治中国建设规划（2020—2025 年）》指出："建设法治中国，应当实现法律规范科学完备统一。"三十多年来，我国志愿服务法治化的发展历程经历了"萌芽与起步""发展与规范""推进与调整""深化与完善"四个发展阶段，志愿服务法治化建设取得了卓越成就。新时代下志愿服务法治化建设应当与社会主义现代化建设相向而行，做到坚持制度自信，加强国家层面的立法工作；坚持守正创新，形成地方层面的立法特色；坚持问题导向，推进法律规范的贯彻落实；坚持系统观念，完善志愿服务的法治保障。应当在总结三十多年来在推动志愿服务法治化进程中积累经验的基础上，在新时代全面建设社会主义现代化强国的时代背景下，努力尽快推出"中华人民共和国志愿服务法"，以此为关键抓手形成完备的中国式志愿服务法律规范体系和系统的制度运行体系，这是我们必须全力推进完成的重大历史使命。

分 报 告 ▷

B.3

中国志愿服务立法理念发展报告

高浣月　徐　爽　赵海全*

摘　要： 志愿服务理念与我国优秀传统文化一脉相承。志愿服务组织以1949 年共青团青年志愿垦荒队为"起点"，从 1981 年开始在全国范围内出现并逐步形成规模，经历了"学雷锋"的初步探索期、与国际接轨的快速发展期、志愿服务理念普及期和志愿服务法制化的实践期。志愿服务的公益性理念明确出现在 2017 年国务院出台的《志愿服务条例》中，具体体现为自愿、无偿、平等、诚信、合法原则。当前，在加快推进志愿服务立法的进程中，需再次确认奉献友爱、互助进步、平等自愿、诚信合法原则；突出保障志愿者、志愿服务组织、志愿服务对象合法权益；培育和践行社会主义核心价值观，促进社会文明进步。

关键词： 志愿服务　奉献精神　社会主义核心价值观

---

* 高浣月，博士，中国政法大学法学院教授，主要研究领域为中国法律史、特定群体权利保障；徐爽，博士，中国政法大学人权研究院副教授，主要研究领域为宪法学、特定群体权利保障；赵海全，博士，中国政法大学法学院讲师，主要研究领域为习近平法治思想、党内法规。

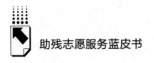
一 志愿服务理念的变迁历程

志愿服务是一项历史悠久的社会工作，从 19 世纪初的宗教慈善服务开始，已在世界上存在和发展 200 多年了。"志愿者（Volunteer）"作为概念词在我国使用时间较短，但其蕴含关于志愿服务工作的精神思想根基深厚。中华民族长期以来具备扶贫济困和助人为乐的传统文化，因此，在志愿服务工作理念中，必然蕴藏该人文思想指导下关于对和谐社会环境的追求，这一精神实质与我国传统文化一脉相承。具体而言，儒家"仁爱""义利"思想精神，墨家"兼爱""非攻"思想精神，都可以作为志愿服务精神及其实质内涵的典型表征。在该文化背景下，我国古代存在"义仓""义米""义舍"等具有近现代志愿服务特征的社会服务类型。

志愿者也被称为"义工"。2013 年 11 月修订的《中国注册志愿者管理办法》将志愿者定义为"不以物质报酬为目的，利用自己的时间、技能等资源，自愿为国家、社会和他人提供服务的人"。从志愿工作领导主体来看，西方国家的志愿服务与我国志愿服务的不同在于，我国志愿服务工作坚持中国共产党的领导。具体而言，中国共产党人的"志愿服务"精神源远流长，并非一蹴而就、朝夕形成，志愿精神的形成根基在于党的远大理想及其引领，是在党的崇高宗旨激励下，经过几代共产党人坚持不懈的实践和传承，逐步形成的伟大精神。① 以上阐述，对于志愿者具有极大的启迪价值，激励着广大志愿服务者在其服务道路上有所奉献、有所作为。在党的领导下，我国志愿服务理念从最初萌芽到不断壮大、臻于成熟。志愿服务理念肇始于新中国成立之初即成立的共青团青年志愿垦荒队，垦荒队提出的"党号召什么，青年就做什么；人民需要什么，青年就做什么"成为青年服务群体中的话语核心，体现出中国青年的奉献精神。

---

① 本刊编辑部：《永远高扬为人民服务的旗帜——中国共产党人百年"志愿服务"启示录》，《中国志愿》2021 年第 3 期。

我国从 1981 年开始，与联合国志愿人员组织互派志愿者，志愿服务组织逐渐在全国范围内形成规模。1987 年，广州市志愿者开通了"中学生心声热线"，这是全国第一个志愿者服务热线，拉开了中国志愿服务事业的序幕，标志着中国的"学雷锋做好事"向现代志愿者服务模式转型的开始。随后，关于青年的志愿服务工作，在广州市团市委的指导下逐步开展，志愿服务的客体也从"单位群体"向"社会群体"转变。志愿服务来自社会，又服务于社会，这使得志愿服务精神在社会生活中产生越发深远的影响，志愿服务与社会治理需求相结合，在国家组织下逐步法制化、专业化和组织化。①

（一）"学雷锋"：初步探索期（1981~1992年）

国内最早的志愿服务为"学雷锋"服务，源于 1963 年由毛泽东主席所发出的"向雷锋同志学习"的号召，该号召在全国掀起了"学雷锋"热潮。总体来看，"学雷锋"是新中国成立以来最早的志愿服务模式，奠定了我国其后的志愿服务事业的基础。20 世纪 80 年代，为纪念雷锋和发扬雷锋精神，每年 3 月 5 日，青年群体均会主动参与"弘扬雷锋精神"的相关活动，引导人们积极发扬乐于助人的品格。1990 年，新华社发表专稿《谁说雷锋没户口，唐山雷锋月月有》，在全国范围内宣传和推广唐山市"月评学雷锋十佳活动"，引发良好社会反响。该文的刊发，向全国人民阐释了"雷锋精神"并非仅仅停留于特定时刻，而是作为一种优良风尚，在社会环境中持续产生积极作用。而且，唐山市常态化"学雷锋"评比工作，摸索出社会公民道德建设的路径，使该地赢得了"留住雷锋的城市"美誉。

20 世纪 80 年代末，广州、深圳等处于改革开放最前沿的部分城市，将志愿服务与本地外来民工群体数量大的实际情况相结合，借鉴香港、澳门等地经验成立了从事志愿服务的"义工组织"，他们将学到的优点融入"学雷

---

① 黄晓星：《制度联结：中国特色志愿服务的多重实践与逻辑》，《学术月刊》2022 年第 4 期。

锋"活动，帮助外来民工尽快实现创业或安居目的，打开了我国志愿服务的新局面。

20 世纪 90 年代，我国采用国际组织关于公益活动的通用表述，即"志愿服务"，该概念的变迁历经约三十年时间。为动员社会各方面力量，解决城市居民生活服务和社会福利保障问题，1986 年初，民政部首次提出在全国城市基层领域广泛开展以民政对象为主体的社区服务，这是"社区"概念通过社会福利保障和志愿服务与"实际生活"概念的首次联结。

基于民政部门倡导和推动，天津市和平区的社区最早建立起的覆盖全区的志愿服务网络，成为社区志愿服务组织的先驱和代表。具有志愿服务色彩的社区服务从北京和天津等地向全国范围发展。自 1986 年，全国城市范围内开始动员街道、居民委员会组织开展社区服务。在此背景下，民政部于 1987 年召开全国社区服务工作座谈会，使得志愿工作借助"社区服务"概念得到推进。

（二）与国际接轨：快速发展期（1993~1999年）

据时任北京大学志愿服务和福利研究中心的丁元竹主任介绍，中国最早的志愿者来自联合国志愿人员组织。1979 年第一批联合国志愿者来到中国偏远地区，从事环境、卫生、计算机和语言等领域的服务。1981 年，联合国开发计划署在北京三里河建立中国总部，同时，联合国志愿人员组织在此设立项目办公室，带给中国志愿服务事业新动力和新机遇，西方的志愿服务理念逐渐传进中国，人们逐渐感受到志愿服务在助人之余，还可以给个人的发展带来积极的影响。

1993 年，共青团中央发起号召全国青少年秉持"奉献、友爱、互助、进步"的倡导，要求积极参与各类社会公益活动，引导推动"中国青年志愿者行动"的开展。青年志愿者开始成为我国志愿服务的主要力量，志愿服务也成为青年群体社会行动的重要部分，发挥了服务人民生活、促进社区建设和保障社会发展的综合作用。1993 年 12 月，共青团十三届二中全会正式提出"青年志愿者"概念，青年志愿服务成为共青团中央实施跨世纪青年文明工程的重要内容，并于《在建立社会主义市场经济体制进程中我国青年工作战略发展规划》中得以明确。① 截至 1998 年 3 月底，全国共成立省级青年志愿者协会 31 个。北京、天津、吉林、山东还组建了一些行业性、专业性的青年志愿者组织。② 该时期志愿服务事业蓬勃发展，1999 年统计显示，我国"注册义工"数量达到 3 万人，体现出社会各阶层都在积极参与志愿服务事业，说明志愿服务已经拥有相当服务力量，志愿者已成为一类服务社会各领域的社会群众性团体。

同期，上海市精神文明建设委员会领导建立了"上海市志愿者协会"（以下简称"协会"），协会包含了上海市青年、社区、红十字会、企业等志愿社团，是当时大规模的、具备影响力的志愿组织。该协会在上海市精神文明建设委员会领导下开展服务活动，并从事志愿服务的相关规划、统筹、指导等工作。协会建立和运行推动了"团体"参与志愿事业，并获得普遍发展，满足了各类群众的不同需求。伴随改革开放的逐步深化，各地志愿服务不断发展。1999 年 8 月 5 日，广东颁布了大陆第一部关于志愿服务的地方性法规——《广东省青年志愿服务条例》，标志着大陆志愿服务法制化进程的开启。此后，北京、天津、广东、浙江、黑龙江、江苏、福建、江西、山东、宁夏分别制定了地方层面的"志愿服务条例"，志愿服务法制化进程逐步推进。

志愿服务事业一直与人文精神的有效传播密切相关，同时在社会主义精神文明建设过程中发挥着重要作用。从历史经验来看，部分地区采用坚持精神文明建设委员会领导推动志愿服务工作的方式，同时党政领导担任主要负责人，强化和巩固了党对志愿服务事业的领导，在推进志愿服务事业发展层面取得了非常好的社会效果。

（三）志愿服务理念普及期（2000~2016年）

2000 年，江泽民同志做出重要批示，"青年志愿者行动，是当代社会主

---

① 张萍、杨祖婵：《中国志愿服务事业的发展历程》，《当代中国史研究》2013 年第 3 期。
② 卢雍政主编《中国青年志愿者——扶贫接力计划》，广东经济出版社，1999，第 5~9 页。

义中国一项十分高尚的事业，体现了中华民族助人为乐和扶贫济困的传统美德，是大有希望的事业。努力进行好这项事业，有利于在全社会树立奉献、友爱、互助、进步的时代新风。希望你们在新的世纪里继续努力，发扬我国青年的光荣传统，不懈奋斗，不断创造，奋勇前进，为实现中华民族的伟大复兴作出新的更大的贡献"①。

2001 年是"国际志愿者年"，在这一年，国家大力推动志愿服务活动蓬勃发展，标志着我国开启了中国志愿服务事业的多元发展时期。志愿服务主体包括党群组织、社区组织、企业组织和个人等，同时，志愿者的具体类型也得到了进一步丰富，党员、职工、青年、妇女、老年和社区志愿者等各类志愿服务队伍不断壮大。②

总体来看，2001~2007 年我国志愿服务事业的法律和制度建设依托顶层设计的关注优势而得到持续发展。《中共中央关于加强社会主义精神文明建设若干重要问题的决议》明确了深入开展青年志愿者行动的目标；随后召开的党的十六届六中全会则明确提出了建立与政府服务、市场服务相衔接的社会志愿服务体系的要求。同样地，在《中国 21 世纪初可持续发展行动纲要》中，明确说明"大力开展志愿服务促进中国社会发展"。上述政策和文件的出台实施，有力支持了中国志愿服务事业的发展，对其长期有效建设起到了保障作用。③ 上述期间还出台了其他法律政策，如《中国青年志愿者注册管理办法（试行）》《中国社区志愿者注册管理办法》《中国注册志愿者管理办法》《北京市志愿服务促进条例》等。

2006 年 4 月，国务院发布的《关于加强和改进社区服务工作的意见》指出，"积极组织开展社区志愿服务活动。培育社区志愿服务意识，弘扬社区志愿服务精神，推行志愿者注册制度"，这成了我国社区志愿服务规范化建设的标志。2007 年 10 月，党的十七大报告指出要"完善社会志愿服务体

---

① 共青团中央 中共中央文献研究室编《毛泽东 邓小平 江泽民论青少年和青少年工作》，中央文献出版社、中国青年出版社，2000，第 327 页。

② 本刊编辑部、潘勤：《志愿服务的"前世今生"》，《江淮法治》2017 年第 20 期。

③ 张萍、杨祖婵：《中国志愿服务事业的发展历程》，《当代中国史研究》2013 年第 3 期。

系"，强调社区志愿服务的制度供给保障。此后，《关于深入开展志愿服务活动的意见》《关于进一步推进志愿者注册工作的通知》《关于加强减灾救灾志愿服务的指导意见》等文件对大力弘扬志愿精神，着力建立志愿服务的人员队伍、服务体系和社会化运行模式等方面做出规定。总体而言，这一时期党中央及时调整了志愿服务工作领导体系，逐步建立起"文明委统筹、文明办牵头"的机制，全国范围内各领域志愿服务发展呈现新的趋势，志愿服务事业得到进一步发展和壮大。[①]

党的十八大以来，多部门联合印发志愿服务指导意见，大力推进社会服务志愿者队伍建设，深入开展志愿服务，志愿服务发展程度成为此阶段社会文明进步的重要标志。2012~2014年，公安部、国家发展和改革委员会、民政部、财政部、人力资源和社会保障部印发《关于积极促进志愿消防队伍发展的指导意见》，民政部印发《志愿服务记录办法》《中国社会服务志愿者队伍建设指导纲要（2013—2020年）》，民政部、共青团中央印发《关于在全国推广"菜单式"志愿服务的通知》，中央精神文明建设指导委员会印发《关于推进志愿服务制度化的意见》，并配套印发《贯彻落实〈关于推进志愿服务制度化的意见〉的任务分工》。此后，中央文明办、民政部、共青团中央等多部门联合下发《关于规范志愿服务记录证明工作的指导意见》《关于推广应用〈志愿服务信息系统基本规范〉》《关于支持和发展志愿服务组织的意见》《关于公共文化设施开展学雷锋志愿服务的实施意见》等。总体来看，社会服务志愿者为全体社会成员尤其是困难群体提供帮助，其志愿服务理念为以提高人民生活质量为目标，成为本阶段的行动理念与行动指南。

（四）志愿服务法制化的实践期（2017年至今）

2017年8月22日，民政部办公厅印发《关于推广使用全国志愿服务信息系

[①] 袁媛、刘建成主编《志愿服务政策法规概览》，山西出版集团、山西经济出版社，2009，第9页。

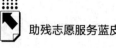
统的通知》，要求通过保障志愿者、志愿服务组织、志愿服务对象的合法权益的方式，鼓励和规范志愿服务活动。① 2017 年 8 月 22 日，国务院颁布《志愿服务条例》；2017 年 10 月 27 日，中央文明办、民政部印发《关于学习宣传和贯彻落实〈志愿服务条例〉的通知》，指出志愿服务事业在我国得到不断发展，对于推进社会治理创新、维护社会和谐稳定、增进民生福祉都发挥了重要作用。随后，民政部印发《关于做好志愿服务组织身份标识工作的通知》《"互联网+社会组织（社会工作、志愿服务）"行动方案（2018—2020 年）》《关于进一步加强脱贫攻坚志愿服务宣传展示工作的通知》等一系列规范志愿服务的细化文件。

2019 年，习近平总书记在致中国志愿服务联合会第二届会员代表大会的贺信中强调，"志愿服务是社会文明进步的重要标志。党的十八大以来，广大志愿者、志愿服务组织、志愿服务工作者积极响应党和人民号召，弘扬和践行社会主义核心价值观，走进社区、走进乡村、走进基层，为他人送温暖、为社会作贡献，充分彰显了理想信念、爱心善意、责任担当，成为人民有信仰、国家有力量、民族有希望的生动体现。希望广大志愿者、志愿服务组织、志愿服务工作者立足新时代、展现新作为，弘扬奉献、友爱、互助、进步的志愿精神，继续以实际行动书写新时代的雷锋故事"②。民政部印发的《关于学习宣传贯彻习近平总书记志愿服务重要指示精神的通知》指出"奉献、友爱、互助、进步"的志愿精神是雷锋精神的重要组成部分，志愿服务是广大人民群众在新的时代背景下学雷锋做好事的生动体现。

"十四五"规划要求"健全志愿服务体系，广泛开展志愿服务关爱行动"③，"畅通和规范市场主体、新社会阶层、社会工作者和志愿者等参与社会治理的途径"④。2020 年 12 月，民政部出台《志愿服务记录与证明出具办法（试

---

① 秦征、范浩阳、白相国：《承德市文明城市创建中志愿服务体系建设研究》，《品牌研究》2020 年第 2 期。

② 民政部编写组：《深入学习习近平关于民政工作的重要论述》，人民出版社，2023，第 112 页。

③ 《中共中央关于制定国民经济和社会发展第十四个五年规划和二〇三五年远景目标的建议》，人民出版社，2020，第 26 页。

④ 《中共中央关于制定国民经济和社会发展第十四个五年规划和二〇三五年远景目标的建议》，人民出版社，2020，第 36 页。

行）》，2021 年 4 月 28 日，中共中央、国务院印发《关于加强基层治理体系和治理能力现代化建设的意见》，强调"发展公益慈善事业。完善社会力量参与基层治理激励政策，创新社区与社会组织、社会工作者、社区志愿者、社会慈善资源的联动机制，支持建立乡镇（街道）购买社会工作服务机制和设立社区基金会等协作载体，吸纳社会力量参加基层应急救援。完善基层志愿服务制度，大力开展邻里互助服务和互动交流活动，更好满足群众需求"①。

志愿服务是现代社会文明进步的重要标志，健全志愿服务体系是我国社会治理创新的重要组成部分。党的十八大以来，志愿服务者和志愿服务组织在基层社会中得到显著发展，志愿服务发挥着资源递送、价值观传递、社会整合等多种重要功能。② 党的二十大报告提出，要进一步"完善志愿服务制度和工作体系"③，这也是在新发展阶段深入推进国家治理体系和治理能力现代化的必然要求。《志愿服务条例》作为我国首部志愿服务行政法规，为我国志愿服务事业健康发展提供了基本遵循和重要保证，标志着我国志愿服务事业进入了法制化运行的阶段。

党的二十大以来，为更加有效地发挥志愿服务工作在社会发展进程中的有益作用，更好地促进志愿服务与关心群众、帮助群众、凝聚群众、引导群众的目标相结合，党中央根据社会发展需求对志愿服务发展引导工作体系进行优化，将统筹协调志愿服务的工作职能从中央文明委划入中央社会工作部。随后，中央社会工作部调研组在调研中指出"志愿服务工作纳入党的社会工作体系，充分表明党中央对志愿服务工作的高度重视，是加强党对志愿服务的领导、完善志愿服务制度和工作体系的有力举措，对促进志愿服务事业长远发展具有重要意义"④。可见，中央社会工作部领导志愿服务工作，

---

① 《中共中央国务院关于加强基层治理体系和治理能力现代化建设的意见》，人民出版社，2021，第 10 页。

② 黄晓星：《制度联结：中国特色志愿服务的多重实践与逻辑》，《学术月刊》2022 年第 4 期。

③ 习近平：《高举中国特色社会主义伟大旗帜 为全面建设社会主义现代化国家而团结奋斗——在中国共产党第二十次全国代表大会上的报告》，人民出版社，2022，第 45 页。

④ 《中央社会工作部部长吴汉圣调研 志愿服务工作》，中国志愿服务基金会网，2023 年 9 月 22 日，https://cvsf.org.cn/news/institution/16953457701426.html。

将对群众工作的领导放在全新高度，体现出党对社会工作的凝聚力和引领力。

二 《志愿服务条例》确立的理念与原则

国务院 2017 年出台的《志愿服务条例》（以下简称《条例》），开宗明义地对志愿服务的理念和原则作出明确规定，这些理念和原则不仅是推动志愿服务所必需的，同时也反映出志愿服务事业发展的基本规律，为所有志愿服务行为提供了明确的指引。

（一）志愿服务的公益性：尽己所能，不计报酬

《条例》规定，开展志愿服务，应当遵循自愿、无偿、平等、诚信、合法五大原则。这样的原则和理念融合为一体，凝聚成志愿精神。志愿精神也可以称为"奉献精神"。志愿服务集中体现了人类的奉献精神，是社会文明进步的重要标志；对志愿者，需要强调的精神是"尽己所能，不计报酬，帮助他人"，这也是开展志愿服务不断强调的"奉献""不计报酬和收入""促进社会进步"等特征。[1] 志愿服务不应该被当成达到其他目的的手段。[2]

志愿服务的公益性指社会公众以服务为载体在自愿基础上的利他行为。总体来看，志愿服务体现出自愿、不计报酬和收入的特征，这种"非利己性"有利于社会福利事业的建设，在促进社会进步的基础上优化基层治理模式，是公众参与社会生活的重要方式。[3] 志愿服务的公益性可体现为以下四个方面，即"奉献、友爱、互助、进步"。奉献即志愿者不计个人得失，耗费一定的时间、精力，运用自身的专业知识和技能，不计报酬服务他人和社会，并不计较自己的付出和所得。友爱即人们之间平等尊

---

[1] 张树海：《志愿精神的培育与政府责任》，《湖北行政学院学报》2007 年第 A1 期。
[2] 王国平：《中国农村环境保护社区机制研究》，博士学位论文，湖南农业大学，2010。
[3] 张树海：《志愿精神的培育与政府责任》，《湖北行政学院学报》2007 年第 A1 期。

重，互敬互爱，爱可以传递，也会不断壮大，越来越多的人在志愿精神的感召下，加入志愿服务的队伍，守望相助。互助即互相帮助，助人自助，在该模式下，志愿服务受助者能获得相应帮助，解决实际困难，并接受志愿精神的熏陶。志愿者通过帮助他人，参与公众生活，锻炼自身能力，培养了道德素质。

（二）志愿服务的自愿原则

志愿服务必须是自愿参加的。这个自愿是主动的而不是被动的，是自觉的而不是强迫的。自愿性是志愿者服务的基本特征之一。志愿服务活动是有组织的，但每个志愿者加入志愿服务都应当是没有任何外来压力的。如果志愿服务并非出自个人的意思表示，而只是机械地满足于"应付"或者"完成任务"，其社会意义就会变味串味，志愿服务活动也很难发挥积极作用。[1]这正是志愿服务长期以来需要破解的"镜中花"难题。

自愿原则要求志愿服务的提供主体基于意思自治原则作出判断，不受他人强制和胁迫。自愿原则是区别志愿服务与其他公益服务的典型特征，决定了志愿服务参与者的主体地位。个人义务、工作职责、法律责任行为，不属于志愿服务。强制参与、强制"奉献"、募集摊派或变相摊派，都不是志愿服务，《条例》第二十五条[2]对此作了明确规定。

首先，自愿突出的是"自发自觉"。提供自愿服务，这是志愿者主动自觉承担的善举，不需要外力强制或者出于被迫。自愿，是所有志愿活动得以发动的"原动力"，是"起点"。志愿者心怀奉献精神，发挥主观能动性，积极主动为他人、为社会有所助益。每一个"志愿者"都是"自愿者"。

其次，自愿也包含了"自助自尊"。随着社会发展，志愿服务坚持的自愿原则也在不断发展。与传统的慈善救助观念不同，志愿服务认为每个人都

---

[1] 韦莉明：《论大学生志愿精神内涵及培育》，《中国成人教育》2011年第7期。

[2] 《志愿服务条例》第二十五条：任何组织和个人不得强行指派志愿者、志愿服务组织提供服务，不得以志愿服务名义进行营利性活动。

有改善生活、服务社会的动力和能力。服务对象不是消极被动地接受帮助，而是可以在他人的帮助下实现自身的更好发展。① 从志愿者和服务对象两个基本方面的结合来看，志愿服务表现出"自助助人"和"自乐乐他"的双重特征。

不仅如此，志愿不限于"一时一事"，还带动全社会友善互助氛围的形成和增强，改变全体社会成员的精神面貌。当然，志愿活动的自愿原则不排斥社会动员行为，但要求动员行为体现对志愿者意愿的充分尊重；而广泛动员本身也是助力形成社会新风尚的一种方式。

（三）志愿服务的无偿原则

无偿原则是指志愿者不以获取报酬或营利为目的，他们利用自己的时间、能力和财富贡献公益服务，因此是不获得劳动报酬的，是无偿的。② 志愿服务不是商业行为，也不是交易或买卖。提供志愿服务体现出一种奉献精神、一种牺牲精神。志愿服务遵循为人民服务宗旨，践行群众观点，解决群众所遇到的急难愁盼问题。同时，志愿服务以人民的利益为出发点，坚定自身立场，为人民的幸福和社会的进步而努力。正如康德所说："道德之所以有如此崇高的美名，就是因为他伴随着一种巨大的牺牲精神。"志愿服务的最高境界在于不计回报，无私地为他人和社会付出，甚至愿意为之牺牲个人生命。③

在组织志愿服务过程中，我们应转变观念，重新看待志愿服务过程及服务行为选择的"无偿性"和创造出的巨大价值。事实上，志愿服务蕴含丰富的"共同生产"特征：一方面，在志愿服务过程中，志愿者需要不断贡献自己的时间和精力，其中蕴含明显的向受助人群提供无偿服务的内容和形态；另一方面，志愿者在参与志愿服务时，不可避免地要与服务对象

---

① 张树海：《志愿精神的培育与政府责任》，《湖北行政学院学报》2007 年第 A1 期。
② 赵晓达：《当代大学生志愿精神及其培育研究》，博士学位论文，河北师范大学，2021。
③ 王俊俊、王昊昊：《新时代志愿精神的生成、内涵、作用及弘扬路径》，《商丘职业技术学院学报》2024 年第 1 期。

进行直接或间接互动，进而共同完成志愿服务。志愿服务行为的产生并非一方提供无偿服务，另一方进行消费。志愿服务行为发生在施助者与接受者反复互动的全过程中，如义务教育、义务帮扶等。生产和消费发生在同一时间点的志愿服务，也使得其共同生产的特征更为明显。① 所以，对于志愿者和志愿服务组织来说，"没有回报"的志愿活动实际上产生了巨大的社会价值。但志愿服务虽无报酬，然而志愿服务是有成本的。保证志愿服务顺利进行而安排的适度的交通补贴、餐饮补助等必要开支，并不影响志愿服务的无偿性。

（四）志愿服务的平等原则

在平等原则的指导下，志愿者在提供服务过程中，对受助对象应持互相帮助的平等精神，不应自诩"救世主"，抱着高人一等的心态"搞慈善"，要尊重服务对象的隐私权，不随意公开服务对象的情况或资料，不能"好心办坏事"。

志愿服务者与志愿服务的受众之间的关系属于互动情境。在这样的情境当中，志愿服务的平等原则体现在两个层面：一是认知层面，比如从责任与同情转换到双方之间的平等交流，产生内化的平视视角；二是结构意义上的，即从尚未开启服务时的"二元对立"供求关系，通过互动情境的发展实现平等的互动结构。

因此，志愿者在提供具体服务过程中，要平等对待受助者。不把自己当绝对的提供帮助和服务的人，不把受助者当绝对的受助者，真心尊重受助者，平等对待受助者，是志愿服务平等原则的应有之义。

（五）志愿服务的诚信原则

诚信是志愿服务的基础。志愿服务虽然是志愿者自愿、无偿发起的，但

---

① 侯俊东、栾雅慧：《社区志愿服务共同生产：内涵逻辑及过程机理》，《社会工作与管理》2024年第1期。

志愿服务是善举、义举，善举、义举就要遵循良好的道德要求和标准。志愿者与受助者之间应该保持诚信、尊重的态度。志愿者首先要对自身诚信，做到言行一致，不轻易承诺，但一旦承诺就要尽全力去履行。同时，志愿者也要对受助者诚信，尊重受助者的权利和尊严，更不能侵犯他们的隐私。《条例》第二十条、第二十一条①都进一步细化了志愿服务的诚信原则，严格地保证志愿服务的初衷和原旨得以实现、保证志愿服务在有序有效的基础上展开。

（六）志愿服务的合法性原则

志愿服务的合法性原则是志愿服务可持续发展的制度化保障。要使志愿服务科学、健康、长久地开展下去，让中国特色志愿服务事业在中国式现代化建设中的作用越来越大，必须将志愿服务组织、活动过程、组织管理纳入法治轨道，健全法制建设，保证高质量发展，推动志愿服务不断走上规范化、法制化、系统化发展的道路。

在志愿活动的开展日益多样化、常态化的今天，有些地方出现了各种有偿志愿服务等违反《条例》的情况，导致志愿活动的功利性越来越强，渐渐背离了志愿服务这一活动的公益属性，并且可能造成民众对志愿服务的认知逐渐改变。一些媒体和机构对志愿者概念存在误读，把一些特定时期、公共突发事件的有偿劳务称为志愿服务，这样的"志愿服务"与志愿原则是大相其径、背道而驰的。在现实中，存在少数有偿志愿服务，志愿服务甚至被明码标价。少数基层村级单位中，将"有偿志愿者"等同于"打零工"，成为村干部"做好人"的资源。这实际上是对志愿服务的严重异化。由此，《条例》在原则部分特别对志愿服务的合法性作出规定，要求依法有序开展志愿服务，禁止任何利用志愿服务的违规、营利性操作。

---

① 《志愿服务条例》第二十条：志愿服务组织、志愿服务对象应当尊重志愿者的人格尊严；未经志愿者本人同意，不得公开或者泄露其有关信息。第二十一条：志愿服务组织、志愿者应当尊重志愿服务对象人格尊严，不得侵害志愿服务对象个人隐私，不得向志愿服务对象收取或者变相收取报酬。

三　志愿服务立法理念对现有条例的提升

　　加强志愿服务保障和支持的关键是制度建设，志愿服务立法工作是制度建设中最重要的一环。[①] 当前，正在考虑将《条例》升级为"志愿服务法"。志愿服务立法理念就是要落实习近平总书记提出的"立足新时代、展现新作为，弘扬奉献、友爱、互助、进步的志愿精神"[②]；同时要体现"奉献、友爱、互助、进步"的中国志愿者精神；还要对原《条例》所规定的志愿服务原则加以确认、升级[③]。在《条例》实施已经取得成果的基础上，进一步整合、提升、健全志愿服务的基本理念和原则，以更加适应、更好地引领新时代志愿服务事业的高质量发展。

（一）再次确认奉献友爱、互助进步、平等自愿、诚信合法原则

　　志愿服务立法是对《条例》的优化，必然首先要确认《条例》规定的志愿服务理念和基本原则。党的十八大以来，以习近平同志为核心的党中央高度重视志愿服务工作，我国志愿服务队伍快速壮大，质量明显提升。《关于推进志愿服务制度化的意见》《关于支持和发展志愿服务组织的意见》《志愿服务条例》等的出台，为志愿服务的专业化、规范化、制度化和常态化发展提供了有力保障。2018 年以来，我国逐渐建起新时代文明实践中心，为新时代志愿服务工作构筑了坚实平台。多年来，新时代文明实践志愿者人才荟萃，不断发掘自身潜力，把解决思想问题与解决实际问题结合起来，创新工作方式，贴近群众需求，用群众喜闻乐见的方式宣讲党的创新理论、促进文明风尚的形成，不断夯实党和国家发展的社会基础、民心基础。[④]

① 郭冉：《健全法律制度 保障志愿服务》，《中国青年报》2023 年 3 月 7 日，第 12 版。
② 郑一、陈纪宁：《浅谈高校志愿文化培育与德育功能发挥》，《教育现代化》2020 年第 51 期。
③ 赵晓达：《当代大学生志愿精神及其培育研究》，博士学位论文，河北师范大学，2021。
④ 本刊编辑部：《志愿服务扬帆新时代》，《中国社会工作》2019 年第 4 期。

（二）突出保障志愿者、志愿服务组织、志愿服务对象合法权益

志愿服务立法是保障志愿者和志愿服务对象利益、推崇和倡导志愿服务精神之法。

志愿服务事业的可持续发展有赖于志愿服务的组织化，志愿服务组织是现代社会从事志愿服务最为重要的主体。[①] 原有《条例》第三章关于志愿服务活动的十六个条文中，有九条专门调整与志愿服务组织有关的活动，包括志愿者的招募、培训、志愿服务开展、服务记录和证明等。新法应突出对志愿者基本权益的法律保障，主要包括以下方面。（1）人格尊严及个人信息受保护权。志愿者人格尊严以及个人信息应始终得到尊重；未经本人同意，其有关信息及隐私不得随意公开或遭到泄露。[②] （2）知情权。志愿者有权及时、准确地获得与志愿服务有关的各种信息以及在志愿服务过程中可能发生的风险，以便决定是否以及要如何提供志愿服务。[③] （3）受培训权。志愿者为准备提供志愿服务和完成志愿服务，根据志愿服务活动需要专门知识、技能的，有权获得相关培训。（4）得到证明权。志愿者在完成志愿服务后，有权开具记录证明，志愿服务组织应当依据志愿服务记录无偿、如实出具。

（三）培育和践行社会主义核心价值观，促进社会文明进步[④]

志愿服务立法是将社会主义核心价值观有效融入的弘德之法。志愿服务

---

① 杨正涛、常华仁：《民族高校志愿服务专业化建设研究》，《中国民族博览》2018 年第 10 期。

② 《志愿服务条例》第二十条：志愿服务组织、志愿服务对象应当尊重志愿者的人格尊严；未经志愿者本人同意，不得公开或者泄露其有关信息。第二十一条：志愿服务组织、志愿者应当尊重志愿服务对象人格尊严，不得侵害志愿服务对象个人隐私，不得向志愿服务对象收取或者变相收取报酬。

③ 张网成、刘强：《规范行为 调节关系——行动理论视角下的〈志愿服务条例〉》，《中国社会工作》2017 年第 28 期。

④ 辛华：《构建公益慈善事业腾飞的基础设施——〈志愿服务条例〉解读》，《中国社会工作》2017 年第 28 期。

是培育和践行社会主义核心价值观的最佳载体和生动体现，立法为志愿服务提供法律保障，最终目的是要在全体社会成员心中培养、巩固社会主义核心价值观，增强热爱国家、服务社会的公益心，让志愿服务成为"百姓日用而不觉的行动指南"。志愿服务立法主要从以下几个层面突出践行社会主义核心价值观和促进社会文明进步的原则。

一是在内在精神层面，"奉献、友爱、互助、进步"的志愿精神蕴含了丰富的道德品质，体现出中华民族现代文明的风尚，生动诠释了社会主义核心价值观的真义，传递着中华文化同舟共济、守望相助、大爱无私的人性光辉。[①]志愿服务行为凝聚的价值信念与社会主义核心价值观融合互促。二是在价值追求层面，志愿精神是广大志愿者在不断地服务与实践中形成的奉献精神和责任意识，赋有强烈的社会荣誉感与使命感，助推社会主义现代化强国的建设进程。而社会主义核心价值观坚定地追求人的全面发展和国家的繁荣富强。[②] 这两者可形成勠力同心求进步、团结一致谋发展的精神联结。[③]三是在功能导向层面，以社会主义核心价值观引领志愿服务，有助于升华对志愿服务的认识和实践。志愿服务作为内容丰富、形式多样的活动载体，为培育和践行社会主义核心价值观提供有效途径和实践空间。对高校大学生参与志愿服务情况的调查表明，青年有过志愿服务经历的，对其社会主义核心价值观的形成和促进程度较未参与过志愿服务的，普遍更高。[④]

志愿服务通过立法，促进社会文明进步。志愿精神本质上体现了一种公民意识和公民精神，体现了"公民参与"的特色；也是团结互助、和谐友爱的社会主义文化的一个面向，呈现了鲜明的"互助友爱"的色彩。加入中国志愿者组织，即要求"服务社会，传播先进文化，为建设团结互助、

---

① 曲一琳、龚亮、周晓菲：《志愿精神：微光可成炬 大爱映苍穹》，《光明日报》2021 年 1 月 27 日，第 7 版。

② 顾洪英：《充分发挥志愿服务在大学生思想政治教育中的载体作用》，《思想理论教育导刊》2014 年第 6 期。

③ 赵晓达：《当代大学生志愿精神及其培育研究》，博士学位论文，河北师范大学，2021。

④ 刘跃宁：《高校志愿服务效能提升研究——基于社会主义核心价值观视角》，《青岛职业技术学院学报》2021 年第 3 期。

平等友爱、共同前进的美好社会贡献力量"①。志愿服务的个人化、人性化
服务方式,与志愿者个人兴趣、特长相结合,使志愿服务更具亲和性和相互
性,有形有效地拉近人与人的心灵距离,减少服务对象因消极接受救助而产
生的挫败感和疏远感,使得志愿服务成为相互关爱和共同发展的过程。由
此,"公民参与"和"互助友爱"两个层面相结合,完整地"推动人类发
展、促进社会进步",产生了"文明进步"层次的意义。②

---

① 《志愿精神——社会责任与生命意义的融合》,璀璨徐家汇微信公众号,2015 年 1 月 21 日,
https://mp. weixin. qq. com/s? _ _ biz=MjM5NjEyOTU1OQ= = &mid=202771472&idx=1&sn
=9733baf32c16fe02cdc3e63e613e67d5&scene=27。
② 穆青:《如何理解志愿服务与志愿精神》,《北京青年政治学院学报》2005 年第 3 期。

B.4

中国志愿者权益保障发展报告

叶静漪　周漪楠　周思伟*

摘　要： 　志愿者权益保障是志愿服务实践法治化的重要环节，只有保障好志愿者权益，才能够促进志愿服务的进一步发展。自志愿服务实践开始以来，对志愿者权益的保障不断受到重视。随着一系列政策和法规的颁布，志愿者权益保障走上制度化、规范化的轨道，在志愿者信息注册管理、志愿服务协议签订、志愿者培训等环节都取得了长足进展。面对当下法律规范体系不够完整、争议解决机制不够完善的问题，本报告指出，应当尽快秉持"促进法"之原则，进行全国领域的志愿服务立法，并对志愿者权益保障做单独规定。同时，注重与其他领域的法律规范相协同，以处理实践中的纠纷问题，并积极引入社会力量，为志愿服务争取资金保障以及社会公众的支持。最后，顺应时代发展趋势，积极利用数字化技术，创新志愿服务的信息管理机制等。

关键词： 　志愿者权益保障　规范体系　责任机制　裁判规则

　　志愿服务是社会文明进步的重要标志，党的十八大以来，以习近平同志为核心的党中央高度重视志愿服务工作，大力发展志愿服务事业。在党和政府的推动和鼓励之下，截至2024年4月，全国已有2.36亿名实名志愿者、135万个志愿队伍、1225万个志愿项目，[①] 志愿服务蔚然成风。这为在全社

---

　*　叶静漪，北京大学法学院教授，主要研究领域为劳动法学、社会保障法学；周漪楠，北京大学法学院硕士研究生，主要研究领域为劳动法学、社会保障法学；周思伟，北京大学法学院博士研究生，主要研究领域为劳动法学、社会保障法学。

　①　中国志愿服务网，https://chinavolunteer.mca.gov.cn/site/home，最后访问日期：2024年4月25日。

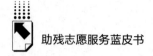

会营造友善互助、和谐美好的氛围提供了重要力量，在推动社会文明进步、优化社会资源分配、完善基层社会治理等方面发挥了重要作用。自 2015 年起至 2024 年止，政府工作报告连续十年提及志愿服务，强调引导和支持社会组织、人道救助、志愿服务、公益慈善等健康发展。

志愿者是志愿服务活动的主体，对志愿者权益的保障是推进志愿服务实践在法治轨道上运行的首要任务。同时，《志愿服务条例》第 1 条开宗明义，"保障志愿者、志愿服务组织、志愿服务对象的合法权益"，明确了志愿者权益保障为《志愿服务条例》的重要立法宗旨之一。只有保障好志愿者的权益，才能够使其在志愿服务活动当中全心投入、无后顾之忧。

一　志愿者权益保障发展现状

志愿者权益，指的是志愿者在志愿服务活动全过程中享有的权益。该概念内涵广泛，主要包括志愿者个人的人身权利、财产权利，志愿者在志愿服务组织当中的组织权利，以及志愿者因参与志愿服务活动而可能享有的奖励与礼遇。本部分将在这一定义的基础上，从志愿者权益保障的制度化建设、规范化行动以及促进型举措的设立切入，对志愿者权益保障的发展现状进行概述。

（一）制度化建设不断完善

1. 全国性立法工作有序推进

2014 年 2 月，中央精神文明建设指导委员会印发《关于推进志愿服务制度化的意见》（下称《意见》）。《意见》提到，要规范志愿者招募注册、加强志愿者培训管理、建立志愿服务记录制度、健全志愿服务激励机制、完善政策和法律保障。《意见》开启了国家层面规范志愿服务活动，从而保障志愿者权益的进程。

2016 年，十二届全国人大四次会议通过《中华人民共和国慈善法》（下称《慈善法》），对志愿者、志愿服务组织、志愿者的权益（隐私、招募、管理、保障、风险）做出了相关规定。这一法律回应了《意见》完善社会志愿服务的要求，首次在全国性立法当中明确了志愿者权益保障的几个方面，同时也为《志愿服务条例》的通过奠定了规范体系上的基础。2023 年12 月 29 日，十四届全国人大常委会第七次会议表决通过《关于修改〈中华人民共和国慈善法〉的决定》，新修改的《慈善法》将自 2024 年 9 月 5 日起施行。在志愿者权益保障领域，新《慈善法》强调有关部门要将慈善捐赠、志愿服务记录等信息纳入相关主体信用记录，健全信用激励制度，加强社区志愿者队伍建设。

2017 年，《志愿服务条例》经国务院第 175 次常务会议通过，其作为志愿服务领域的第一部国家层面行政法规，填补了志愿服务领域的规范空白，开启了志愿服务法治化的进程，为志愿者权益提供了坚实的制度保障。《志愿服务条例》共分为六章，包括总则、志愿者和志愿服务组织、志愿服务活动、促进措施、法律责任和附则。在概念界定方面，其对志愿服务、志愿者、志愿服务组织等概念进行了清晰明确的定义，有利于确定志愿者的法律地位；在具体规范方面，其在《慈善法》的基础上做了更具针对性和更为全面的规定，主要内容为进一步明确了志愿者所享有的法定权益：参与权、知情权、受培训权、获得必要条件保障权、开具志愿服务证明权、人格尊严及个人信息受保护权、志愿服务自由以及相关法律法规和政策所赋予的权利。

2. 地方立法的探索与跟进

1999 年 8 月 5 日，广东省第九届人民代表大会常务委员会第十一次会议通过了《广东省青年志愿服务条例》，这是我国第一部以规范形式确定下来的志愿服务条例，同时也成为我国志愿服务地方性立法的里程碑。随后，各省份逐渐开始在志愿服务领域进行地方立法的探索，并取得了一定的成就。

在全国层面的《志愿服务条例》颁布后，地方立法机关、政府部门根据《志愿服务条例》的内容，对原有的条例、规范性文件以及政策文件进行相应的废止、修改，在不与其基本原则以及具体规定相抵触的前提下，挖掘专属于自己地域的志愿服务特色，丰富志愿服务形式和载体，推动志愿者权益保障的制度化进程。截至 2024 年 4 月 25 日，已有 81 部与志愿服务相关的地方性法规，200 余个地方规范性文件。[①] 例如，2023 年 12 月 1 日起施行的《沈阳市志愿服务条例》，单独设置了"志愿服务文化"一章，彰显了社会文化氛围对推动志愿服务实践的重要性，亦借由文化建设来深化社会公众对志愿者地位的认可，从而促进对志愿者权益的保障。《沈阳市志愿服务条例》在规范中写明，将每年的 3 月 5 日设定为沈阳市的志愿者日。[②] 这有利于在社会中营造志愿服务氛围，在对志愿者的重要性予以确认的同时，也鼓励公众积极参与志愿服务。这种创新不失为地方立法当中有益的探索。

（二）志愿服务实践规范化程度上升

自 1983 年北京市大栅栏街道诞生第一个"综合包户"志愿服务项目以来，志愿服务实践在 40 余年的历程当中逐步发展、成熟。随着国家层面《志愿服务条例》的颁布，志愿服务实践的规范化程度获得了进一步的提高，志愿服务活动的各项机制得到了进一步的完善，志愿者权益得到了更为全面的法治支持和保障。

1. 志愿者信息注册管理

志愿者信息注册管理是志愿服务活动规范化的首要环节，对志愿服务活动的记录建立在信息清晰、完备的基础之上。《志愿服务条例》第 7 条指出："志愿者可以将其身份信息、服务技能、服务时间、联系方式等个人基本信息，通过国务院民政部门指定的志愿服务信息系统自行注册，也可以通过志愿服务组织进行注册。"

对我国志愿者信息注册管理历程进行回顾：共青团中央在 2006 年发布《中国注册志愿者管理办法》，对注册机构和注册程序的规范化做出了相应的指引；民政部在 2012 年开发建设了第一个全国联网的志愿服务信息化综合管理服务平台。2016 年，志愿服务信息系统建设取得新进展，在"志愿

---

① "北大法宝"网站检索所得。
② 《沈阳市志愿服务条例》第 29 条规定，每年 3 月 5 日为沈阳市志愿者日。

云"升级改造的基础上建成全国志愿服务信息系统并初步运行，志愿服务信息系统的建设由各地分散状态逐步走向统一共享。

目前，我国的"全国志愿服务信息系统"以及各地的"地方志愿者网"已经逐步成熟，在志愿者信息注册管理环节基本做到参与即注册，同时借助互联网技术，也基本实现了对志愿者信息、志愿服务时长等内容的精确化管理。

2. 志愿服务协议签订

《志愿服务条例》第 14 条指出："志愿者、志愿服务组织、志愿服务对象可以根据需要签订协议，明确当事人的权利和义务，约定志愿服务的内容、方式、时间、地点、工作条件和安全保障措施等。"签订与志愿服务活动相关的书面协议，能够明确志愿服务过程中各方的权利、义务，以便在事前对志愿服务过程中可能出现的问题进行提示，同时也可以在产生纠纷时根据志愿服务协议当中的争议解决条款等进行处理。

尽管签订志愿服务协议仅为《志愿服务条例》当中的倡导性、建议性规定，并非强制性要求，但是基于其在各方权益保障上的积极作用，志愿服务协议的重要性已经得到进一步的肯定，且志愿服务协议在实践中得到广泛的应用。截至目前，已有多个省份制定了《志愿服务协议书（示范文本）》，以期规范志愿活动的开展。例如，北京市根据《北京市志愿服务促进条例》《北京市志愿者服务管理办法》制定了《北京市志愿服务协议书（示范文本）》，主要内容分为使用说明和文本正文。使用说明对示范文本中的名词做了解释，并强调了《北京市志愿服务促进条例》规定的应当签订书面协议的 7 种情形。文本正文包括签订主体信息、志愿服务的保障措施、志愿服务活动中双方权利义务、违约责任、争议解决等内容。

3. 志愿者培训、教育及风险告知

获得培训和教育也是志愿者的重要权利。在开展志愿服务活动之前，由志愿服务组织对志愿者进行相应的培训、教育以及风险告知是必要环节，这不仅有助于志愿服务活动的顺利进行，还有利于减少后续潜在纠纷和争议，并且能够在一定程度上明确志愿服务组织在此争议当中应当

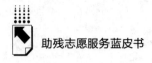

承担的责任。

就培训、教育的具体内容而言，目前已有大量志愿服务组织开展"志愿服务理念、精神、文化""志愿服务的过程与组织管理""应急技能和风险防范"等相关技能培训，对志愿服务的全流程进行全景式、全方位培训，增强了志愿者进行志愿服务的专业性和规范性。

同时，为了提高志愿服务的专业化程度，促进志愿服务的长期、稳定、规范发展，还有部分地区建立了专门的志愿者培训机构，开展特定的志愿服务培训。例如，上海的青年公益人才学院致力于培育青年社会组织领袖、大学生社团领袖、青年志愿者等，通过课堂教学、社会实践、实务训练等在社会协助理念、项目管理技能等方面开展训练。

（三）志愿者激励和礼遇机制建立

志愿者参与志愿服务活动，其本质动力是内心的慈善精神，但是建立好志愿者的激励机制和礼遇机制，有利于增强志愿者参与的可持续性，鼓励社会公众参与志愿服务。

除了对志愿者在志愿活动中的一般权益进行保障，多地政府建立了志愿者礼遇机制，对参与志愿活动的志愿者进行嘉许和激励。具体的激励举措主要包括星级评定激励（进行注册志愿者星级认证）、社会活动激励（享受免费体检、参观博物馆）、信用激励（志愿服务时间计入社会信用体系）、时间激励（建立健全"时间银行"制度，将来换取相应服务）、工作学习激励（提供求职或求学使用的服务证明）、直接物质激励（提供资助、保险保障）等。例如，浙江省宁波市在志愿服务活动中，每年开展"五个10"志愿服务先进典型宣传推选和评比表彰活动，举办慰问志愿者专场文艺演出，建立优秀志愿者工作室，编辑展示宁波志愿者风采的书籍，将志愿服务时间纳入征信系统，设立积分银行，给优秀志愿者颁发荣誉卡，建立关爱"好人"基金等。[1] 这种激励机制在多地得到了制度化的确认，各地通过实施相应的

---

① 张翼主编《浙江志愿服务发展报告（2021~2022）》，社会科学文献出版社，2023。

"激励嘉许实施办法"①，进一步完善对志愿者的表彰激励、宣传激励、信用激励等，促进志愿服务的大众化、全民化。

对志愿者进行物质上的奖励以及精神上的支持，一方面，有利于志愿者个人通过参与志愿服务活动拥有更强的获得感，将慈善精神带来的力量进一步强化，让"自发"的善意变得更为持久、恒定；另一方面，有利于在社会中弘扬志愿精神，增强社会公众对志愿服务活动的认同感，使更多人积极参与，构建志愿服务共同体。

二　志愿者权益保障现存问题

尽管我国在志愿者权益保障方面已经取得了长足的发展，但是在以下四个方面还存在较为明显的问题：法律规范体系不完整、志愿者权益涵盖内容不全面、权益保障执行与监督机制不完善和司法层面的裁判规则模糊。

（一）法律规范体系不完整

对我国志愿服务领域目前的法律法规体系进行梳理，位阶最高的为国务院通过的行政法规《志愿服务条例》。《志愿服务条例》的颁布切实促进了志愿服务的制度化建设，然而在适用范围上，受位阶所限，其无法统领志愿服务领域的所有活动，亦无法对全社会的志愿服务法律关系进行调整。同时，从性质上来看，《志愿服务条例》更侧重于行政管理性质，主要适用于政府部门、行政领域，其存在主要是为了解决志愿服务实践当中存在的一些显著问题。此条例虽然对志愿者享有的部分法定权益进行了规定，但是对志愿者权益的保障难免存在行政管理性质的桎梏。

---

① 例如，2020 年 11 月 1 日，上海市正式发布并实施《上海市学雷锋志愿服务激励嘉许实施办法（试行）》；2023 年 6 月 5 日，兰州市发布并实施《兰州市志愿者激励嘉许办法（试行）》等。

随着志愿服务活动的推广和发展，社会治理领域对志愿服务活动的需求也更为广泛与深刻，这呼唤着相应的法律规范在促进和激励志愿服务活动方面所起到的必要推动作用。在现行《志愿服务条例》的第四章"促进措施"当中，仅以县级以上人民政府、企事业单位等为主要规制对象，对志愿服务的促进以及帮助，无论是在主体的多元性上还是在促进措施的可执行性上，都存在很大的可完善空间。例如，关于党群部门、社会公众等主体的能动性并未被提及，而即使是对现有的促进主体，相关规范中促进措施的针对性也不强。

因此，我国志愿服务领域不能够仅依靠行政法规来规范实践，还需要一部真正属于法律位阶的志愿服务立法，调整整个社会中的志愿服务法律关系，并对志愿者群体的权益进行更为全面的保障，以促进志愿服务活动的蓬勃开展。

地方的志愿服务立法同样需要中央法律的引领。地方立法在我国法律体系中特有的价值是能够结合本地实际情况，做出更接近于本地现状的规定，弥补部分法律规定过于死板、缺少可操作性的不足。① 然而，在没有中央层面立法的情形下，一些有关志愿者权益保障的规定受"地方立法权"的限制，无法实现全面的立法创新，促进措施也无法到位。同时，由于缺乏统一的原则性法律规定，不同地方所做的不同尝试会在客观上导致立法的分散，从而出现志愿者权益保障不平衡现象，并可能进一步导致部分地区的志愿者参与志愿服务的热情和可持续性降低。

（二）志愿者权益涵盖内容不全面

就《志愿服务条例》现有的规范内容而言，其虽然对志愿者享有的部分权益进行了列举，但是仍不能涵盖志愿服务活动全过程中可能涉及的志愿者权益。本报告认为，在权益内容上，现有规范主要存在两个方面的缺失。

---

① 向立力：《地方立法发展的权限困境与出路试探》，《政治与法律》2015年第1期。

第一，志愿者参与志愿服务活动是一个历时性的过程，可以分成事前、事中、事后三个环节，无论在哪个环节，志愿者权益都应当受到完善的保障。而目前《志愿服务条例》所规定的志愿者的法定权利只包括了事前的权利，且更多集中在与志愿服务活动直接相关的行为上，对于志愿者的人身权利和财产权利并没有相应的保障机制。例如，志愿者参与志愿服务应当享有的误餐费、交通费以及相关补贴，在《志愿服务条例》当中缺少相应的规定。

第二，在通过志愿服务组织参与志愿活动成为主流的当下，除了志愿者在志愿服务活动中享有的个人权利，其在志愿服务组织中享有的权利也应当受到重视。一方面，组织性权利能够给志愿者的行动带来一定的归属感；另一方面，在实践当中，志愿者和志愿服务组织之间不可避免地会出现一些纠纷。目前的《志愿服务条例》没有关注到这一重要的权利体系分支，这不利于志愿服务活动的规范化开展，也不利于志愿者权益保障体系的建设。

（三）权益保障执行与监督机制不完善

《志愿服务条例》第 17 条[①]虽然规定了志愿服务组织应当为志愿者缴纳人身意外伤害保险，但是缺乏明确的责任主体与执行机制，而法律的有效实施离不开法律责任的支撑。志愿服务活动中必然存在相应的风险，若未及时为志愿者缴纳人身意外伤害保险，则在出现事故时很难实现风险的合理分担以及责任的公平分配。在没有监督机制和责任机制的情况下，志愿服务组织为志愿者缴纳保险的动力不足，存在对实际危险发生的侥幸心理，从而导致后续一系列损害赔偿纠纷的产生。因此，有必要对此制定更为具体、可执行的规定。

同时，在目前的志愿服务实践当中，部分志愿者对在志愿服务活动中能

---

① 《志愿服务条例》第 17 条规定，志愿服务组织安排志愿者参与可能发生人身危险的志愿服务活动前，应当为志愿者购买相应的人身意外伤害保险。

够获得人身意外伤害保险这一权利没有清晰的了解，与此相关的法律意识不足，较少在参与志愿服务活动时主动关注这一事项，这也给志愿服务组织留下了一定的"操作空间"。由于该事项涉及志愿者的切身利益，如果能够增强志愿者对这一方面的了解，从志愿服务参与者的角度对志愿服务组织进行的监督将较为有力。

（四）司法层面的裁判规则模糊

在司法层面，涉及志愿者权益的纠纷问题显著，主要集中在志愿者过失致人损害、志愿者权益受损等方面。然而，由于具体规范的缺位，当实践中出现问题时，没有明确的依据和裁判标准，就可能出现说理没有法律依据、规则支撑不足、向"公平合理"等法律原则逃逸的情况。

例如，在志愿者过失致人损害的责任承担的相关案例①中，主审法官对志愿服务行为在侵权责任案件中的定性做出说明，认为平安志愿者行使志愿服务职能，对不安全、不文明的行为做出提醒，对违反交通规则的行为进行劝阻和制止，是出于志愿者执勤工作的职责要求，并不属于加害行为的范畴；如果是基于志愿服务工作的必要行为而造成损害结果，在侵权责任案件中不能认定为有过错。同时，法院指出，志愿活动的组织者可以培训志愿者，教育其在遇到不听劝阻的情况时，应冷静思考、沉着面对，用更加缓和的方式方法开展工作，以达到志愿者服务社会的目的。在这一案例中，法院事实上并未解释志愿服务工作的特殊性及其过错的具体认定标准。

---

① 参见上海市杨浦区人民法院（2019）沪0110民初19947号民事判决书。本案中，周某系被告的工作人员，2018年12月19日上午8时30分左右，周某身穿志愿者背心，与街道的平安志愿者们一起沿人行道进行创建全国文明城市（社区）巡查工作。当周某巡查到本案事发地点时，发现原告骑电瓶车在人行道上迎面逆向行驶过来，在距离原告3~4米时，周某伸手不断地点向原告，示意原告停车，原告未听指示，加速向右前方行驶试图避开周某。周某见状亦向右前方移动，当原告从周某身边经过时，周某随手拉了一下原告，因电瓶车速度较快，导致车头急转，撞到路边的墙壁，造成原告摔倒受伤。原告因此起诉被告，要求被告赔偿原告医疗费、住院伙食补助费、营养费等费用，承担70%的赔偿责任。

　　再如，在志愿服务组织过错使志愿者受到损害的责任承担的相关案例[①]中，主审法官认为，在志愿服务关系中，志愿服务组织需要对志愿者的身体健康情况尽到必要审查义务，如果志愿服务工作量设置得不合理、不科学，则志愿服务组织存在一定过错，应对相应事故承担赔偿责任。同时，志愿者本身如果身患疾病，亦应主动向志愿服务组织说明身体情况，说明报告属于其履行必要注意义务的重要方式，若志愿者未尽到必要注意义务，可减轻志愿服务组织的赔偿责任。值得注意的是，二审法院在考虑到志愿服务行为的模范性、为群众服务的积极性、提供劳务的志愿性后，适当加重了志愿服务组织需要承担的法律责任。

　　以上案例都是志愿服务司法实践当中的典型情形，关乎志愿者、志愿服务组织在志愿服务活动过程中的责任承担。目前针对这些情况，没有统一的规则进行裁判，法院只能根据个案情况酌情进行责任比例分摊，并且根据原则进行裁量的空间较大，如考虑"志愿服务行为的模范性、积极性"等，这可能造成对道德因素的过度考量，从而导致说理内容缺少具体规则、向法律原则逃逸，甚至裁判结果不一、类案不同判的现实状况，亦极易造成当事人对裁判结果的异议。

三　志愿者权益保障政策建议

　　党的二十大报告提出，要"完善志愿服务制度和工作体系"，这是对全国志愿服务立法的强大驱动。本报告认为，我国应当在《志愿服务条例》和地方立法的基础上，尽快出台志愿服务领域的基本法律，以期对社会层面的志愿服务法律关系进行全面统领，从而进一步保障志愿者的权益。

[①]　参见安徽省马鞍山市中级人民法院（2021）皖 05 民终 335 号民事判决书。本案中，2020 年 2 月，王某接某社区居委会通知赴值班卡点处值班；3 月，王某在值班过程中回家取开水，因突发心脑血管疾病在家中去世。亲属遂起诉至法院，要求社区居委会赔偿死亡赔偿金、丧葬费。

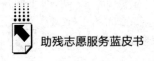

（一）加快国家立法保护志愿者权益脚步

如本报告第一部分所述，全国已有许多省份结合当地的志愿服务特色以及群众需求的变化，对当地的《志愿服务条例》进行了创新性的修订。无论是在立法体例上还是在规范内容上，都在地方立法权限的范围内进行有益探索。① 全国性立法应当积极吸收地方立法的有益经验，抽象出全国志愿服务工作的共性，做出具有指导性、引领性的规定。

需要重点指出的是，在立法过程中，应当秉持促进志愿服务活动开展与保障志愿者权益的宗旨和原则，明确志愿服务的"促进型立法"定位。随着我国法治体系的发展和完善，"促进型立法"的重要性日益显现，其主要是为了回应重点领域、新兴领域的需求，培育和发展其中的制度，对社会的发展具有指导意义。② 而志愿服务正是当下社会治理过程中的重点和新兴领域，因此，就全国性的志愿服务立法而言，其主要目的不应是对志愿服务活动进行规制，而应是通过促进型规范，使志愿服务活动一方面能够规范开展，另一方面兼具自发性和积极性。

为突出志愿者权益保障的重要性，建议在志愿服务立法体例中为其独立设置章节，并在志愿服务的全过程中提炼志愿者权益。结合我国志愿服务制度化体系发展的现实情况，本报告认为，可以在全国性的志愿服务立法当中，将"志愿者权益保障"作为一个独立的章节。

在这一章节当中，需要对志愿者权益进行分类，主要从志愿者个人权利以及志愿者在志愿服务组织中的权利两方面进行保障。在个人权利部分，需要新增和加强的规范内容是社会性的荣誉权、财产性的损害赔偿请求权以及费用返还请求权。首先，可以赋予志愿者荣誉权，与各地实践中具体的嘉许

---

① 例如，《沈阳市志愿服务条例》对"志愿服务文化"章节的安排，有利于在全社会形成促进志愿服务的氛围，促进志愿服务活动的开展；又如，《内蒙古自治区志愿服务条例》在第五章"支持和保障"中提及了志愿服务活动当中受伤、致残或死亡时的认定、评定方式和给予社会救助的情形。

② 李艳芳：《"促进型立法"研究》，《法学评论》2005 年第 3 期。

激励机制衔接，从法律规定上提升志愿者的社会地位，强化志愿者的参与动力。其次，现有规范中志愿者的财产权利规定处于严重缺位的状态，这与大众对志愿服务"无偿性"特点的认知有关。然而，"无偿"并不等于"免费"。需要对志愿者的财产权利进行规定的原因主要有以下两点：第一，志愿者为志愿服务活动所支出的必要费用（如误餐费、交通费等）不仅是合法的个人财产，更是志愿服务活动得以顺利开展的物质基础，属于必要保障；第二，在实践中存在部分任务重、风险大的志愿服务活动，对志愿者财产权益的保障对激发志愿者的服务积极性具有重要作用。

在组织权利部分，应当对志愿者参加志愿服务活动的权利，在志愿服务组织中的选举权和被选举权，对志愿服务组织工作的建议、批评和意见权以及退出志愿服务组织的自由权进行规定。在我国，大部分的志愿服务活动是依托志愿服务组织开展的。基于这种紧密的联系，明确志愿者在组织当中的权利，有利于控制志愿服务组织"管理权"的运行，进而全面保障志愿者的权益。

在责任、执行、监督机制部分，应当在立法上完善法律责任的内容设定、在执行中强化具体落实机制，同时发挥多元监督机制的作用。就法律责任而言，对于志愿服务组织不为志愿者缴纳人身意外伤害保险的情形，应当在志愿服务领域的国家立法当中进行明确的法律责任规定。就执行机制而言，可以在志愿服务组织内部设立专门的纠纷解决部门，由这一部门处理涉及志愿者人身伤害或志愿者侵权的相关问题，同时承担为志愿者缴纳人身意外伤害保险的职责。就多元监督机制而言，在行政监督和法律监督之外，同样应当重视社会监督，建立相应的反馈渠道和执行回馈渠道，让社会公众能够顺畅地对志愿服务活动进行监督，从而形成各方合力监督、执行的格局。

（二）以规范协同完善纠纷解决机制

从志愿服务关系的无偿性、公益性、自由性以及不特定性等特征来看，其应当属于无偿委托关系，主要为民法上平等主体之间的合作关系。一般情况下，双方达成志愿服务协议的实质是通过要约、承诺的方式成立了性质为双务、无偿、实践的委托合同。在运用民法规范解决纠纷时，应当考虑志愿服务的特殊性质，对志愿者权益进行一定程度的综合性倾斜保护，实现民法与社会法的体系协同与机制构建。

首先，需要明确志愿者、志愿服务组织间是基于合同的民事法律关系。出现纠纷时，法院可以依法按合同约定予以裁量判决。根据《民法典》第929条的规定："无偿的委托合同，因受托人的故意或者重大过失造成委托人损失的，委托人可以请求赔偿损失。"因此，在志愿服务活动中，若志愿者客观上未按照志愿服务协议或者承诺书及公告内容履行相应义务，主观上存在故意或重大过失，就应当被认定为违反双方之间的委托合同，作为委托方的志愿服务组织有权要求其承担赔偿损失的违约责任。同样，志愿服务组织也须为自己的违约行为承担责任。

其次，由于志愿服务对象的不特定性，志愿者和志愿服务对象之间较少地签订志愿服务协议，责任承担通常以侵权责任的方式出现。而关键问题即为志愿服务法律关系中判定侵权责任的构成要件。

本报告认为，在志愿者侵权致损的情形中，志愿者是否有过错，需结合其行为时的注意义务标准来判断。有偿和无偿的民事行为需要承担的注意义务程度不同，这是因为其在合同中的给付义务本身存在差异。在无偿民事行为中，利益出让行为的主体原则上只需要承担较低程度的注意义务；而在有偿民事行为中，当事人所承担的注意义务较无偿民事行为更重。考虑到志愿服务行为的无偿性、利他性、公益性，应适度要求志愿者承担注意义务，以便志愿服务活动的顺利开展。同时，为了使侵权类纠纷案件在审判实践中能够获得统一的裁判标准，志愿者注意义务的认定应趋向客观化，故应以"一般理性人"的标准来衡量，即以一个理性人在当事人所处情境下所做反应为注意义务标准的基础，再结合志愿者行为的性质、紧急状态、风险与损害的大小、知识技术水平、通行的做法等因素进行判定。适度调整对志愿者注意义务的要求，可以体现对志愿者权益的保障。

（三）引进多方力量以保障志愿者权益

1. 探索多元经费支持路径

为了促进志愿服务的发展，在立法层面建立资金保障制度必不可少，在制度保障的同时，应寻求"开源"之法，只有经费保障充足，才能够解决实践中志愿者必要费用支出不足、补贴经费不到位、志愿服务活动缺乏资金的问题。

面对这一现状，可在社会中成立志愿服务基金会，通过实行互联网募资、企业商会募资、社会公众募资等资金支持模式来募集社会资金，从而进一步开发、扶持志愿服务项目，资助开展志愿服务活动。相应的社会资金可用于对志愿者在志愿服务活动当中的补贴、对优秀志愿服务项目的培育，以及对志愿者人身意外伤害保险的缴纳和对优秀志愿者的嘉奖。

同时，除通过基金会募集资金之外，还可以积极探索政企合作、政社联动的模式，通过合理的制度建设和政策激励，整合志愿服务活动和区域内的优势资源，促进企业自觉践行社会责任。在保险方面，可直接与当地的保险公司进行沟通联系，进一步优化志愿者保险的理赔流程。

2. 促进社会志愿服务观念深化

志愿服务是社会治理中的一个重要领域，想要真正地让志愿服务在每座城市普及、繁荣、兴盛，需要让积极参与志愿服务活动成为人们的一种生活方式。因此，应当努力加强志愿服务文化建设，使之内化为人们的价值认同、外化为人们的自觉行动，在全社会形成积极参与志愿服务活动的风尚。

一方面，应当强化社会主义核心价值观对志愿服务活动的引领作用，社会主义核心价值观是由国家、社会、个体三个层面构成的统一整体，而志愿服务不仅体现了公民鲜明的社会责任意识和奉献精神，也是此三者的有机统一。另一方面，应当深化志愿服务的文化实践品牌建设，通过志愿者参与活动、志愿服务组织举办活动、志愿服务项目运作来彰显志愿服务的价值和社会影响力。例如，在志愿服务培训中心开设相应专题课程，编制教材，并开展主题展览、文化集市、经典诵读等活动。

社会大众对志愿服务活动形成的认可、支持之共识是保障志愿者权益的基础，只有当参与志愿服务活动成为人们的一种行为模式乃至生活方式时，对志愿者权益的保障才能真正地内化于志愿服务活动的全过程当中。无论是志愿者个人的自我权利维护意识、事前风险规避意识，还是志愿服务组织对志愿者权益的保障意识，以及对接受志愿服务的一方的尊重与配合意识，都将得到进一步深化，从而使志愿者权益保障不再是一个需要大量制度进行管理的话题，而是逐步地转变为一个兼具内部驱动和外部配合的行动过程。

（四）运用信息化手段促进志愿者权益保障

在数字时代的志愿服务活动当中，我们应当重视信息化建设，积极用技术为志愿服务赋能。借助互联网、大数据等技术的力量建立相关平台，进一步规范志愿者网上注册行为，及时、完整、准确地记录志愿者参加志愿服务活动的信息，保护志愿者个人隐私，规范出具志愿服务记录证明。

在地方层面，可以建立相应的志愿者网站，依靠微信公众号、小程序等平台，建立各地专属的志愿服务平台供需对接机制，将志愿服务实践与社会公众的多样化需求相匹配，形成志愿服务闭环管理。横向上，可以与市信用平台、市大数据中心进行数据对接，制作"志愿服务实践地图"等；纵向上，可以与社区志愿服务中心的信息管理网络进行连接，并联动志愿服务信息和征信平台。只有实现了信息的全方位、全流程管理，才能够促进志愿者权益保障的精细化。同时，相应的平台还能够发挥监管作用，从而规范志愿服务组织的行为，为志愿者权益的保障增添一层"护甲"。

在全国范围内建立互联互通的信息机制，有利于促进志愿者的灵活流动。在完善的信息机制保障下，志愿者将更愿意进行地区间的交流，同时也能够实现跨地域志愿服务活动权益保障的均衡化，防止由地域差异导致的过大差距。此外，只有实现信息的全面联通，才能够及时、完整、准确地记录志愿者参与各项志愿服务活动的信息，增强志愿服务记录证明的规范性。

B.5
中国志愿服务组织发展及其法治保障

戚悦　陈香顺　张硕　董蒙*

摘　要： 当前，我国志愿服务组织与志愿服务事业取得了长足的进步和显著的发展，志愿服务组织在推动社会文明进步中扮演着越发重要的角色，但同时也面临着法治保障不足、服务专业性不强、运营资金短缺等诸多挑战。此外，伴随我国经济社会的发展，志愿服务组织也呈现出体系不断完善、社会化程度不断提升、信息化网络化加速融合等向好发展态势。

关键词： 志愿服务　志愿服务组织　可持续发展　法治建设

志愿服务组织主要通过向社会提供各类服务，在社会和政府、市场和政府、微观和宏观之间发挥协调和承上启下的作用。由于社会经济发展水平和文化传统的差异，不同国家和地区对志愿服务组织的理解并不一致。联合国将志愿服务组织定义为：公民所成立的地方性、全国性或国际性的非营利、志愿性组织。在我国，2017年颁布的《志愿服务条例》[①] 对志愿服务组织的定义以及形式等做出了明确规定。其中，第六条第二款对志愿服务组织进行了明确的定义，志愿服务组织是指依法成立，以开展志愿服务为宗旨的非营利性组织。同时，第八条明确了志愿服务组织的形式，志愿服务组织可以

---

* 戚悦，国务院国资委研究中心副研究员、副处长，主要研究领域为企业社会价值；陈香顺，北京之正咨询有限公司执行董事，主要研究领域为企业社会责任；张硕，中国人民大学硕士研究生，主要研究领域为农村发展；董蒙，中国国新资产管理有限公司高级经理，主要研究领域为区域经济。

① 《志愿服务条例》，https://www.gov.cn/zhengce/zhengceku/2017-09/06/content_5223028.htm。

采取社会团体、社会服务机构、基金会等组织形式。另外，第四十二条第二款规定，城乡社区、单位内部经基层群众性自治组织或者本单位同意成立的团体，可以在本社区、本单位内部开展志愿服务活动。

志愿服务组织的主要职责是提供志愿服务。志愿服务组织为提供志愿服务所开展的动员招募、培训激励、过程管理、监督指导以及志愿者权益保障等构成了志愿服务组织的主要工作内容。其中，志愿服务组织的招募工作是一个持续的过程，需要不断地评估和调整招募策略，以吸引和保留一支多样化、积极和高效的志愿者队伍。而为了保证志愿服务质量，志愿服务组织需承担对志愿者进行培训的责任，不仅要注重志愿精神与理念的树立，还要对志愿者的基本技能、专业素质进行培训，确保所提供的志愿服务达标。在开展志愿服务过程中，志愿服务组织还需为志愿者提供必要的物质、安全及权益等保障，以保证志愿服务的顺利开展。此外，虽然志愿服务是公益性的，但为了规范志愿服务行为，保障志愿服务质量和水平，志愿服务组织对志愿者开展监督指导工作同样是不可或缺的。

志愿服务组织是现代社会治理体系的重要组成部分。志愿服务组织参与社会治理，不仅有利于增强现代社会治理体系的凝聚力，同时还有助于填补政府公共服务覆盖不到的部分。通过参与化解社会矛盾、维护社会稳定等工作，能够最大限度地发挥志愿服务组织的功能，同时让志愿者多途径多方式参与到社会治理中，有利于在政府与民众之间搭起沟通的桥梁，形成以"服务"和"奉献"为主导的新型治理文化。[①] 目前，我国正向着全面建成社会主义现代化强国的第二个百年奋斗目标迈进，人民群众的利益诉求和社会需求更加多元化，以政府为主提供的社会公共服务已无法做到面面俱到，亟须志愿服务组织等社会团体的配合与支持。志愿服务组织作为社会最活跃的基层力量，有利于弥补社会公共服务供给的不足，满足社会不同主体的多元化需求。

---

① 潘岱琳：《协同共治视角下志愿服务组织参与地方治理的模式及路径研究——以浙江省台州市仙居县为例》，《社会福利》（理论版）2020 年第 10 期。

社会公众的广泛参与不仅展现了志愿服务活动的多样性，而且确立了志愿服务组织作为公众参与社会治理重要渠道的地位。加入志愿服务组织既是普通公民参与社会治理的重要途径，也是服务社会公民群体的有效补充方式，尤其是对弱势群体的关注与支持。近年来，各级各类志愿服务组织在公益慈善、帮困助残、法律援助、医疗卫生和环境保护等众多领域发挥了积极作用[1]，不仅营造了良好社会氛围，增强了公众的社会意识，同时也为我国精神文明建设注入了强大的生机与活力。

一　中国志愿服务组织的特征及类型

（一）志愿服务组织的总体特征

习近平总书记在党的十九大报告中指出，中国特色社会主义进入新时代，我国社会主要矛盾已经转化为人民日益增长的美好生活需要和不平衡不充分的发展之间的矛盾。志愿服务组织通过提供志愿服务，可以为实现人民美好生活做出积极贡献。

1. 非营利性是志愿服务组织的基本特征

志愿服务组织的非营利性是指该组织不以获取利润为主要目的，而是以提供志愿服务、推动社会公益事业发展为宗旨。非营利性的特征主要包括以下几个方面：一是志愿服务组织以志愿服务为基础，通过志愿者自愿无偿的奉献，为社会提供公益服务；二是志愿服务组织的经费来源主要是社会各阶层的捐赠和政府资助，这些收入不能分配给组织的成员或管理层，必须用于组织的公益事业和社会服务；三是志愿服务组织所组织的志愿服务活动必须具备公益性、志愿性和互益性的特点，志愿服务活动必须符合社会公共利益，同时志愿者参与志愿服务活动也必须是自愿的、无偿的。

2. 社会性是志愿服务组织的重要特征

志愿服务组织作为社会组织的重要组成部分，具有社会组织所具备的社

---

① 张绍华：《志愿服务组织的合法化、专业化和规范化》，《中国社会组织》2018 年第 13 期。

会性特征。在我国，志愿服务逐渐发展成为公民广泛参与、服务领域不断拓展的事业，社会化程度日益提高。① 志愿服务组织作为社会公益事业的重要推动力量，其社会性主要体现在三个方面。一是志愿服务组织促进社会参与，通过组织和开展志愿服务活动，志愿服务组织能够吸引和带动更多人参与到社会公益事业中来，形成良好的社会参与氛围②；二是志愿服务组织通过开展文化、教育、环保等领域的志愿服务活动，能够提高公民的文化素质和社会文明程度，推动社会文明的进步；三是志愿服务组织为个体提供了发挥作用的平台，志愿者通过参与志愿服务活动，能够实现自我价值，提升自身素质，同时也可以为社会公益事业贡献自己的力量。

（二）志愿服务组织的类型

1. 按背景划分

从背景来看，志愿服务组织的产生途径一般分为自上而下发起和自下而上发起。③ 其中，自上而下发起的组织为行政型，是指起源于政府或业务主管单位，由党政机关或群团组织脱钩或者牵头成立的志愿服务组织，如青年志愿者协会等。自下而上发起的组织为民间型，是指由社会公众发起、组建的志愿服务组织，代表社会公众的需求和意愿，多为草根性质。④ 其中，有很多是原先虽没有注册，但已经开展服务活动的团队或组织，它们利用国家和地方政府放开登记的契机，成为正式注册的志愿服务组织。

2. 按区域划分

联合国将志愿服务组织定义为公民所成立的地方性、全国性或国际性的

---

① 谭建光：《中国志愿服务发展的十大趋势分析》，《广东青年干部学院学报》2005 年第 4 期。

② 《动员更多社会力量参与志愿服务的路径研究——以嘉善县志愿服务发展现状为例》，"中国共青团杂志"微信公众平台，2023 年 4 月 7 日，https：//mp. weixin. qq. com/s/59-Tq_5oJNUmOzeuX74JDg。

③ 浙江省团校课题组：《新时期浙江省志愿服务组织发展机制研究》，《青少年研究与实践》2017 年第 1 期。

④ 邢占军、曹玉梅、王晓武：《志愿服务组织有效性的维度及影响机制研究》，《厦门大学学报》（哲学社会科学版）2022 年第 3 期。

非营利、志愿性组织。如中国志愿服务联合会是由志愿者和志愿者组织自愿组成的全国性、联合性、非营利性的社会组织①，目前已经实现在全国 31 个省（自治区、直辖市）的全覆盖。而诸如北京市志愿者联合会等则属于地方性志愿服务组织，其职责主要是为北京地区志愿服务组织的规范运行与管理提供组织保障，构建覆盖全市的"枢纽型"志愿服务组织体系。② 全国志愿服务行政管理工作由国务院民政部门负责，各行政区域内志愿服务行政管理工作则由相应的县级以上地方人民政府民政部门负责。

3. 按志愿者划分

随着加入志愿服务组织逐渐成为公众参与社会治理、提供公共服务的重要方式和途径，越来越多的普通民众加入志愿服务组织当中。目前，志愿服务组织按不同志愿者类型可划分为以下几种。党员志愿服务组织，即志愿者以党员为主并自主开展以志愿活动为主的志愿组织。青年志愿服务组织，即以青少年为志愿者主要来源并自主开展以志愿活动为主的志愿组织。③ 巾帼志愿服务组织、老年志愿服务组织，即女性、老年人自发成立并自主开展以志愿活动为主的志愿组织。④ 专业人士志愿服务组织，即专业人士自发成立并开展以某专业领域内的志愿活动为主的志愿组织。农民志愿服务组织，即以农民为主要群体并主要在农村开展志愿活动的志愿组织。

4. 按功能划分

志愿服务组织根据功能可分为志愿服务行业组织、支持型志愿服务组织及实施型志愿服务组织三种类型。⑤ 其中，志愿服务行业组织是在党委政府和社会组织之间建立的组织载体，主要体现为枢纽型志愿服务组织。枢纽型

---

① 《中国志愿服务联合会简介》，https：//www.cvf.org.cn/cvf/channels/12105.shtml。
② 刘金芝：《中国国际志愿者选派工作的挑战与对策——以北京市志愿服务联合会的实践为分析背景》，《中国社会工作》2018 年第 31 期。
③ 曹玉梅：《民间青年志愿者组织发展影响因素的扎根理论研究》，《中国青年研究》2021 年第 6 期。
④ 沈娟：《老年志愿服务组织管理的长效机制探究》，《中外企业家》2014 年第 16 期。
⑤ 谭建光：《〈志愿服务条例〉促进志愿服务组织多样化、专业化发展》，《中国社会工作》2017 年第 28 期。

志愿服务组织通常履行的是行业组织的职能，同时也会从事一些具体的服务项目。中国志愿服务联合会是全国性的枢纽型志愿服务组织，各省份的志愿服务联合会是地方性的枢纽型志愿服务组织。支持型志愿服务组织主要是指那些以资源与专业支援为主的志愿服务组织，表现为基金会、培训中心等组织形式，专门提供资金、智力等支持。如中国志愿服务基金会是在全国范围内专门提供志愿服务资金的志愿服务组织。实施型志愿服务组织是指具体开展志愿服务的组织，它们在助老、助残、济困等诸多领域提供志愿服务。另外，还有主要从事志愿精神培育、志愿文化推广的传播型组织，依靠信息网络成立并借助网络提供服务的网络型组织等。上述多种类型的志愿服务组织共同构成了我国布局合理、管理规范、服务完善、充满活力的志愿服务组织体系。

5. 按组织程度划分

志愿服务组织以提供志愿服务为目标，根据志愿服务组织的发展程度大致可分为三个阶段，也可称为三种类型。[①] 第一阶段是初级阶段，在这个阶段，志愿服务组织（如果能称之为组织）刚刚成立或成立不久，志愿者很少，以发起人及其周边熟悉人员为主，大家共同做一些类似好人好事的活动，结构松散，没有规划资金来源，个人自主性较强。第二阶段是过渡阶段，在这个阶段，志愿服务组织有了一定的规模，志愿者来源更加广泛，内部架构出现一定的雏形，有一些简单的规章制度，外部资源支持仍然有限，所提供的志愿服务类型和质量有所丰富和提升。第三阶段的志愿服务组织发展相对成熟，人员规模相对稳定，内部架构和运营管理也基本成形，制定了一些重要方面的规章制度，各项工作能相对有序顺利地开展。在这个阶段，志愿服务组织虽然还没有完全成熟，但已经具备了可持续发展的基本条件。

---

① 刘蕾：《社区志愿服务类社会组织发展：历程、问题与对策——基于南通市南园义工联合会之个案分析》，《理论界》2012年第10期。

二　中国志愿服务组织的发展历程、现状与问题

（一）中国志愿服务组织发展的三个阶段

1. 萌芽探索期：21世纪前

我国当代志愿服务组织是伴随改革开放产生的，在 21 世纪前可以称为萌芽探索期。早在 20 世纪 80 年代，志愿服务便在我国萌芽，而后伴随改革开放蓬勃发展。1983 年北京大栅栏街道开始了"综合包户"志愿服务，1987 年广州开通了第一条志愿者服务热线电话——中学生心声热线，1989 年天津市出现社区志愿服务团队，1990 年深圳市出现合法注册志愿者社团①，1994 年团中央成立全国性社团"中国青年志愿者协会"。1999 年由广东省人大常委会审议通过的《广东省青年志愿服务条例》是我国第一部地方志愿服务条例。总体来看，我国的志愿服务组织建设自 20 世纪 80 年代由社会公众率先自主发起探索，90 年代在共青团主导下全面推进。

2. 快速发展期：21世纪初至2016年

21 世纪伊始，志愿服务的领域已经显著扩展，超越了传统的慈善行为和为他人服务的范畴。当前，志愿服务不仅能够迎合社会各利益主体的多样化需求，而且在提升公民素养、宣扬先进思想、促进社会文明发展等方面扮演着至关重要的角色。志愿服务的概念在党的十六届四中全会通过的《中共中央关于加强党的执政能力建设的决定》中被首次正式提出，并在 2012 年党的十八大报告中被强调为"广泛开展"的对象。2013 年党的十八届三中全会更是明确提出了"支持和发展志愿服务组织"的方针。中央文明委作为中央政府的协调机构，负责统筹志愿服务的发展，并发布了多项指导文件，同时成立了"中国志愿服务联合会"和"中国志愿服

---

① 谭建光：《中国志愿服务发展的十大趋势——兼论"十三五"规划与志愿服务新常态》，《青年探索》2016 年第 2 期。

务发展基金会"等机构。我国志愿服务事业已经从民间层面的行为逐步转变为由政府部门推动,并最终成为国家战略的一个重要组成部分,受到了越来越多的关注和重视,实现了长足发展。

3. 规范管理期:《志愿服务条例》出台后

我国志愿服务组织发展的里程碑事件是《志愿服务条例》的颁布实施,这是我国志愿服务法治化、制度化的标志性进步,有力促进了我国志愿服务事业的健康发展,使我国志愿服务步入规范管理期。2017 年,国务院颁布的《志愿服务条例》明确规定:志愿服务组织是指依法成立,以开展志愿服务为宗旨的非营利性组织,包括社会团体、社会服务机构、基金会等组织形式。在全国性志愿服务立法工作的带动下,地方性法规也相继出台。伴随制度化建设进程的持续推进,志愿者和志愿者组织不断分化、细化、深化,延伸出各类专业志愿服务组织和服务项目,志愿服务的精准性和实效性显著提升,志愿服务组织正式开启了专业性、规范性发展进程。

(二)中国志愿服务组织发展现状

志愿服务组织作为社会文明进步的重要标志,既是社会治理的重要主体,也是推动社会不断发展的有生力量。进入新时代后,志愿服务组织不断发展壮大,不仅数量加速增长、规模加速扩大、各类专业志愿服务组织不断涌现,而且志愿服务组织参与社会治理的程度不断加深,已成为社区治理的重要参与主体,成为广大群众参与社区治理的重要方式。当前,我国志愿服务组织正处于蓬勃发展时期,主要表现在以下几个方面。[1]

一是新时代中国特色志愿服务组织的活跃度持续提升。《2023 年中国活跃志愿者现状调查报告》数据显示:从 2019 年开始,我国活跃志愿者的数量占比就呈现出不断上升的趋势,至 2023 年中国 18~69 岁的受访对象中近

---

① 朱红、张晓红:《新时代中国特色志愿服务发展状况探究》,《中共云南省委党校学报》2020 年第 5 期。

一年参与志愿服务的占比达到 33.24%，这意味着不论是志愿服务组织还是志愿者个体的活跃程度都呈现出不断提升的趋势。

二是志愿服务组织蓬勃发展，多元化与规模化并存。《志愿服务条例》出台后，全国各地的志愿服务组织蓬勃发展，呈现出类型多元化和组织规模化的特点。以深圳市志愿服务组织的发展为例，《深圳志愿服务发展报告（2020）》披露的数据显示，深圳市义工联下设 20 个直属组和 10 个区（新区）义工联，共组建了 1022 支专业志愿服务队。截至 2020 年 6 月，深圳共有 213 家独立注册、正常运营的志愿服务组织，包括市、区义工联等行业支持型组织、基层志愿服务组织和民间草根组织。[①]

三是志愿服务组织内部管理水平不断提升。《2019 年中国志愿服务发展指数报告》调研数据显示，志愿服务组织中长期从事志愿服务的人数及服务时间明显增加，我国志愿者与志愿服务组织的黏性有所增强，志愿服务组织在志愿者管理与服务方面的能力得到提升。该报告进一步显示，除了79.1%的组织提供基础培训以及 70.8%的组织提供志愿服务时间记录，还有56.6%的组织进一步提供了志愿服务活动所需的专业技能培训，36.9%的组织为志愿者提供督导与辅导，30.3%的组织会提供志愿服务效果评估与反馈；更进一步，提供志愿者个人隐私和知识产权保护的组织占 18.1%，进行志愿服务危机干预与赔偿的组织占 5.6%，进行志愿者团队民主化建设的组织占 23.2%。这些方面都直接或间接地说明了志愿服务组织内部管理水平的提升。

（三）制约中国志愿服务组织发展的问题

虽然我国志愿服务组织近些年得到了快速发展，但同时也应该看到，目前我国志愿服务组织的发展仍然面临着一些不可回避的问题和困境。

1. 法制保障不足

长期以来，我国对志愿服务和志愿服务组织缺乏统一的标准和规范，在

---

① 陈笑笑：《社区志愿者参与社区养老服务的激励机制研究——以温州市 FP 社区为例》，硕士学位论文，福州大学，2021。

法律层面上谁可以开展志愿服务、如何开展志愿服务以及志愿服务的标准是什么等没有明确的界定。这在一定程度上成为志愿服务组织合法性、规范性不足的重要原因。依法登记，依法活动，依法接受管理，是法治社会下各类社会组织应当遵循的行为规范。① 由于历史等各种原因，我国志愿服务工作存在条块分割、管理不规范等问题，导致了志愿服务工作政出多门，行政资源和社会资源在志愿服务领域重复投入，无法形成合力，这不仅造成了极大的浪费，也不利于志愿服务组织的归口管理。②

为提升志愿服务组织的合法合规性，应明确志愿服务的行为规范，为志愿服务组织的规范运行与管理提供法规指导。通过志愿服务法律规范，明确志愿服务组织的行为规范和标准，同时针对志愿服务组织的动员招募、培训激励、过程管理、监督指导等主要环节以及志愿者权益保障等重要领域进行立法，从而切实指导和规范志愿服务组织的运行。

2. 服务专业性不强

提升志愿服务的专业性是志愿服务组织发展的重要方向，但是大多志愿服务组织缺乏志愿服务量化评价系统，无法量化服务成效。当前，多数志愿服务组织所开展的服务项目主要集中在非技术性劳动上，这导致了服务内容的同质化和专业化水平不高，难以满足现代社会对高质量、专业化志愿服务的需求。这一现状与志愿服务组织内部专业人才和专职人员的短缺紧密相关。大多数志愿者缺乏正规的社会工作教育和培训，导致他们在工作中采用的方法和技术较为陈旧，无法提供定制化、多元化和系统化的服务。

为了增强志愿服务组织的专业性和服务效能，可以引入"助人自助"这一社会工作核心理念，激励志愿者深入学习社会工作的专业理论、实用方法和技巧等，从而培养出更加成熟和专业的志愿服务人才。此外，通过利用现有的社会工作者协会和志愿服务组织协会等机构，构建一个促进专业社会工作者交流与合作的平台，加大对专业志愿服务人才的培养和支持力度，将

---

① 张绍华：《志愿服务组织的合法化、专业化和规范化》，《中国社会组织》2018 年第 13 期。
② 张晓红、李凌：《志愿服务组织的规范运行与管理研究——立法推动的视角》，《北京城市学院学报》2010 年第 5 期。

有助于为专业化志愿服务的发展提供先进的服务理念和技术手段。

3. 运营资金短缺

志愿服务虽然"服务无偿",但"成本有价"。目前,许多志愿服务组织存在资金严重不足的问题,活动资金短缺始终是志愿服务组织发展的短板,有限的资金来源渠道严重制约了志愿服务组织的有效运行和健康发展。目前,志愿服务组织的经费主要由政府拨款和自筹构成,也有少部分来自社会的捐助。来自政府拨款和自筹的资金不仅极为有限,而且具有很大的不稳定性。另外,社会各界支持志愿服务组织的资金同样有限,而且经常出现承诺不能兑现、资助附带一系列条件等诸多问题。

目前中国社会正处于转型时期,志愿服务的资金问题可以通过构建一个以"政府引导、服务收费、跨部门合作、社会捐助"为基础的多元化资金筹措机制来解决。这一机制旨在通过多渠道筹集资金,满足志愿服务组织的发展需求,增强其资金筹集能力。政府的角色定位是实施激励性政策,提供资金支持,增加项目机会,并在财政资助、税收优惠、信贷支持和人身安全保障等方面给予志愿服务组织特别的支持和帮助。同时,政府应引导民间志愿服务组织参与到适宜的治理领域和项目中,为其发展创造有利的政策环境。

4. 组织规范仍需加强

志愿服务组织的规范化发展涉及多个层面,包括组织结构、管理体系、运营模式和服务程序的标准化。然而,一些志愿服务组织在工作制度、资金筹集、日常事务管理以及整体运作方面仍存在不足,这主要体现在治理结构的单一化、管理制度的缺失以及缺乏实操性等方面。志愿服务组织规模的扩大,对管理科学化和规范化提出了更高的要求。目前,多数志愿服务组织缺乏专业的管理团队,缺少先进的管理工具和有效的运作机制,这在一定程度上影响了志愿服务组织的规范管理和运行效率。

加强志愿服务组织的规范,首先,从外部创造一个良好的环境氛围,政府和群众需达成共识,共同致力于推动志愿服务组织的发展壮大,为其营造一个有利的外部政策环境。其次,志愿服务组织应制定科学合理的发展规划

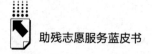

和明确的目标，构建与其实际情况和规模相匹配的组织架构，确立一套既规范又具可操作性的管理制度。最后，针对协调、统筹、管理和服务等进行职能分类，提升内部管理的整体规范性，充分发挥组织的管理效能。

5. 社会评价机制尚不完善

建立志愿服务组织和志愿服务的督导与评价机制，是促进志愿服务组织和志愿服务专业化、提高志愿服务社会效益的重要途径。近年来，虽然我国志愿服务组织和志愿服务的发展较快，但对志愿服务的研究以及对志愿服务组织的督导和评价明显不足。

对志愿服务组织的评价应全面覆盖其管理效率、志愿服务的专业水平、志愿服务成效以及长期发展能力等方面。为了确保服务质量的持续提升和志愿服务组织的可持续发展，必须制定一套严格且透明的评估准则和程序。同时，志愿服务组织也应当遵循规范化的操作流程，恪守相关法规和标准，主动接受社会公众及监管机构的监督与评估。

三 西方国家志愿服务组织概览

志愿服务这一概念是在西方国家的现代化进程中应运而生的，并逐渐发展成为一项社会援助性质的行动。起初这一活动主要是由经济能力较强的个体向那些流离失所的贫困人口以慈善捐赠的形式伸出援手。随着时间的推移，这种原本零星且自发的个人援助逐渐演变为更加系统化和规范化的集体行动。

（一）美国的志愿服务组织

美国作为一个由移民构成的国家，在其早期发展阶段，定居者们为了生存而互相帮助，这种互助精神随着时间的推移逐渐转变为一种文化传统。美国的志愿服务机构在发展过程中展现出一些独特的风貌。首先，美国的志愿服务机构广泛覆盖了从儿童到老年人的各个年龄段群体，显示出其较高的社会参与度。其次，美国的志愿服务有较为成熟的法律体系提供支撑。志愿服务被纳入法律体系之中，确保了志愿者的合法权利，从而增强了他们参与服务的动力和对机构的信任。最后，美国政府高度重视志愿服务，并通过制定相关政策和规定来促进其发展，其在财政支持方面表现得尤为明显。根据《慈善事业周刊》的报道，美国大多数慈善组织的资金构成中，政府资助占30%，通过服务或产品获得的收入占50%，而捐赠资金所占比例不超过20%。此外，美国政府还通过税收优惠政策为慈善活动提供税收减免，这增强了资金来源的多样性和稳定性，为志愿服务的持续和稳定发展提供了坚实的物质基础。

（二）德国的志愿服务组织

德国的志愿者组织产生于 18 世纪中后期，最早出现的是在汉堡成立的帮助劳工解决生活问题的扶贫组织。经过 200 多年的发展，目前德国的志愿者组织众多，志愿者广泛分布在社会各个领域，甚至在司法领域也有志愿者，如担任社会纠纷案件的陪审员等。德国的志愿文化有着深厚的社会基础，其志愿文化的形成离不开"法团主义"式国家关系形态。作为一个典型的保守福利国家，其显著的国家主义特征、基于成文法的法律体系、社会市场经济理念以及先进的社会立法水平，共同塑造了一个成熟的社会政策和社会保障机制，以及一个高度专业化的社会工作领域。在德国，国家与社会服务机构的互动遵循"辅助性原则"，这一原则包含两个核心要素：首先是从个人、家庭、社会群体到国家层面的自我责任；其次是从国家到社会、家庭直至个人的辅助性支持。德国的志愿服务机构在运作上展现出以下几个显著特点。第一，它强调法律基础的重要性。自 19 世纪 60 年代起，德国联邦议会通过了一系列法律，如《社会志愿者奖励法》《国际志愿者奖励法》《生态志愿者奖励法》，这些法律为志愿者的权益提供了法律保障。第二，德国政府高度重视对志愿者权益的保障，将志愿服务视为一种可以免除兵役和民役的选择。

（三）西方志愿服务组织发展的启示

西方的志愿服务体系之所以能够蓬勃发展，一是其经历了上百年的时间积淀，二是其相关立法为志愿服务提供了制度保障，三是其志愿服务文化根

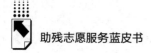

植于大众，博采众长。而我国的志愿服务是伴随改革开放产生的新生事物，从总体上讲，我国的志愿服务发展还处在起步阶段，尚未关注到志愿服务文化的建设工作，志愿服务组织的发展也参差不齐，志愿服务的社会支持保障体系还不健全。虽然有一些较成功的志愿服务组织，但大多是有特殊原因和背景，诸如依靠社会知名人士的参与等，其成功方式缺乏参考价值，也无法复制。

为了推动我国志愿服务和志愿服务组织的健康发展，可以借鉴西方志愿服务组织发展的先进经验，从中探索出一条适合我国实际的志愿服务组织建设发展路径。一方面，需要强化公民意识，营造全民参与的社会氛围，弘扬志愿服务精神。将志愿行为由单纯的道德驱动转化为责任使然，从身边相助到社会互助，为志愿服务注入活力，也为社会活力的释放提供出口。另一方面，需要完善法规体系，确保志愿服务组织的发展有章可循，逐步形成以《中华人民共和国志愿服务法》《志愿服务条例》《中共中央办公厅 国务院办公厅关于健全新时代志愿服务体系的意见》等为核心的法律法规体系。

四 中国志愿服务组织发展趋势及建议

《中华人民共和国国民经济和社会发展第十四个五年规划和2035年远景目标纲要》明确指出，要"支持和发展社会工作服务机构和志愿服务组织，壮大志愿者队伍，搭建更多志愿服务平台，健全志愿服务体系"。近年来，中国志愿服务发展迅速，包括官方组织的民间化、半官方组织的自主化，以及民间组织的合法化。各类全国性的志愿服务组织不断涌现，全国各地也涌现出了众多形态各异、服务功能完善的志愿服务团体。这些志愿服务组织已经深入社会的各个层面，日益成为重要的公益力量，推动我国志愿服务事业蓬勃发展。

（一）志愿服务组织体系持续完善

建立健全志愿服务组织架构对于维护志愿者的安全与权益、规范其服务模式与操作程序，以及确保服务活动成效具有至关重要的作用。随着志愿服务组织的发展，我国志愿者和志愿服务组织的数量都有了大幅度增长。当前，随着志愿精神和志愿文化的传播，越来越多的普通公众参与到志愿服务中来。党员志愿者、青年志愿者、老年志愿者、巾帼志愿者、外籍人士志愿者等构成了多元化的力量。同时，各类专业志愿者也积极参与到志愿服务中来，利用各自的专业为社会提供服务。在参与志愿服务的群体和人员规模不断扩大的情况下，为保证志愿服务的良性发展，必须建立一个科学合理、功能完善的服务体系。通过强化核心建设、汇聚多方力量，完善管理规章制度，确保志愿服务组织的运营和服务制度化、标准化。

（二）志愿服务组织功能不断丰富

经过二十多年的发展，伴随志愿服务经验的广泛传播与推广，各类志愿服务组织相继出现并获得发展，以社会治理、社区治理为主的志愿服务不断涌现。当前的志愿服务组织已逐渐由早期阶段性、少数人参与的社会服务向常态化、全民参与的社会治理、社区治理转型。与此同时，社会公众的生活需求日益多样化和多元化，对志愿服务的期望也随之提升。这促使志愿服务组织必须持续进行创新，以更多元的方式面对这些新的挑战。

（三）志愿服务组织社会化程度不断提升

随着经济社会的不断进步以及志愿服务观念的演进，我国的志愿服务已经发展成一个公民积极参与、服务范围不断扩大的公益事业，其社会化水平不断提升。公众的参与正逐渐成为志愿服务核心理念的一部分，这不仅体现在对弱势群体的援助和文化互动交流上，也体现在推动社会发展和政治民主的进程中。志愿服务的社会化意味着它欢迎并鼓励社会各界的广泛参与，一个多元化和具有适应性的参与模式可以为社会的全面进步和公民的日常生活提供全面的支持。其中，政府通常扮演类似"裁判员"的角色，而社会化的志愿服务组织扮演"运动员"的角色，负责提供具体的志愿服务。

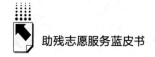

（四）志愿服务组织制度建设持续改善

法治化和制度构建是社会治理的基石。志愿服务组织作为参与社会治理的关键力量，通过加强制度化建设，实质上推动了自身成长和完善的进程。在自身制度化建设不断完善的背景下，志愿服务组织运行效率的提升趋势更加明显，主要表现为：治理体系和管理制度使志愿服务组织的职责分工更加清晰，工作衔接更加顺畅；志愿者管理制度使志愿者的招募与培训、服务与保障、激励与督导等工作职责更加清晰明确；志愿服务项目对接机制保证了志愿服务需求端与供给端能及时准确对接；等等。

（五）志愿服务组织信息化网络化发展不断加速

随着互联网和信息技术的广泛运用，志愿服务与数字技术不断融合，志愿服务组织和志愿服务方式发生了深刻的变革。"互联网+志愿服务"有力推动了志愿服务的专业化、特色化和精准化。如全国志愿服务信息系统利用其平台数据优势，通过大数据等技术推动了志愿服务供给与需求的有效对接。同时，信息网络还为志愿服务组织开展志愿者动员与招募、志愿服务对接与管理、志愿服务监督与指导等提供了技术支撑，实现志愿者注册、需求发掘、服务对接、调度实施、评价反馈、宣传推广等全流程数字化赋能。另外，随着新媒体平台的出现，网络宣传成为绝大多数志愿服务组织和志愿者常态化的宣传渠道，对宣传志愿服务精神、创建志愿服务品牌、扩大志愿服务影响力发挥了意想不到的作用。

（六）志愿服务组织法治化建设不断完善

2017年，国务院颁布了首个针对志愿服务领域的专门性行政法规《志愿服务条例》，标志着我国志愿服务事业在法律层面得到了坚实的支撑。其后，多地开始实施地方性的志愿服务法规。与此同时，相关部门也陆续推出了包括《志愿服务记录与证明出具办法（试行）》和《关于支持和发展志愿服务组织的意见》在内的多项辅助政策与规范。这些措施旨在构建和完善志愿服务所涉及的各个方面的基础性制度，使志愿服务各项工作有法可依、有章可循。我国志愿服务组织的法治化、规范化水平稳步提升，但同西方发达国家相比还存在一定差距。未来还需要强化法治建设，建立健全志愿服务组织分类分级管理制度，结合志愿服务的实际状况，考虑出台针对不同类型志愿服务组织的"志愿服务法"，保障志愿服务组织健康发展。

步入新时代后，随着经济的快速发展和人类社会的不断进步，社会面临的挑战变得更加复杂和多元，寻找解决方案的难度也在不断上升，因此，对专业化社会工作的需求也日益增长，要求也不断提高。与此同时，志愿者和志愿服务组织数量不断增加，呈现出分化、细化、深化的态势，衍生出众多专业志愿服务组织和项目。这不仅使得志愿服务的内容和类型日趋丰富，而且越来越多运用专业特长和发挥专业价值的服务也融入其中，从而提升了志愿服务的精准度和实效性。总之，社会工作与志愿服务是新时代解决社会问题、满足社会需求的重要手段。我们需要以更加开放、包容、专业的态度来推动其发展，让更多人享受到高质量的服务。同时，我们也需要不断总结经验、创新实践，为构建更加和谐、美好的社会贡献力量。

参考文献

敖带芽：《德国志愿体系对我国发展志愿组织的借鉴与思考》，《探求》2014年第2期。

曹双、巫炉钟、蒋俊锋：《志愿者组织现状及其发展方略探析——以南昌市为例》，《商场现代化》2011年第13期。

封颖、董志峰：《社区志愿者组织发展过程中存在的问题研究》，《社会与公益》2019年第11期。

黄屹：《志愿服务组织评价指标体系构建研究》，《标准科学》2018年第11期。

李恩文：《上海民间志愿服务组织现状及发展趋势探析》，《东南大学学报》（哲学社会科学版）2014年第16期。

李婷婷、常健：《社区突发公共事件中的应急志愿服务：组织与管理模式》，《学习

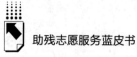

论坛》2023 年第 2 期。

李小波、陈婷：《西方经验借鉴下志愿服务组织建设机制探析》，《武汉工程职业技术学院学报》2020 年第 4 期。

邵振刚、巫长林：《"十四五"时期推动广州社区志愿服务高质量发展路径探析》，《中国社会工作》2021 年第 22 期。

谭建光：《中国志愿服务组织发展及其社会功能》，《北京青年研究》2014 年第 4 期。

汪彩霞、谭建光：《中国志愿服务组织发展对策分析》，《广东青年职业学院学报》2012 年第 3 期。

于水善：《促进青岛市志愿服务高质量发展的对策建议》，《四川劳动保障》2023 年第 5 期。

张勤：《现代社会治理中志愿服务可持续发展的路径选择》，《学习论坛》2014 年第 3 期。

周艳、吴彦彰、樊毅斌：《促进县域志愿服务组织高质量发展的策略探析——基于江苏省 C 市的调查》，《改革与开放》2021 年第 16 期。

B.6
中国志愿服务活动发展报告

良警宇　马　彬[*]

摘　要： 志愿服务活动在各行业、各领域全面纵深发展，成为解决诸多领域社会重点难点问题的重要抓手，对团结社会群众力量、促进公民社会参与、提升社会文明程度发挥了不可替代的作用。与此同时，我国志愿服务活动的开展也存在发展不平衡不充分、部分违法违规行为隐匿而实存等问题，以及在执法、政策、激励和把关人等方面的困境。为进一步推进志愿服务制度化、专业化、规范化发展，需要走出执法困境，提升志愿服务法律效力；增效宣传培训，促进志愿服务制度落实；立足参与动机，加强志愿服务活动供给；完善保障机制，控制志愿服务活动风险。

关键词： 志愿服务活动　社会参与　法治化　制度化

志愿服务活动是考量志愿服务发展水平的重要维度。党的十八大以来，在"完善志愿服务制度""健全志愿服务工作体系"发展目标的促进下，志愿服务活动在各行业、各领域全面纵深发展，成为解决党建工作、青年工作、乡村振兴、社区治理、教育支持、老年支持等方面社会重点难点问题的重要抓手，对团结社会群众力量、促进公民社会参与、提升社会文明程度发挥了不可替代的作用。与此同时，我国志愿服务活动的开展目前也存在发展不平衡不充分、法律规范体系不健全以及违法违规行为隐匿而实存等问题。

---

[*] 良警宇，中央民族大学民族学与社会学学院教授，博士研究生导师，主要研究领域为城乡社会治理、公共文化与志愿服务等；马彬，中央民族大学民族学与社会学学院博士研究生，主要研究领域为城乡社会学、志愿服务等。

为进一步推进志愿服务制度化、专业化、规范化发展，本报告在此对我国志愿服务活动发展的整体状况进行分析，以期为完善我国的志愿服务制度与工作体系提供参考。

一 志愿服务活动的发展状况

志愿服务活动（Volunteer Activity）是指志愿者、志愿服务组织和其他组织开展或参与的志愿服务行为[①]，因此，志愿服务项目和志愿服务组织或团队建设状况是分析志愿服务活动实践状况的两个重要考察指标。为整体把握我国志愿服务活动发展状况，本报告以全国志愿服务数据信息平台"中国志愿服务网"为主要数据来源，对志愿服务活动开展所依托的项目情况和队伍情况进行分析[②]，来考察全国志愿服务的整体发展现状和趋势。

（一）志愿服务项目发展状况

从省份之间的比较来看，根据统计数据，截至2024年4月初，全国内地31个省、自治区、直辖市和新疆生产建设兵团的志愿服务项目总数为9662186个，[③] 平均每个省份约为311683个，但各地区志愿服务项目数量差距较为明显。如图1所示，志愿服务项目总数超过20万个的有17个省（区、市），其中，福建省与广东省总量超过100万个。省份之间的数据落差较大，50万~80万个、30万~50万个、20万~30万个各有5个省份，分别占16.13%。另外，志愿服务项目总数在10万~20万个的有3个省份；5万~10万个的有6个，1万~5万个的有2个，3个省份不足1万个，不足

---

① 中华人民共和国民政部：《志愿服务基本术语》（MZ/T 148—2020），2020年3月24日。

② 数据搜索时间为2024年4月4~5日。"中国志愿服务网"以年度累积值为最后的数据，是目前可得的相对较好的能展示全国志愿服务状况的数据库，整体上也能够较为客观地显示出全国志愿服务发展的总体情况。

③ 本报告将新疆生产建设兵团纳入新疆维吾尔自治区数据统计，不再单独进行计算。

10 万个的省份占比为 35.48%，显示出省份之间发展不平衡的现状，也体现出未来志愿服务的发展空间很大，缩小各省份之间志愿服务的发展差距是未来的重要工作内容。

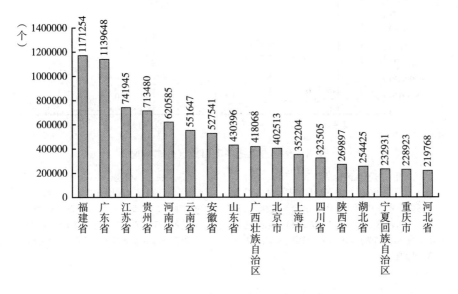

图 1　志愿服务项目在部分省份的分布情况

说明：图中仅呈现志愿服务项目数量在 20 万个以上的省份。

从区域之间的比较来看，志愿服务项目发展不平衡的问题也体现在东部、中部、西部与东北地区之间（见图 2）。东部 10 个省份的志愿服务项目总数接近全国的一半，占 47.75%；中部（6 个）、西部（12 个）、东北（3 个）分别占 17.97%、32.94% 与 1.34%。从四个地区中每个省份志愿服务项目的平均数来看，东部地区平均每个省份有约 46 万个，中部地区有约 29 万个，西部地区有约 26.5 万个，东北地区平均每个省份仅有 4.3 万个。因此，从项目情况来看，存在志愿服务活动开展的区域性差异，东部地区项目数量大幅度领先，中部与西部之间的差距不大，东北地区与其他地区的差距很大，显示出志愿服务发展水平受到经济、人口、政策、文化、城市职能等多因素的影响。

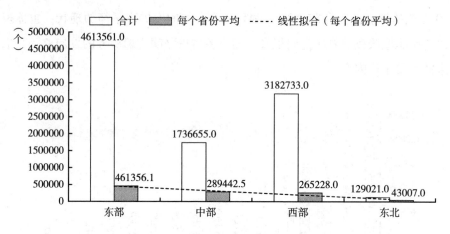

图2　全国志愿服务项目地区分布情况

说明：东部地区包括北京、天津、河北、上海、江苏、浙江、福建、山东、广东、海南10个省（直辖市）；中部地区包括山西、安徽、江西、河南、湖北、湖南6个省；西部地区包括内蒙古、广西、重庆、四川、贵州、云南、西藏、陕西、甘肃、青海、宁夏、新疆12个省（自治区、直辖市）；东北地区包括辽宁、吉林、黑龙江3个省。（参照国家统计局2024年1月30发布的《2023年全国规模以上文化及相关产业企业营业收入增长8.2%》中的地区划分标准。）

从服务类别来看，如图3所示，21个类别（不含"其他"）的项目之间的数量落差极大。社区服务类最多，数量有356万余个，显示了基层社区是我国志愿服务活动开展的主要场所与平台。环境保护与关爱特殊群体也是志愿服务活动开展的突出领域，这两类项目都超过100万个，其中，环境保护类项目接近200万个。70万~90万个的有3个类别，分别为文明风尚、文化艺术、卫生健康；40万~70万个出现空缺；30万~40万个的有2个，分别为交通引导和平安综治；9个类别的项目数量在10万~30万个，分别为大型活动、扶贫减贫、科技科普、应急救援、疫情防控、法律服务、支教助学、禁毒宣传、志愿消防；4个类别的项目数量低于4万个，分别为旅游服务、体育健身、税收服务、海外志愿服务。可见，科技科普、应急救援、法律服务等专业志愿服务项目的数量相对较少，乡村振兴背景下的扶贫减贫、支教助学等项目占比也不大。综合对比来看，当前我国不同类别志愿服务活动项目发展差异较大，未来还应结合社会需求，有针对性地开发志愿服务项目，在增强志愿服务活动自身专业性的同时，推进志愿服务活动的广泛开展。

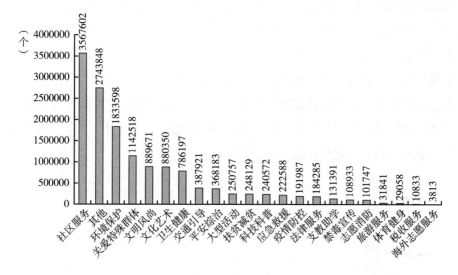

图3　志愿服务项目的服务类别分布情况

说明：同一个志愿服务项目可以同时属于多个服务类别，因此图中各服务类别志愿服务项目数量之和大于全国志愿服务项目数量。

需要注意的是，在分类中还有很多未得到明确的项目类别，如图3所示，"其他"这一服务类别的项目数量排在22个类别中的第2位，再如图4所示，"其他"对应的项目数量排在13类服务对象中的第1位。原因在于，当前平台的分类标准不能涵盖现实中的服务及服务对象类别，其中如环境保护等类别的志愿服务项目往往不会将个体或群体当作服务对象，所以造成"其他"项的体量"臃肿"，因此统计平台需要进一步完善统计分类标准。同时，这也显示了我国志愿服务领域广泛的现状，需要对新的服务领域进行更细致的考察和研究。

从服务对象来看，除去"其他"与特定的"纳税人缴费人"之外，服务对象中人数在50万人以上的有7个群体，分别是社会公众、儿童、残障人士、农村居民、城镇居民、优抚对象、老年人；50万人以下的有4个群体，分别是妇女、特殊群体、贫困家庭、病患者（见图4）。除了社会公众这一定义较为笼统的人群外，儿童（19.16%，总数中不含"其他"与"纳税人缴费人"，本段下同）和残障人士（10.88%）占比较高，说明志愿服务项目在执行的过程中尤其关注儿童群体和残障人士群体。综合来看，志愿服务项目的服务在面向一般社会大众开展的同时，重点关注弱势群体和特殊群体，儿童、残障人士、优抚对象、老年人、特殊群体、贫困家庭、病患者7个群体约占到服务对象总数的56.92%。需要注意的是，数据平台上的13个类别没有体现出明显的互斥性，在后续的数据平台建设中，需进一步完善分类标准，以更好地反映服务对象的实际分布情况。

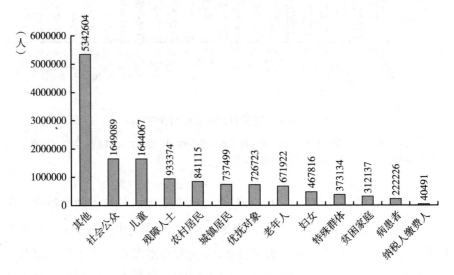

图4 志愿服务项目的服务对象情况

从报名参加志愿服务项目的志愿者人数情况来看，多数项目中报名参加的志愿者人数在1~100人，占总数的75.25%，其他从多到少依次分别为0人（20.61%）、101~200人（2.34%）、201~500人（1.30%）、501~1000人（0.34%）和1000人以上（0.15%）（见图5）。除"0人"之外，呈现随人数增加，志愿服务项目减少的趋势，显示了目前以中小型志愿服务项目为主的状况。而0人项目之所以占比较高，可能与以下因素有关：（1）因平台登记原因，存在略过登记的情况，造成实际参与项目的志愿者数量与平台显示的报名人数不符合；（2）存在"未公开招募"与"指定志愿服务队伍招募"的情况，造成数据缺失或者在其他同类同名项目中显示；（3）运行中乃至运行结束后的项目未有志愿者报名；（4）组织管理者未按照相关的志愿服务记录管理制度进行记录；等等。

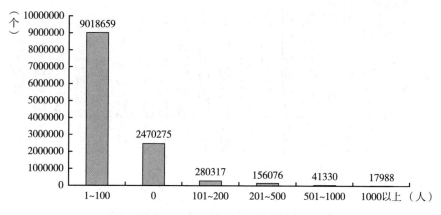

图5　报名参加志愿服务项目的志愿者人数情况

（二）志愿服务队伍发展状况

组织化是志愿服务活动的一个重要特征，志愿服务队伍建设状况是评估志愿服务活动组织化水平的一个重要维度。根据中国志愿服务网统计数据，志愿服务队伍数量超过10万支的省份只有江苏省；7万~9万支的有5个省份，分别是山东省、北京市、广东省、福建省、湖南省，其队伍数量占全国总数的32.55%；5万~6万支的有5个省份，其队伍数量占全国总数的22.47%；3万~5万支的有7个省份，其队伍数量占比约为23.38%。各省份志愿服务队伍平均数约为39120支，高于平均数的省份有15个，但其队伍数量之和却占到全国总数的近八成（78.78%），各地区之间志愿服务队伍建设同样存在发展不平衡的问题（见图6）。东部、中部、西部和东北地区的志愿服务队伍分布状况与志愿服务项目相似（见图7），东部地区队伍

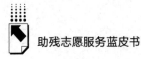

数量远高于其他地区，每个省份平均拥有的队伍数量是东北地区的 4 倍之多。综合来看，一个地区志愿服务项目与队伍的数量之间存在正相关关系。

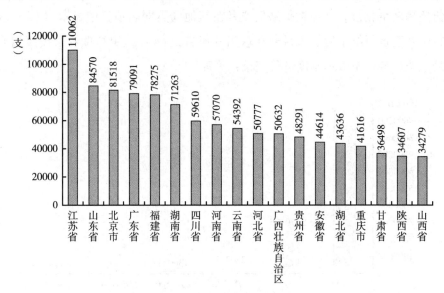

图6　全国志愿服务队伍在部分省份分布情况

说明：图中仅呈现志愿服务队伍数量在 3 万支以上的省份。

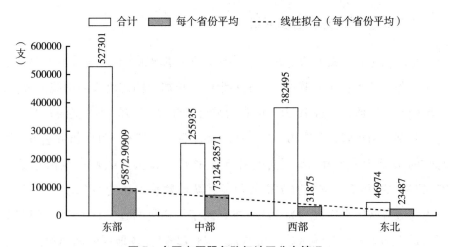

图7　全国志愿服务队伍地区分布情况

图 8 显示了志愿服务队伍的服务类别情况。志愿服务队伍选择自身服务类别标签的状况与志愿服务项目相似，呈现出较大的梯次落差。其中，社区服务类队伍的数量接近 55 万支，约占全国志愿服务队伍总数的 45.01%，依然排在第 1 位；队伍数量在 30 万~40 万支的服务类别为关爱特殊群体与环境保护；不算"其他"项，队伍数量在 10 万~30 万支的有 3 个类别，分别是文化艺术、文明风尚和卫生健康，队伍数量之和占比为 40.59%。虽然大部分服务类别的志愿服务队伍在 1 万~10 万支，但其队伍总量占比仅为 49.49%，说明志愿服务队伍建设也存在发展不充分不平衡的问题。与志愿服务项目的服务类别分布情况相比，每个类别所处的位置并没有太大的变化。应急救援、法律服务、科技科普等类别的专业志愿服务队伍依然占比不高；扶贫减贫类志愿服务队伍的数量排名相较扶贫减贫类志愿服务项目有所提升，由第 11 位变为第 8 位。

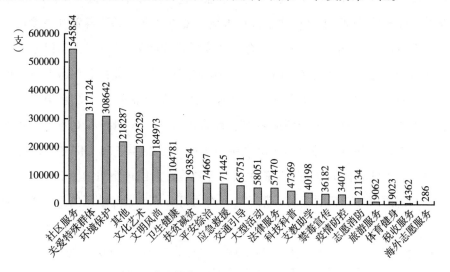

图 8　志愿服务队伍的服务类别分布情况

说明：同一支志愿服务队伍可以同时属于多个服务类别，因此图中各服务类别志愿服务队伍数量之和大于全国志愿服务队伍数量。

志愿服务队伍所属的单位类型或组织类型是备受社会关注的话题，涉及我国志愿服务行政动员与社会动员相结合的特色组织形式。整体来看（见图 9），志愿服务队伍所属的单位类型较为丰富，但各类型之间的数量落差也较大。党政机关下属的志愿服务队伍以超过 32 万支的数量排在第一位，约占总数的 32.56%；教育事业单位下属的志愿服务队伍不足 15 万支，以近 20 万支的落差排在第二位；"其他"类单位与社会团体下属的志愿服务队伍的数量也超过 10 万支。排在前 4 位的单位下属的队伍数量所占比例超过七成，远高于其他单位类型。按照行政动员与社会动员来划分，行政动员的单位类型（党政机关、群团组织、事业单位、国有企业、居民委员会、村民委员会）有 11 个，属于这 11 类单位的队伍数量约占总数的 72.18%，而社会团体、社会服务机构、社会组织、非国有企业与基金会 5 个类型的单位下属的队伍总数占比仅为 14.17%，说明我国志愿服务队伍建设仍然以行政动员为主。行政动员中的基层队伍力量（村民委员会、居民委员会与群团组织）下属的队伍的占比也仅仅约为 11.63%，说明我国基层志愿服务动员机制还需进一步完善健全。基金会以不足千的下属队伍数量排在末端，按照民政部 2023 年第 4 季度的统计数据①来看，截至 2023 年底，全国共注册社会团体 37.3 万个、民办非企业单位 49.9 万个、基金会 9617 个。根据这三类组织下属的志愿服务队伍的数量，有下属志愿服务队伍的社会团体、民办非企业单位（社会组织与社会服务机构）和基金会分别最多占总数的 27.31%、7.08% 和 6.87%，民办非企业单位与基金会对应的比例都不足 10%，社会团体的比例之所以相对较高，也可能是因为受到国家机关或事业单位注册团体组织的影响。

与志愿服务项目的报名人数不同，绝大部分志愿服务队伍的正式人员数量在数据库中记录为"0 人"，占比接近六成（59.40%），有正式志愿者的队伍人数集中于 1~100 人（28.39%），人员在 101~200 人的占 3.83%，201~500 人的占 4.37%，501~1000 人与 1000 人以上的占比分别为 2.07% 和 1.94%，整体呈现出随人员规模增加，队伍数量减少的趋势。②

每个地区的志愿服务活动往往会具有自身的特色，例如单独选择扶贫减

---

① 《2023 年 4 季度民政统计数据》，民政部网站，https：//www.mca.gov.cn/mzsj/tjsj/2023/202304tjsj.html.

② 根据平台登记规则，正式人员记录为"0 人"，并不意味着人员规模也为 0 人；反之，正式人员数量为其他数字，人员规模却可能是 0 人。

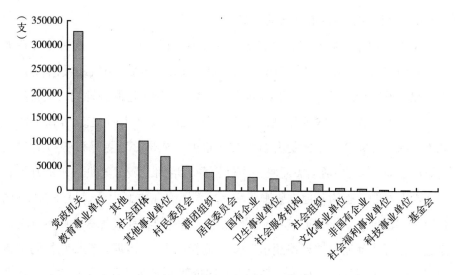

图9　志愿服务队伍所属单位类型情况

贫类志愿服务项目或队伍数量进行比较，部分西部地区的省份会排在前列；选择禁毒宣传类的话，西南地区则会排在前列；而地域内发生过较大自然灾害等事件的地区，应急救援类的项目和队伍则会相对具有规模优势。

综上，各地应从志愿服务活动发展不平衡不充分的主要矛盾出发，结合本地域的特色、志愿者需求、公众需求、社会热点、社会政策等，有针对性地提升志愿服务活动规模与质量，推动志愿服务事业迈上新台阶。

（三）大型活动志愿服务发展现状

2008年北京奥运会的举办，促进了国内大型活动志愿服务的迅速发展。北京奥运会志愿服务形成的经验和模式得到了提炼和推广，并逐步成为大型活动志愿服务的通用模式。2014年，习近平总书记给南京青奥会志愿者回信，希望志愿者能够"积极传播中华文化、讲好中国故事，用青春的激情打造最美的'中国名片'"[①]。作为中国特色志愿服务的典型，大型活动志愿服务至今已成为整个志愿服务体系中组织最为专业和规范、动员最为深入和广泛、

---

① 习近平：《论党的青年工作》，中央文献出版社，2022，第55页。

参与最为活跃和积极的服务活动类型。

2019 年以来，国家级、世界级体育赛事、论坛会议、庆典活动等各类大型活动中的志愿服务开展频繁，以特定的文化形式践行着志愿服务与国家现代化建设同行的理念。在组织形式上，大型活动志愿服务筹划已然将活动本身与"文明倡导"紧密联结，专门的赛会志愿者与城市志愿者在不同的城市空间实现联动，不断提升城市文明程度，杭州等地更是借势打造"全民志愿之城"。大型活动志愿服务中的招募、培训、演练等机制，提升了志愿者专业技能，也为其他志愿服务活动培养了专业志愿力量。另外，"青圪蛋""小秦宝""小青椒""小青荷"等志愿者的昵称（见表 1）不仅更加贴近青年群体使用的"网络用语"与"流行话语"，体现着地域独特的文化内涵以及世界对绿色、环保、和平等共同价值的期许，有助于形成共同的志愿文化自信，还昭示着对青年群体的时代厚望，比如"青椒"谐音"青交"，寄托着对青年群体担当起民族复兴的大任，并成为维系世界和平、发展人类文明新形态的接续力量的希望。

表 1　2019~2023 年典型大型活动志愿服务简要概览

单位：万人

年份	举办城市	大型活动名称	志愿者(部分含赛会、城市、社会志愿者等)	志愿者昵称
2019	北京	第二届"一带一路"国际合作高峰论坛	0.27	
2019	北京	亚洲文明对话大会	0.37	
2019	北京	中国北京世界园艺博览会	1.6	
2019	北京	庆祝中华人民共和国成立 70 周年	16(含)	
2019	太原	第二届全国青年运动会	4.4	青圪蛋
2021	北京	庆祝中国共产党成立 100 周年	8.95(含)	
2021	西安	中华人民共和国第十四届运动会	12.23(含)	小秦宝
2022	北京	冬奥会、冬残奥会	2.7	小雪花
2023	成都	第31届世界大学生夏季运动会	2	小青椒
2023	杭州	第19届亚洲运动会	5.13(含)	小青荷/爱杭城
2023	北京	第三届"一带一路"国际合作高峰论坛	0.14	

资料来源：综合参考各地对大型活动志愿服务的官方媒体报道。

（四）志愿服务活动的突出特点

基于上述对志愿服务项目和队伍状况的分析，可以发现我国志愿服务活动呈现出以下突出特点。

第一，志愿服务活动呈现出常态化和多领域多样化展开的特点。在常态化活动中，基层社区是我国志愿服务活动开展的主要场域与平台，环境保护与关爱特殊群体是志愿服务活动开展的突出领域。虽然目前旅游服务、体育健身、海外志愿服务等类型的志愿服务项目占比不高，但其体现了志愿服务多领域多样化展开的特点，这几类服务也是未来需要进一步加强发展的。

第二，志愿服务在促进社会公平中发挥突出作用。从志愿服务对象来看，志愿服务项目在面向一般社会大众的同时，重点关注了弱势群体和特殊群体，体现了志愿服务在促进社会公平中的突出作用。

第三，志愿服务为解决地区突出问题做出贡献。如上所述，西部地区省份着重开展扶贫减贫类志愿服务项目和队伍建设；西南地区在禁毒宣传类志愿服务活动方面相对突出；而在发生过较大自然灾害等事件的地区，应急救援类的项目和队伍则会相对具有规模优势。

第四，大型活动志愿服务的示范引领作用。大型活动志愿服务在志愿者组织管理、社会公众参与、社会文明进步、青年成长成才、文化自信提升等方面具有重要的引领作用，并且能够促进相关部门的联动进而提高对志愿服务事业的重视程度，加强相应的物质保障，对常态化志愿服务活动的数量与质量产生提升作用，进而提升志愿服务整体发展水平。

二 志愿服务活动的现实问题

改革开放以来，现代志愿服务在我国蓬勃发展并取得了显著成效，但也存在地域与行业之间发展不平衡不充分等问题。此外，在志愿服务活动的执行之中，还存在因政策落实、组织管理、权力分配等方面的疏忽而产生的违规问题，让志愿服务发展的机遇与困境并存，而破除发展障碍的第一步就是要敢于正视发展过程中形成的现实问题。

（一）志愿服务活动的发展问题

通过对31个省、自治区、直辖市和新疆生产建设兵团的志愿服务活动发展情况的比较，可以发现当前志愿服务活动的项目和队伍建设存在以下突出问题。

第一，志愿服务发展水平受到各地区人口、政策、文化和城市职能等多因素的影响，各省份、各区域之间志愿服务项目和队伍发展不平衡，未来应结合社会需求，有针对性地开发志愿服务项目，在增强志愿服务活动自身专业性的同时，推进志愿服务活动的广泛开展。未来志愿服务活动的发展空间很大，应在新一轮政策支持之下，进一步提升志愿服务活动发展水平，特别是需要缩小我国各地区之间志愿服务活动的发展差距，这是未来推进志愿服务活动发展的重要着力点。

第二，除了大型活动志愿服务，当前常态化志愿服务队伍和志愿服务项目以中小型队伍和事件性活动为主，如大多数志愿服务项目中报名参加的志愿者人数在1~100人，这样的项目占总数的75.25%，同时有正式人员的志愿服务队伍占比不足五成（40.60%），因此常态化志愿服务的组织化水平还需进一步提升。

第三，党政机关、教育事业单位下属的志愿服务队伍远多于其他组织类型，这体现出我国志愿服务队伍建设以行政动员为主的特点，社会组织的潜力还需要进一步挖掘。

第四，当前统计平台的项目分类不能完全展现现实的服务类别，需要进一步完善统计分类标准，加强对新的服务领域的细化研究，提升服务平台的服务和管理水平。

（二）志愿服务活动的管理问题

我国志愿服务在大发展的同时，也存在法律规范体系不完善、行业内外掌握信息不对称的现象，以及少数人借志愿服务活动之名"搭便车"的投机行为，从而形成隐匿而实存的违法违规行为，严重影响了行业秩序，特别是在志愿服务信息记录与证明出具方面还需要进行重点管理。

根据本研究团队开展的相关问卷调查①，如图 10 所示，除"其他"之外，志愿者反映最多的问题是"志愿服务信息记录方式不统一"（20.37%），其次是"志愿者实际服务情况与记录证明内容不匹配"（18.25%），然后是"政府有关部门对相关规定的宣传、培训不到位"（12.51%），再然后是"志愿服务信息记录与证明在行业内的相互认可程度不一致"（12.24%）。有关严重违规行为（购买交易、伪造编造证明、泄露信息）的 3 个问题的被选择比例之和为 16.33%。而志愿服务组织管理者反映的问题中，如图 11 所示，比例排在前两位的与志愿者反映的问题一致，但顺序相反，而排在第三位（不含"无问题"）的"志愿者对服务信息记录与证明的重要性认识不够深入"（16.73%）的被选择比例超过了"志愿服务信息记录与证明在行业内的相互认可程度不一致"（14.36%）与"政府有关部门对相关规定的宣传、

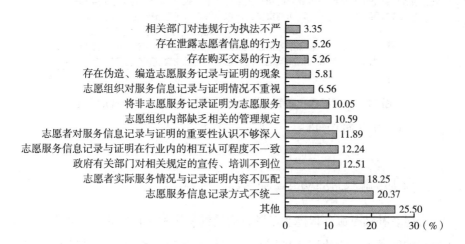

图 10　志愿者认为当前志愿服务活动存在的问题

资料来源：问卷调查结果。

---

① 2023 年 10 月，在北京市民政局的支持下，本研究团队针对民政部《志愿服务信息记录与证明出具管理办法（试行）》在北京地区的落实情况开展了问卷调查。问卷发放的对象包括志愿者、志愿服务组织、志愿服务使用单位和服务对象 4 类群体。最后得到有效问卷 3559 份。

培训不到位"（13.31%）。与严重违规行为相关的 3 个问题的被选择比例之和（13.58%）也低于志愿者选择这 3 个问题的比例之和（16.33%），而对于"志愿组织对服务信息记录与证明情况不重视"的问题，管理者与志愿者的选择比例相差不多。只有近 19%的志愿服务组织管理者认为当前无问题。服务对象则提出需要进一步对相关模板进行统一、区分志愿服务与非志愿服务、对志愿者动机加强考量、简化志愿服务系统的操作、建立规范的档案管理制度、对以往志愿服务时长进行补录、加强对志愿者的关心等。

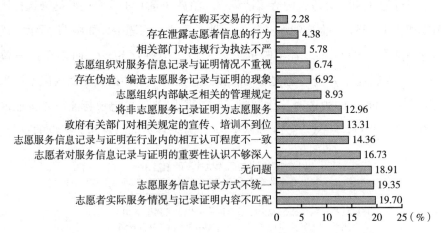

图 11　志愿服务组织管理者认为当前志愿服务活动存在的问题

资料来源：问卷调查结果。

（三）志愿服务活动的激励问题

志愿者补贴是服务保障和激励方面受到关注和存在争议的问题之一。在志愿者的问卷中，六成以上的受访者表示志愿组织无补贴，补贴在 1~100 元的占到 34.18%，101~150 元的有 3.28%。适当的补贴符合志愿服务的行业规定，但也可能会造成行业内的分化，志愿者更可能选择有补贴的服务，而放弃无补贴的服务，同样也会对各类补贴进行比较，各类服务因而有了"好坏"之分。此外，也存在补贴远超过合理范围而变成"劳务报酬"的现象，其中有明显违规的非志愿行为，也有对"专家型志愿者"的尊重以及其他行业或部门的临时或永久"招工"等问题。灰色的运作只会扰乱志愿服务秩序，所以，急需建立统一的标准与进一步加强精神激励。

（四）志愿服务活动的困境

发展困境主要是指阻碍志愿服务活动突破当前瓶颈，进入高质量发展阶段的结构性影响因素。志愿者在整体人口中所占比例仍然较小，志愿服务活动的社会影响力还需进一步提升，而结构性困境在根本上制约着志愿服务的发展。归纳起来，志愿服务活动主要面临执法困境、政策困境、激励困境和把关人困境。执法困境突出体现在执法者介入的缺位问题上，其中的关键是执法者容易陷入"伦理困境"，致使执法效力缺失；而违规者看到违规的成本甚小，接受批评教育后仍然选择违规，这样一来长期的投机就会扰乱志愿服务活动秩序。政策困境突出体现在注重促进政策的出台，但对发展过程中的进步因素的强调还不足，造成政策效用持续性不足上。激励困境指激励制度的实际执行中协调困难、标准不一等致使时长考察成为评奖评优的主要依据，而且有的团队在时长记录等环节上存在问题，以及存在"赢者通吃"等问题，因此激励和评价制度需要进一步完善。把关人困境是指志愿组织管理者作为志愿服务活动的把关人往往存在角色失效的情况，需要进一步增强志愿组织管理者自身作为把关人的职责意识，提升志愿组织管理者的专业能力。

志愿服务活动在实践中面临的项目与队伍建设不平衡不充分、整体参与度活跃度不高、违规出具记录与证明以及补贴处于"黑箱"中等具体问题，实际都与志愿服务面临的执法困境、政策困境、激励困境和把关人困境直接相关，而困境的形成并不是因为制度的真空，而是因为对制度体系的落实不到位。比如，志愿服务记录与证明出具的相关办法早已形成，但至今仍未得到全面有效执行；关于志愿服务项目与队伍建设、社会化动员和参与的措施也多次出现在相关文件当中，但仍未能取得实质性效果；等等。而突破发展瓶颈的关键就在于实现"制度联结"，深度融合行政、专业、社区三者的制度保障和实践逻辑①，

---

① 黄晓星：《制度联结：中国特色志愿服务的多重实践与逻辑》，《学术月刊》2022年第4期。

并在政策、组织、志愿者、公众（服务对象）之间实现价值对齐，以制度和工作体系的健全与落实为抓手，全面推动志愿服务活动发展迈上新台阶。

三 发展志愿服务活动的对策建议

在现有的政策与实践中，志愿服务已经融入教育、就业、医疗等各方面的民生福祉之中，更与中国式现代化新征程的发展目标紧密相连。为推进志愿服务活动提质增效，需要树立系统观念，加强统筹协调，推动志愿服务在新征程上取得新进展。

（一）走出执法困境，提升志愿服务法律效力

法治是志愿服务专业持续发展的首要保障，"志愿服务法"已经被列入十四届全国人大常委会立法规划当中[①]，随着立法工作的推进，志愿服务的法治建设将进一步加强。为走出执法困境、提升执法水平，首先，应对已经存在的志愿服务违法违规行为进行深入研究，对违法违规行为的动机、方式方法、负面效应等进行归纳总结，并形成执法者专业培训的材料，深入讨论志愿服务执法的边界，明确执法对象和执法程序，形成业务部门与执法部门同时知晓、并行执法的联动机制。其次，探索形成违法违规行为的公示制度。当前，志愿服务网络信息平台已基本覆盖全国，可以考虑对违法违规的志愿服务行为主动进行网络公示，起到警示教育作用。另外，随着志愿服务与信用体系等的融合，也可以与其他机制共同探索违法违规行为的备案制度，增加志愿服务违法违规成本，提升志愿服务相关法律效力。

（二）增效宣传培训，促进志愿服务制度落实

首先，全面提升志愿服务的宣传效应。要健全宣传矩阵，在把握好宣传

---

① 《十四届全国人大常委会立法规划》，新华社客户端，2023年9月7日，https：//h.xinhuaxmt.com/vh512/share/11671056？d＝134b2fb&channel＝weixinp.

方向的基础上，应积极应用短视频、直播、创意公益广告等新型宣传形式，培养专业的"出镜宣传"志愿者，赢得社会赞许流量；要深化志愿服务宣传内容创新，除了传统的志愿知识、志愿事迹、志愿人物宣传，还需要对志愿服务的法律法规、政策制度进行深度解读和通俗化释义，引起公众的共鸣；对违法违规行为进行主动报道，主动发现、宣传、引导负面消息，消除志愿服务行业内外信息不对称带来的隔阂，并起到警示教育作用，鼓励媒体从业者利用专业优势处理志愿服务相关不实消息。

其次，进一步健全志愿服务培训机制。志愿服务的法治培训，对规范开展志愿服务活动、提升执法效能以及为"志愿服务法"的出台营造社会氛围都具有重大意义。针对把关人困境，需要进一步加大对志愿服务工作者的培训力度，并健全相应的体制机制，如可以考虑对志愿服务工作者进行行业内的资格认证，提升志愿服务把关人的专业能力与规范意识。

（三）立足参与动机，加强志愿服务活动供给

志愿者参与动机是志愿服务活动创新发展的立足点。志愿服务在利他的同时，对志愿者自身的成长发挥积极作用。因此应加强对志愿者服务动机新趋向的研究，加强志愿服务活动供给，充分发挥志愿者的积极性，提升其对志愿服务的认同感。还需抓住志愿服务与其他领域互融互通的机遇，积极拓展外部志愿服务活动空间，将青少年教育、传统文化创新、红色基因传承等多样化的主题融入其中，打造系列"志愿服务+"品牌项目，提升志愿服务活动的文化内涵。另外，需跟随时代要求创新志愿服务活动形式，提供新的志愿岗位，引领志愿服务活动的新潮流。

（四）完善保障机制，控制志愿服务活动风险

志愿服务活动保障机制包含众多类型，针对当前的发展困境，首先要完善政策保障。研究出台志愿者自我提升激励政策，关注志愿者的获得感与认同感，提升志愿者持续参与意愿；改变唯时长主义评定标准，建立统一的、多方主体参与的评价评选机制，增加志愿者获得正式激励的机会。其次要加

强法治保障。推动"志愿服务法"的出台，对志愿服务活动法治程序中的条件形成正式规定，比如对签署志愿服务协议等做出规定。再次要完善志愿者保险制度。形成统一有力的兜底型保险经费保障，鼓励志愿组织、保险机构等根据服务情境建立保险合作机制，并完善保险理赔程序。最后要加强社会资源保障。在党领导的新社会工作格局下，面向服务窗口增加志愿岗位，在促进公众社会参与的同时缓和社会矛盾；统筹运用高校资源，调动更多的专业师资参与志愿服务调研调查、课程培训与活动设计等，减弱基层专业力量不足的劣势；动员社会单位加入志愿服务联盟，为社区志愿服务活动的开展提供物质、人力、智力等资源支持，进一步激发基层社会活力。另外，以《中共中央办公厅 国务院办公厅关于健全新时代志愿服务体系的意见》的方法论为基本遵循，坚持党建引领，科学、系统、深度整合基层志愿服务力量；深究志愿服务的动员逻辑、参与逻辑、激励逻辑，强化党群融合，推动形成人人有责、人人尽责、人人享有的社会治理共同体。

B.7
完善助残志愿服务制度和工作体系
研究报告

骆　燕[*]

摘　要： 助残志愿服务是中国特色社会主义残疾人事业的有机组成部分，是志愿服务社会化的重要构成，是新时代新征程社会主义精神文明的重要标志，是实现中国式现代化迈向共同富裕的重要内容。我国助残志愿服务的起步、形成与发展，与政治经济发展相伴，与我国残疾人事业发展同频。持续改善的宏观环境是我国助残志愿服务事业生长的沃土，助残志愿服务的特色与成效体现我国社会主义制度的优越性，完善助残志愿服务制度和工作体系是现阶段我国助残志愿服务高质量发展的关键。因此，探索党建引领下的政府主导、残联主责、社会推动、多元助力、公众参与的助残志愿服务制度和工作体系，完善助残志愿服务的组织动员、服务管理、引导培育、支持保障、协同配合等机制，是助残志愿服务健康运行的重要保障，对实现共同富裕，"不让一个残疾人掉队"具有重要的现实意义和社会价值。

关键词： 助残志愿服务　服务制度　工作体系

　　助残志愿服务是以志愿者爱心帮扶、化解残疾人生活中的"急难愁盼"，提高其在康复、教育、就业及居家生活、社会活动、城市体验中的参

＊ 骆燕，副教授，中国助残志愿者协会无障碍促进专委会副主任兼秘书长，主要研究领域为无障碍文化和助残志愿服务。

与度，从而获得更多有效服务支持。助残志愿服务是新时代中国特色社会主义残疾人事业的有机组成部分，是残联组织服务的一种社会化延伸，是社会文明进步在助残领域的重要体现。党的十八大以来，不断满足残疾人日益增长的对美好生活需要的助残志愿服务得到有效发展。习近平总书记强调："助残先进以及他们所代表的关心和帮助残疾人的社会各界人士，也堪称楷模，引领社会风气。""这种舍己为人、乐善好施的高尚品质，是社会主义核心价值观的具体体现，是中华民族传统美德的具体体现。"① 习近平总书记在给志愿服务组织回信中强调，"志愿者事业要同'两个一百年'奋斗目标、同全面建设社会主义现代化国家同行"。② 党的二十大提出完善志愿服务制度和工作体系，为新时代我国助残志愿服务高质量发展提供指南和遵循。因此，探索党建引领、政府主导、残联主责、社会推动、多元助力、公众参与的助残志愿服务制度和工作体系，不断完善组织动员、服务管理、引导培育、支持保障、协同配合的助残志愿服务运行机制，对推动共同富裕进程具有重要意义。

一 助残志愿服务与我国残疾人事业同频共振

我国助残志愿服务的起步、形成与发展，始终与社会文明、经济建设和残疾人事业发展同频。宏观环境的持续改善，助力中国特色的助残志愿服务事业不断发展和完善。

（一）助残社会组织兴起，首开助残志愿服务先河

为盲人这一特困群体服务，让民间自生长的扶助行为成为有意识、有温度、有指向的具体行动，开启我国助残志愿服务事业的先河。1953 年，

---

① 《"赠人玫瑰，手留余香"（习近平讲故事）》，"人民网"百家号，2022 年 2 月 17 日，https：//baijiahao. baidu. com/s？ id＝1724960790330318033&wfr＝spider&for＝pc。

② 谭日辉：《书写奉献爱心、服务社会的新篇章》，人民网，2021 年 1 月 27 日，http：//theory. people. com. cn/n1/2021/0127/c40531-32014292. html。

在毛泽东等老一辈无产阶级革命家的关怀下，中国盲人福利会成立，这是新中国残疾人事业的重要发端，也是我国助残志愿服务的起点。中国盲人福利会内设盲文出版组，其是中国盲文出版社的前身。盲聋哑教育处组建盲文编译组，在全国推行《新盲字方案》，围绕国家中心工作和盲人需求推出多种盲文出版物，及时将党和国家的重要精神传达给盲人朋友，满足盲人日益增长的阅读需要。1956 年中国聋人福利会成立，1959 年创办《聋哑人工作通讯》，推动我国特教事业发展，助残服务也随之兴起。[①] 助残社会组织的兴起让盲人和聋人群体有了依靠，引导助残志愿者参与脱贫、就业、就学、康复、文化等各项服务。2011 年中国盲文图书馆启动文化助盲志愿服务项目，围绕盲人阅览室服务，盲人读物邮寄借送服务，盲人读者到馆接送服务，为盲人读书、讲电影等文化服务，搭建数字化网络化平台。文化助盲志愿服务深度融入全国公共图书馆视障服务工作。[②] 时至今日，中国盲文图书馆仍是助残志愿服务的重要阵地，也是中国助残志愿者协会的所在地。

（二）残疾人事业发展推动助残志愿服务改善

1984 年 3 月，中国残疾人福利基金会成立，助残志愿服务进入理念性、指向性、引领性发展阶段。中国残疾人福利基金会以"集善"为理念，培育的助残志愿服务项目包括扶贫类项目、集善嘉年华、康复类项目、教育类项目、就业类项目、文体类项目、生活类项目、无障碍建设类项目、预防类项目等，推动我国助残志愿服务事业发展。1988 年 3 月中国残疾人联合会（以下简称"中国残联"）成立，以弘扬人道主义精神，发展残疾人事业，促进残疾人平等、充分参与社会生活，共享社会物质文化成果为宗旨，发挥"代表、服务、管理"职能。中国残联主体组织即五大残疾人专门协会，成为助残志愿服务的基础协会，代表各类别残疾人利益，反映需求、表达心

[①] 《平等、参与、共享：新中国残疾人权益保障 70 年》，中国政府网，2019 年 7 月 25 日，https://www.gov.cn/zhengce/2019-07/25/content_5414945.htm。

[②] 中国盲文图书馆网站。

声，维护权益，争取社会帮助。1996 年，中国残联推动设立残疾人公益岗位，这是助残志愿服务下沉社区、残疾人服务残疾人自助与互助的创新实践。2014 年 6 月，《中国残联关于印发〈村（社区）残疾人协会工作规范（试行）〉和〈残疾人专职委员工作规范（试行）〉的通知》提出加强残疾人专职委员培养，开设"专职委员在线"培训课程，开展专职委员网上系统学习和能力培训工作，目前近 8 万人参加培训。各地下发相关配套政策，支持残疾人专职委员队伍建设，使之成为立足基层的助残志愿服务队伍。①

（三）多元社会力量参与推动助残志愿服务发展

从 20 世纪 60 年代波澜壮阔的学雷锋活动，到 90 年代"手拉手红领巾助残"活动，再到 2010 年《中央文明办 中国残联等八部门关于加强志愿助残工作的意见》出台，开展形式多样的"志愿助残阳光行动"，将每年的 7 月 6 日设定为"志愿助残阳光行动"主题活动日。社会力量参与助残志愿服务的积极性不断提高，形成在党的领导下"政府+社会组织+企业+行业"多元主体参与的中国特色助残志愿服务模式。

2005 年 5 月，我国最大的社会组织——中国狮子联会在民政部登记注册，这是中国大地上人数最多的助残志愿服务组织。在党和政府的关心爱护下，在民政部、中国残联、地方残联等有关部门的扶持培育下，中国狮子联会坚定不移地走中国特色发展道路，摸索出符合中国国情的组织形式和运作模式，弘扬人道主义精神、激发社会活力，每一个狮友都是助残志愿者，在推进助残志愿服务等方面发挥积极作用。

（四）中国助残志愿者协会引领助残志愿服务发展

2015 年 5 月 20 日，在中国残联的领导下，中国助残志愿者协会成立，

---

① 《【巡礼"十三五"·残疾人事业这五年】组织联络工作扎实推进 为残疾人事业发展提供有力保障》，澎湃新闻网，2021 年 1 月 5 日，https：//m.thepaper.cn/baijiahao_10665075。

这是由志愿者组织、志愿者自愿组成的全国性、联合性、非营利性社会组织。协会的服务定位：政策咨询、队伍建设、组织培育、专业培训、项目推进、服务倡导。其业务范围涉及七大方面。一是贯彻国家有关志愿服务的法律、法规和方针政策，弘扬"奉献、友爱、互助、进步"的助残志愿服务精神，宣传助残志愿服务理念，广泛动员社会各界投身助残志愿服务，培育、发展和壮大助残志愿者队伍。二是协助政府统筹开发、整合优化及有效配置助残志愿服务资源，指导和推动地方广泛开展形式多样、内容丰富、各具特色的助残志愿活动。三是开展助残志愿服务政策咨询、专业培训和服务督导，加强志愿服务组织和志愿者能力建设。四是反映助残志愿服务组织和助残志愿者的诉求，推进无障碍环境建设，助力残疾人家庭无障碍化改造，帮扶化解残疾人生活中的"急难愁盼"，维护其合法权益。五是组织开展助残志愿服务理论和实践问题研究，建立助残志愿者招募、管理、评价、表彰、激励机制，推动助残志愿服务规范化、制度化、常态化发展。六是经有关部门批准，开展对助残志愿服务组织和助残志愿者的表彰活动。七是开展与国际及港、澳、台地区志愿服务组织的交流活动，推进项目合作。

综上所述，我国助残志愿服务从无到有、从小到大，依托组织、搭建平台、聚合力量，形成助残志愿服务的"中国特色"。中国残疾人事业的发展为我国助残志愿服务萌芽、生长与发展提供了沃土；有了这片沃土，助残志愿服务才会有生长的根基、生存的力量和发展壮大的空间。

二　我国助残志愿服务体系和工作机制的探索

助残志愿服务是一项社会事业，更是一种系统性的社会实践。新时期我国助残志愿服务事业迅速发展，助残志愿服务融入社会发展大局，助残志愿服务组织体系不断完善，形成政府主导、残联主责、专业指导、多元合作、社会参与、共同推进的良性发展格局。

（一）政府主导，统筹推进助残志愿服务

政府主导是新时代我国助残志愿服务的鲜明特色。在地域辽阔、人口众多、人口老龄化加剧、老残一体化不断加速的国情面前，政府主导的助残志愿服务在各部门的有机配合下有力支撑、有效推进、有序开展。

1. 国家层面的总体布局

多年来，我国的志愿服务工作在中央文明委的领导下，由中央文明办牵头，民政部、共青团中央、中国残联等部门通力合作，组建全国志愿服务协调小组，负责全国志愿服务活动的总规划、总协调、总指导，监督检查各地各部门志愿服务活动的开展情况。各有关部门发挥各自优势，各负其责，组织开展内容丰富、形式多样的助残志愿服务活动。民政部积极推进社区志愿服务活动，共青团组织不断深化青年志愿者行动，残联组织则不断深化扶残助残志愿服务活动。形成在党的统一领导下的多元化多维度的助残志愿服务工作推进机制。

2023年，中共中央、国务院印发《党和国家机构改革方案》，其中提出组建中央社会工作部[①]，这是中国志愿服务发展的又一个突破，为助残志愿服务发展带来新机遇，具有里程碑意义。中央社会工作部的成立，引导助残志愿服务事业高质量发展，更好地服务群众，不断提升党在助残志愿服务中的引领力、号召力和行动力，吸引和激励更多干部群众投身助残志愿服务，推进组织体系和工作机制的建立与完善。[②]

2. 助残志愿服务的顶层设计

2015年5月，中国残联、中央文明办、民政部、共青团中央联合发布《关于进一步做好志愿助残工作的通知》，要求切实将助残志愿服务纳入志

---

① 胡英姿：《新时代背景下助残社会组织的现状、特征与展望》，《中国非营利评论》2023年第1期。

② 《谭建光：党的社会工作要凝聚群众、赢得群众》，"社会志"微信公众号，2023年9月18日，https：//mp. weixin. qq. com/s？＿＿biz＝MzA5NTc4NzAwNw＝＝&mid＝2649795546&idx＝1&sn＝6505d5d80803d50ad0a54bb4786ad110&chksm＝88be094abfc9805ca912f12d02956acd8116 5c8e6d4d02baad18a0af668a13eb8ea7cd95e2fb&scene＝27。

愿服务工作总体规划，统筹实施、全面推进。① 2015 年《国务院关于加快推进残疾人小康进程的意见》要求，切实有效开展"志愿助残阳光行动""邻里守望"等群众性的助残志愿服务活动。2017 年 6 月，中国残联、共青团中央共同发布《青年志愿者阳光助残扶贫行动实施方案》，共同开展青年志愿者阳光助残扶贫行动。2021 年，国务院印发《"十四五"残疾人保障和发展规划》，明确提出开展志愿者助残"阳光行动"和"关心我的残疾人邻居"等主题活动，对助残志愿服务工作机制、队伍建设、助残行动等做出明确规定。2022 年 1 月，《关于印发〈关于进一步推进扶残助残文明实践活动的实施意见〉的通知》提出，将扶残助残纳入公民道德建设、文明创建工程和新时代文明中心建设。2023 年 12 月 21 日，中国残联召开深化残联改革暨困难重度残疾人帮扶工作视频会议，强调各级残联要进一步摸清底数、落实政策，协同相关部门通过社保兜底、权益维护、基本康复、教育支持、就业帮扶、活跃文体、"上门评残"、志愿助残、直接联系帮扶等措施进一步提升困难重度残疾人的获得感、幸福感、安全感。

3. 助残志愿服务的组织构成

我国助残志愿服务组织是一个社会化大家庭，涉及部门多、行业覆盖面广、参与人数众多，经过多年实践，各行各业的助残志愿服务组织层出不穷、各具特色，涉及法律援助、金融助残、社区助残、交通出行无障碍等多个领域，社会对助残志愿服务的认同度、支持度和参与度持续上升，助残氛围越来越浓厚。

2002 年 4 月，共青团中央和中国残联联合发布"百万青年志愿者助残行动"，以青年为先锋的助残志愿者队伍逐渐形成。大中专院校的学生、社区工作者、企事业单位的青年职工、政府部门的青年干部成为助残志愿者队伍的中坚力量。2008 年 3 月，《中共中央 国务院关于促进残疾人事

---

① 《中国残联、中央文明办、民政部、共青团中央联合印发〈关于进一步做好志愿助残工作的通知〉》，中国政府网，2015 年 5 月 18 日，https：//www.gov.cn/fuwu/cjr/content_2871 243.htm。

业发展的意见》中提到"要抓好残疾人专职、专项和志愿者队伍建设。动员社会力量积极参与，发展壮大助残志愿者队伍"。2014 年，中国残联、民政部联合出台《关于支持助残社会组织发展的指导意见》，提出要通过改革登记制度等方式，助推助残社会组织持续发展。2016 年，《国务院关于印发"十三五"加快残疾人小康进程规划纲要的通知》提出，要通过支持助残社会组织开展活动，扶持助残社会组织健康发展。2019 年 7月，国务院新闻办公室发布的《平等、参与、共享：新中国残疾人权益保障 70 年》指出，截至 2017 年全国共有助残社会组织 6200 多个，各级各类群众团体、慈善组织、志愿服务机构等助残社会组织有 2520 个。[1] 2021年《国务院关于印发"十四五"残疾人保障和发展规划的通知》进一步促进助残志愿服务组织发展，由政府和残联共同推动助残志愿服务在各地有序开展。

在中国残联、中央文明办、教育部、共青团中央等多部门的联合推动下，助残志愿服务政策连续取得突破，助残志愿服务组织发展速度加快，关爱帮扶残疾人意识不断增强，平等包容的社会氛围更加浓厚，扶残助残的文明实践蓬勃开展，我国助残志愿服务政策体系、组织体系正在加快形成。[2]

（二）残联主责，建立多元助残志愿服务体系

中国残联作为全国志愿服务活动协调小组成员单位，积极构建自上而下的残疾人事业发展组织体系，在推动助残志愿服务顶层设计的同时，完善助残志愿服务机制，搭建助残志愿服务平台，全面开展助残志愿服务。

2013 年 6 月，中国残联印发《中国助残志愿者注册管理办法（试行）》（以下简称《办法》），标志着我国助残志愿者工作步入规范化和制度化轨道。《办法》对助残志愿者招募注册、权利义务、项目服务、组

---

[1] 李健、李苗苗、马小红：《残疾人社会组织发展现状、问题与对策建议》，《残疾人研究》2020 年第 3 期。

[2] 凌亢主编《中国助残志愿服务发展报告（2022）》，社会科学文献出版社，2023。

织管理、评价表彰等做出细化规定,让助残志愿服务成为残疾人事业的有机组成部分,助残志愿者权利、义务和保障体系初步形成,双向奔赴、共同成长的理念得以明确。中国残联组联部专项负责助残志愿服务工作,负责全国助残志愿服务工作的规划、协调和督查;省级、市级残联根据本地实际情况制定助残志愿者注册管理实施细则,推进助残志愿活动广泛开展;县级残联负责助残志愿者注册和建立助残志愿联络站(点)、助残志愿组织等,广泛开展助残志愿者的登记、联络和对接服务等工作;地方各级残疾人组织应当做好助残志愿者的管理服务工作,逐步建立健全助残志愿服务管理长效机制。

(三)社会参与,多方凝聚助残志愿服务的合力

助残志愿服务以公益项目为抓手,整合社会资源,吸引社会资金,逐步形成"政府+社会组织+企业+行业"的助残帮扶体系。服务项目涉及康复、教育、就业、文化艺术、体育、权益保障、国际交流等多个领域,体现出更精准、更专业、更深入的特色,其绝大多数项目具有"深耕""可持续"的属性。

例如,山东省济南市重点打造"如康家园",并在全省推广。它是社区型助残志愿服务项目,彰显政府主导的力量,打造集多功能于一体的综合性服务平台,对接专业社工团队、志愿服务团队等,开创"教育+托养+医疗+康复+就业+养老"的"六位一体"残疾人全生命周期服务模式。[①]

例如,吉林省长春市九台区"善满家园"为农村残疾人提供康复、教育、培训、就业、托养等综合服务,通过"志智双扶"多元融创模式,开创乡村振兴新思路。[②]

---

① 《济南市人民政府关于印发济南市"十四五"残疾人事业发展规划的通知》,济南市人民政府网站,2021 年 12 月 15 日,http://www.jinan.gov.cn/art/2021/12/15/art_2613_4901422.html。

② 《【专家话共富】乡村振兴路上一个不能少 让我们携手走在幸福大道上》,澎湃新闻网,2021 年 10 月 20 日,https://m.thepaper.cn/baijiahao_15000065。

例如，阿里公益"美好生活，一个都不能少"项目是"人人参与公益"的典范。人人都是奉献者，人人又都是获益者，这彰显助残志愿服务"双向发力""双向获益"的特点。阿里巴巴发起了多个助残志愿服务活动，包括手语课堂、助盲跑团、关爱孤独症儿童等，带动上万名员工参与。

（四）大型赛事，多方推动助残志愿服务水平提升

每一次的大型赛事都是推进我国助残志愿服务事业向前发展的重要节点，也是青年大学生助残志愿服务培育和提升的重要契机。2008年北京奥运会和残奥会，2010年广州亚运会和亚残运会，2022年北京冬奥会和冬残奥会，2023年杭州亚运会和亚残运会等大型赛事，不仅留下赛事的精彩瞬间，更让我国的青年助残志愿者服务意识大幅提升，助残志愿服务在赛场内外大放异彩。

2010年，全国首家由政府主导兴办的广州志愿者学院挂牌成立。广州志愿者学院发挥在志愿者培训、志愿服务理论研究、志愿者组织交流、志愿服务项目化运作等方面的优势，推动志愿者培训规范化、专业化发展。参与服务广州亚运会、亚残运会的志愿者培训工作，负责全市志愿者培训等工作，组织培训、研发课程、开发教材，摸索出系统化的大型赛事志愿者培训模式。①

2022年，北京冬奥会和冬残奥会再次展现助残志愿者风采。9000多名助残志愿者活跃在赛场内外，成为一道亮丽的风景。2023年，在杭州第四届亚洲残疾人运动会上，中国助残志愿者协会会同浙江省残联、中国狮子联会浙江代表处、浙江圆通速递公司联合开展"浙狮助残、千人观赛"公益志愿活动。

总之，经过多年的探索与实践，我国助残志愿服务在政策制度、组织管理、项目运作、服务实效等方面走出一条中国特色之路，助残志愿服务制度和工作体系得以逐步完善，助残志愿服务成效日益显现。

---

① 《团史微故事｜全国首个志愿者学院因广州亚运而"生"》，中国青年网，2022年8月28日，https：//t.m.youth.cn/transfer/baobao/DZYAgKtM.html。

三 我国助残志愿服务制度和工作体系的创新发展

中国助残志愿者协会作为助残志愿服务的主体协会，在中国残联领导下，在民政部、中央社会工作部和中国志愿服务联合会的指导下，发挥协会组织内引外联、共同协作的特色和优势，广泛动员社会力量，共同推动助残志愿服务各项工作创新发展，在建立健全助残志愿服务制度和工作体系方面取得新进展、新作为和新成效。

（一）助残志愿服务以党建为引领

中国助残志愿者协会坚持以"为残疾人服务"为宗旨，不忘初心、牢记使命、服务大局、创新发展。坚持政治引领贯穿协会工作始终，全面推进党建与业务工作深度融合，为协会发展提供了坚强的政治保障。坚持发挥协会优势、突出协会特色，全面系统深化"志愿助残阳光行动"品牌建设，帮助残疾人解决生活中的"急难愁盼"，培育和壮大助残志愿服务力量，扩大和提升协会的社会影响力与公信力。在业务创新方面，推动助残志愿服务与无障碍环境建设深度融合，探索助残志愿服务的新模式。坚持统筹规划，科学制定《"十四五"志愿助残实施方案》和《志愿助残阳光行动实施方案（2023—2025 年）》，为助残志愿服务高质量发展奠定坚实基础。

（二）不断完善助残志愿服务的顶层设计

2020 年，中国助残志愿者协会第二届理事会开展"志愿助残阳光行动"。2022 年 10 月，中国残联组联部印发《关于转发中国助残志愿者协会"十四五"志愿助残服务实施方案的函》。

1. 健全助残志愿服务的工作机制

完善助残志愿服务工作机制。建立由残联领导、协会搭台、社会力量充分参与的工作机制；推动协会成立助残志愿服务专业委员会，开展相关研究和交流活动；积极推动省、市、县成立助残志愿者协会，加强与地方助残志愿者协会工作的联动；推进与文明办等相关部门、社会组织和专业机构的协同与合作，形成扶残助残合力。一是健全助残志愿服务管理制度。构建助残志愿服务工作机制，推动管理工作科学化、制度化、规范化发展。二是完善助残志愿者招募制度。规范招募标准，优化招募流程；筹建助残志愿者登记注册信息平台，推动助残志愿者信息注册；鼓励各级助残志愿服务组织通过助残志愿者登记注册信息平台招募助残志愿者，吸引社会各界爱心人士参与助残志愿服务。

2. 完善助残志愿服务的制度建设

加强服务队伍建设。鼓励基层党团组织积极建立助残志愿服务队伍；支持基层政府、教育部门、医疗机构等成立助残志愿服务队伍；推动相关部门建设助残志愿服务队伍，提升助残志愿服务专业化水平；引导与驻地大专院校、解放军和武警部队、社会组织、企事业单位等开展合作，指导其独立开展助残志愿服务队伍组建工作；促进高校在校学生成立助残志愿服务公益类社团组织；帮助有条件的县（市、区）、乡镇（街道）和村（社区）建立助残志愿服务队伍；倡导各类志愿服务组织将助残服务活动纳入工作范畴。

一是加强助残志愿服务培训。与高校、党校（行政学院）、社会科学院、公共文化事业和企业等单位联合建立助残志愿服务培训基地，扩大培训规模，提高培训质量；推动高校完善助残志愿服务相关专业人才培养体系，鼓励有条件的职业院校和普通本科院校增设残障相关专业，加强助残志愿服务人员职业能力建设；通过培训、实践和考核，加强助残志愿服务培训师资队伍建设，培养高质量、专业化的助残志愿服务师资队伍；加强对助残志愿者的通识和专项培训，增进助残志愿者与残疾人的交流，提高助残志愿者的专业技能与素养。

二是加强助残志愿服务标准建设。根据《中国助残志愿者注册管理办法（试行）》统一全国助残志愿服务标识，鼓励各级助残志愿服务组织规范使用全国统一的助残志愿服务标识；推动助残志愿服务相关领域的规范、标准、指南出台，推进志愿服务和残疾人相关政策法规有效落地落实。

三是加强助残志愿服务能力建设。组织助残领域项目大赛，积极培育基层助残志愿服务品牌，形成可复制、可推广的基层助残志愿服务实践经验和做法，向全国推广；加大相关政策指导和扶持力度，注重示范引领，以点带面，推动基层助残志愿服务提质增效；促进生命健康、人工智能等领域的先进技术在助残志愿服务中示范应用，提升助残志愿服务科技含量。

3. "阳光行动"的新内涵与新目标

2022 年 12 月，中国助残志愿者协会发布《志愿助残阳光行动实施方案（2023—2025 年）》，持续发挥行业组织与社会组织等联合的优势和引领示范作用，征集阳光助残志愿服务优秀示范案例，挖掘基层助残志愿服务先进典型，辐射带动基层助残志愿服务标准规范落地，推动"阳光助残志愿服务基地和阳光助残志愿服务驿站"培育和认定工作。① 各级残联组织、助残志愿服务组织以及大学生志愿服务组织、高校科研机构、行业组织、企事业单位、公益服务机构、公共服务场所等积极参与创建认定工作。截至 2023 年底，已在全国创建"阳光助残志愿服务基地" 100 个，"阳光助残志愿服务驿站" 100 个。同时，中国助残志愿者协会加强对地方基地建设的指导，拓展阳光助残志愿服务基地覆盖范围，建立基地联席会议机制。

4. "志愿助残阳光暖"行动启动

2024 年 2 月，深入落实《中国残联关于进一步做好困难重度残疾人帮扶工作的通知》，在中国残联组联部的指导下，中国助残志愿者协会联合 10 家爱心单位启动"志愿助残阳光暖"行动。首批 10 个爱心单位扶残助残项目分别是"九牧爱·阳光暖""腾讯情·阳光暖""沪中行·阳光暖""盈科法·阳光暖""建行蓝·阳光暖""联通畅·阳光暖""映客福·阳光暖""魅族明·阳光暖""人寿康·阳光暖""京狮梦·阳光暖"。每一项行动还

---

① 《志愿助残阳光行动实施方案发布 开启中国助残志愿服务新篇章》，"人民网"百家号，2022 年 12 月 30 日，https：//baijiahao. baidu. com/s？id=1753619283786191377&wfr=spider&for=pc。

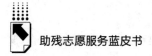
包括若干内容，为残疾人送去实实在在的关爱，既有节日送温暖的活动，也有长效助残帮扶机制，体现新时代新征程赋予助残志愿服务的新使命。①

（三）构建助残志愿服务的服务体系

中国助残志愿者协会在全国残疾人工作和志愿服务大局下谋划开展工作，深入调研和总结各地扶残助残实践经验与做法，推动各地残联和志愿服务组织因地因时因人制宜，开展卓有成效的助残志愿服务，丰富拓展助残志愿服务的范围和领域，打造特色服务品牌、构建长效工作机制。

1. 项目合作、培育品牌

中国助残志愿者协会充分发挥促进、联合、供需对接的作用，不断深化与相关志愿服务组织的工作对接和项目合作，充分发挥各自优势，协同推进助残志愿服务在各行业各领域落地生根，培育出一系列特色服务品牌。与中国青年志愿者协会密切合作，开展"阳光助残"志愿服务活动，推进"邻里守望"社区助残项目；与中国文艺志愿者协会合作，启动"中国文艺志愿者公益演出季"活动；与中国盲文出版社、中国盲文图书馆合作，在全国公共图书馆、特教学校开展"文化助盲"志愿服务；参与推动"中国青年志愿服务项目大赛"、"共享芬芳—中国残疾人艺术团百场公益巡回演出"、"中国残疾人冰雪运动"、"巾帼助残"、"关心你的残疾人邻居"、北京市"首善有爱、环境无碍"无障碍行动；联合 10 家爱心单位启动"志愿助残阳光暖"行动等公益活动。

2. 强基培训、扩大队伍

实施助残志愿者"种子计划"，联合中国志愿服务联合会、中国青年志愿者协会培训全国助残志愿者骨干 500 余人；联合中国盲文图书馆在山西、辽宁、浙江、安徽、江西、湖北、广西、陕西等省（区）培训"文化助盲"志愿者骨干 700 余人；联合北京冬奥组委志愿者部、残奥部开展"迎冬奥

---

① 《"志愿助残阳光暖"行动携手残疾人红红火火迎大年》，"中国青年网"百家号，2024 年 1 月 24 日，https：//baijiahao.baidu.com/s？id=1788943066179386768&wfr=spider&for=pc。

志愿助残服务骨干培训"活动，培训 80 余名骨干志愿者，同时举办助残志愿者技能大赛；与中国建设银行北京市分行合作举办建行系统助残志愿服务大赛和残疾人专职委员知识竞赛等。

3. 深化研究、规范建设

依托高校志愿服务领域专家库和残疾人工作有关专家，发挥智库作用，围绕残疾人事业发展和残疾人服务需求，开展助残志愿服务理论研究，推动行业服务标准和规范建设。系统梳理我国助残志愿服务发展历程，总结新时代助残志愿服务特点与发展趋势，发布《阳光助残志愿服务基地创建标准》《第十四届北京 2022 年冬奥会和冬残奥会残疾人服务知识手册》《朝阳区志愿助残服务技能口袋书》等标准规范成果。

4. 宣传理念、讲好故事

积极发掘宣传各地助残志愿者先进典型，先后推送 27 个志愿者和服务项目入选"四个 100"先进典型宣传推选活动，推动实施 484 个"阳光助残"项目。中国助残志愿者协会与团中央青年志愿者行动指导中心共同编写《中国青年志愿服务优秀项目汇编》，宣传和推广新时代优秀青年志愿者助残经验；联合中国盲文出版社组织残疾人作家编写《助残之歌》，讲述 40 位助残先进的感人故事，传递榜样力量和人间大爱；开展"残疾人励志宣讲进校园"活动和志愿助残服务相关知识宣讲等。

（四）助残志愿服务工作的机制创新

中国助残志愿者协会根据助残志愿服务事业发展现状和残障群体的需求，在协会内部设立专业委员会工作机制。专业委员会开展相关领域的助残服务，联合社会力量，共同开展专业化研究、科学化管理、实效化帮扶，协会以专业委员会的形式推进助残志愿服务事业高质量发展。根据助残志愿服务事业发展的需要，协会成立 7 个专业委员会。专业委员会的成立吸纳更多高层次的专业人才加入助残志愿服务行列，为国家志愿服务立法工作提供专业支撑。

总之，中国助残志愿者协会作为助残志愿服务的领军协会，发挥"头雁"的作用，在加强自身建设的同时，不断强化服务创新，加强制度建设和不断提高公信力，使助残志愿服务队伍不断发展壮大。

四 我国助残志愿服务发展中存在的问题和建议

新时代新征程，我国助残志愿服务事业迎来新的发展机遇，助残志愿服务的新需求不断增多，助残志愿服务全方位开展，伴随助残志愿服务事业的推进，一些问题和不足也逐步显现，制约某些项目和服务的开展。

（一）助残志愿服务发展中存在的问题和不足

1. 现行法律位阶较低，保障不到位

现行的《志愿服务条例》是现阶段保障志愿者、志愿服务组织、志愿服务对象的合法权益，鼓励和规范志愿服务，发展志愿服务事业，培育和践行社会主义核心价值观，促进社会文明进步的重要法律。[①]《志愿服务条例》的出台，是社会文明进步的重要体现。但伴随我国助残志愿服务事业的快速发展，对助残志愿服务的认识、组织定位、服务内容和发展需求等都发生了一些变化，对助残志愿服务的双向需求、权益保障、劳动补贴等方面均缺乏明确的法律依据。助残志愿者在服务过程中可能面临一定的风险，如意外伤害、权益受损等，其权益难以得到有效维护。因此，现行的《志愿服务条例》位阶较低，内容也不尽全面，无法满足新时代新征程中国式现代化共同富裕进程中的"共富同行"新形势、新作为、新愿景的要求。

2. 助残志愿服务政策扶持力度不够

在助残志愿服务实践中，对助残志愿服务的定义、性质与范围还存在概念模糊、性质不明、范围交叉等问题。现有助残志愿服务政策设计是由残联主责，主要围绕残联系统内部工作衍生和设计，其中70%的助残志愿服务

---

① 《志愿服务条例》，中国政府网，2017年9月6日，https：//www. gov. cn/zhengce/content/2017-09/06/content_5223028. htm？trs＝1。

来源于系统内部的本职工作，紧扣残疾人康复、教育、就业、文化活动等方面，而本职工作和助残志愿服务存在边界划分问题，"人人都是志愿者，事事都是志愿服务"，容易让人们对志愿服务的性质产生误解。而社会助残志愿服务组织参与助残志愿服务等方面存在立项较难、门槛较高、手续繁杂的问题，项目审批和落地都有一定难度，争取政府购买服务的难度较大，社会助残志愿服务组织面临场地、人员、经费等挑战。这些现实问题制约我国助残志愿服务的深入开展。

3. 助残志愿服务队伍组织体系不够完善

在组织建设方面，目前我国助残志愿服务发展存在地区差异，与发展不充分、不平衡、不系统、不规范、不专业等问题。部分助残志愿服务组织存在管理机制不完善、不规范，服务质量不高等问题，不能严格依法依规依章程办事，社会公信力不高。助残志愿者注册管理制度尚不健全，在助残志愿者服务管理体系中还存在一些问题，如助残志愿服务平台有待完善，助残志愿者激励机制流于形式、不易操作等。这不仅加大了招募助残志愿者的难度，也不利于激发助残志愿者的服务热情和积极性，不利于助残志愿者服务的品牌化发展。

4. 助残志愿服务业务培训有待加强

助残志愿服务对志愿者素质和专业度有很高的要求。目前，在助残志愿服务中，普遍存在热情有余、专业度不够等问题，缺少针对不同行业、不同领域、不同部门助残志愿者的岗前培训、岗中指导、岗后评估。助残志愿服务业务培训覆盖面较窄，多限于大型赛事青年大学生志愿者和公共交通运输部门、金融窗口部门的助残技能培训等，而针对社会各层面实施的分层分类助残志愿者培训尚未普遍开展。助残志愿者在政治素养、群众感情、相关知识技能及服务水平方面存在差距。助残志愿服务培训在课程设置、教材内容、师资队伍建设等方面还存在不足，在助残志愿服务交流研讨、项目展示、经验推广、分享体验等方面还存在短板，有待进一步加强。

5. 助残志愿服务理论与实践研究及宣传工作有待加强

目前，我国助残志愿服务理论与实践研究还存在很多空白，对"党

145

建+"助残志愿服务缺乏系统、科学的认识，对一些有实用实效和可复制、可推广的好模式、好做法、好经验还有待进一步认真梳理、总结和推广，典型经验和长效做法还有待进一步发掘。助残志愿服务事业宣传力度还需加大，广大群众对助残志愿服务的认知度还不高，参与助残志愿服务的积极性、主动性和热情有待进一步激发，残疾人对服务的实效性、长效性和标准化还有更多期待，残疾人的体验感还有待进一步提升。

（二）关于健全我国助残志愿服务体系的几点建议

1. 加快推进"志愿服务法"的立法进程

2024 年全国人大社会委抓紧完善志愿服务法草案，制定"志愿服务法"已列入十四届全国人大常委会立法规划第一类项目。① 中国助残志愿者协会已会同有关部门在广州、深圳、杭州、长春等地开展立法前期调研，建议多部门联动，从基层调研入手，掌握一手材料，全面了解我国助残志愿服务现状和志愿服务整体情况。同时各地方根据各地发展的实际情况，加快制定有关志愿服务地方性法规。

2. 不断完善助残志愿服务的相关政策

加大对助残志愿服务组织的政策支持力度。通过扩大政府购买服务范围，统筹项目，加大资金投入，避免"断供"风险。要以问题为导向，研究助残志愿服务供给率、参与率偏低，残疾人缺乏更多有效的关注和救助的问题，完善助残志愿服务相关政策，提高市场主体组织参与助残志愿服务的积极性，整合社区助残志愿服务资源，发挥好行政管理与市场化资源配置的作用，对助残志愿服务组织给予政策倾斜，建立健全助残志愿服务政策体系，为助残社会组织、爱心企业提供空间、嫁接资源，探索建立助残志愿服务长效机制。

3. 建立完善助残志愿服务组织报备体系

建立完善的助残志愿服务组织报备体系。在中央社会工作部的领导下，

---

① 《全国人大社会委：抓紧完善志愿服务法草案》，齐鲁网，2023 年 12 月 5 日，http：//news. iqilu. com/china/gedi/2023/1205/5560432. shtml。

加快推进中国助残志愿者协会自身组织和服务平台建设，建立"残联+协会+N"的组织管理模式，发挥中国助残志愿者协会作为头部协会的引领、示范、服务作用，发展壮大助残志愿服务队伍，建立助残志愿服务体系和长效机制，将助残志愿服务落实落细。由中央社会工作部牵头建立助残志愿服务联席会议制度，支持符合条件的助残志愿服务组织依法登记。加强助残志愿服务机制和管理体系建设。积极制定和完善助残志愿者招募注册、服务记录、权益维护、评估监督、表彰奖励等制度，不断提升助残志愿服务工作的制度化、规范化、专业化水平，健全监督管理制度，完善动态管理和退出机制。

4. 探索多渠道开展助残志愿者业务培训

建立健全助残志愿服务组织和助残志愿者培育机制，加强助残志愿服务业务培训，以岗前培训、岗内提升、岗后总结的形式助力志愿者成长。实施分层分类培训，推进课程、教材、师资建设。相关行业按照"典型示范、重点扶持、全面推进"的原则，积极引导本行业、本系统内开展助残志愿服务工作。积极举办助残志愿服务交流分享体验活动。大力推动社会工作者等专业技术人员参与助残志愿服务，不断提升助残志愿服务的专业化水平。

5. 加强助残志愿服务理论与实践研究

加强助残志愿服务理论与实践研究宣传工作，与高等院校、科研院所合作，组织专家学者深入基层开展实地调研，总结出真正具有中国特色的好做法、好模式、好经验，让可推广、可复制、可持续的助残志愿服务项目惠及更多地区的残疾人，深化理论和实践问题研究，构建中国特色志愿服务理论体系、话语体系，推进志愿服务学科建设。讲好中国助残志愿服务的故事，加大助残志愿服务事业宣传力度。广泛宣传和阐释志愿服务文化，传承中华优秀传统文化的道德精髓，弘扬革命文化和社会主义先进文化的崇高追求，把雷锋精神和志愿精神体现到志愿服务工作各方面，彰显中国特色志愿服务的时代价值和道德力量。推动健全适应新时代要求、具有中国特色的志愿服务体系，推动建设人人有责、人人尽责、人人享有的社会治理共同体。大力宣传和普及志愿服务精神，弘扬社会主义核心价值观，讲好中国助残志愿服

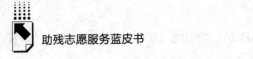

务故事，推动助残志愿服务事业高质量发展。以助残志愿服务体制机制建设推进共同富裕目标实现，"不让一个残疾人掉队"。

综上所述，我国助残志愿服务是贴近残疾人民生，化解"急难愁盼"的一项民心工程、幸福工程。助残志愿服务制度和工作体系建设是助残志愿服务高质量发展的关键，直接关系党和国家法规政策的落实，关系到政府为民服务形象的树立。因此，要在党建引领的前提下，完善我国助残志愿服务平台建设，建立健全助残志愿服务组织管理体系，明确助残志愿者和相关组织的法律地位与权益保障，推进"志愿服务法"立法进程，为全面建设社会主义现代化国家、全面推进中华民族伟大复兴，凝聚助残志愿服务大爱力量，共赴使命、共创美好。

B.8

完善志愿服务工作体系与法治化发展

谭建光　苏　敏*

摘　要： 志愿服务的长足发展，需要政策支持与制度保障。党的二十大报告指出，要"完善志愿服务制度和工作体系"，志愿服务发展进入调整和整合的新阶段。总体而论，我国志愿服务的发展仍存在不够强、不够活、不够实、不够深的问题。为此，应加快构建统筹有力、充满活力、公众参与、科技支持、专业引领及创新发展的志愿服务工作体系，通过推动全国人大的志愿服务立法，确保在坚持社会立法、推动政策稳定、保障资金支持、做好专业论证、确保大众参与、注重与时俱进、助力美好生活的前提下，做实做好志愿服务工作体系的建设及志愿服务法治化发展工作，让中国式现代化背景下的志愿服务获得更快更好的发展。

关键词： 志愿服务　志愿服务工作体系　志愿服务法治化

党的二十大提出"完善志愿服务制度和工作体系"①，就是要将一般性、广泛性的体系要素，发展为完善志愿服务运行保障的工作体系。《中共中央办公厅 国务院办公厅关于健全新时代志愿服务体系的意见》（以下简称《意见》），提出要"形成系统完备、科学规范、协同高效的志愿服务制度和工作体系"②。

---

* 谭建光，中国志愿服务联合会理事、中国社会工作联合会理事、广东省社工与志愿者合作促进会荣誉会长，教授，主要研究领域为志愿服务；苏敏，广东省社工与志愿者合作促进会副秘书长，社会工作师，主要研究领域为志愿服务。

① 《习近平著作选读》（第一卷），人民出版社，2023，第37页。
② 《中共中央办公厅 国务院办公厅关于健全新时代志愿服务体系的意见》，中国政府网，2024年4月22日，https://www.gov.cn/zhengce/202404/content_6946879.htm。

从"建立社会志愿服务体系""健全志愿服务体系"到"完善志愿服务工作体系",可以看到不断变化的逻辑,一是从综合性的体系要素逐渐聚焦到工作运行的体系上来;二是从作为基本要求的建立,到作为较高要求的健全,再到作为更高要求的完善。《意见》提出了健全新时代志愿服务体系的指导思想和目标任务。其中,构建统筹有力和充满活力的志愿服务工作体系是重要内容。本报告所指的志愿服务工作体系,不是泛泛而谈的志愿文化、志愿组织、志愿项目、志愿资源等体系要素,而是围绕党领导、政府推动、社会促进和公众参与志愿服务发展的工作体系。同时,全国人大志愿服务立法,就是为完善志愿服务工作体系提供法治保障的重要工作,需要加快推进立法工作、尽快出台法律,使其充分发挥积极作用。

一　志愿服务体系与工作体系

志愿服务发展中涌现出各种概念,并且伴随发展阶段的不同,每个概念的内涵不断发生变化,需要在整理资料和研究分析时特别注意。关于志愿服务的体系,就先后有志愿服务体系、社会志愿服务体系、志愿服务工作体系等概念,不能混为一谈,需要科学厘清。

(一)志愿服务体系

改革开放以来,先后出现志愿服务活动、志愿服务项目、志愿服务体系等不同的说法。活动指向开展各种类型的群众性行动,项目指向策划和实施可持续的服务,体系则指向逐渐形成科学有序、系统发展的机制。2006年,《中共中央关于构建社会主义和谐社会若干重大问题的决定》提出:"建立与政府服务、市场服务相衔接的社会志愿服务体系。"[1] 在此,使用的是社会志愿服务的概念,这是一个面向全社会的范畴,包括体系的内部要素与外

---

[1] 《十六大以来重要文献选编》(下),中央文献出版社,2008,第662页。

部要素。内部要素包括志愿者、组织、项目、培训、传播等，外部要素包括党政政策、社会法规、公众舆论、支持网络等。从社会层面看，推进志愿服务体系建设经历了"探索社会志愿服务体系、建立社会志愿服务体系、完善社会志愿服务体系"① 的历程，即从各地区的自发自主探索，到国家层面的支持促进，再到统筹协调社会各种力量、各种资源，整合形成国家志愿服务发展的总体机制，这是一个不断发展进步的过程。

（二）志愿服务工作体系

近年来，出现"志愿服务工作体系"的概念，其关键是形成统筹有力、充满活力的工作机制。从志愿服务活动到志愿服务工作的发展，是中国式现代化背景下志愿服务的特殊机制。志愿服务活动就是社会各阶层、社会各群体踊跃参与志愿服务，不断开发服务项目，为有需要的人群提供关心和帮助。志愿服务工作则是在国家重视和支持志愿服务的背景下，建立推动志愿服务发展的运行机制，让志愿服务高质量发展，更好地促进社会文明程度提升、帮助社会人群。因此，志愿服务工作体系的含义，侧重于构建推动和保障志愿服务健康有序发展、发挥积极作用的运行机制。当然，志愿服务工作体系与广义的志愿服务体系不是毫无关联、完全脱节的"两张皮"，而是相互联系、互相促进的系统。社会志愿服务体系涵盖全社会各种要素间的联系和互动；志愿服务工作体系是核心机制，是有效推动各种要素发挥作用的系统。

（三）完善志愿服务制度

党的二十大同时提出完善志愿服务制度和工作体系的要求。首先要做好的是完善志愿服务制度。改革开放以来，尤其是进入 21 世纪以来，党和国家高度重视志愿服务制度的建立和健全。中央精神文明建设指导委员会

---

① 谭建光、周宏峰主编《社会志愿服务体系——中国志愿服务的"广东经验"》，中国社会出版社，2008。

《关于推进志愿服务制度化的意见》提出要"建立健全志愿服务制度，进一步壮大志愿者队伍，完善社会志愿服务体系，推动志愿服务活动经常化制度化，促进社会文明进步"。国务院颁布的《志愿服务条例》要求："县级以上人民政府应当根据社会经济发展情况，制定促进志愿服务事业发展的政策和措施。"在党和国家的有力动员与推动下，我国的志愿服务环境在制度化、法治化层面得到了优化。中国法律检索系统显示，截至2024年2月，我国先后出台与"志愿服务"相关的法规或规章共计88部，现行有效的共有62部，其中有行政法规1部、部门规章1部、省级地方性法规28部、设区的市地方性法规27部、经济特区法规2部，地方政府规章3部。如今，在现有基础上提出的完善志愿服务制度的新要求，一方面是在全国更高更广泛的层面出台志愿服务法规和政策，包括中央出台关于志愿服务体系的意见、全国人大志愿服务立法等；另一方面是细化优化志愿服务的法规政策措施，制定实施细则和指导指引，让法规政策能够落实落地，真正促进和保障志愿服务事业的发展。

（四）完善志愿服务工作体系

党的二十大提出完善志愿服务工作体系的要求，既是适应志愿服务发展繁荣的需要，也是解决志愿服务工作机制中存在问题的需要。2020年，我国志愿服务活动已覆盖到医疗、教育、扶贫、养老、环保、助残、文化、体育和"一带一路"等多个领域[1]，呈现志愿者数量庞大、志愿组织覆盖各地、志愿服务项目丰富多样等特点。此外，《中国慈善发展报告（2022）》显示，2021年全国有超过1亿名活跃志愿者贡献了42.07亿个小时的服务时长，折合人工成本价值约1954亿元，对国内生产总值的贡献率为万分之17.09。[2] 可见，志愿服务在促进社会经济发展、社会治理创新、社会民生改善、社会生态建设等方面发挥出越来越重要的作用，这就更需要重视和推动志愿服务工

---

[1] 杨团主编《中国慈善发展报告（2020）》，社会科学文献出版社，2020。
[2] 杨团、朱健刚主编《中国慈善发展报告（2022）》，社会科学文献出版社，2022。

作体系的完善，构建涵盖党政部门、单位机构，联动工商企业、社会组织，动员城市居民、农村农民广泛参与并齐心协力创新服务的工作体系。

二　志愿服务工作体系发展历程

改革开放以来，伴随社会主义市场经济的发展，公益慈善和志愿服务也开始发展；我国在发展社会主义物质文明的同时，也倡导和推动社会主义精神文明建设。志愿服务探索和发展的过程蕴含着关于工作体系的探索和实践，也为不同形式的工作体系提供支持和激励。

（一）地区先行探索阶段（1978~1992年）

改革开放初期，经济发展成为社会大众关心和追逐的热点。但这时已有不少人发现，社会不仅需要竞争和金钱，还需要友善和帮助，志愿服务已初露头角。例如，1983年北京大栅栏街道"综合包户"志愿服务项目启动，1987年广州设立"手拉手"志愿服务热线电话，1989年天津朝阳里社区组建志愿服务队，1990年深圳有了依法注册的志愿服务社团。通过调查分析发现，这些由群众特别是青年率先探索开展和成立的志愿服务与志愿组织，看起来是社会自发行为的产物，但其背后有党委政府的支持，也有共青团组织的推动，形成了早期灵活多样的工作机制，也形成了萌芽状态的志愿服务工作体系要素，发挥了积极的作用。

（二）共青团推动阶段（1993~2007年）

改革开放初期，民政部、共青团中央以及其他部门都关注到志愿服务，将其纳入社区服务、青年服务等的范围内，提供支持和推动其发展。但是，全国性、大规模推进志愿服务的发展，是从共青团发起中国青年志愿者行动，以及成立中国青年志愿者协会开始的。"1993年12月17日，铁路系统2万多名青年组成860多个志愿服务队，在京广沿线120个车站、33趟列车上开展了'铁路青年志愿者迎春运'服务活动，首次向社会亮出了'青年志愿者'的旗帜，青年志愿者行动由此拉开了序幕。"① 我们在调查研究时，常常在思考一个问题：为何虽然不少部门、机构、组织都关注和尝试推进志愿服务发展，但往往是由共青团组织最先广泛展开行动，带动形成全国热潮？我们发现，这一是由共青团的组织性质决定的，共青团作为党的助手和后备军，要为党的事业率先探索、勇于创新。当团组织发现志愿服务是社会主义市场经济发展中所需要的一种文明组织，就积极主动为党探索、为党实践，从而积累经验教训。二是由团员青年的特点决定的，年轻人不甘平庸、乐于创新，发现志愿服务的新形式具有很好的价值，就率先探索、推动创新。三是由共青团快速的响应机制决定的，不同于审批流程相对冗长的其他部门，团组织能较为迅速地发出关于志愿服务的"一声号召"，引起广大团员青年的积极响应，带来志愿服务的热潮。共青团率先探索的还包括志愿服务的组织建设与制度规范，这为志愿服务工作体系的建设奠定了基础。1996 年，共青团中央印发的《关于加强青年志愿者规范管理的暂行规定》提出："加强青年志愿者规范管理，就是在青年志愿者的招募、培训、考核、评估等环节，建立并实施一套相对统一的制度。这是青年志愿者队伍建设的重点，是青年志愿服务组织网络发挥作用的基础……是推动青年志愿者行动朝着规范化方向发展，最终建立有中国特色的青年志愿服务体系的必然要求。"② 该制度以及其他一系列的制度措施，后来成为各部门、各组织发展志愿服务时参考借鉴的范本。

（三）中央文明委统筹协调阶段（2008~2022年）

进入 21 世纪之后，志愿服务发展迅速，成为各部门、各机构、各组织、各群体踊跃参加的高尚事业。为此，2008 年中央精神文明建设指导委员会印发《关于深入开展志愿服务活动的意见》，明确"要在中央文明委领导下，成立由中央文明办牵头……的全国志愿服务活动协调小组，负责活动的

① 卢雍政主编《中国青年志愿者扶贫接力计划》，广东经济出版社，1999。
② 共青团中央宣传部、中国青年志愿者协会秘书处编《中国青年志愿者》，北京大众文艺出版社，1999。

总体规划和协调指导。"该意见不仅调整和健全了志愿服务工作体系，还加大力度推进制度化建设。2014 年，中央精神文明建设指导委员会印发的《关于推进志愿服务制度化的意见》提出："建立完善长效工作机制和活动运行机制，积极构建中国特色志愿服务制度，推动志愿服务活动广泛深入开展，营造我为人人、人人为我的良好社会风尚。"在中央文明委统筹下，由中宣部、中央文明办推动成立中国志愿服务联合会、中国志愿服务基金会，初步构建全社会参与、全方位活跃的志愿服务发展格局。尤其是 2018 年启动的新时代文明实践中心建设，"主体力量是志愿者，主要活动形式是志愿服务"[①]。如今，全国各个区县、镇街、村居都建立了文明实践志愿服务总队、分队、小队，并构建了具有特色的运行和管理机制，其成为志愿服务工作体系的重要组成部分。

（四）中央社会工作部统筹协调阶段（2023年至今）

党的二十大报告提出了"完善志愿服务制度和工作体系"的要求，志愿服务发展进入调整和整合的新阶段。2023 年 3 月，中共中央、国务院印发《党和国家机构改革方案》，其中提到要组建中央社会工作部，"划入中央精神文明建设指导委员会办公室的全国志愿服务工作的统筹规划、协调指导、督促检查等职责"[②]。从机构改革方案中可以看到，基层党建、基层政权建设、信访工作、社会工作、志愿服务等都被纳入中央社会工作部的职责，即涉及城乡基层发展、新兴领域党建以及群众工作的方方面面都由中央社会工作部统筹协调、推进实施。这说明，志愿服务受到更多的关注和重视，需要构建新的更有统筹协调力度的工作体系，以推进志愿服务全面参与、发挥更大作用。我们经过多次分析，认为新阶段、新形势下要构建"123+N"的志愿服务工作体系。①一个统筹——中央社会工作部。按照党中央的要求，中央社会工作部要认真履行统筹协调的职能，不仅要统筹协调

---

① 中央文明办一局：《建设新时代文明实践中心指导手册》，学习出版社，2020。
② 《中共中央、国务院印发〈党和国家机构改革方案〉》，中国政府网，2023 年 3 月 16 日，https：//www.gov.cn/zhengce/2023-03/16/content_5747072.htm。

社会工作和志愿服务领域的发展，还需要统筹协调党委部门、政府部门、社会机构和组织的志愿服务发展，构建统筹有力和充满活力的志愿服务工作体系。②两大动力——党政部门推动、社会力量驱动。社会工作部既不是"包打天下"，也不是"单打独斗"，而是推动相关部门和组织充分发挥作用，与它们共同推动志愿服务事业发展。其中，党政部门包括组织部、宣传部、统战部和民政部、教育部、科技部、卫健委等各个部门，它们和群团组织等都在各自领域大力推动志愿服务发展，也积极配合做好全社会志愿服务的动员和推进。同时，来自社会各界、各行业的力量都积极参与和推动志愿服务发展，尤其是"两企三新"对参与志愿服务和推动其发展的积极性越来越强，逐渐形成全社会志愿服务发展兴旺的新局面。③三方合力——党员志愿者示范、专业志愿者支持、大众志愿者参与。在全社会志愿服务繁荣发展的新阶段，党政部门和机构的志愿服务发展壮大，工商企业的志愿服务兴旺发达，社会组织的志愿服务日趋活跃，它们都是在社会工作部统筹协调下发展的主要力量，必将发挥更好的作用。同时，最重要的是各类志愿者的力量，既包括党员志愿者发挥示范带动作用，在志愿服务中弘扬全心全意为人民服务宗旨，巩固党的执政基础，也包括专业志愿者在各个领域提供知识和技术方面的支持，不断提升志愿服务水平和实效，还包括城乡群众广泛参与志愿服务，形成邻里守望、关爱互助的强大力量。④N 种新兴志愿服务资源——网络力量、新兴群体。伴随网络社会、信息社会的发展，网络就业群体、自媒体就业群体、快递员、外卖送餐员、网约车司机等新兴群体，也是志愿服务发展的活跃力量和重要资源。要着重构建覆盖这类群体，并促进其发挥积极作用的志愿服务工作体系。由此，在全面建设社会主义现代化国家的新阶段，中央及各级社会工作部统筹协调、各部门协调推进建设、全社会广泛参与的志愿服务工作体系，将会展现更强的活力、发挥更好的作用。

三 完善志愿服务工作体系的路径

党的二十大报告提出完善志愿服务制度和工作体系的要求，旨在从根本上推动解决相关问题，构建统筹有力和充满活力的体系，让中国式现代化背景下的志愿服务获得更快更好的发展。但较长一段时间以来，由于缺乏强有力的法治保障，也缺乏强有力的政策支持，志愿服务工作体系仍然存在种种问题，不能适应中国式现代化进程对志愿服务的要求。

一是不够强：统筹支持不足。在各地区自主探索、各群体组织推动以及文明委统筹协调等不同的阶段，有关组织在推进志愿服务工作体系的建设上，都做出了较多的努力，但依然存在较多问题。第一，统筹力度不足——"各自为政"。不论是文明委牵头，还是共青团推动，都是在党的领导下，委托这些部门或组织进行协调。但其他部门和机构会习惯性认为这与自己部门的关系不密切，导致互相推诿、制度难以落实。第二，支持力度不足——"雷声大，雨点小"。从20世纪80年代至今，关于志愿服务的法律、政策、制度陆续出台，发挥了一定的积极作用。但各项法律和政策提出的主要是笼统性的要求，做出具体规定和得到落实的较少，发挥的作用有限。此外，缺乏全国人大志愿服务立法的支持，使得法治保障的积极作用更加难以充分发挥。第三，依法监督不足——"志愿乱象"。全社会志愿服务繁荣发展的过程中，也出现"鱼龙混杂""良莠不齐"的现象，还出现打着"志愿服务"名号牟利等不良行为。但统筹管理、执法主体等的不明确，导致管理与执法的力度不足，"志愿乱象"时有出现，不利于志愿服务事业的长久健康发展。

二是不够活：社会活力不足。其具体包括志愿服务组织注册难、志愿服务团体备案不规范、志愿服务组织自主发展受到制约等。尤其是近年来，虽然国家陆续出台支持和发展志愿服务组织的政策，但到了地方却难以落实。在地方层面，一方面，资源缺乏，较少关注和支持志愿服务组织的发展；另一方面，由于"问责制"，政府担心支持的志愿服务组织一旦出现问题，会被问责，让很多志愿服务组织陷入了较大的困难。

三是不够实：公众参与不足。其具体包括任务式、应付式志愿服务仍然存在，了解和适应群众生活需求的服务不足，深入乡村社区和千家万户的服务缺乏，等等。从原有志愿服务工作机制的建设看，"对上负责"的成分大于"对下负责"的成分，有些志愿服务工作机构以及志愿服务组织较多考虑如何"做出成绩"向上面汇报，而没有更深入考虑基层群众的需求，导致志愿服务活动仍然存在流于形式、实效不强的状况，更打击了城乡群众的参与热情，不利于通过社会动员实现全面参与。

四是不够深：专业引领不足。其具体包括志愿服务可持续发展能力不够、志愿服务专业水平不够、志愿服务的影响力号召力不够。一方面，从全国各地区的情况看，志愿者数量增长较快，志愿服务组织与团体迅速发展，但是缺乏持续深入的培训辅导，难以提高志愿服务水平和质量，难以满足人民群众不断变化的需求。另一方面，志愿服务的社会宣传推广存在瓶颈，主要是一般化、浅层次的宣传较多，深入人心、感染力强的宣传不足，在社会上引起的反响不够强烈，对于广大人民群众的吸引力仍然不足。

针对存在的问题，特别需要健全和完善志愿服务工作体系，推动志愿服务的发展繁荣，使其在全面建设社会主义现代化国家进程中发挥积极作用。

（一）构建统筹有力的志愿服务工作体系

构建统筹有力的志愿服务工作体系，指的是在党的领导下，通过中央社会工作部的部署，将全社会的力量调动起来、资源汇聚起来，促进志愿服务的发展繁荣。习近平同志指出："各级党委和政府要为志愿服务搭建更多平台，给予更多支持，推进志愿服务制度化常态化，凝聚广大人民群众共同为实现'两个一百年'奋斗目标、实现中华民族伟大复兴的中国梦贡献力量。"① 这里的具体要求，一方面是党和政府对志愿服务的支持力度不断加大，另一方面是志愿者和志愿服务组织为全面建设社会主义现代化国家做出的贡献不断增加。首先，在党的领导下，汇聚全社会力量发展志愿服务。原来的志愿服务工作体系在联系和汇聚全社会力量方面存在缺漏和不足。新时代背景下的志愿服务工作体系要充分尊重社会各个组成部分的想法和需求，

---

① 《习近平致中国志愿服务联合会第二届会员代表大会的贺信》，新华网，2019 年 7 月 24 日，http：//www.xinhuanet.com//politics/2019-07/24/c_1124792815.htm.

吸引他们支持和参与志愿服务，既要围绕人民群众的利益需求做好服务，也要满足各个组成部分的参与需求。如此，才能凝聚共同参与和发展志愿服务的强大社会力量，促进志愿服务发挥越来越积极的作用。其次，部门机构协同，共同推进志愿服务发展创新。要正确理解"统筹有力"的概念，统筹并不是单纯的领导、指挥，还需要科学的协调和组织。志愿服务事业的发展涉及方方面面的部门和机构，党委系统的组织部、宣传部、政法委等，以及政府系统的教育部门、科技部门、文旅部门、农业部门、生态部门、应急部门等需要在党委社会工作部的协调和组织下，发挥本部门、本机构的优势，在志愿服务事业发展中积极参与、作出贡献。最后，构建"横向到边、纵向到底"的志愿服务体制机制。不论是横向联系中的部门机构、纵向联系中的基层单位，还是志愿服务涉及的社会组织、社会群体，都是参与和负责开展志愿服务的力量，可以为构建奉献、友爱、互助、进步的社会作出贡献，为创造人民群众的美好生活作出贡献。

（二）构建充满活力的志愿服务工作体系

在加强党委统筹、政府推动，促进志愿服务发展繁荣的过程中，还要特别重视构建充满活力的志愿服务工作体系，即广泛调动社会力量为志愿服务的发展繁荣提供支持和帮助。首先，充分发挥志愿服务联合会的联动促进作用。中国志愿服务联合会以及其下各级志愿服务联合会是志愿服务事业发展中的行业性组织、枢纽型组织，履行引领、联合、服务、促进的职责。为此，要扩大联合会的覆盖面，增强联合会的影响力，将社会各行各业、各种力量吸纳到组织中来，并且为其发展壮大、发挥作用提供支持帮助。其次，充分发挥志愿服务支持型组织在智慧、资源、传播等方面的支持作用。例如，中国志愿服务基金会提供资源，支持重点领域志愿服务组织和项目的发展；北京博能志愿公益基金会侧重支持探索性、创新性的志愿服务组织和项目发展；北京志愿服务发展研究会为广大志愿组织和志愿者提供调查研究、培训辅导等方面的专业支持；广东省社工与志愿者合作促进会面向基层组织、乡村社区，为一线志愿者和志愿服务组织提供专业培训辅导以及调查总结等方面的支持。目前，中国志愿服务事业发展中，最缺乏也最需要各类支持型组织，其能发挥重要的支持作用，需要获得更大的发展。最后，充分发挥志愿服务实施型组织的自主发展作用。中国志愿服务网统计数据显示，截至 2022 年底，全国已登记的志愿服务队伍有 135 万支。从调查情况看，很多队伍反映自身发展主要面临着缺乏自主发展机会及能力的问题，希望在这些方面获得更多的支持和帮助。为此，通过提供法律保障和政策支持，为各类志愿服务组织和团队创造自主发展的机遇，将有利于这些队伍更好地服务人民群众，更好地为社会作出贡献。

（三）构建公众参与的志愿服务工作体系

创造激励和支持公众广泛参与志愿服务的环境条件，让更多人在志愿服务中获得发挥才能的机会、提供服务的体验、自身的提升，也是完善志愿服务工作体系的重要内容。"中国越来越多的人参与志愿服务，将友爱互助的精神传播到城市和乡村，让每一个人在竞争、计较、焦虑、孤独的时候能够获得关心和帮助，社会就会减少矛盾冲突、减少暴力和动乱，人们就能够获得安宁、祥和、美好、幸福的生活。"[①] 可见，要构建公众参与的志愿服务工作体系，让更多人在志愿服务中实现思想道德素养提升、心灵充实完善，从而减少偏差思维、偏激感情和极端行为，促进社会和谐稳定。首先，面向广大群众宣传普及志愿精神。习近平同志勉励广大志愿者："弘扬奉献、友爱、互助、进步的志愿精神，继续以实际行动书写新时代的雷锋故事。"[②]要让奉献成为社会的风尚、友爱成为人间的温暖、互助成为生活的时尚、进步成为人人的追求。让社会大众通过参与和体验志愿服务，在为社会进步作出贡献的同时，也获得思想上的提升、心灵上的充实。其次，积极鼓励城乡群众参与志愿服务。要采取多样化、针对性的举措，鼓励不同阶层、不同领域的人参与志愿服务，不能仅停留在喊宣传口号、发出号召上，还要深入城

---

① 谭建光：《志愿服务：理念与行动》，人民出版社，2014。
② 《习近平致中国志愿服务联合会第二届会员代表大会的贺信》，新华网，2019 年 7 月 24 日，http://www.xinhuanet.com//politics/2019-07/24/c_1124792815.htm。

市社区和农村，为广大群众作出示范、提供引导，让更多的人选择热爱的志愿服务组织、喜欢的志愿服务项目，从而增强参与的兴趣和热情。最后，建立激励回馈公众参与的机制。目前，各省份都在探索不同类型的志愿服务激励机制，尤其是县（市、区）大胆探索，通过"志愿+信用""志愿+回馈""志愿+荣誉""志愿+发展"等多种方式，为积极投身志愿服务、乐于友善助人、奉献时间精力的人提供具有实效的激励回馈方式。适应新时代志愿服务的发展要求，构建激励广大群众参与志愿服务的工作体系，有利于促进社会和谐发展，也有利于创造人民的美好生活。

（四）构建专业引领的志愿服务工作体系

中国特色社会主义新时代，志愿服务的专业发展、专业引领成为新的趋势，也成为志愿服务工作体系的重要组成部分，需要创造高品质的志愿服务项目。为此，要推动志愿服务的专业发展，促进志愿服务做精做细、做实做好。专业引领的志愿服务体系包括以下几方面。一是志愿服务的社会化与专业化。推进志愿服务的社会化能吸引和激励越来越多人参与志愿服务，但这并不意味着服务内容的简单化。从中国志愿服务网的数据看，截至 2024 年 3 月 5 日，实名志愿者总数为 2.36 亿人。进入新时代，伴随志愿者和志愿队伍的增多，需要延伸出各类专业志愿服务，以提高关爱社会人群的精准性和实效性。推进志愿服务的专业化就是让志愿者能在服务过程中，通过使用有效的服务技巧或发挥自身的专业特长，提高专业服务水平，达到更好的服务效果，进而更好地满足人民群众对美好生活的需求。二是志愿者专业素质的培养路径。伴随志愿服务的发展繁荣，可以看到志愿者素质专业化的途径非常多样，既包括招募专家教授作为志愿者，也包括招募技能工人等成为志愿者，还包括通过学习体验提高普通志愿者的专业素质等。通过多种多样的途径提高志愿者的服务素质与水平，能更有效地关爱帮助有需要的人群，并让志愿者更有效地参与到社会文明进步、社会治理创新之中。三是志愿服务组织的专业发展路径。通过做好培训教育、专业督导，不断提高志愿服务组织的发展能力、创新能力，凝聚广大志愿者力量为中国式现代化作出贡献，为人民群众美好生活作出贡献。四是志愿服务项目的专业化水平提升路径。随着我国志愿服务的不断发展，我国的志愿服务已基本实现从"活动"向"项目"的转变。中国志愿服务网显示，截至 2024 年 3 月 5 日，全国共发布了 1234 万个志愿项目，系统化、持续性的志愿服务项目基本代替了原先碎片化、零散化的志愿服务活动，但仍然要加大力度推进志愿服务项目的专业化发展。从未来趋势看，专业化发展、专业引领是提升志愿服务质量的关键，也是完善志愿服务工作体系的关键环节。为此，要通过"项目—组织—体系"的发展路径，不断推进志愿服务的专业化建设，提高中国志愿服务的水平，实现高质量发展。其中，尤其要继续办好中国青年志愿服务项目大赛暨志愿服务交流会等活动，认真办好全国及各省（区、市）的志愿服务项目赛事，搭建好、利用好孵化平台，孵化一批批受群众欢迎、发挥积极作用的专业服务项目。

（五）构建科技支持的志愿服务工作体系

中国特色社会主义新时代，志愿服务发展的一个重要特征就是获得科技创新的支持、发挥科技创新的作用，尤其是发挥"新质生产力"对志愿服务创新发展的促进作用，充分利用技术革命、资源重新配置、深度转型的机遇，开发新形态的志愿服务。一是在构建志愿服务工作体系时，纳入科技创新、科技发展的机制，形成具有生机活力，不断发展创新的志愿服务机制。二是将高新科技、新兴技术作为推动志愿服务工作体系创新的要素。以智能技术、生物科技等为代表的科学技术，不仅带来生产经营领域的极大变化，还推动社会各个领域的变革创新。为此，在完善志愿服务工作体系的过程中，也要吸收和融合智能技术、生物工程等带来的新要素，在各个环节、各个领域促进创新发展。三是要善于吸收社会科学、自然科学、工程技术发展的经验，将科学创新的理念和措施融入志愿服务体系之中，发挥积极的作用。在中国式现代化发展的背景下，完善志愿服务工作体系，要高度重视对社会科学和自然科学成果的吸收与运用，为志愿服务发展注入巨大的新能量、新动力。

（六）构建创新发展的志愿服务工作体系

完善的志愿服务工作体系，应该是一个不断发展、开放创新的体系。因此，要面向中国式现代化的发展要求，面对人民群众不断丰富的生活需求，探索建设越来越开放、越来越灵活的志愿服务发展体系。首先，构建开放创新的志愿服务管理机制。新时代要构建开放的体系，既注重统筹协调的开放性，也注重专门领域的开放性，让更多的社会力量参与进来，成为促进志愿服务创新发展的积极元素。其次，鼓励志愿者和志愿服务组织的探索创新。伴随志愿者和志愿服务组织的大量涌现，鼓励和支持探索创新，就是保持志愿服务生机活力的关键所在。因此，要面向志愿者和志愿服务组织构建开放包容、注重支持鼓励的新型志愿服务工作体系，激励他们在坚持党的领导、坚持主流价值的前提下勇敢探索、大胆创新，不断积累有效的志愿服务项目，不断创造有效的志愿服务模式。再次，支持志愿服务创新项目的发展繁荣。项目创新是志愿服务的生命力所在，要引起特别的关注和重视。在构建志愿服务工作体系时，通过各类项目孵化基地的建设，开展各类项目竞赛，做好项目发展的扶持和督导，让各种促进社会进步、服务群众需求的好项目涌现出来、越做越好。最后，探索创新志愿服务国际合作发展机制。既要积极主动与世界各国合作，引进现代志愿服务理念和方式，也要推动中国志愿者的海外服务，为世界文明发展、各国民生发展作出贡献。同时，志愿者和志愿服务组织要在构建人类命运共同体、推动"一带一路"合作发展中作出贡献。应该说，构建创新发展的志愿服务工作体系，既要面向全国各地的需求为志愿服务提供支持和激励，也要面向国际发展的需求为志愿服务提供支持和帮助，让中国特色志愿服务发挥更大的作用、作出更大的贡献。

四　加快全国立法，完善志愿服务工作体系

推动全国人大志愿服务立法是完善志愿服务制度和工作体系的重要环

节。这是破解各种难题制约、完善志愿服务工作体系、促进志愿服务健康发展的关键。《意见》，提出："积极推进志愿服务国家立法，推动有关部门制定实施细则。鼓励地方根据发展实际，加强和完善有关志愿服务地方立法。"① 全国人大常委会委员吕世明同志在提交全国人大的议案中分析道："由全国人大主导和组织志愿服务立法可确保坚持党的领导，坚持社会广泛参与。因此，全国人大牵头组建立法小组，有党政部门、社会代表组织机构的人员参与，力求倾听社会各界声音，确保立法的全面性和客观性。"② 我们认为，全国人大志愿服务立法，恰恰是完善志愿服务制度和工作体系中最重要的任务之一，为此需要在以下几个方面做实做好。

（一）坚持社会立法

伴随中国志愿服务的发展繁荣，依法发展、立法保障也被提上议事日程。最早是广东省人大常委会 1999 年审议通过《广东省青年志愿服务条例》，随后众多省、自治区、直辖市人大常委会审议通过地方性志愿服务法规。2017 年，国务院颁布《志愿服务条例》，预示志愿服务立法进入新阶段，在全国范围内探索了立法保障的路径。但从全国的范围看，作为行政法规的《志愿服务条例》，一方面在适用范围和保障力度上存在不足，另一方面部门利益、行政色彩体现得较为明显。因此，其与全社会期盼的志愿服务相关法律有一定的差距。因此，在全国人大志愿服务立法的过程中，要注意几个问题。首先，避免"部门立法"的局限。志愿服务是全社会参与、全社会享有其成果的崇高事业，在立法过程中要体现党的领导，体现部门协调推动，但其特色应该是社会立法，即在立法中广泛动员社会力量参与、充分吸收社会公众意愿。其次，搭建社会立法的架构。要在立法初始就搭建吸纳社会各行各业、各种公众力量参与的立法架构。在党的

---

① 《中共中央办公厅 国务院办公厅关于健全新时代志愿服务体系的意见》，中国政府网，2024 年 4 月 22 日，https：//www.gov.cn/zhengce/202404/content_6946879.htm。

② 《吕世明代表：建议将志愿服务纳入立法规划》，网易新闻，2023 年 3 月 16 日，https：//www.163.com/dy/article/HVV1FE3D0512BJHG.html。

领导和政府的支持下，向社会各个阶层提供参与的机会，包括选拔社会各界代表参与起草志愿服务法律条文，也包括通过媒体、网络广泛征集和吸收公众的意见建议。最后，注重立法的社会广泛适用性。在吸纳公众参与志愿服务立法的过程中，还要注重多样性和广泛性，即不局限于某一阶层、某一类型的公众，而是城市与农村、平原与山区、内陆与边疆等都能够覆盖，从专家学者意见到普通百姓意见都能够吸收，真正让社会立法落到实处。

（二）推动政策稳定

对于中国志愿服务政策法规，既要推动其不断创新发展，也要注重保持其稳定性和连续性。以全国人大立法来保障政策的稳定性和有效性，也是非常重要的。随着社会经济发展、社会文明进步，志愿服务事业需要不断调整和完善政策制度，同时要考虑法规政策之间的衔接和稳定，在旧法规政策延续过程中进行调整，不断增添新的元素，避免造成"断裂"和"冲突"。俗话中的"法律打架""政策打架"等通常表现为两种情况。一种是先后制定的政策法规没有考虑到衔接过渡，没有实现有机协调，造成在贯彻落实的过程中相互矛盾、顾此失彼，无法有效落到实处。另一种是相关的多个法规政策涉及同一事业、同一领域的内容互相矛盾、发生冲突。这样，在执行的过程中，各部门容易互相扯皮、互相推诿，导致法规政策无法发挥作用。全国志愿服务立法涉及的部门多、领域广，要特别注意各项法规政策之间的衔接，促进法规政策的稳妥过渡，实现立法与各项政策的相互支持、相互促进。

（三）保障资金资源

志愿者参与志愿服务是无偿奉献、不以营利为目的的，但志愿者在服务过程中会产生成本，志愿服务组织在推动服务发展的过程中也会产生管理、协调、培训、传播等成本，支付这些成本都需要资金资源的保障。《中国慈善发展报告（2021）》显示，志愿服务组织和志愿者缺乏基础保障是志愿服务最大的挑战之一。[①] 为此，要保障好志愿服务的资金支持，打好志愿服务健康、长足发展的重要基础。一是保障完善志愿服务工作体系的资金资源。要构建统筹有力和充满活力的志愿服务工作体系，需要有财政资金和社会资金的支持，以保障工作体系基本运行、巩固体系及推动其创新发展。二是保障志愿者和志愿服务组织开展志愿服务活动的资金资源。包括提供志愿服务组织开展统筹协调、实施管理、组织培训、进行宣传推广的资金资源，让志愿服务高质量发展。三是保障全国及各地区志愿服务立法及实施法律、检查实施情况的资金资源。全国推动志愿服务的社会立法，需要开展广泛深入的调研，需要进行反复多次的论证。同时，志愿服务立法只是起点，还需要统筹资金，将其投入推动组织实施法律、观察落实情况的过程中，以切实保障志愿者和志愿服务组织依法开展志愿服务的权益，依法保障全体人民享受志愿服务的权益，依法制止和处理各种违法现象。

（四）做好专家论证

中国志愿服务是大众参与、社会共享的事业，同时也是需要科学发展、高质量发展的事业。为此，在社会立法的前提下，还要注重做好专家论证，提高立法质量。首先，要避免"拍脑袋"立法。其次，组织专家学者参与调查。最后，吸纳各领域专业人士参与论证。志愿服务立法既要"快"也要"稳"，要经过必要的专业调查和专家论证，不仅要论证立法条文的必要性，还要论证立法条文可能存在的风险。此外，做好专家论证最关键的是坚持保证立法的科学性和有效性。科学性就是全国人大的志愿服务立法是真正符合人民群众需求、真正体现志愿者和志愿服务组织愿望、真正切合时代发展要求和不断发展进步的。有效性就是志愿服务立法能真正落地见效，获得志愿者和志愿服务组织的重视和使用，在广大人民群众中有影响力、有吸引力，受到欢迎，获得尊重。

---

① 杨团、朱健刚主编《中国慈善发展报告（2021）》，社会科学文献出版社，2021。

（五）确保大众参与

志愿服务的立法要真正成为社会立法，关键是要确保社会大众的参与。需要注重几个方面。首先，避免"闭门立法"。部门或专家包揽的"闭门立法"，看起来省时省事，但由于不能够真正深入人民群众听取意见、吸收建议，往往让立法条文缺乏适用性和生命力。因此，"开门立法"是最基本的要求。志愿服务是"人人参与、人人共享""我为人人、人人为我"的社会事业，只有广泛尊重并吸收不同人群的意见建议，才可能切实有用。其次，吸纳志愿者参与立法过程。对于全国志愿服务立法的成果，志愿者既是最大的受惠者，获得权益保护，也是最大的遵循者，自觉遵守法律条文，依法开展服务。所以，立法过程充分听取志愿者的意见建议，具有非常重要的价值。再次，广泛听取城乡群众意见建议。要设立广泛多样的通道，听取和吸收不同地区、不同行业公众的意见，尤其是平时难以发声的群众的意见。网络征集、媒体征集、会议座谈、入村入户调查、来信来函表达等，都是有效的征集意见渠道，都要引起足够的重视。最后，尊重和吸收社会各界声音。对于志愿服务立法条文，不论是赞成的声音，还是反对的声音，或者是极少数偏激的声音，都应该"被听见""被尊重"。

（六）注重与时俱进

从改革开放初期志愿服务诞生于北京、广州、天津、深圳，到1999年广东省诞生第一部志愿服务地方性法规，再到2017年国务院《志愿服务条例》出台，每一个阶段，志愿服务都在不断地发展和进步。如今，进入中国特色社会主义新时代，进入全面建设社会主义现代化国家新阶段，志愿服务立法就要与时俱进、敢于创新。首先是避免"滞后立法"，即审议通过的法律条文不适应新的社会发展形势，不适应新阶段人民群众的需求。志愿服务经历过社会自发探索阶段、部门协调发展阶段，如今已进入全社会发展繁荣阶段，此时的全国志愿服务立法，要在党的领导下激发社会参与积极性，发挥人民群众的创造性，促进志愿服务更快更好发展。其次是适应新时代中国社会环境。"进入新时代"意味着从社会经济发展、社会治理创新、社会民生改善到社会生态环保等方面，都有国家的新要求和人民的新需求。为此，志愿服务立法的与时俱进，需要与这些要求、需求相适配，以促进志愿服务满足这些新的要求与需求，并且从法律层面提供支持与保障。最后是适应中国式现代化发展要求。党的二十大提出："从现在起，中国共产党的中心任务就是团结带领全国各族人民全面建成社会主义现代化强国、实现第二个百年奋斗目标，以中国式现代化全面推进中华民族伟大复兴。"① 因此，全国人大志愿服务立法就要以中国式现代化为引领，体现新时代的发展特色和要求，体现新时代志愿者和志愿服务组织发展的愿望，为推进志愿服务事业发展繁荣提供支持和保障。

（七）助力美好生活

中国特色社会主义新时代，为实现人民群众对美好生活的向往而奋斗，既是我们党的目标，也是志愿者和志愿服务组织开展服务的目的。为此，全国志愿服务立法，也要以助力人民获得美好生活、保障人民美好生活为目的，在立法过程中要注意几点。首先是要避免"平庸立法"，即在过去一些地方的立法中，侧重于照顾各部门、各机构的利益，忽视人民群众的利益需求，从而使得立法条文四平八稳、没有实效，出台之后出现"谁也不关心，谁也不重视"的情形。全国志愿服务立法要避免"平庸立法"，敢于面对社会新趋势，敢于面对群众新需求，促使立法内容有新意、有价值。其次是贴近人民群众需求变化。这就需要想各种办法、用各种方法，真正走到群众和志愿者中间，了解他们的愿望和需求，将其融入立法内容，这样才能够有创新的特色。最后是促进美好生活目标的实现。志愿服务能促进人民群众美好生活目标的实现，志愿服务立法也要有助于人民群众过上美好生活。为此，要基于实现中华民族伟大复兴、走向全体人民的共同富裕、创造人民群众的美好生活等几个维度，根据志愿者和志愿服务组织在其中发挥的作用、做出

---

① 《习近平著作选读》（第一卷），人民出版社，2023，第18页。

的贡献，进行立法过程中的论证和设计。

完善志愿服务制度和工作体系，是党在新形势下对志愿服务发展的要求，也是中国式现代化对志愿服务发展的要求。在构建统筹有力、充满活力、公众参与、专业引领、科学支持、创新发展的志愿服务工作体系过程中，全国志愿服务立法是尤其重要的工作，也是特别迫切的工作。为此，要积极推进全国人大志愿服务立法进程，为完善志愿服务工作体系、促进中国志愿服务的发展繁荣提供支持保障。

B.9
志愿服务适度回馈制度法治化路径研究报告

邓 伊*

摘　要：　志愿服务适度回馈制度在整个志愿服务法律体系中占有重要地位，具体指为了最大限度地调动志愿者的服务热情、提高志愿者的服务质量，通过在物质层面和精神层面采取一定的措施回馈在志愿服务中表现优秀的志愿者，最终推动志愿服务事业可持续发展。综观国际，很多国家都已形成较为成熟的志愿服务适度回馈制度，但在我国该领域立法仍有较大的进步空间。本报告拟从充分发挥政府职能、丰富社会参与渠道以及加强立法保障的视角出发，尝试对志愿服务适度回馈制度法治化路径展开探讨。本报告主要包括 5 个部分：第一部分是对志愿服务适度回馈制度的基本情况进行简单介绍，包括基本概念、主要特点以及演变过程。第二部分重点论证了将适度回馈纳入志愿服务的理据和契机，包括正当性基础、内在精神的统一以及与未来发展趋势的契合。第三部分介绍了我国现有的志愿服务适度回馈制度的缺陷，主要从理论、规范以及执行三个层面展开。考虑到国外已有一些较为成熟的经验，因此第四部分专门介绍域外志愿服务回馈的一些经验，以及在比较学习之后得到的一些启发和思考。第五部分是探索我国志愿服务适度回馈制度法治化路径，主要从政府职能、社会参与和立法调整三个视角展开，突出行政法学的指导意义。

关键词：　志愿服务　适度回馈　法治化

---

* 邓伊，福建省高级人民法院四级高级法官助理，主要研究领域为行政诉讼理论与实践。

一 志愿服务适度回馈概述

（一）基本概念

1. 志愿服务

2017 年实行的《志愿服务条例》第 2 条对志愿服务的定义做出明确规定：本条例所称志愿服务，是指志愿者、志愿服务组织和其他组织自愿、无偿向社会或者他人提供的公益服务。《中国志愿服务立法的新探索》对志愿服务的定义：志愿服务是指不以营利为目的，基于利他动机，自愿、无偿地贡献知识、体能、劳动、经验、技能及时间等，以增进他人的福利、提升个人价值、促进社会和谐与进步的服务活动。[①] 也有人认为志愿服务应当具备以下特质：一是一种志愿非强迫的行为，二是非经济性报酬的付出，三是非本职工作，四是个人内在价值与社会伦理的结合。[②] 上述关于志愿服务的具体表述虽然有一定差异，但可以总结其共通之处：自愿、无偿和公益。

2. 适度回馈

适度回馈是强调回馈内容和回馈程度的把握，回馈过少不能有效地调动志愿者的积极性，最大限度地发挥他们的主观能动性；回馈过度同样存在问题，会模糊志愿服务与市场上提供的一般服务的界限，使志愿服务失去其本身的价值、趋于功利化。因此，对适度的理解在志愿服务回馈过程中非常重要，应充分考虑志愿者需求的多样性。

（二）适度回馈的特点与功效

1. 适度回馈的特点

适度原则是哲学中常提到的一项重要原则，是指任何事物只有在一定的

[①] 莫于川主编《中国志愿服务立法的新探索》，法律出版社，2009，第 9 页。

[②] 魏娜：《社区组织与社区发展》，红旗出版社，2003，第 211 页。

范畴内才能保持自身的存在，超过了这一范围就会向对立面转化，失去了事物的本质属性。将适度原则运用于回馈制度是保证志愿服务健康发展的一个重要创新。适度回馈的内容丰富，特点鲜明，蕴含公平、均衡、及时的特点。公平意味着保证了每个志愿者都有平等参与志愿服务活动的可能性。均衡表明了适度回馈不仅包括物质回馈，更有精神层面的激励。及时是指在适度回馈的过程中，效率也是一项重要的考量因素，只有做到准确及时才是真正的适度回馈，才能最大限度地激发志愿者的积极性。

2.适度回馈的功效

除此之外，适度回馈对志愿服务有以下几点功效。

首先，通过给予志愿者一定程度的回馈，让每个人拥有平等参与志愿服务活动的机会，即同等参与的可能性。志愿服务活动不是精英人士的专属活动，它属于全体人民。

其次，适度回馈客观上也会起到激发志愿者工作热情的作用，能在一定范围内提高志愿者参与志愿服务活动的积极性和稳定性。这点从管理学的角度出发很好理解，适度的回馈可以有效提高工作热情。

最后，稳定的志愿者队伍是志愿服务发展壮大的必要因素之一，适度回馈在对志愿者进行较为充分的保障的同时起到了稳定志愿者的效果，对我国志愿服务事业的长远发展有着不可忽视的作用。

（三）适度回馈的发展与变化

我国早期的志愿服务活动倡导"无私奉献"的精神，即要求参与者本着这种精神参与志愿服务，忽视了志愿服务需要适度回馈的现实，也忽视了人们从事志愿服务活动的动机。

随着志愿服务活动涉及领域的不断延伸，以及社会对志愿服务认识的不断深化，人们认识到志愿服务活动长期、稳定的运行需要通过满足志愿者的基本物质需求来激发他们的积极性和创造性，如给予适当奖金或奖品、免费提供食宿或车费、餐费予以报销等。特别是大学生群体，物质方面的回馈是他们选择参与志愿服务活动的一个重要因素。

进入 21 世纪，在北京奥运会以及世界大学生运动会、世博会等各大赛事活动中，以大学生为主体的志愿者群体逐渐发展壮大，这类群体对荣誉证书、优秀志愿者等荣誉称号，以及社会对志愿者身份的认可更加重视，这表明志愿服务回馈逐渐从物质回馈转向精神层面的回馈。

二 适度回馈引入志愿服务制度的理据和契机

（一）适度回馈制度的正当性基础

1. 相关法律依据

对于志愿服务以及适度回馈制度，我国宪法从根本法的角度提供了法律依据。宪法第 2 条规定了人民群众有权通过各种方式参与国家和社会的管理。[①] 显然，从事志愿服务是公民参与国家、经济、文化和社会事务的一条重要途径，也是宪法明确赋予的权利。宪法第 24 条还规定了国家要加强社会主义精神文明建设的要求。[②]此外，志愿服务是进行道德教育和加强社会主义精神文明建设的一种重要形式，是公民行使参与权的一种具体表现。而对志愿者进行适度回馈在一定程度上确保了志愿者有机会平等地参与志愿服务，因此适度回馈制度在事实上会保障宪法规定的公民参与国家事务、社会事务管理以及接受道德教育的权利。

2. 体现公平正义原则

只有少量精英分子参与的志愿服务绝对不是我们所追求的志愿服务，也违反了社会一直在尽量维护的公平。因此，为使每个个体都能享有平等参与志愿服务活动的机会，适度回馈不失为一个重要的制度保障。另外，虽然志愿服务强调不以报酬为目的的自愿服务并且实际中绝大部分志愿者也是这么

---

① 《宪法》第 2 条：人民依照法律规定，通过各种途径和形式，管理国家事务，管理经济和文化事业，管理社会事务。

② 《宪法》第 24 条：国家通过普及理想教育、道德教育、文化教育、纪律和法制教育，通过在城乡不同范围的群众中制定和执行各种守则、公约，加强社会主义精神文明的建设。

践行的，但这并不意味着应当禁止志愿者有所"得"。首先，在观念上必须认清志愿服务精神不反对志愿者有适度的"得"，适度的"得"是为了志愿者更好地服务。其次，志愿服务作为一种社会服务，尽管不能类比市场经济提供服务时追求的等价有偿，但我们应当正视志愿者付出后的补偿问题。志愿者的付出并不是出于法律上的义务，因此当志愿者主动牺牲自己的时间和精力去服务他人时，我们有理由从社会补偿以及公平的角度对志愿者进行适度回馈，这种回馈不同于工作报酬，志愿者的付出总是远远多于回报。

（二）契合志愿服务的精神内核

目前有一些人对志愿者还存在一定的误解，以为志愿者不应有任何回报。实际上，适度回馈与志愿精神完全不冲突，并且可以相互融合。早在2001年，联合国前秘书长科菲·安南就在国际志愿者年的启动仪式上指出，团结和服务是志愿服务精神的内核，大家都是怀着使这个世界变得更加美好的共同信念而一起努力。① 国内，"奉献、友爱、互助、进步"逐渐成为志愿服务的精神内涵。可以看出，无论是国际还是国内对志愿服务精神本质的认识都没有强调禁止适度回馈。实际上适度回馈是团结和互助的重要方式，同时表达了对志愿服务的支持与鼓励。从现实角度考虑，适度回馈中蕴含的己他兼顾的志愿动机也是值得肯定和鼓励的，它在客观上承认了人性的复杂一面，我国志愿服务精神内涵中的"互助"实际就是己他兼顾志愿动机的行为表现。因此，对志愿者进行适度回馈是己他兼顾志愿动机中利己一面的重要组成部分，对实际推动和开展志愿服务活动有重要价值。

（三）顺应志愿服务事业发展趋势

自党的十八大报告首次出现"志愿服务"以来，中央多次强调要发展志愿服务，十八届三中全会明确提出要大力支持和发展志愿服务组织。2014年2月中央文明委出台《关于推进志愿服务制度化的意见》，明确提到志愿

---

① 北京志愿者协会编著《走进志愿服务》，中国国际广播出版社，2006。

服务回馈，并细致地描述了对健全志愿服务激励机制的具体要求，在评奖评优的时候既要考虑志愿服务时间更要考虑服务质量。通过对志愿者在升学、就业、就医方面给予优惠，对志愿者进行适度回馈。[①] 2017 年《志愿服务条例》第四章专门规定了相关促进措施，如鼓励在同等条件下优先招用有良好志愿服务记录的志愿者；对在志愿服务事业发展中做出突出贡献的志愿者，予以表彰、奖励。[②] 2024 年 4 月 12 日《中共中央办公厅 国务院办公厅关于健全新时代志愿服务体系的意见》出台，其中特别提到"强化激励褒奖。完善以精神激励为主的褒奖机制，健全星级认定制度，增强志愿者的成就感和荣誉感。鼓励采取服务积分、时间储蓄等方式，完善礼遇回馈和信用激励机制"。

三 我国现有的志愿服务适度回馈制度的缺陷

（一）理论层面研究不足

目前理论上对志愿服务和回馈行为法律性质方面的研究仍略显单薄。在行为法律属性层面上，志愿服务主要与义务帮工、无因管理行为类似。义务帮工多出现在乡里乡亲、熟人社会之间的红白喜事等方面；志愿服务则具有更强的社会公益性，针对不特定的多数人，涉及社会生活各个方面，如环保、教育、大型赛事等。我国《民法典》第 979 条对无因管理做出了定义[③]，不同于无因管理，志愿服务对象是知道志愿者及其志愿行为的，即事

---

① 《中央文明委印发〈关于推进志愿服务制度化的意见〉》，中国政府网，2014 年 2 月 26 日，https：//www. gov. cn/xinwen/2014-02/26/content_2622318. htm。

② 《志愿服务条例》第 32 条：对在志愿服务事业发展中做出突出贡献的志愿者、志愿服务组织，由县级以上人民政府或者有关部门按照法律、法规和国家有关规定予以表彰、奖励。国家鼓励企业和其他组织在同等条件下优先招用有良好志愿服务记录的志愿者。公务员考录、事业单位招聘可以将志愿服务情况纳入考察内容。

③ 《民法典》第 979 条：管理人没有法定的或者约定的义务，为避免他人利益受损失而管理他人事务的，可以请求受益人偿还因管理事务而支出的必要费用；管理人因管理事务受到损失的，可以请求受益人给予适当补偿。

先主观上有接受服务的意思表示，而无因管理中的管理人实际上并未取得被管理人的同意就已经做出了有关的管理行为。另外，无因管理中管理人可以要求受益人支付必要的费用，但在志愿服务中尽管志愿服务组织或政府、社会会对志愿者有适度的回馈，但这并不意味着可以要求服务对象支付志愿者任何费用。

回馈机制作为一种在管理学中发挥巨大作用的制度，在法学领域对其性质的研究比较匮乏。目前行政法领域中与回馈制度较为接近的两个概念是行政资助和行政奖励。行政资助一般指行政主体为实现特定的行政目的，而以一定的方式向处于弱势地位的相对人或者基于国家利益需要扶持的企业等市场主体提供包括资金在内的各种财产性利益的行政活动。[①] 行政奖励则没有对奖励对象的条件限制，涉及所有的行政相对人，是指行政主体为表彰先进、激励后进，充分调动和激发人们的积极性和创造性，依照法定条件和程序，对为国家、人民和社会做出突出贡献或者遵纪守法的行政相对人，给予物质上或精神上奖励的行政行为。[②] 由于实践中对志愿者进行回馈的主体不限于行政主体，还包括各种社会组织、企业等市场主体，因此很难将其简单理解为行政资助或行政奖励。

（二）规范层面有待完善

1.回馈授予主体繁杂

由于现实中志愿服务事业是由各地精神文明建设委员会、民政部门以及志愿者联合会等机构共同管理，因此志愿服务的回馈主体也面临较为混乱的问题。以《河北省志愿服务激励办法（试行）》为例，其中嘉许激励部分，既有县级以上志愿服务联合会授予其不同级别的志愿服务奖章，又有县级以上人民政府及其相关工作部门、有关志愿服务组织授予其荣誉称号。此外，各党政机关、社会团体、企事业单位和基层群众

---

① 蒋炜、武亭廷：《论我国行政资助制度之完善》，《河北法学》2011年第5期。
② 姜明安主编《行政法与行政诉讼法》，北京大学出版社，2015，第240页。

性自治组织还可以视情况自行组织表彰奖励。① 虽然多重回馈授予主体的出发点是为了对志愿者进行鼓励、弘扬社会主义新风尚，但实践中往往会导致嘉许奖励标准不一、重复奖励的问题，不利于形成长效稳定的激励回馈机制。

2. 回馈救济相对匮乏

法律权利之所以宝贵就在于其有救济。既然对志愿者进行适度回馈有法理基础和正当性，那么应当对这一权利或者称之合法的利益进行保障和救济。但实践中，在已制定的与志愿服务适度回馈相关的规范性文件鲜有提到对不回馈、不按照规定回馈的后续处理办法，对相关救济途径予以明确是确保志愿服务适度回馈制度落实到位的重要举措。

（三）社会认识与社会支持存在差距

1. 社会缺乏客观评价与推动

尽管全国已有不少地方率先制定并实施志愿服务回馈方面的规范性文件，但从具体执行效果上可以看出还存在不少问题。首先就是社会对志愿服务适度回馈制度缺乏支持和推动。由于社会对义务劳动的印象根深蒂固，一些人认为有所回馈的志愿服务就不纯粹了，是有偿服务。其实这是一个很大的误区，义务劳动与现代志愿服务还是有着较为明显的区别的。前者带有很浓的时代特色，因而也就具有较为浓厚的强制性；而发展至现在的志愿服务完全是出于志愿者的自主自愿，在市场经济下这种奉献更值得提倡和鼓励。但在实践中各地对志愿服务适度回馈原则仍未达成共识，也就缺乏对该制度的回应与推动。

2. 配套、衔接机制尚不完善

适度回馈制度是一套系统工程，不仅要有回馈的内容、范围等，更重要的是前期登记注册、记录评定等一系列配套制度的完善。若没有科学便捷的登记管理制度，则难以保证优秀的志愿者都获得合理的回馈；若没有准确公

---

① 《河北省志愿服务激励办法（试行）》第 11~13 条。

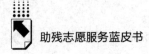
开的记录评定体系，则难以保证优秀的志愿者都被公平地对待。现实中，一些地方不仅缺乏评估奖励机制、统一的信息化平台，甚至对志愿者的范围界定还存在一些争议，比较典型的就是对未注册志愿者的管理问题。如何对这些未在官方机构登记注册的志愿者进行引导、组织和保护一直是一个比较棘手的问题。各地做法不一，有些省市就将未注册志愿者与注册志愿者一起管理，未做区分。

四　域外志愿服务回馈制度的经验与启示

（一）域外相关志愿服务回馈理论、制度比较分析

1. 美国

近年来，美国的志愿服务突飞猛进，这与其完善的志愿服务激励回馈体系密不可分。在美国，对志愿服务的激励回馈遵循物质与精神并重的原则，有时甚至直接是金钱上的回报，只不过采取较为特殊的兑现形式。例如，大学生志愿者的志愿奖金不能用来提现只限用于学费的减免。一位美国志愿服务组织的负责人表示，作为组织者，我们应当更加关注怎样激发志愿者的热情，保证志愿服务的可持续性和稳定性。这些回馈措施是对志愿者奉献自我、服务他人的一种认可，也是鼓励更多的民众参与志愿服务的有效方式。[1] 20 世纪 90 年代，克林顿政府签署了《国家与社区服务法案》，其中详细规定了对青少年志愿服务的奖励办法以及奖金使用方式的要求。[2]

2. 德国

德国志愿服务事业的发展离不开两部重要的法律——1964 年《奖励志愿社会年法》和 1993 年《奖励志愿生态年法》。前者以"媒介社会经验与提高

---

[1] 陈晓春、钱炜：《城市社区志愿服务激励机制研究》，《福建行政学院学报》2010 年第 3 期。

[2] 例如，《国家与社区服务法案》规定凡做满 1400 小时义工的青少年，政府每年奖励 4725 美元奖学金，这笔钱可作为上大学的学费或用于职业培训。参见孙倩《美国的慈善事业》，《社会》2003 年第 6 期。

公益责任与意识"为目的，后者以"提高发展人格及环保意识，创造为自然环境奉献心力的机会"为宗旨。这两部法案都鼓励 16～27 岁的青年暂时离开校园或者工作岗位 6～12 个月，从事社会或者环保领域的志愿服务。其中详细规定了志愿者可以享受的税收、交通以及保险等方面的优惠政策，并且可领取必要的服务津贴及适量零用钱。实践证明，以这两部法律为基础建立的一系列志愿服务激励制度对德国志愿服务事业的腾飞起到了重要的推动作用。

3. 日本

日本和中国一样，传统上是一个国家主导型的社会，事实上也建立了以政府为主导的志愿服务回馈机制，值得我国参考借鉴。在日本，在社区范围内开展志愿服务的主要是非营利组织（NPO）。日本的 NPO 在 1995 年阪神大地震后的救援活动中发挥了重要作用，后来更是直接推动和催生了一部新的法律——1998 年《特定非营利活动促进法》（简称 NPO 法）。这部法律全文共四章 50 条，重点是特定非营利活动法人的成立、管理、解散以及合并、监督、税法上的特例、罚则等。各级政府把促进 NPO 的发展作为政府的一项重要职能，其中包括对志愿者和非营利组织进行适度回馈。比如，神奈川志愿者活动推进基金是以政府政令设立的一个独立运作的基金，该基金设立了志愿者活动鼓励奖，主要用于对自主进行示范性实践活动的、对地区发展贡献程度高的 NPO 及个人进行表彰，并给予附加奖励。①

（二）域外经验的若干启示

1. 适度回馈在志愿服务领域的广泛应用

除了上文介绍的几个志愿服务回馈的代表性国家和地区外，实际上目前绝大部分发展志愿服务的国家都在践行适度回馈原则。比如，西班牙的志愿者在使用公共交通工具以及进入国营博物馆时，享有折扣或津贴以及其他福利，志愿服务年资可折抵兵役等。可以看出，随着志愿服务的发

---

① 王名等编著《日本非营利组织》，北京大学出版社，2007，第 146 页。

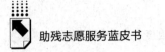

展，对志愿者的认可与尊重已逐渐成为一个国家乃至全球的共识，对志愿者的适度回馈不仅可以让每个志愿者有同等的机会参与志愿服务，更重要的是它对整个志愿服务事业起到良性引导的作用。通过帮助他人实现"自助"，不仅是对志愿者善意的一种呵护，也是爱心在全社会循环流动的最好诠释。

2. 立法对回馈内容、程序予以规范

从域外志愿服务发展的现状可以看出，志愿服务事业较为成熟的国家和地区，其志愿服务制度，特别是志愿服务回馈制度往往也较为健全。至于具体的立法体例，既有像美国在综合性法案中规定回馈方面的具体内容，也有如德国一般专门制定有关志愿服务回馈奖励的法律。不管是哪种体例，关键是能对回馈标准、内容、程序等重要方面进行科学设计、细化保障。通过立法创建志愿服务适度回馈制度是整合政府和社会各方力量、促进志愿服务发展的重要举措。因此，考虑到我国大陆法系法典化的传统，未来我国的志愿服务立法应专列志愿服务适度回馈部分，明确适度回馈的具体标准、举措以及程序等内容。

3. 融合政府和社会力量实现共治

从国外的志愿服务发展经验可以看出，志愿服务的发展壮大离不开政府和社会的通力合作。为更好地促进志愿服务事业的发展，政府应当通过制定一系列政策来达到扶持志愿服务的目标，具体举措包括完善适度回馈相关制度，例如返还所得税制度、兵役替代役制度。这既可以通过再次分配的方式鼓励志愿服务，又能达到吸引社会公众广泛参与的目的。此外，政府还可以以行政委托实现共治。

五 探索我国志愿服务适度回馈制度法治化路径

（一）充分发挥政府指导、协调、规范的作用

现代社会一般认为志愿服务是市场失灵和政府失灵的产物，即市场和政

府作为集体物品提供者本身具有的局限性而导致的结果。[①] 这样看来，似乎政府的身影出现得越少志愿服务事业的生长空间才越大。但根据世界各国志愿服务的发展实践，与市场和政府相比，志愿服务在现代社会治理方面也存在不足之处，同样存在"志愿失灵"[②] 现象。因此，政府应当主动发挥自身优势，积极承担责任，弥补志愿服务自身的缺陷。在我国，由于长期以来政府主导志愿服务，正确定位政府在志愿服务适度回馈中的角色十分重要。

1. 角色转变：由管理者转向合作者

美国志愿服务事业的腾飞与联邦政府在发展志愿服务事业中所扮演的角色紧密相关。联邦政府长期以"出资方"和"主办者"的身份深度介入民间志愿服务，助推志愿服务事业繁荣发展。在发展志愿服务的过程中，中国政府常常担任组织者和赞助者的角色。当然，志愿服务去行政化绝不等同于政府应当无所作为，一些志愿服务发展较为成熟的国家的实践经验证明了志愿服务离不开政府的支持。正如有学者所言，"政府公共性的价值导向及其所拥有的资源优势决定了它应在解决志愿组织合法性方面有所作为"。[③] 故本报告认为现阶段政府应当关注职能转变的要求，积极转换自身的角色，从管制者转化为培育者，以及进一步成为志愿组织的合作者。不同于培育者仍含有较浓厚的主导色彩，合作者更多强调的是一种平等对话、资源共享的新型关系。行政委托就经常被运用在此种关系中。譬如在一些需要一定专业能力的公益服务项目中，政府可以通过行政委托实现共治。

2. 加大权益保障力度

加强志愿者权益保障是凝聚志愿者的关键，这也理应是政府职责范围内的一项重要工作。它不但可以免去志愿者参与志愿服务活动的各种担忧，让志愿者全身心地投入志愿服务，同时还能够提升志愿者对志愿服务组织的信

---

① 孙婷：《志愿失灵及其矫正中的政府责任——以北京志愿服务为例》，知识产权出版社，2011，第17页。

② 志愿失灵是指志愿组织无法有效配置慈善资源，造成志愿组织在满足社会需求、提供志愿服务等方面产生的功能缺陷和效率困境。

③ 罗峰：《志愿组织发展中的政府责任：合法性视角的分析》，《国家行政学院学报》2009年第4期。

任度，增强志愿者队伍的凝聚力和竞争力。具体来说，政府应当从以下几个方面采取措施。首先，政府每年在做财政预算时应将志愿服务活动经费考虑进去，在资金上保证志愿服务活动的正常开展。同时，政府还应及时制定出台相关的法规及政策，以推动企业、社会团体和社会各界人士支持和捐助志愿服务活动，全社会通力协作、共同努力。其次，建立科学全面的评估机制。志愿者得到公正适当的回馈的前提是每个人的志愿行为都能得到严格规范的记录与评价。良好的评估机制不仅可以点燃志愿者的工作热情，使其自觉提供更多的志愿服务，做出更好的成绩，而且可以达到评价与发展的双重目的。因此，政府应当建立一个科学、全面的记录评估机制，据此评价和激励志愿者。最后，不断健全志愿服务回馈的行政奖励制度，通过完善政府主导的适度回馈制度，吸引更多志愿者投身志愿服务这一光荣而伟大的事业。

3. 积极运用行政指导等柔性方式

随着全球范围内民主化的不断发展和国家对政府提供公共服务的进一步重视，传统的管理行政模式逐步转向以给付行政、服务行政为特点的现代行政模式，即民主行政模式，在此过程中行政方式的柔性化、民主化趋势不断增强，行政指导就是其中的典型。作为柔性管理方式之一，行政指导是对传统刚性管理方式的重要补充，是化解志愿服务纠纷、促进社会和谐的重要举措。行政指导的根本出发点和落脚点都是在行政主体和行政相对人之间建立更加融洽的关系，以最小的行政成本取得最好的效果。在这种情况下，行政主体和相对人在同一目标下各得其所，最终使行政指导更加高效、和谐、全面、持久。对志愿者进行何种程度的回馈受到多种因素影响，其中最为重要的是志愿服务组织的内部意志。因此，通过将行政指导运用于志愿服务适度回馈制度，可以以非强制的方式对行政相对人进行引导，既提高了行政效率，又降低了行政成本。另外，行政指导是在与相对人协商取得一致意见的基础上做出的，因此也有效地避免了行政摩擦，符合服务行政的要求。

（二）丰富社会力量参与志愿服务的回馈渠道

社会力量参与志愿服务是志愿服务事业繁荣发展的关键所在。在志愿服务领域，社会力量既包括普通群众、群团组织，也包括各类企事业单位等。具体而言，既需要提高社会对志愿服务活动的认知和认同度，积极宣传志愿服务活动的意义、价值和影响，营造全社会尊重志愿服务、崇尚志愿服务的良好氛围，同时要重视发挥群团组织和企事业单位在激励和回馈志愿者、捐赠志愿者组织方面的优势，鼓励社会多方力量的广泛参与。第一，可以通过创新志愿服务活动形式和内容吸引更多人参与，比如设计一些有趣的线上志愿服务活动，让志愿者在参与的过程中获得乐趣和帮助他人的成就感。第二，基于群团组织的特殊定位，发挥其专业优势打造志愿服务品牌，制定切实可行又富有本部门特色的回馈机制。例如，参与妇联"巾帼志愿者"项目的志愿者可在妇女儿童保健、幼儿入学等妇联工作领域获得适度回馈。第三，调动企事业单位参与志愿服务回馈的积极性。如有些地方的农商银行专门发布面向志愿者的专项贷款"志愿贷"，一些厂家疫情期间主动向医护人员捐赠小礼品表示感谢和敬意。

（三）尽快完善全国性志愿服务回馈有关法律制度

目前，国家层面的立法只有 2017 年国务院出台的《志愿服务条例》，但该条例内容已不能完全适应志愿服务工作精细化、精准化的需要。域外志愿服务回馈法治化的经验可以为国家志愿服务适度回馈制度提供借鉴和参考。从实践角度来看，在志愿服务法治化进程中，制定涵盖志愿服务适度回馈的法律草案已刻不容缓。特别是有些地方立法质量良莠不齐、规范效力层级较低，不利于志愿服务事业的区域统筹发展。所以本报告认为应当尽快制定全国性的志愿服务回馈法律，以提升其规范化水平。

1.将适度回馈作为志愿服务的一项基本原则

任何志愿服务活动在实施的过程中都应当遵循一定的原则，体现在法律文本中就是基本原则。对志愿服务进行适度回馈是志愿服务事业发展到当代为保证每个人都有同等的机会参与其中而逐渐被接受并且达成共识的一项制度。结合实践，如果制定一部国家志愿服务适度回馈法，应当包括公平合理、及时适时、物质与精神相结合的回馈原则。所谓公平合理，即根据志愿服务价值大小进行适当的回馈，且回馈措施要公正，对所有志愿者要一视同仁，真正做到回馈措施与相关制度公平、明确、适度、合理。把握好回馈时机也是保证回馈效果的关键所在，一般而言，回馈越及时，越贴近志愿服务行为时间段，就越有利于志愿者成就感和尊重感的形成，越有利于其志愿服务热情的强化与不断迸发。志愿服务虽然是一种自觉自愿、无偿奉献的服务，但对志愿者的回馈必须兼顾精神和物质的双重需求。对处于发展初期的志愿服务事业而言，精神回馈虽然可以作为一项重要的回馈措施，但物质回馈是必不可少的。

2. 明确和规范回馈主客体的法律地位与回馈程序

当前人们普遍对志愿服务适度回馈制度存在质疑，主要原因之一就是回馈授予主客体之间具体权利义务不甚明确。因此，要明确回馈授予主体的法律地位和职责范围。回馈授予主体主要包括政府、志愿服务组织以及其他社会团体等。厘清这些主体的职责范围和回馈权限，同时明确适度回馈未能兑现时的法律后果。同理，作为回馈主要客体的志愿者，也应当明确相应义务以及没有履行应尽义务时所应承担的责任。关于程序，特别是志愿服务回馈方面的程序一直被忽视。随着我国法治化进程的不断推进，人们对程序的认识也在不断深化，可以说，没有现代行政程序，法治作为一种社会状态就无法维系。① 践行公正要通过程序公开和公众参与实现，将程序置于阳光之下并遵循合作协商的原则，从而提高志愿服务适度回馈的社会接受度。可以成立志愿服务适度回馈工作委员会，做到专事专岗、专岗专人，同时确保志愿服务与其他领域的对接。

3. 健全回馈制度和拓宽救济途径

一项权利之所以可以成为法律权利就在于其有救济。对志愿者的适度回馈也是如此。目前，各地的志愿服务回馈激励办法普遍缺少关于如果未及时回馈激励的处理办法。也就是说，一旦出现对志愿者不回馈或不按照规定回馈的，很难从各地的办法中寻求维权的依据。现实中就出现过志愿者对志愿

---

① 章剑生：《现代行政程序的成因和功能分析》，《中国法学》2001年第1期。

服务组织的评奖有异议却状告无门的情况。因此，应当明确志愿服务适度回馈中常见法律问题的解决措施或补救方式。此外，考虑到志愿服务的公益属性，还可以采取自愿商量、调解以及诉讼等多种途径解决问题。上述做法不仅有助于保障志愿者自身的合法权益，而且能从侧面提高志愿服务组织和其他机构的工作效率与准确度，使公众了解在志愿服务适度回馈领域维权的方法和途径，进而推动我国志愿服务事业的发展和法律制度的完善。

参考文献

江汛清主编《与世界同行，全球化下的志愿服务》，浙江人民出版社，2005。

陆士桢主编《中国志愿服务大辞典》，中国大百科全书出版社，2014。

穆青主编《志愿服务理论与实践研究》，北京理工大学出版社，2010。

谭建光：《志愿服务理念与行动》，人民出版社，2014。

陶倩：《当代中国志愿精神的研究培养》，上海人民出版社，2013。

王洪松：《当代中国的志愿服务与公民社会建设》，中国政法大学出版社，2015。

谭建光：《深圳青年志愿者的个案研究》，《中国青年政治学院学报》2001年第6期。

杨恕、续建宜：《美国志愿者运动述评》，《国际论坛》2002年第1期。

姚迈新：《志愿服务中的政府责任》，《长春市委党校学报》2015年第3期。

专题篇

B.10
"益心为公"检察公益诉讼志愿服务发展报告

邱景辉*

摘　要：　最高人民检察院贯彻落实党的二十大关于"完善公益诉讼制度""完善志愿服务制度与工作体系"等改革部署，研发应用"益心为公"志愿者检察云平台。历经试点探索期、复制推广期、全面发展期，"益心为公"检察公益诉讼志愿服务取得积极发展，在无障碍环境建设领域成效显著，妇女权益保障检察公益诉讼志愿服务加速发展，科技志愿服务辅助办案，志愿者队伍不断壮大。但还存在以下问题：对"益心为公"检察公益诉讼志愿服务的认识不足；"益心为公"志愿者检察云平台功能亟待升级；志愿者与检察官的黏性有待增强；志愿服务的精准性、规范性需要进一步增强；志愿服务示范基地建设发展不平衡。本报告提出线上线下融合发展、实行志愿者分类管理、共建共享服务资源等对策建议，以期进一步助力提升"益心为公"检察公益诉讼志愿服务水平。

＊　邱景辉，最高人民检察院公益诉讼检察厅副厅长、二级高级检察官，主要研究领域为检察公益诉讼。

关键词： "益心为公" 检察公益诉讼 志愿服务

完善志愿服务制度和工作体系是推进国家治理体系和治理能力现代化的重要内容。2023 年 9 月，"志愿服务法"列入十四届全国人大常委会立法规划一类立法项目，推进志愿服务法治化迎来黄金机遇期。

依据中共中央、国务院印发的《党和国家机构改革方案》，2023 年 3 月成立的中央社会工作部划入全国志愿服务工作的统筹规划、协调指导、督促检查等职责。随后，中央社会工作部将志愿服务作用从"提高全社会文明程度""弘扬社会主义核心价值观"等扩展到"助力社会治理"。

2024 年 4 月 12 日，《中共中央办公厅 国务院办公厅关于健全新时代志愿服务体系的意见》出台，其中明确要求"提供法治支撑"，包括"积极推进志愿服务国家立法""加强和完善有关志愿服务地方立法""加强志愿服务标准和规范的研究制定"等。

借此机会，回顾"益心为公"检察公益诉讼志愿服务的发展历程，总结其在完善志愿服务动员体系、供给体系、组织体系、阵地体系、文化体系、支持保障体系等方面的成功经验，并立足检察机关作为国家法律监督机关的宪法定位和公共利益代表的时代使命，结合案例实践梳理存在的问题，提出对策建议，对于更好更快推进志愿服务法治化具有重要意义。

一 "益心为公"检察公益诉讼志愿服务的发展历程

为完善检察机关法律监督工作的社会支持体系，在司法实践中践行全过程人民民主，引导公众广泛有序有效参与检察公益诉讼，最高人民检察院研发建设"益心为公"志愿者检察云平台，指导各级检察机关着力从扩大志愿者规模、激活志愿者功能、提升志愿服务社会治理效能等方面持续推进，逐步建立健全制度规范和工作机制，逐步实现志愿者参与检察公益诉讼监督办案常态化，在检察工作中初步构建了以多元化人员结构、专业化背景知识为特点，全流程全领域开放和线上线下同步对接的志愿服务新模式，努力推动形成全社会共建共治共享的公益保护新格局。

（一）试点探索期（2020~2022年）

在试点探索期，从陕西宝鸡的试水破冰，到江西九江的正式启动，检察公益诉讼志愿者从线下开展志愿服务到线上线下相结合，"益心为公"的品牌和平台从无到有，经过两批试点，不断积累经验。

2020年9月，陕西省宝鸡市人民检察院专门搭建了集志愿者信息管理、志愿项目推送、实时线索直播、远程指导取证和公益诉讼知识普法宣传等功能于一体的"公益诉讼微共治平台"，在志愿服务智能化方面进行了有益的尝试。最高人民检察院主管检察公益诉讼和检察技术信息工作的张雪樵副检察长在听取宝鸡经验专题汇报后指出："公益诉讼本属于一项社会性工程，引入社会志愿者不仅能弥补办案力量不足的短板，而且能从根本上有效提升办案质量和成效、扩大公益诉讼影响，促使公益保护理念深入民心。但传统的志愿者管理方式存在介入环节少、运行效率低和管理成本高等问题。"① 张雪樵副检察长指挥、指导公益诉讼检察厅会同检察技术信息研究中心，在对以"互联网+"方式建立的全国检察公益诉讼志愿者平台及其运行流程和相关技术路径进行可行性研究的基础上，于2020年底组建包括宝鸡"公益诉讼微共治平台"研发骨干在内的"检察业务+检察技术"专班，在有关信息技术企业的无偿支持下，开展"益心为公"检察云平台研发工作。经过反复测试和改进升级，"益心为公"检察云平台于2021年7月完成部署上线。张雪樵副检察长为平台命名"益心为公"，寓意为检察公益诉讼以公益为核心，"一心为公，天下为公"。

2021年7月6日，公益诉讼检察厅会同检察技术信息研究中心联合下发《关于在浙江、湖北两省开展"益心为公"检察云平台试点和培训工作的通知》。2021年11月19日，最高人民检察院与中央统战部、各民主党派

---

① 邱景辉：《中国检察公益诉讼助残志愿服务发展报告（2022）》，载凌亢主编《中国助残志愿服务发展报告（2022）》，社会科学文献出版社，2023。

中央进行座谈交流，就发挥"益心为公"检察云平台优势、加强民主监督与检察监督协同、共同助力长江生态环境保护达成共识，决定于 2022 年扩大平台试点，纳入长江流域部分省份。① 座谈会上播放了张雪樵副检察长出镜的《益心为公，天下为公》视频宣传片。

2022 年 2 月 24 日，公益诉讼检察厅会同检察技术信息研究中心联合下发《关于开展第二批"益心为公检察云平台"试点工作的通知》，部署在长江流域上海、江苏、安徽、江西、湖南、重庆、四川、贵州、云南、青海 10 省份启动第二批平台试点。中央统战部随后向以上省份统战部下发了《关于协助地方检察院做好长江生态环境保护"益心为公检察云平台"有关工作的通知》，各地统战部门据此积极协助地方检察院组织民主党派成员注册成为公益诉讼志愿者。

2022 年 7 月 19 日，在江西省九江市举行的第四届服务保障长江经济带发展检察论坛上，最高人民检察院领导、江西省委领导和民主党派中央领导共同启动了"益心为公"检察云平台。②

2022 年 11 月 4 日，最高人民检察院召开"益心为公"检察云平台试点工作视频推进会，浙江、湖北、安徽、云南、江苏、湖南省级检察院做了经验交流。

（二）复制推广期（2023 年）

在复制推广期，2023 年初在浙江海宁的现场推进和情景展示成为标志性节点，基层检察院的原创作用得到充分发挥。

在启动第二批试点一周年之际，最高人民检察院于 2023 年 2 月 22 日在浙江海宁召开全国检察机关"益心为公"志愿者检察云平台全面推进现场会，通报了试点情况，组织浙江、上海、江苏 3 个省级检察院做了现场经验交流，其他试点省份和嘉兴市人民检察院做了书面交流。浙江海宁、鹿城、

---

① 史兆琨：《长江生态环境保护检察公益诉讼调研座谈会召开 民主监督与检察监督协同助力长江生态环境保护》，《检察日报》2021 年 11 月 21 日，第 1 版。

② 《"益心为公"检察云平台正式启动》，最高人民检察院网站，2022 年 7 月 19 日，https：//www.spp.gov.cn/spp/tt/202207/t20220719_565328.shtml。

余姚、拱墅、长兴5个县（市、区）的统战部门以及检察官和志愿者代表分别分享了参与"益心为公"的感受和故事，展示切实提升志愿者与检察机关的黏合度，增强志愿者归属感、获得感的成功做法。此次会议正式将"益心为公"检察云平台更名为"益心为公"志愿者检察云平台。

2023年3月4日，公益诉讼检察厅会同检察技术信息研究中心联合下发《关于全面推开"益心为公"志愿者检察云平台工作的通知》。各地检察机关迅速开展相关工作：一是汇聚各方合力，把建设由中共党员、民主党派成员、青年志愿者、行政机关执法人员、法律工作者、新闻媒体工作者等组成的多元化志愿者队伍作为首要任务；二是把构建志愿者知识背景专业体系作为工作目标，在邀请注册时引导志愿者提供擅长的相关领域、专业等，便于在个案办理中有针对性地解决检察机关面临的专业性问题；三是把基层检察院线下分片对接、线上统一运行结合好，由基层检察院承担本辖区志愿者的线下对接服务联络工作，争取借助志愿者力量办理出一批具有示范性、典型性的公益诉讼案件。同时，加快云平台与全国检察机关统一业务应用系统2.0的对接，逐个单位确定线索管理人员，全面开展志愿者招募及信息采集，做好平台应用和技术保障。

复制推广期间，检察技术信息研究中心持续发布《"益心为公"检察云平台工作周报》，督促各地开展相关工作。公益诉讼检察厅先后编发8期《公益诉讼检察工作情况（"益心为公"检察云平台专刊）》，总结推广各地成功经验特别是典型案例和制度机制成果。例如，先后摘发浙江省人民检察院、团省委联合出台的《关于加强志愿服务与检察公益诉讼协作的意见》，浙江省委统战部、省人民检察院、团省委联合出台的《"益心为公"志愿者履职管理办法（试行）》，绍兴市委统战部、市人民检察院联合出台的《关于推进"益心为公"检察云平台实体化运行实施方案》《浙江省余姚市人民检察院"益心为公"志愿者团队运行管理办法》。连续转发了浙江省海宁市人民检察院、市委统战部、团市委联合出台的《"益心为公"公益诉讼志愿观察员协同管理实施办法（试行）》以及浙江省海宁市人民检察院《"益心为公"公益诉讼志愿观察员履职激励和保障办法（试行）》《"益心为公"公益诉讼志愿观察员专题咨询小组工作规则（试行）》。浙江经验特别是余姚经验、海宁经验成为各地学习借鉴的榜样。

浙江的标志性成果集中体现在 2022 年 5 月 27 日成功将"落实推进'益心为公'检察云平台工作"写入《浙江省人民代表大会常务委员会关于进一步加强新时代检察机关法律监督工作的决定》，在全国率先通过地方立法对"益心为公"检察云平台工作做出规定，为国家层面的检察公益诉讼和志愿服务专门立法确立相关制度积累了经验。

2023 年 12 月 25 日，最高人民检察院在江苏句容召开公益诉讼高质效办案现场会。会议期间，江苏检察机关介绍了推进"益心为公"志愿者检察云平台工作情况，通过播放志愿者履职视频、请盐城经开区人民检察院承办检察官和志愿者联合讲述办案故事，生动展示了志愿者助力检察公益诉讼高质效办案的显著成果。

（三）全面发展期（2024 年至今）

在全面发展期，注重以规范化建设为抓手，在江苏句容会议的现场演示后激发各地争先创优动力，在"高质效办好每一个案件"的过程中推进"益心为公"检察公益诉讼志愿服务高质量发展。

2024 年 1 月 12 日，公益诉讼检察厅下发了《"益心为公"志愿者工作办法（试行）》，明确定义："益心为公"志愿者，是指接受检察机关聘请，利用自身专业知识、业务能力等，为检察机关办理公益诉讼案件或开展调研、培训、法治宣传等工作提供志愿服务的人员；"益心为公"志愿者检察云平台，是指最高人民检察院建设的集公益诉讼线索提报、线索评估、专业咨询、公开听证、跟踪观察等多种功能于一体的互联网平台，"益心为公"志愿者通过该平台开展志愿服务活动，辅助检察公益诉讼办案。同时，该办法对志愿者选聘与退出、志愿服务内容与方式、志愿者保障与管理等做出了具体规定。至此，"益心为公"检察公益诉讼志愿服务已经基本成形，迈入规范化发展轨道。

对照《中共中央办公厅 国务院办公厅关于健全新时代志愿服务体系的意见》提出的主要目标，可以从"益心为公"检察公益诉讼志愿服务发展模式中找到值得复制推广的若干经验。一是以公益为核心，迅速会聚各界各行各业人士壮大志愿者队伍力量。大力发展中共党员和民主党派志愿者、职工志愿者、青年志愿者、巾帼志愿者、退役军人志愿者、学生志愿者、老年志愿者、社区志愿者、生态环境志愿者、助残志愿者、卫生健康志愿者、文化文艺志愿者、科技志愿者、平安志愿者、应急志愿者、体育志愿者、法律志愿者等,利用大家所代表的群体力量和自身的专业特长为公益司法保护贡献力量。二是以实践为引领,通过强化顶层设计和基层创新,依靠典型案例的示范作用及从中提炼的规律规则,不断建立健全系统完备、科学规范、协同高效的志愿服务制度和工作体系,确保"益心为公"志愿者素质过硬,队伍管理规范,服务领域不断拓展,服务能力持续提升,助力社会治理的作用更加凸显。三是以技术为支撑,打造全国通用的"益心为公"志愿者检察云平台,使得阵地网络覆盖广泛,调度系统布局合理,支撑保障便捷高效,促进志愿服务社会参与率、活跃度不断提升,引领社会公众责任意识、奉献意识进一步增强,并推动志愿服务国际合作交流有序发展。

二 "益心为公"检察公益诉讼志愿服务的发展现状

《"益心为公"志愿者检察云平台工作周报(第142周)》显示:截至2024年4月26日,各地共录入"志愿者人选库"114500人;志愿者共提报线索25629条,正式推送到全国检察机关统一业务应用系统2.0的高质量线索共15087条;各级检察院通过公益诉讼案件专家咨询网发起案件咨询、邀请参与听证、邀请跟踪观察共计26804件。

这些基础数据的量变,带动的是"益心为公"检察公益诉讼志愿服务发展理念、发展动力、发展模式的质变。在发展理念方面,从树立智慧借助理念,积极"借力、借智",提升监督能力,破解发展难题,共同推进新时代检察工作创新发展,[1] 向"让高质效办好每一个案件成为新时代新征程检

---

[1] 《张军:借助"智慧"强化法律监督 共同推进新时代检察工作》,最高人民检察院网站,2018年11月28日,https://www.spp.gov.cn/tt/201811/t20181128_400771.shtml。

察履职办案的基本价值追求"转变。① 在发展动力方面,从由最高人民检察院自上而下强力部署推动的外部压力驱动,向基层检察院、检察官和办案团队自下而上主动提出应用需求的内生动力牵引转变。在发展模式方面,从最初主要在民主党派中发展志愿者,到加强与工会、共青团、妇联等群团组织的合作,到开放式公开招募,再到突出优秀骨干志愿者示范引领作用、实现精准扩容,逐渐从检察机关主导、主动邀请加入向社会各界自发、自觉报名参加转变。

(一)助残志愿服务多措并举,在无障碍环境建设领域成效显著

2020 年 1 月,浙江杭州检察机关率先在无障碍环境建设领域探索开展检察公益诉讼专项监督。同年 9 月,在最高人民检察院指导下,相关工作在浙江全省全面推开,并将案件范围从无障碍设施拓展到信息交流无障碍和服务无障碍领域。浙江省杭州市人民检察院督促落实的残疾人驾照体检服务行政公益诉讼系列案的线索,就是由"益心为公"志愿者、杭州市肢残人汽车专业委员会负责人向检察机关提供的。

经过 4 年多的发展,无障碍环境建设已经纳入检察公益诉讼的第"4+10"个法定领域。《中华人民共和国无障碍环境建设法》第六十三条规定:"对违反本法规定损害社会公共利益的行为,人民检察院可以提出检察建议或者提起公益诉讼。"2023 年,全国检察机关共立案办理无障碍环境建设领域公益诉讼案件 1900 余件,办案规模持续增长。②

"益心为公"志愿者的积极参与,有效提升了无障碍环境建设检察公益诉讼的办案质效,逐渐成为典型案例的"标配"。以 2023 年 11 月 13 日在最高人民检察院会同住房城乡建设部、中国残联共同举办的"让爱无'碍'共享美好生活"新闻发布会上联合发布的 12 件无障碍环境建设检察公益诉讼典型案例为例,贵州省贵阳市人民检察院督促规范公共场所无障

---

① 邱春艳:《理念与行动:"高质效办好每一个案件"》,《检察日报》2024 年 3 月 7 日,第 1 版。
② 《加强无障碍环境建设司法保护 检察公益诉讼让爱无"碍"传递》,"最高人民检察院"微信公众号,2024 年 3 月 5 日,https://mp.weixin.qq.com/s/5PKlwuFz3RZlafUBIWyJww。

碍环境建设行政公益诉讼案、江苏省苏州市虎丘区人民检察院督促保障残疾人出行无障碍行政公益诉讼案、浙江省宁波市人民检察院督促完善"119"消防报警紧急呼叫系统无障碍功能行政公益诉讼案、江苏省连云港市检察机关督促推动药品说明书适老化改造行政公益诉讼案、天津市人民检察院督促保障视障人士公交出行无障碍行政公益诉讼案、重庆市渝北区人民检察院督促整治餐饮服务场所强制扫码点餐行政公益诉讼案6件案例，均由"益心为公"志愿者提报案件线索、参与辅助办案、评估整改成效、开展普法宣传。此外，广东省广州市海珠区人民检察院督促保障老年人医疗服务无障碍行政公益诉讼案推动当地组建友老爱老志愿服务团队，对使用智能技术困难老年人采取医务人员或志愿者协助就医等措施，保障老年人及时便利就医。①

在残疾人权益保障方面，检察公益诉讼还从整治残疾人就业歧视和加强残疾人个人信息保护、反电信网络诈骗等领域加强监督办案和志愿服务。例如，"益心为公"志愿者、央视《今日说法》栏目记者谢金玻在采访报道一起针对农村独居老人、贫困户、残疾人的诈骗案时，发现湖南某地部分村委会将农村救助对象的信息，包括身份证号、银行卡号、家庭住址、家庭人口等毫无保留地进行公示，犯罪嫌疑人正是利用这些信息，并假冒民政局或者乡镇干部身份，轻易取得被害人信任，从而实施精准诈骗。相关线索在"益心为公"志愿者检察云平台上提报后转交湖南检察机关办理，促进了该类问题的系统治理。

公益诉讼检察厅主动加强与中国残联维权部、中国助残志愿者协会及无障碍智库单位的协作，初步形成各残疾人协会均有骨干"益心为公"志愿者，检察助残志愿服务纳入助残志愿服务整体工作统筹推进，委托无障碍智库单位开展社会化服务等共建共享、相辅相成的工作格局。

---

① 《最高检发布无障碍环境建设检察公益诉讼典型案例》，"最高人民检察院"微信公众号，2023年11月13日，https://mp.weixin.qq.com/s/M6HM-9gMhbh6nJ1UsW03Eg。

（二）用足用好法律授权，妇女权益保障检察公益诉讼志愿服务加速发展

修订后的《中华人民共和国妇女权益保障法》于2023年1月1日起施行。该法第七十七条明确规定了检察机关可以依法提起公益诉讼的五种情形。2023年，全国检察机关共立案办理妇女权益保障领域公益诉讼案件1400余件。① 这些案件中，"益心为公"志愿者的作用得到更加充分的发挥。各地检察机关普遍加强与妇联组织的协作，来自妇联的志愿者进一步提升了妇女权益保障检察公益诉讼的精准性、规范性，增强了监督妇女权益保障法统一正确实施的合力。

例如，江苏省扬中市人民检察院督促保护妇女平等就业权行政公益诉讼案的线索来源于"益心为公"志愿者反映部分用人单位通过该市某人力资源服务机构运营的网络招聘服务平台发布含有"限男性""男士优先"等性别歧视性内容的网络招聘信息。在贵州省黔西南州晴隆县人民检察院督促保护女职工健康权益行政公益诉讼案中，县妇联"益心为公"志愿者反映部分用人单位未依法落实女职工妇科疾病、乳腺疾病检查等相关规定，未安排女职工进行妇科检查，检察机关研判案件线索后立案，并联系具有专业知识的志愿者设计问卷开展调查和跟进监督。吉林省四平市铁西区人民检察院督促落实家庭暴力告诫书制度行政公益诉讼案中，检察机关同步邀请具有心理咨询师资质的"益心为公"志愿者对受家暴妇女进行心理疏导，以多元化举措帮助受害妇女走出家暴"阴霾"。浙江省义乌市人民检察院督促整治电竞剧本等娱乐业侵害妇女权益行政公益诉讼案中，"益心为公"志愿者参加听证后一致认为，相关娱乐经营企业通过大众传播媒介发布"女仆跪式服务"等低俗广告，贬低损害妇女人格，违背社会良好风尚，提供的游戏助教陪玩服务未依法落实预防和制止性骚扰义务，

① 《突出精准监督和特殊保护 检察机关办理妇女权益保障领域公益诉讼案件千余件》，"最高人民检察院"微信公众号，2024年3月7日，https://mp.weixin.qq.com/s/YCRgAwBxRoxuQuz-HBiQTQ。

侵害妇女合法权益。广东省深圳市人民检察院督促规范公共厕所男女厕位建设标准行政公益诉讼案中，"益心为公"志愿者针对人流量密集场所经常出现女厕所排长队而男厕所畅通无阻的现象，结合公共厕所的无障碍设施未达到建设标准等问题提供案件线索，辅助案件调查，通过诉前磋商、公开听证等方式参与跟进监督，促进相关职能部门达成共识并依法整改，推动相关问题的系统治理、源头治理。

（三）科技志愿服务辅助办案，在数字检察领域大有可为

各地检察机关在做强做优做大"益心为公"检察公益诉讼志愿服务过程中，充分运用志愿者掌握的科技知识及装备辅助检察官办案，积极探索大数据法律监督模型等数字检察与志愿服务的融合、衔接，积累了一些科技赋能办案的成功经验，办理了一批数字检察典型案例。

例如，河北省人民检察院率先建成了全国检察机关首个贯通全省三级检察院的检察公益诉讼大数据智能化应用平台。该平台与"益心为公"志愿者检察云平台、全国检察机关统一业务应用系统 2.0、河北省检察服务热线12309、河北省政务服务热线 12345 实现数据系统联通，可以获取省生态环境厅、省自然资源厅、省河长办等相关部门执法数据，有效拓展了检察公益诉讼案件线索的来源渠道。2024 年 3 月 29 日，最高人民检察院在河北石家庄召开公益诉讼检察指挥中心建设现场会，总结推广河北经验，其中专门对"益心为公"志愿者检察云平台为公益诉讼检察指挥中心所用提出了新的更高要求。

又如，江苏盐城"小天老师"葛锦松创新无人机应用，成功破解"飙车炸街"因具有瞬间性，接到群众举报出警时通常"人车两空"，无法及时固定证据、查证涉案车辆、查处违法人员等执法难题。他的团队在检察机关调查掌握的"飙车炸街"重点区域部署搭载 AI 拾音器的无人机，在 50 米高度自动巡逻。AI 拾音器可以自动屏蔽无人机桨叶声音，精准采集地面超过 90 分贝的声音，配合无人机同步启动的摄像功能，录制监控区域带有时间戳、经纬度的水印视频，自动上传到值守平台，成功筛选出足以作为执法

依据和定案证据的有效数据。①

再如，针对"益心为公"志愿者提供的网购灭火器无法灭火的线索，安徽淮北检察机关调查发现该类灭火器确有重大安全隐患，研发应用了网络销售伪劣灭火器危害公共安全监督模型，从调查明显低于市场价格的网络销售 4 公斤手提干粉灭火器入手，确定该类产品价格，筛选网络销售价格明显偏低的商家，将商家数据与收集的行政处罚、刑事处罚文书及质量检测报告中出现的伪劣灭火器的品牌型号等数据进行整合，筛选出销售伪劣灭火器的店铺线索，进而又发现快递企业违规揽收伪劣灭火器线索和教育、医疗、养老机构等部门购买使用伪劣灭火器线索，移送相关部门依法查处。该模型在全国检察机关大数据法律监督模型竞赛中荣获一等奖，目前已在最高人民检察院大数据法律监督模型管理平台中上架，供全国检察机关共享共用。②

（四）优秀志愿者率先示范，志愿者队伍不断壮大

经过 3 年多的实践历练，全国各地涌现了一批检察系统内外公认的优秀志愿者。这些志愿者关心、支持检察公益诉讼，在经常性参与特别是与检察官的互动中逐渐熟悉并热爱这项"功德无量的事业"。③

浙江省丽水市新闻传媒中心新媒体中心丽水网网站副总监、丽水市鸟类生态保护协会副理事长李焜，凭借职业敏感性，从一则关于大溪治理提升改造工程项目的宣传报道中，发现该工程瓯江河段施工可能危及九龙湿地公园国家一级重点保护野生动物中华秋沙鸭越冬栖息地的案件线索，帮助检察机关成功推动当地政府科学调整工期、修改工程路线，保护中华秋沙鸭的核心栖息区域。

---

① 崔议文等：《"在高质效检察履职中落实好'双重责任'"三人谈》，《人民检察》2024 年第 1 期。
② 谢飞、韩恒、丁晗：《大数据模型"清剿"不合格灭火器》，《检察日报》2024 年 1 月 24 日，第 12 版。
③ 时任最高人民检察院检察长张军在 2021 年 11 月 22~28 日播出的大型系列专题片《为了公众的利益》中指出："检察官是公共利益的代表，公益诉讼是一项功德无量的事业。"

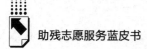

北京大学生命科学院教授、北京大学自然保护与社会发展研究中心执行主任吕植，在第三届服务保障长江经济带发展检察论坛上做了"生物多样性保护与生物安全"专题讲座。她还为检察机关办理猎杀雪豹民事公益诉讼案、电捕野生蚯蚓民事公益诉讼案出具专家意见书，帮助最高人民检察院和广东省、安徽省人民检察院在《联合国生物多样性公约》第十五次缔约方大会（COP15）第二阶段会议、《联合国气候变化框架公约》第二十八次缔约方大会（COP28）的中国角播放检察公益诉讼英文宣传片《桥》并发放湿地保护、生物多样性保护检察公益诉讼英文宣传册。

克莱恩斯欧洲环保协会自然与气候律师蒋博雅，多次在相关国际会议上宣讲中国检察公益诉讼制度优势、典型案例、成功经验，特别是解读最高人民检察院发布的"检察机关服务保障碳达峰碳中和典型案例"，迅速向国际社会传达这一巨大进展，使得中国检察官助力应对气候变化的决心广受国际赞誉。她还就人脸信息保护、船舶污染防治、光污染防治、红树林保护、流域治理、绿色金融诉讼、气候变化诉讼等相关国际法律政策问题为公益诉讼检察厅提供专业咨询。

北京联合大学应用文理学院法律系副教授张一红，在"国家急救日"倡议活动暨急救科普大课堂公益培训系列活动以及央视全国两会特别节目《我建议》和检察日报《公益播报》中，宣讲检察公益诉讼助力 AED 依法配置管理使用的成效和意义。她还结合专题调研提出依法督促农业部门牵头负起农机安全监管职责、完善农田机械作业配套法规和安全标准体系等咨询意见，帮助检察机关针对山地丘陵小型农机操作安全问题开展专项监督、促进社会治理。

中国肢残人协会副主席、北京新起点公益基金会理事长唐占鑫，带领专业的无障碍环境建设督导员和肢残康复训练团队，来最高人民检察院检验无障碍设施改造成效，为公益诉讼检察厅检察官培训轮椅使用技能及与残疾人沟通交流常识，帮助检察官增强体验式监督、沉浸式办案的意识和能力。她还积极为检察机关提供地铁出行、导盲犬服务等方面的问题线索。

2024 年 1 月起,最高人民检察院在官方视频号和《人民监督》杂志开辟"益心为公"志愿者专栏,持续传播志愿服务好故事。在优秀志愿者的引领下,"益心为公"志愿者队伍持续发展壮大,"益心为公"检察公益诉讼志愿服务正在成为一种时尚。

三 "益心为公"检察公益诉讼志愿服务的问题分析

"益心为公"检察公益诉讼志愿服务经过近 4 年的发展,取得了阶段性成果,但也存在一些新情况新问题,需要从主客观方面进行分析,以便有针对性地提出对策建议。

(一)对"益心为公"检察公益诉讼志愿服务的认识不足

自 2023 年 10 月 16 日起至 2024 年 1 月 5 日,公益诉讼检察厅连续每双周对各省份"益心为公"志愿者在检察公益诉讼中的参与率,参与专业咨询、检察听证、跟踪观察的人次,尚未邀请志愿者参与的检察院数量进行统计通报,从通报情况看,存在以下不足。一是对志愿服务的重要意义认识不到位。一些检察机关将志愿者混同于人民监督员、特约监督员,把功能定位和工作重心放在接受外部监督上,注重公开聘任和邀请参加重大活动的仪式感,忽视在监督办案中的日常应用,制约了志愿者参与的广度和深度,影响了志愿服务在助力提升办案质效方面的价值。二是对志愿者作用的认识存在偏差。鼓励、引导志愿者参与检察公益诉讼监督办案主要集中在线索提报环节,在借助志愿者扩张"信息收集网"的同时,没能积极调动志愿者专业资源,切实发挥志愿者作为办案辅助员、整改监督员等的作用,"借力、借智"不充分。三是对检察官积极性的动员不足。一些检察官认为,在多数有志愿者参与的案件中,志愿者的作用并非不可或缺或者具有独特价值,存在为志愿服务而志愿服务的形式主义。多数检察官尚未养成将志愿者视为办案团队成员的习惯,还没实现从"要我做"到"我要

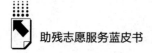

做"的转变。究其原因，客观上是能对检察官产生震撼作用的志愿服务典型案例、指导性案例仍然相对较少，主观上是检察官对志愿者参与监督办案的投入产出缺乏正确认知。

（二）"益心为公"志愿者检察云平台功能亟待升级

2024 年 3 月 12 日，最高人民检察院对"益心为公"志愿者检察云平台（三期）进行评估验收，检察技术信息研究中心组织研发单位及时响应各地提出的新增需求或问题 384 项，平台整体运行情况良好，为进一步做好现有平台与后续法治信息化工程建设内容的衔接奠定了基础。但由于资金投入等限制因素，平台功能与现实需求的矛盾尚未全面有效解决，亟待进一步改造升级。

首先，"益心为公"志愿者检察云平台 App 功能需要进一步完善。例如，尚不能实现检察官与志愿者通过 App 进行案件咨询、检察听证、跟踪观察并做到全程留痕；地方检察机关的管理员无法即时查看志愿者招募和履职情况；尚不具备适用于特定群体的无障碍阅读操作模式；志愿者积分规则及其实现机制尚不健全。

其次，"益心为公"志愿者检察云平台与全国检察机关统一业务应用系统 2.0 的衔接有待进一步加强。例如，浙江省人民检察院提出，检察官在"益心为公"志愿者检察云平台"待接受线索"中进行接收线索操作时，无法匹配"新领域"对应的报表行列，造成统计审核关系存在偏差；对于多个同类线索进行合并线索接收操作时，文书卷宗区只有主线索的线索图片，没有其余被合并线索的线索图片。

最后，"益心为公"志愿者检察云平台与各地自主研发的检察公益诉讼办案平台的衔接需要统一规划。例如，吉林省人民检察院自主研发了具备数据中心、辅助办案、专项工作、资源共享等功能的"公益诉讼一体化协同办案平台"，为实现办案流程标准化、规范化、体系化，需要与"益心为公"志愿者检察云平台对接。随着数字检察持续推进，类似的需求还会不断增多，为避免发展失衡和重复建设，需要尽快进行统一规划，制定衔接规范。

（三）志愿者与检察官的黏性有待增强

从总体上看，志愿者参与度、活跃度不高的问题较为突出。一方面，一些地方的基层检察院对本辖区的志愿者缺少日常联络和规范化管理，没有在联系志愿者、依靠志愿者上下足功夫，基层检察院尚未真正成为"志愿者之家"，进而影响"益心为公"志愿者检察云平台发挥应有的功能。另一方面，检察官与相关专业领域的志愿者对接的通道不顺畅，本辖区的志愿者无法满足点多面广的检察公益诉讼业务的拓展需求。

"益心为公"志愿者检察云平台的优势在于将全国各地的志愿者组合成"富矿"，服务全国各地的检察公益诉讼办案，但不足在于检察机关与志愿者相隔远、联系弱，定位虽高却结构松散，既不利于培养志愿者对检察公益诉讼的热情，也不利于增强志愿者与检察官的黏性。如果志愿者参与检察公益诉讼却没有获得感，平台的愿景就可能是检察机关的"一厢情愿"。只有每个基层检察院都把与志愿者的联络和管理作为一项重要而具体的工作来抓，稳固了志愿服务的基础，全国统一的平台才能持久顺畅运行。

（四）志愿服务的精准性、规范性需要进一步增强

实践中，"益心为公"检察公益诉讼志愿服务也存在一些不精准、不规范的问题，突出表现在以下方面。一是志愿者提报的案件线索超出检察公益诉讼的法定领域或者经全国人大授权、最高人民检察院统一部署的领域。例如，有志愿者申请检察机关针对少数民族姓名音译转写国家通用文字中存在的贬义问题开展公益诉讼，但少数民族权益保障尚未纳入检察公益诉讼法定领域，音译转写也难以纳入信息交流无障碍领域进行规制。二是志愿者将涉及众多特定当事人的私益当作公共利益。例如，有志愿者针对家乡企业家到外地投资办厂遭遇的经济纠纷、职务侵占等问题，申请启动检察公益诉讼。这类问题应当通过刑事诉讼、民事诉讼而不是检察公益诉讼来解决。三是"益心为公"志愿者尚未纳入民政部门负责的全国志愿服务行政管理。依据《志愿服务条例》，"益心为公"志愿者既可以自行将其身份信息、服务技

能、服务时间、联系方式等个人基本信息通过国务院民政部门指定的志愿服务信息系统注册，也可以通过志愿服务组织进行注册。最高人民检察院是否组建"益心为公"志愿服务组织，如何按照有关法律、行政法规进行登记管理，需要进一步加强规范。

（五）志愿服务示范基地建设发展不平衡

一些地方检察机关因地制宜，积极打造"益心为公"检察公益诉讼志愿服务示范基地。例如，江苏省常州市新北区人民检察院建成"益心为公"线下体验馆，通过活动阵地、典型案例展示公益保护实践；辽宁省沈阳市沈河区人民检察院在该区知青老年文化大学挂牌成立"公益诉讼志愿者之家"，为公益诉讼志愿者提供固定活动场所和交流平台，并组织志愿者开展业务培训；福建省晋江市人民检察院、浙江省长兴县人民检察院主动为志愿者配备户外工作制服或构思设计专门的志愿者服装；浙江省海宁市人民检察院将"益心为公"志愿者检察云平台与"志愿汇""大潮网"等 App 互联互通，确保志愿者在参与检察公益诉讼办案的同时，享受海宁市志愿服务礼遇保障。但从总体情况看，很多基层检察院受经费、场所等限制，尚未建立志愿服务平台载体，志愿者之间、志愿者与检察官之间、志愿者与社会公众之间缺乏富有检察文化内涵的志愿服务示范基地来扩大社会影响、增强品牌效应。

四 "益心为公"检察公益诉讼志愿服务的对策建议

2024 年是习近平总书记提出"探索建立检察机关提起公益诉讼制度"[①]十周年。"益心为公"检察公益诉讼志愿服务在新的起点迎来新的发展机遇与挑战。

---

① 《应时代之唤 行民之所盼》，最高人民检察院网站，2023 年 9 月 22 日，https：//www.spp. gov. cn/zdgz/202309/t20230922_629080. shtml。

（一）线上线下融合发展，推动志愿服务工作一体化

最高人民检察院正在加快推进公益诉讼检察指挥中心建设。建议加强"益心为公"志愿者检察云平台与指挥中心的数据对接。志愿者提报线索中符合重大疑难复杂、跨区划跨流域跨部门、涉外、敏感等筛选条件的，自动导入指挥中心分类提交相应的办案团队进行评估研判，根据案情需要和办案规则进行交办、督办或者自行办理；指挥中心指挥、指导案件办理，根据案件涉及的领域、专业和调查取证、举证、质证需要解决的难题，坚持问题导向和需求导向，从全国检察公益诉讼案例库、志愿者数据库匹配推荐最适合参与办案的志愿者，并拟定远程调度计划和具体分工方案，充分借助志愿者的专业能力和履职经验，为高质效办案提供有力支持。通过双向衔接互动，推动实现全国检察机关线上线下组织保障志愿服务的一体化。

（二）实行志愿者分类管理，增强志愿服务的专业性

公益诉讼检察厅已经下发《关于组建首批"益心为公"志愿者骨干队伍的通知》《关于发挥骨干志愿者作用助力高质效办案的专门工作提示》。建议：一是持续从高等院校、科研机构、智库招募相关学科专家学者，扩大骨干队伍规模；二是结合检察公益诉讼"4+N"法定领域，对骨干志愿者进行专业分组，打破地域限制，实现全国共享共用，并注重提升各小组的专业性、凝聚力、活跃度、成案率；三是充分发挥骨干志愿者的示范和引领作用，加强志愿服务网络培训和现场案例教学；四是针对骨干志愿者专业分组匹配相应的检察业务骨干，以专案组、项目组、课题组等方式加强实战化、伙伴型、研究式协作，不断增强团队的默契与合力。

（三）加强与社会工作部门、群团组织的协作，共建共享志愿服务资源

中央社会工作部职责划入、实体运行、"三定"规定制定、人员转隶定

岗等任务已顺利完成，2024 年重点工作任务明确提出健全志愿服务制度和工作体系，深化重点领域志愿服务品牌建设，开展志愿服务先进典型宣传推选活动。建议最高人民检察院主动争取中央社会工作部的支持，将"益心为公"志愿者检察云平台纳入中国志愿服务协同平台整体推进。同时，指导各省级检察院与同级党委社会工作部门对接，因地制宜开展"益心为公"检察公益诉讼志愿服务品牌建设，争取更多"益心为公"志愿者先进个人和典型事例在全国范围内得到表彰、传播。在继续加强与总工会、共青团、妇联、残联协作的基础上，积极加强与工商联、侨联、科协、记协、法学会、红会等群团组织志愿服务资源的共建共享，不断壮大"益心为公"志愿者的"同盟军"，充分利用群团组织志愿者专业特长、经验优势、岗位职责、社会资源，积极融入公益司法保护大场景，厚植公益保护大情怀，展现助力办案大作为。

（四）突出志愿服务参与辅助司法的社会治理功能，创新践行全过程人民民主的方式和途径

2024 年全国两会上的《最高人民检察院工作报告》同时提及"益心为公"志愿者检察云平台和"完善代表建议、政协提案与检察公益诉讼衔接转化机制"，展示了检察公益诉讼坚定践行全过程人民民主。建议最高人民检察院围绕贯彻落实习近平总书记关于"要为志愿服务搭建更多平台，更好发挥志愿服务在社会治理中的积极作用"[1] 的重要指示，进一步完善"益心为公"检察公益诉讼志愿服务的全过程全方面评价体系。一是提升志愿服务对推进科学立法的贡献率。重点围绕已经写入检察公益诉讼条款的单行法，如文物保护法、农村集体经济组织法、产品质量法、国家公园法等，通过志愿服务发挥相关领域检察公益诉讼制度优势，为完善立法提供实践依据。二是提升志愿服务促进严格执法的辨识度。打造更多类似

---

[1] 《拓展深化"益心为公"志愿服务》，最高人民检察院网站，2023 年 8 月 10 日，https：//www.spp.gov.cn/spp/llyj/202308/t20230810_624477.shtml。

"小天老师"利用专长创新无人机应用破解"飙车炸街"取证难题的经典案例，争取每一个案件都能让相关职能部门和违法行为人心服口服，让高质效办案成为志愿服务的标志性成果。三是提升志愿服务参与公正司法的公信力。通过志愿者在检察公益诉讼中的全程参与、全程留痕，全面提升检察机关敢于监督、善于监督、勇于自我监督的司法公信力。四是增强志愿服务引领全民守法的示范性。让志愿者以亲身经历和感受生动讲述检察公益诉讼好故事，引导社会公众善于从法律条文中深刻领悟法治精神，善于从纷繁复杂的监督案件中准确把握实质法律关系，善于做好法理情的有机统一，共同为良法善治做出应有的贡献。

（五）在检察公益诉讼法中专设志愿服务条款，为志愿服务专门立法贡献检察智慧

检察公益诉讼制度是习近平法治思想在公益保护领域的生动实践和原创性成果。制定一部适应时代发展需要的检察公益诉讼法，是世界法治史上前无古人的开篇之作，是具有标杆意义的法治大事件。[1] 建议立法机关在检察公益诉讼法中明确规定"国家鼓励社会公众以志愿服务方式参与检察公益诉讼，最高人民检察院指导建立全国性的检察公益诉讼志愿服务组织，依法进行登记管理，提供统一的志愿服务平台"。一是为司法领域依法引入志愿服务先行先试，二是为司法类志愿服务组织依法登记管理提供配套衔接，三是为依法构建智能化的志愿服务平台预留空间。按照全国人大常委会 2024 年度立法工作计划，检察公益诉讼法有望先于志愿服务法制定实施。"益心为公"志愿者检察云平台等公益诉讼助力体系建设的标志性工程，[2] 是完善志愿服务制度与工作体系的有益探索。检察公益诉讼志愿服务的司法实践和立法经验，将为志愿服务专门立法贡献检

---

① 应勇：《以习近平法治思想为指引加快推进检察公益诉讼立法》，《学习时报》2023 年 10 月 20 日，第 1 版。
② 肖俊林：《张雪樵在公益诉讼检察指挥中心建设现场会上强调加快构建公益诉讼检察助力体系　助推检察工作现代化》，《检察日报》2024 年 4 月 1 日，第 1 版。

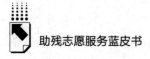

察智慧。

从"益心为公"检察公益诉讼志愿服务发展历程特别是不断丰富的典型案例实践可以看出，广大志愿者及其代表的社会公众在加快国家志愿服务立法方面既是参与者，也是受益者；既有积极性，也有创造力。在不断拓展深化志愿服务的过程中，可以充分发挥志愿者的智慧和热情，为科学立法、民主立法、依法立法做出更大贡献，更好地把体现人民利益、反映人民愿望、维护人民权益、增进人民福祉落实到志愿服务法律制度中，依法保障人民群众对美好生活的向往和追求。

B.11
中国应急志愿服务发展报告

莫于川教授团队*

摘　要： 应急志愿服务是应急救援重要的社会力量，是我国应急管理体系的重要组成部分。在常态与非常态复杂交错、界限模糊的社会背景下，疫情防控等突发公共事件应对表明：应急志愿服务具有紧急性、特殊性和风险性等特征，必须高度重视和妥善实施。中国应急志愿服务发展经历了孕育萌芽、提质增效、系统深化3个阶段，在公权力机构、枢纽型组织、志愿者组织、志愿者个体层面取得积极进展。本报告总结美国、英国、法国应急志愿服务特点及启示，提出完善法治制度体系、优化协同行动体系、健全保障激励体系、创新专业培训体系，以进一步促进中国式应急志愿服务现代化。

关键词： 应急志愿服务　权益保障　制度完善

目前，我国应急救援基本形成了"党委政府主导、应急部门统筹、相关部门协同、社会救援力量广泛参与"的工作机制。应急志愿服务是其中"社会救援力量"的重要组成部分，应急志愿服务的不断发展完善大大促进并带动我国应急管理能力建设和志愿服务制度发展。志愿者和志愿服务组织参与日常应急科普和应急事件处理，较为有效地弥补了专业应急救援力量存

---

* 莫于川教授团队成员：莫于川，中国人民大学法学院二级教授、博士研究生导师，主要研究领域为行政法、社会法学、应急法学；任肖容，法学博士，最高人民检察院检察理论研究所助理研究员，主要研究领域为行政法；宁昆桦，中国人民大学法学院博士研究生，主要研究领域为宪法学与行政法学；杨之易，中国人民大学法学院硕士研究生，主要研究领域为行政法和民法。

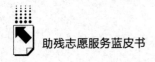

在的不足，成为社会救援力量的重要补充，有效营造了"个个讲安全、人人会应急"的良好社会风气。

一　应急志愿服务的基础理论

2009年国务院新闻办发布的《中国减灾行动》白皮书披露，"5·12"汶川地震发生之后，有300万名以上的志愿者深入地震灾区参加应急救援，有1000万名以上的志愿者参与后方抢险救灾。民间应急志愿服务热情被大大调动，但前期组织无序等问题也引发了人们对应急志愿服务法治化的关注。研究应急志愿服务课题和开展应急志愿服务实践，首先要明晰相关的重要概念及其相互关系，特别是应急志愿服务与一般志愿服务、应急管理工作、应急法治体系的概念与关系，以深化研究和推动实践，促进志愿服务体系建设。

（一）应急志愿服务的重要概念

1. 应急志愿服务与一般志愿服务

一般志愿服务是志愿者日常开展的志愿服务，服务内容具有稳定性。应急志愿服务伴随突发事件而生，具有紧迫性，快速响应处置要求高，同时有着较高的专业性要求。因此，应急志愿服务的风险性明显高于一般志愿服务，需要更完善的风险防范和保障体系予以支撑。

《志愿服务条例》第二条第二款对"志愿服务"的概念做出了界定，应急志愿服务是志愿服务的子领域，可参考"志愿服务"的概念对"应急志愿服务"做出如下界定：应急志愿服务是指志愿者、志愿服务组织和其他组织自愿、无偿向社会或者他人提供的与应急有关的公益服务，既包括日常的救援知识宣讲，也包括灾害发生后的救援、重建等。《北京市应急志愿服务管理办法》第二条第二款对"应急志愿服务"的界定也体现了上述思路。应急志愿者是指以自己的时间、知识、技能、体力等从事应急志愿服务的人。应急志愿服务组织与队伍是指依法成立、以开展应急志愿服务为宗旨的非营利性组织及社会救援队伍。除具备志愿服务的自愿性、无偿性和公益利他性等一般特征以外，应急志愿服务还具有专业性强、风险高等特点。

2. 应急志愿服务与应急管理工作

应急管理也叫作公共应急管理或公共危机应对（Public Emergency），它是应急法治建设的前提，须符合以下条件：非预期性、巨大的危险性、紧迫性、不确定性。应急管理的范围广泛、类型多样，其中由行政机关作为主体进行的是应急行政或应急行政执法。应急管理工作是国家治理体系与治理能力现代化的重要一环，需要体系化的制度供给作为保障。由应急预案及应急管理体制、机制和法制组成的"一案三制"，逐渐成为我国应急管理体系的基本框架。应急志愿服务在应急管理工作中发挥着重要作用。应急志愿者是应急救援队伍中特别重要的力量，当突发事件发生时，通过组织应急志愿服务队伍开展自救互救行动，配合政府救援过程，已成为减轻突发事件危害后果的重要途径之一，应急志愿服务队伍是政府救援力量的有力补充。[①]

3. 应急志愿服务与应急法治体系

应急法治体系的主要作用是规范和保障应急状态下行政权力的行使并尽可能最小限度影响公民权利。目前，我国已经形成了较为完善的"1+5"应急法治体系，即综合性的《突发事件应对法》和五方面单行法，领域涉及应急救援、安全生产、防灾减灾等，主要包括《突发事件应急预案管理办法》《危险化学品安全法》《传染病防治法》《矿山安全法》《煤矿安全生产条例》等。应急志愿者作为应急事件中的重要群体，需要遵循应急法治规范，在应急事件中服从指挥、听从调度，按照签署的协议履行相关义务，在日常培训中提高应急能力。应急法治体系除了发挥规范和保障作用外，也应发挥促进作用，依法促进应急志愿者充分发挥其生力军作用。

（二）应急志愿服务发展的重大意义

伴随风险社会的形成，人们愈加认识到，风险防范需要但不能仅依靠专

---

① 周哲：《佛山启动组建万人规模应急志愿服务队伍》，《羊城晚报》2020年12月1日，第13版。

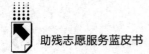

业力量，民间互助同样重要，特别是第一时间的自救、互救对于抢占救援时机、把握救援机会非常重要。如何依法保障非常态下应急志愿服务的有序开展和应急志愿者的合法权益，需要在对相关问题进行系统性研究解决的过程中，不断深化理论认知，系统化地加以解决。

1. 应急志愿服务提升了社会治理效能

志愿服务是社会治理水平的重要衡量指标。应急志愿服务展现了志愿者的共建共享精神，应急志愿者队伍是实现社会共治的重要力量。① 正如《中共中央办公厅 国务院办公厅关于健全新时代志愿服务体系的意见》所言，"以共建推进共治，以共治促进共享"。基于志愿者发挥的重要社会治理作用，《中共中央、国务院关于加强基层治理体系和治理能力现代化建设的意见》提出要"完善基层志愿服务制度"。

2. 应急志愿服务是应急救援的重要补充

应急救援力量包括三类：专业应急救援力量、社会应急救援力量和基层应急救援力量。其中，应急志愿者是社会应急救援力量的重要组成部分。除应急志愿者外，社会应急救援力量还包括在市场机制下产生的专业救援机构以及从事相关救援的社会组织。我国一直以来高度重视应急志愿服务在应急救援中的重要作用，早在 2006 年，国务院发布的《国家突发公共事件总体应急预案》就规定，志愿者是应急救援工作重要的社会力量，当地政府要充分动员和发挥志愿者队伍的作用，进一步完善和规范应急志愿者管理，积极发挥应急志愿服务的重要作用，形成应急救援的合力。

3. 应急志愿服务是专业志愿服务的重要类型

参与应急志愿服务会在风险源尚不确定的情况下进行应对，应急志愿服务的风险性明显高于一般志愿服务。《志愿服务条例》第十六条规定了专业志愿服务类型，专业志愿服务是志愿服务的特殊情形，即需要经过特殊技能培训或具有一定资质门槛。应急志愿服务是专业志愿服务的一种重要类型，

---

① 莫于川：《依法防控新冠肺炎疫情与依法化解志愿服务风险——兼论应急志愿服务法治发展的研究课题、创新路径和关键举措》，《中国志愿服务研究》2020 年第 1 期。

应急志愿服务需要应对更为复杂多变的社会环境，应急志愿服务的制度创新和实践探索将不断丰富和完善我国志愿服务内涵。

二 中国应急志愿服务发展历程

（一）应急志愿服务发展的孕育萌芽阶段（2003~2012年）

在 2003 年抗击非典期间，青年志愿者积极参与专项应急志愿服务，为抗击疫情贡献了力量。以此为标志，"应急救援"成为志愿服务的重要领域，应急志愿服务也开始萌芽。2008 年 5 月 12 日，我国发生了汶川地震。在这场突如其来的灾难面前，千万名志愿者挺身而出，参与抗震救灾和灾后重建工作。他们不畏艰险，深入灾区一线，为受灾群众提供救援物资、医疗救助、心理疏导等全方位的支持。志愿者的无私奉献和辛勤付出，为灾区的恢复和重建注入了强大的动力。这些事件不仅展示了我国志愿者在应急救援中的重要作用，标志着应急志愿服务进入实践探索阶段，也彰显了应急志愿服务的巨大潜力和价值。汶川地震后，应急志愿服务得到了较大社会关注，也取得了较快发展，但如何加强专业组织协调、如何提高救援效率、如何提升应急知识专业化水平、如何保障应急志愿者在救援过程的权益等问题迫切需要解决。此后，地方政府和相关组织显著加强了队伍建设与管理。为了促进应急志愿服务的规范化和高效化，四川、广东、山东等多地政府出台相关法规，明确志愿者权利与义务。①

（二）应急志愿服务发展的提质增效阶段（2013~2017年）

在这一阶段，我国应急志愿服务逐步实现了体系化、规范化的管理，应急力量和资源得到整合、优化，应急志愿服务队伍继续壮大，应急救

---

① 2009 年成都市发布了《成都市应急志愿者管理暂行办法（试行）》，2010 年广东省政府办公厅发布了《广东省应急志愿者管理办法（试行）》，2012 年山东省政府办公厅发布了《关于加强应急志愿者队伍建设的意见》。

援服务也更加有序、高效、专业。地方性政策文件的出台，不仅为应急志愿者的招募、培训、组织和管理提供了明确的指导，还推动了应急志愿服务活动的有序开展。2017 年，国务院正式颁布了《志愿服务条例》，该条例在国家层面对应急志愿服务的组织和管理进行了系统性规定。该条例明确指出，在应对重大自然灾害、事故灾难和公共卫生事件等突发事件时，需要迅速开展救助活动，政府应建立协调机制，并引导志愿服务组织和志愿者有序参与，同时接受应急指挥机构的统一领导和协调。这一规定不仅强化了政府在应急志愿服务中的主导地位，还进一步明确了志愿者的职责和角色。

2013 年芦山地震期间，各类社会组织通过成立联合救援行动组，实现了信息的及时共享、灾情的准确分析、救援行动的协调统一以及与政府部门的紧密沟通。这种高效的协作不仅充分发挥了志愿者队伍的灵活性和应变能力，还显著提升了救援效率，为受灾地区提供了及时有效的援助。2013～2017 年，我国应急志愿服务体系得到了快速发展，实现了从无序到有序、从分散到集中、从无组织到有组织、从各自为政到政府主导的转变。这一转变不仅体现了我国应急志愿服务体系的成熟与完善，也彰显了我国政府在推动社会治理创新、加强社区治理体系建设方面的决心与成效。

（三）应急志愿服务发展的系统深化阶段（2018年至今）

2018 年，党中央决定组建应急管理部，作为国务院组成部门统筹应急相关工作。应急管理部的成立标志着应急志愿服务发展进入系统深化阶段，这是形成应急志愿服务多主体协同格局的基础。自此，我国应急志愿服务开启了体系化、专业化、规范化的全新发展阶段，实现了由传统线性救援向全过程、多元系统化建设的转型。在这一时期，国家对应急志愿服务的法规制度进行了细化与完善，旨在更精准、有针对性地明确相关权利和义务，以确保服务的规范化运行。当前，应急志愿服务已经成为我国应急管理体系中不可或缺的一部分，其在灾害救援、社会救助、公共安全等领域发挥着越来越重要的作用。随着社会的发展，各种基层社会力量在社会治理中的协同作用愈加突出，应急志愿服务的力量也在不断壮大。

这一时期最为典型的应急志愿服务体现在新冠疫情防控中，志愿者是防控工作的重要力量，为抗击疫情做出了巨大贡献。本报告通过 365 份问卷了解到，有 67.4%的受访者曾经积极参与社区的防疫工作，为疫情防控提供了坚实的支撑。2022 年 6 月，习近平总书记考察了武汉智苑社区，详细了解基层的疫情联防联控机制运作情况，并与社区志愿者深入交流。这些志愿者在疫情防控的多个环节中发挥了举足轻重的作用，他们不仅负责卡口值守、协助核酸筛查，还参与了物资消毒、配送，垃圾清运以及困难帮扶等多项工作。此外，他们还积极组织社区配药、值班巡逻，并精确核查统计信息，为社区居民提供了全方位的保障。在其他城市，社区志愿者的重要性同样凸显。他们利用社区人脉和楼宇微信群等社交平台，有效组织了物资团购，大大缓解了居民的生活压力。同时，他们还积极传递防疫信息，通过各类渠道及时向居民通报最新的防疫政策和动态，增强了居民的防疫意识和自我保护能力。这些工作不仅强化了社区的防疫力量，也为社区居民带来了实实在在的帮助和温暖。

这一时期最为重要的志愿服务政策文件是《中共中央办公厅 国务院办公厅关于健全新时代志愿服务体系的意见》，其中明确提出要"提升应急动员能力"。[①] 此外，《"十四五"国家应急体系规划》《中共中央关于制定国民经济和社会发展第十四个五年规划和二〇三五年远景目标的建议》明确提出健全志愿服务体系，畅通志愿者参与社会治理的途径。当前，志愿服务已经上升为国家建设中的关键事业，并深度融入国家治理体系和治理能力现代化的战略布局。应急志愿者凭借专业的技能和丰富的经验，为保障社会的安全和稳定做出了巨大贡献。应当进一步加强志愿服务的组织化和规范化管理，确保志愿者参与社会治理的渠道畅通无阻，以充分发挥志愿服务在社会发展中的积极作用。

---

① 《中共中央办公厅 国务院办公厅关于健全新时代志愿服务体系的意见》，《人民日报》2024 年 4 月 22 日，第 1、4 版。

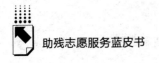

三 应急志愿服务体系建构的现状分析

（一）公权力机构层面：以法制保障引导应急志愿服务的有序参与

在应急法制体系的建设上，我国已构筑起一个以《宪法》为基石，以《突发事件应对法》为主导，辅以各类相关单项法律法规的完整应急法律体系。然而，志愿服务这一细分领域尚缺乏全国性的专门法律来规范志愿服务活动。当前，志愿服务法律体系主要依托《民法典》《刑法》等基础性法律，以及《志愿服务条例》这一行政法规。同时，地方各级人民代表大会及其常务委员会也在法律框架内，结合本地实际情况，制定了数个地方性法规，以进一步弥补志愿服务法律体系的不足。然而，尽管这些法律法规在一定程度上规范了应急志愿者的行为，但在应急志愿服务组织的管理、协调机制以及保障措施等方面，仍存在一定的空白。为了弥补这一不足，相关部门出台了一系列规范性文件，以指导和规范应急志愿服务活动。例如，民政部发布的《关于加强减灾救灾志愿服务的指导意见》、中国地震局制定的《关于地震安全社区建设工作的指导意见》、国务院印发的《"十四五"国家应急体系规划》以及应急管理部等部门联合印发的《关于进一步推进社会应急力量健康发展的意见》等，都针对应急志愿服务提出了具体的指导和规划。《中共中央办公厅 国务院办公厅关于健全新时代志愿服务体系的意见》明确指出，要将志愿服务纳入重大突发事件应急管理体系并统筹规划实施，以进一步发挥志愿服务在应急管理中的作用，推动志愿服务体系的全面发展和完善。

上述法律规范为志愿服务的发展提供了有力支持，但深入推动志愿服务事业的关键在于实现其制度化，这是长远且根本的解决之道。在推进志愿服务在应急管理中的有效参与方面，法律层面的认可和支持显得尤为重要。只有当志愿服务等社会力量获得法律的明确授权和保障时，它们才能顺利融入应急管理体系，并充分发挥独特的社会协同作用。为此，需要在制度层面上对志愿服务进行精心设计和规划。具体而言，需要构建完善的志愿服务法律体系，确保志愿服务在法律框架内获得明确的身份认同和地位保障。这不仅包括制定"志愿服务法"这一基本法律，还需配套出台一系列相关法律法规，以明确志愿服务的组织形式、服务范围、权利义务、保障措施等内容。法律的规范和引导，可以为志愿服务在应急管理中的参与提供有力的制度保障。同时，需要在制度层面为志愿服务提供有力的资源保障。这包括财政支持、场地设施、人员培训等方面，以确保志愿服务在应急管理中能够迅速响应、高效运转。此外，还应建立志愿服务与应急管理主体之间的有效沟通机制，加强信息共享和协同配合，确保志愿服务在应急管理中的参与能够有序进行。从法律层面赋予志愿服务合法地位，从制度层面提供有力的资源保障和明确的身份认同，可以确保志愿服务在应急管理中发挥更加积极、有效的作用。目前，我国志愿服务制度化建设尚处于初级阶段，需要深入探究符合中国特色的志愿服务法治建设课题，尤其是"志愿服务法"的立法以及相关配套制度的完善。这些举措将有效加强志愿服务法律体系建设，并提供坚实的法治保障，从而推动我国志愿服务事业和基层社会治理朝更加系统、稳健的方向发展。[1]

（二）枢纽型组织层面：以协同优化促进应急志愿服务的高效参与

北京市《关于加快推进社会组织改革与发展的意见》提出要"构建'枢纽型'社会组织工作体系"。具体到志愿服务领域，枢纽型志愿服务组织是指在管理上承担业务主管职能的综合性或联合性志愿者组织，较为典型的是北京市志愿服务联合会。枢纽型志愿服务组织是促进志愿服务事业发展的重要力量，它们在连接政府与社会、协调志愿服务资源、推动志愿服务创新等方面发挥着不可替代的作用。枢纽型志愿服务组织扮演着桥梁和纽带的角色，为政府与社会之间的沟通搭建了有效的平台。在业务层

---

[1] 魏娜、王焕：《突发公共卫生事件下应急志愿服务体系与行动机制研究》，《南通大学学报》（社会科学版）2020 年第 5 期。

面，它们凭借强大的综合实务能力承接政府的部分职能，对一般志愿者组织进行引导、管理并提供服务。这种角色定位不仅提高了志愿服务的效率和质量，还使志愿服务更加贴近社会需求，增强了社会认同感。在应急志愿服务领域，枢纽型组织通过政策引导、项目对接、宣传推介等方式，积极调动各类志愿服务资源，为应对突发事件提供有力支持，包括预防、监测预警、救援处置和恢复重建等。① 同时，这些组织还关注志愿者的实际需求，通过提供必要的培训、指导和保障，激发志愿者的参与热情，提高志愿服务水平。

（三）志愿者组织层面：以体系保障促进应急志愿服务的深度参与

应急志愿服务组织通过专业化建设，实施精准化、分类化的技能管理，大大提升了应急志愿者参与应急救援的深度和广度，不仅有助于提升民间志愿服务组织的专业化水平，还能进一步扩大其在社会应急管理中的贡献和影响力，展现出独特的组织优势。我国应急志愿服务组织依托组织灵活、贴近群众等优势，在疫情防控、抢险救灾、科普宣教等方面发挥了积极作用。在长期发展中，也涌现了一大批优秀的应急志愿服务组织，它们实践经验丰富、专业技能过硬、响应迅速，具有良好口碑。组织比较完善、社会影响力较大的应急志愿服务组织包括蓝天救援队、四川省应急志愿服务总队、公羊救援队、北极星救援队等。其中，比较有代表性的是蓝天救援队，它自2007年在北京成立以来，始终致力于公益救援事业。截至2023年5月，蓝天救援队已经在全国31个省份成功设立授权救援队伍，这些队伍集聚了超过5万名注册志愿者。经过专业培训和认证的志愿者数量超过1万人，他们凭借丰富的救援技能和经验，为各类紧急救援行动提供了有力支持。他们的无私奉献和卓越表现，赢得了社会各界的广泛认可。

---

① 魏娜、王焕：《突发公共卫生事件下应急志愿服务体系与行动机制研究》，《南通大学学报》（社会科学版）2020年第5期。

（四）志愿者个体层面：以内生动力驱动应急志愿服务的持续参与

因应急救援风险的不确定性，志愿者参与应急救援面临多重挑战，如安全风险、心理压力、文化差异（常见于跨国应急救援）、长时间高负荷工作等。但应急志愿者参与应急救援又往往抱有极高的热情，成为志愿者自我实现的重要途径。根据调研，应急志愿者参与抢险救灾的动机是多种多样的，包括锻炼成长、提升专业技能、追求社会认同等，但最为重要的是志愿者自身的内在动力，是自身的责任感促使志愿者为灾区群众提供支持和帮助。这种内生动力使志愿者视志愿服务为乐事，真正奉献并享受其中。

在国家层面，截至2022年底，全国社会应急救援队伍共计2300余支，骨干救援队员达4.9万余人。[①] 在地方层面，地方政府会根据城市发展情况谋划应急志愿服务，以引导社会救援力量参与抢险救灾，形成科学完备的应急救援体系。例如，北京市《关于加快推进韧性城市建设的指导意见》提出，到2025年，北京市应急志愿者数量力争达到常住人口的1%。随着社会应急救援力量的不断壮大，个体参与应急救援时更加需要组织协调与保障，以有效规避个体在风险应对中的脆弱性，确保个体能够在特定环境中充分发挥其潜在价值。

四 中外应急志愿服务差异及运行效果比较研究

世界各国在应急法制建设和体系运行方面各有特点，已有研究将其概括为7个特点。[②] 从长远的角度来看，鉴于突发事件的类型多样、危害大、应对难度大且成本高，专业应急救援力量的确难以独自应对所有挑战。因此，建立政社合作、共同治理的应急管理机制，积极发挥包括应

---

① 《〈社会应急力量建设基础规范第1部分：总体要求〉等6项标准解读》，应急管理部网站，2022年11月3日，https://www.mem.gov.cn/gk/zcjd/202211/t20221103_425698.shtml.

② 莫于川：《国外应急法制的七个特点》，《中国应急管理》2007年第3期。

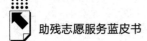
急志愿者和志愿服务组织在内的社会力量的作用，变得尤为重要。所以，非常有必要、有计划、有重点地开展应急志愿服务及其法治保障体系的比较研究，以为完善我国应急志愿服务法治保障体系提供理论支持和实践指导。

（一）美国

志愿服务在美国占据显著地位，美国政府通过有力的财政支持推动了应急志愿者队伍的壮大。如今，志愿者在美国应急救援中扮演着举足轻重的角色，成为不可或缺的关键力量。美国政府先后推动了一系列志愿服务计划，包括"和平队"（Peace Corps）计划、社区应急响应队（Community Emergency Response Teams，CERT）计划、消防服务队（Fire Corps）计划、医疗服务预备队（Medical Reserve Corps）计划等，旨在为应急志愿者搭建平台，避免无序参与志愿服务。1993年，克林顿政府成立了"国家与社区服务机构"，以此管理所有志愿服务组织。同时，美国还颁布了《撒玛利亚好人法》《志愿者保护法》《国家与社区服务法》《国家与社区服务机构法》等法律，通过法律对应急志愿者在服务过程中可能出现的风险和责任问题做出规范。进入21世纪，自然灾害与社会灾害加剧。面对复杂多变的挑战，美国应急志愿服务体系展现了强大的韧性和持续的进步，主要体现在以下两个方面。第一，应急志愿者队伍实现了显著的扩充。随着美国政府的持续推动和社会各界的广泛参与，美国各州都有由志愿者组成的应急救援专业团队，社区应急响应队、消防服务队以及医疗服务预备队等志愿者队伍人数迅速增长。这些队伍不仅数量庞大，而且遍布全国，覆盖了大约79%的美国人口，为应急响应提供了强有力的支持。第二，应急服务的范畴实现了广泛的拓展。应急志愿者队伍参与领域从医疗、消防拓展到山地、水上、空中、特殊场地。随着突发事件类型的多样化，应急服务的需求愈加复杂，这就要求应急志愿服务体系能够提供更全面、更专业的服务。为此，美国的应急志愿服务体系不断创新服务模式，将服务领域从传统的救援和救助扩展到心理疏导、信息传递、资源调配等多个方面。这一举措不仅增强了应急服务的针对性和有效性，也进一步提升了应急志愿者队伍的专业化程度和综合应对能力。①

（二）英国

英国应急志愿服务之所以能够有序开展，主要归功于其科学且健全的应急管理机制。这一机制为应急志愿组织的响应、行动以及人员保障提供了坚实的基础。在英国，公民对于参与志愿服务热情高涨，每年有近半数的成年人积极投身各类志愿活动。② 英国通过将应急志愿力量纳入"地方政府突发事件应急计划"，赋予其参与突发事件应急治理的正当性和合法性。③ 英国构建起《国内紧急状态法》（*The Civil Contingencies ACT*）、《应急准备》（*Emergency Preparedness*）、《应急处置和恢复》（*Expectations and Indicators of Good Practice Set for Responders*）等地方性法规和部门规章相结合的完备的法律保障体系，从政府、应急机构和应急志愿服务组织三方主体出发，为应急志愿者参与应急救援提供了强大的行动保证。在应急志愿服务体系建设方面，由国内紧急事务秘书处（CCS）负责总协调，提高全社会的综合应急能力；④ 在法律保障方面，建立了以《国内紧急状态法》为总纲、以《应急准备》和《应急处置和恢复》两个文件为具体指导、地方性法规和部门规章相结合的法律保障体系。⑤

（三）法国

志愿服务精神是现代法国社会思想观念的一部分。⑥ 2019 年，法国各类

---

① 赵云亭、张祖平：《国外应急志愿服务：演化轨迹、理论研究与反思》，《青年探索》2023年第 1 期。

② 廖恳、黄晓伟、王锐：《英国应急志愿服务的经验及对我国的启示》，《行政管理改革》2012 年第 2 期。

③ 赵云亭、张祖平：《国外应急志愿服务：演化轨迹、理论研究与反思》，《青年探索》2023年第 1 期。

④ 李雪峰：《英国应急管理的特征与启示》，《行政管理改革》2010 年第 3 期。

⑤ 廖恳、黄晓伟、王锐：《英国应急志愿服务的经验及对我国的启示》，《行政管理改革》2012 年第 2 期。

⑥ 冯英、张慧秋、白亮：《外国的志愿者》，中国社会出版社，2008，第 109 页。

志愿者总计达 2000 万人，占总人口的 38%，其中 1500 万人以协会或其他组织的形式参与志愿服务，另外 500 万人则非正式地单独参与志愿服务。①

在志愿者个体层面，法国通过立法鼓励个人参与志愿服务。例如，在应急管理和民事安全领域，法国《国内安全法典》（Code de sécurité interne）将志愿消防员（Sapeur-pompier Volontaire）明确规定为民事安全主体：志愿消防员可以由任何人担任，无论是否在职，也不论从事何种职业活动，经聘用可在辖区全域内从事任何民事安全任务和消防救援特别任务；② 志愿消防员活动是志愿服务活动而非职业活动。立法规定了对这些不具有公务员身份、不能享受公务员待遇但又会频繁参与消防救援工作的志愿者的保障和支持措施，其中特别考虑了在职人员的请假、工时、薪资、晋升等涉及其切身利益的问题。同时，雇佣此类在职志愿者的雇主，也可以享受税法规定的税务优惠。③ 法国在一些领域已将志愿服务法定化。例如，在民事安全领域，法国《国内安全法典》明确规定了民事安全协会和志愿消防员参与民事安全工作的机制。

（四）国外应急志愿服务的反思与启示

基于上述 3 个国家的应急志愿服务及其法治经验，我们可以从微观、中观和宏观层面进一步理解志愿服务的变化及其法治化新要求。首先，在微观层面，即志愿服务活动层面，志愿服务呈现信息化和应急化两个新特征。一方面，信息化是信息时代必然会产生的影响；另一方面，信息化是重大危机事件对志愿服务提出的新要求和提升服务质量的必然选择。各国经验表明，信息化手段在志愿服务全过程中发挥着关键作用，志愿者招募、组织、管理、服务提供、反馈收集以及效果评估等环节均可得到其助力。这不仅使志

---

① L'évolution de l'engagement bénévole associatif en France, de 2010 à 2019. Mars 2019, available at：https：//www.francebenevolat.org/sites/default/files/DOCUMENTATION/ETUDE_Evol%20béné volat%20associatif%20en%202019_DEF.pdf.

② Code de la sécurité intérieure, Art. L724-3etL723-4.

③ Ministère de l'intérieure et de l'aménagement du Territoire, Circulaire du 13 Février 2007 relative au développement du bénévolat dans les associations agréées de sécurité civile.

愿者、非政府组织、政府及受助对象等参与主体能够在信息透明的情况下提供或接受服务，还大大提升了志愿服务活动的效率。应急化则是指在危急情况下对于特定志愿服务活动的需求将会提高。针对严重的公共健康危机所提供的志愿服务的技术含量有所提高，特别是医疗卫生、信息技术、危机管理等方面的志愿服务活动，对志愿者的专业背景提出了更高的要求，尤其是对复合型人才的要求有所提高。这也说明，未来志愿者招募活动必将更看重志愿者的素质和专业背景，而非单纯的志愿者人数，并特别要动员更广泛的专业技术人员参与，为危急情况做好准备。

其次，在中观层面，即非政府组织层面，非政府组织出现了人员构成、法律框架等方面的变化，也面临越来越多的挑战，需要通过加强内部治理从组织层面加以应对，避免"组织失效"。一些国家将面临志愿者人员构成的变化。随着各国将应对重大危机事件和信息化转型纳入未来的志愿服务发展方向，未来志愿者的年龄构成很可能发生变化，特别是可能会向更年轻、更熟悉信息技术的人群倾斜。非政府组织所处的法律环境也在不断发生变化。

最后，在宏观层面，即社会层面，"第三部门"或"市民社会"与政府、市场和个人的边界开始变得模糊，有必要通过构建志愿服务法律体系重新界定"第三部门"的角色。在公权力机构面临失效困境及其引发的政府"信任危机"的背景下，"第三部门"或"市民社会"逐渐崭露头角，成为重要的社会力量。众多新兴的非政府组织也如雨后春笋般涌现，它们共同构成了社会多元化的重要组成部分。志愿者和非政府组织力量的日益壮大，不仅体现了社会自治能力的提升，也反映了公众对于参与公共事务的热情和期待。在这一过程中，志愿者和非政府组织既可能成为政府的有力支持者，协助政府解决社会问题，提供公共服务；也可能成为政府的监督者，对政府的行为和政策进行监督和评估，确保政府权力在阳光下运行。此外，志愿者和非政府组织在争取公众信任方面也可能成为政府的竞争者。它们通过提供更为直接、高效、贴心的服务，赢得公众的广泛认可和信任。这种信任关系的建立，既是对政府工作的一种挑战，也是政府改进工作、提高服务水平的重要动力。因此，面对志愿者和非政府组织力量的崛起，政府需要采取积极措施，加强与志愿者和非政府组织的合作与沟通，共同推动社会公益事业的发展。同时，政府需要加强自身能力建设，提高服务水平和治理能力，以赢得公众的信任和支持。① 这样的影响因素值得重视。

五　中国式应急志愿服务现代化的重点进路

（一）完善应急志愿服务的法治制度体系

法律具有调整和促进的双重作用。公民在决定是否参与志愿服务及选择参与方式时，享有充分的权利与自由，这是不应受到法律强制干预的领域。然而，为了促进应急志愿服务的组织化和有序化，国家有必要采取鼓励措施，引导公民通过加入相关志愿服务组织来参与应急志愿服务。② 这种国家层面的导向和态度，旨在规范公民参与应急志愿服务的路径，确保其有效性和高效性。在此过程中，法律机制作为应急管理活动的重要支撑，发挥着不可或缺的作用，它为整个应急志愿服务体系提供了坚实的制度保障。国家可以通过完善有关立法、执法、司法和配套政策，促进应急志愿服务体系的规范建设和稳健运行。

首先，应进一步健全应急志愿服务相关立法。通过补充完善各层面、各领域、集中或分散的志愿服务法律规范以及应急预案体系，更有针对性地明确各类型应急志愿者的法律地位和权利义务，形成保障和规范应急志愿服务的完整法律体系。关键举措是尽快制定出台"志愿服务法"和配套立法，宜将该法定位为促进法、保障法、规范法和调整法。其次，应建立政府及有关部门对志愿服务组织及志愿者的柔性指导机制。作为应急志愿服务体系的主要推动者和协调者，政府及其主管部门应当积极采取行政指导、专业咨询、典型

---

① 莫菲等：《金砖国家疫情防控志愿服务法治保障：挑战·立法·经验》，《中国志愿服务研究》2022 年第 4 期。

② 莫于川、梁爽：《关于完善中国的应急志愿服务法律保障体系之管见》，《河北法学》2011年第 5 期。

示范等柔性策略，通过优化和完善软法制度及其执行机制，加大对志愿者和志愿服务组织的引导与扶持力度。再次，应健全应急志愿服务司法保障制度。司法保障在降低应急志愿服务法律风险、化解潜在风险方面发挥着关键作用。最后，应积极发挥司法的前瞻性指导功能，如通过检察建议、司法建议等方式，为志愿者参与应急志愿服务提供更加全面的法律保障。[①]

（二）优化应急志愿服务的协同行动体系

防范化解重大风险需要善于整合各方力量，建立健全风险防控协同机制。在应急志愿服务中，突发事件往往具有紧急性，需要迅速做出反应。这就要求应急志愿服务组织在应对突发事件时需要与多方主体进行高效协同，解决跨区域协调与属地管理冲突、资源配置碎片化等问题。而进行高效协同，需要两个组织维度的关系、权责、分工的正确处理。一是枢纽型应急志愿服务组织和政府部门之间在政府的统筹推进下做到高效协同，如国家管理部门与相关组织团体、应急管理部门与红十字会等。二是枢纽型应急志愿服务组织与各类应急志愿服务组织的关系。在应对突发事件时，各类应急志愿服务组织能否在枢纽型应急志愿服务组织的协调指挥下实现人员配置、应急资金和物资的补充、应急信息的传达等工作的高效协同成为关键性问题。

（三）健全应急志愿服务的保障激励体系

对志愿者、志愿服务组织进行有效的激励，能够激活更多"爱心"，实现志愿服务常态化，营造"我为人人，人人为我"的良好社会氛围。政府部门要探索建立多元化的激励制度，满足不同类型志愿者、志愿服务组织的需求。在应对应急志愿服务的特殊风险时，运用市场机制进行风险分解和转移是一项关键策略。

[①] 张强、张元：《中国应急志愿服务发展现状与前瞻——基于新冠肺炎疫情应对的观察》，《杭州师范大学学报》（社会科学版）2020 年第 4 期；莫于川：《依法防控新冠肺炎疫情与依法化解志愿服务风险——兼论应急志愿服务法治发展的研究课题、创新路径和关键举措》，《中国志愿服务研究》2020 年第 1 期。

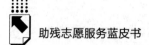

一是构建完善的志愿者保护专项基金体系。针对不同类型应急志愿者的特殊风险保障需求，可设立专门的保护基金或专用账户，以减轻各类型应急志愿者在从事应急活动中面临的风险压力。

二是优化应急志愿服务保险制度。对于参与特定应急活动的志愿者，应健全志愿服务保险机制，利用商业保险、社会专项捐赠等市场手段，辅以政策扶持、政府购买服务、政府兜底保障等行政措施，有效分散、转移和降低应急志愿服务过程中可能产生的特殊风险与潜在损失。① 这一做法旨在确保应急志愿服务活动的顺利进行，同时保障志愿者的权益。目前，应急志愿服务保险险种覆盖面窄，应急志愿者面临的风险较一般志愿者更多，通用的志愿服务保险不适用，需要量身定制险种。

三是建立健全志愿服务表彰制度。国家应当构建健全的志愿服务表彰体系，这不仅是对志愿者无私奉献的肯定，更是对他们精神的激励，有助于激发更多人积极参与志愿服务。但目前，应急志愿服务在申请见义勇为荣誉称号时面临一定障碍。个别应急志愿服务行为很难被认定为见义勇为，如搜救登山失踪被困人员、打捞遇害者遗体等。此外，申请见义勇为还需要向民政部门提供相关信息资料，进一步增加了获评见义勇为荣誉称号的难度。②

四是建立健全志愿者星级认定制度。志愿者星级认定是优秀志愿者享受相关激励措施的重要基础。志愿者组织、公益慈善类组织和社会服务机构应当建立以服务时间和服务质量为主要内容的志愿者星级评定制度，对获得相应星级的志愿者予以标识，并推荐参加相关评选和表彰。③

五是建立健全志愿服务回馈制度。志愿服务回馈的最终目的不在于物质上的交换，而是通过方法创新实现正能量的双向循环。创新志愿服务回馈制度，提升志愿者的社会地位，可改变爱的"单向流动"模式，从制度上维

---

① 李芳、莫于川、赵文聘：《开展志愿服务过程中如何更好地保护志愿者》，《中国社会工作》2020年第22期。

② 《志愿服务条例》第三十二条：对在志愿服务事业发展中做出突出贡献的志愿者、志愿服务组织，由县级以上人民政府或者有关部门按照法律、法规和国家有关规定予以表彰、奖励。

③ 莫于川：《依法防控新冠肺炎疫情与依法化解志愿服务风险——兼论应急志愿服务法治发展的研究课题、创新路径和关键举措》，《中国志愿服务研究》2020年第1期。

系志愿者的服务热情，激励更多人行善向善，形成人人参与志愿服务的良好社会氛围。[①]

（四）创新应急志愿服务的专业培训体系

专业培训可以有效提升应急志愿者的专业化水平。医疗卫生、心理疏导等能力培养绝非一日之功。根据《突发事件应对法》第二十六条，县级以上人民政府及其有关部门、其他应急管理机构和志愿服务活动组织者，可根据应急响应的实际需求，精心策划并定期开展一系列的专业培训和联合演练活动。这些活动涵盖抢险救援、交通运输与通信、医疗卫生服务、心理干预支持以及后勤保障等多个领域，旨在通过系统化的训练与模拟，有效提升应急志愿服务的整体能力和效率。这种全面且专业的培训机制，将确保在紧急情况下，志愿服务能够迅速、有效地响应。

每一次突发事件对志愿服务都是一次历练和大考。在应对突发事件及进行应急志愿者招募与使用的过程中，一些地区和单位未能严格遵守志愿服务法规以及相关政策要求，不仅导致应急志愿者在服务中面临额外风险，还使其权益受到侵害，甚至遭遇不公平待遇。更令人痛心的是，部分志愿者因过度劳累或遭遇意外而不幸伤亡。这些惨痛的教训警示我们，必须高度关注这一问题，并寻求妥善的解决之道，以确保应急志愿者的权益得到充分保障，避免类似悲剧再次发生。推动应急志愿服务健康发展，必须准确深入认识和依法防范化解应急志愿服务的特殊风险，完善特殊风险的依法管控措施，真正使应急志愿者及其组织成为训练有素、反应迅速、处变不惊、能力突出的重要社会救援力量。

[①] 莫于川、梁爽：《关于完善中国的应急志愿服务法律保障体系之管见》，《河北法学》2011年第5期。

B.12
中国老年志愿服务参与和可持续发展研究报告

刘尚君　武宜萱　王英英　张承蒙　陈功*

摘　要：　老年志愿服务参与是老年人社会参与的重要表现形式，也是生产性老龄化的重要体现。本报告分析了中国老年志愿服务参与现状与研究趋势，发现与其他志愿服务体系相对成熟的国家相比，中国老年志愿服务参与率较低，但规模庞大、人力资源丰富，参与内容和形式多样。中国老年志愿服务参与相关研究主题涵盖积极老龄化、居家养老、互助养老等方面。基于理论依据和政策研究，本报告分析了中国老年志愿服务参与的影响因素，包括个体层面、家庭层面、社区层面，并提出了强化老年人参与动机、加强家庭和社区层面的支持等促进老年志愿服务参与的行动路径。针对中国老年志愿服务参与可持续发展面临的保障体系不健全、城乡区域发展不协调等挑战，本报告提出加强法治建设、实现老年群体参与服务的项目化等建议。

关键词：　老年志愿服务　社会参与　老龄化

---

*　刘尚君，北京大学人口研究所助理研究员，主要研究领域为社会老年学、健康老龄化及老龄公共服务；武宜萱，北京外国语大学法学院讲师，主要研究领域为劳动法学、社会保障法学、经济法学；王英英，北京大学人口研究所博士研究生，主要研究领域为社会老年学、社会参与；张承蒙，北京大学人口研究所博士研究生，主要研究领域为气候人口学、可持续发展管理、慈善与公益；陈功，北京大学人口研究所所长，教授、博士研究生导师，主要研究领域为社会老年学、老龄社会治理。

伴随人口结构转型和老年人健康水平的显著提升，挖掘老年人口红利成为经济社会可持续发展的新动力。但具有生产力的老年人口作为第二次人口红利的重要组成部分，在现行制度背景下尚未得到较好的开发和利用。老年志愿服务是老年人社会参与的重要表现形式，也是生产性老龄化的重要体现，指 60 岁及以上老年人作为志愿者自愿和不以获取物质报酬为目的参与和开展的社会服务，包括环境保护、社区共建、宣传教育等。老年志愿服务参与在国际上已基本纳入积极老龄化和生产性老龄化的评价指标体系，被认为是老年人实现自我和无酬劳动价值的重要方面。基于中国国情认识，探究以志愿服务为代表的老年人非正式社会参与现状和特征、分析影响老年志愿服务参与的因素、寻求促进老年志愿服务参与的实践路径，对树立新时代老龄观念、充分发挥老年人力资本优势、开发第二次人口红利、助力积极应对人口老龄化具有重要意义。

一 老年志愿服务参与现状及研究趋势

（一）参与率和参与规模

从参与率及参与规模来看，我国对于老年志愿服务参与率的研究较为缺乏，尤其是农村老年志愿服务参与现状很难摸清，部分对城市老年人的调查研究表明，2010 年约有 40.8%的 60 岁及以上城市老年人参与了社区志愿服务，与 2000 年相比提高了 2.2 个百分点。[1] 也有研究结果发现，城乡老年人志愿服务参与率较低，总体上仅有 5.1%的老年人在过去一个月内参与过志愿服务。[2] 但从全国老龄委自 2003 年起发起的以老年知识分子志愿者为主

---

[1] 谢立黎：《中国城市老年人社区志愿服务参与现状与影响因素研究》，《人口与发展》2017年第 1 期。

[2] 林文忆：《老年人社区参与影响因素研究——基于 2011 年中国健康与养老追踪调查（CHARLS）数据的分析》，《老龄科学研究》2016 年第 9 期。

的"银龄行动"数据来看,截至 2011 年,参加的老年志愿者人数超过 70 万人。[①] 美国的研究表明,55 岁及以上美国人群中,约有 71% 从事过志愿工作,其中 10% 是正式志愿者,38% 是非正式志愿者,23% 既是正式也是非正式志愿者。而对同年龄群约 2716 位新加坡人的调查研究表明,在 88% 的已退休老年人中,约 10% 是志愿者,12% 仍在工作或从商。[②] 简言之,中国老年志愿服务参与率底数有待进一步摸清,与其他志愿服务体系相对成熟的国家相比,中国老年志愿服务参与率较低,但规模庞大、人力资源丰富。

(二)参与内容和形式

从中国老年志愿服务参与的内容和形式来看,既包括奥运会等大型赛事活动(见案例 1),也包括社区管理、防疫、支教、支援乡村振兴等常态化服务,还包括敬老、助残、环保等常规性服务,紧急救援、医疗支援等专业性较强的服务,以及代际支持服务(见案例 2)等,呈现多样化、多层次的特点。数据显示,2016 年,我国有 55.4 万个老年社团活跃在基层,覆盖全国 95% 以上的城市社区和 80% 以上的农村社区,涉及志愿服务、环境保护、社区共建、宣传教育等领域。[③] 2015 年第四次城乡老年人生活状况抽样调查表明,45.6% 的老年人经常参加各种公益活动,参与的总人数突破 1.0 亿人,部分老年人参与公益组织。其中,参与率排名前三的公益活动类型分别为帮助邻里(34.2%)、维护社区卫生环境(20.7%)、协助调解邻里纠纷(17.0%)(见图 1)。从调查数据可知,部分老年人还直接参与公益活动组织,但比例不高,不足 25%,老年人参加的公益活动组织以文化娱乐组织为主(3.66%)。

---

① 潘露等:《老年志愿者的研究进展》,《中国全科医学》2014 年第 22 期。
② 潘露等:《老年志愿者的研究进展》,《中国全科医学》2014 年第 22 期。
③ 《我国老年协会组织 55.4 万个 老年志愿者达 2000 万人》,中国老龄事业发展基金会网站,2016 年 5 月 11 日,http://www.cadf.org.cn/index.php/post/970#。

案例 1　参与社会重大活动：以北京冬奥会老年志愿者为例①

北京 2022 年冬奥会和冬残奥会期间，约 1.9 万名赛会志愿者、城市志愿者用灿烂的笑容、勤勉的行动向世界传播和平与友善，展示最美中国形象，为冬奥盛会增添亮丽色彩。有很多老年人加入城市志愿者队伍，承担城市秩序运行保障、行人咨询、环境维护等重要工作。

80 岁的常志复作为城市志愿者在首钢小西门的志愿者岗亭服务了 17 天。常志复说："能够帮助别人，说明你有价值，是一件幸福、快乐的事。"她希望在服务社会的同时，把这份理念和精神传递下去。

81 岁的志愿者叶如陵在城市志愿服务站朝阳三里屯站点为来往路人提供路线指引、应急救助等服务，为感兴趣的市民普及冬奥知识。2008 年北京奥运会开幕前，他曾作为志愿者负责急救师培训工作，这次也作为志愿者负责给急救员上课。叶如陵说："虽然时间紧、任务重，但大家都坚持了下来。能用自己的专业知识为奥运会贡献一点儿力量，我们感到很光荣，也很自豪。"

案例 2　代际支持服务：深圳援助广西"银龄行动"工作②

2021 年 10 月 8 日至 2022 年 1 月 7 日，深圳市老年科技工作者协会在全国范围内招募了 17 名退休教师，在广西 5 个县 11 所学校开展支教工作以及人才帮扶工作，为缓解广西贫困地区人才资源短缺局面、提升受援地教师专业水平贡献老年知识分子的一分力量。老教师们从人力、物力、财力、智力等方面为当地教师、学生提供帮助，切实落实帮扶任务并取得圆满成功。17 位老教师为学校带来的新的教育理念、新的教学模式以及新的教学经验，成为受援学校最宝贵的教学资源。

---

① 《81 岁老人成冬奥志愿者，他却说自己被年轻人感动》，京报网，2022 年 3 月 2 日，https：//news. bjd. com. cn/2022/03/02/10049276. shtml；《"志愿奶奶"的双奥故事》，京报网，2022 年 4 月 28 日，https：//wap. bjd. com. cn/news/2022/04/28/10078652. shtml。

② 《2021 深圳援助广西"银龄行动"教育工作总结》，深圳市"银龄行动"工作网，2022 年 1 月 8 日，http：//www. szylxd. org. cn/dongtai/v/？yl＝1882。

刘耀涛老师在凤山县高级中学支教，他在当地教师请假而出现岗位空缺时会及时代课，为当地学校解决实际困难；及时调整帮扶方案，帮扶的重点也由单一的听课、评课拓展到备课、教学时间安排、例题选择、板书设计和课堂练习处理等。

李萍老师在德保高中支教，为高三学生设置了 16 个化学"小专题"和 8 个"考点强化练"辅导课程，通过专题归纳、讲解、分析及考点强化练习，使很多同学克服了畏难情绪，解题能力有了提升，考试成绩也有了不同程度的提高。一位同学动情地表示："支教是件神圣的事情，我与好朋友约定要努力学习，考上大学，将来也像李老师一样去支教，为那里的孩子奉献自己的力量。"

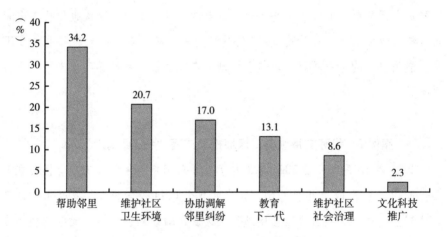

图 1　老年人公益活动参与类型（部分）

资料来源：2015 年《中国城乡老年人生活状况抽样调查数据报告》。

（三）中国老年志愿服务的研究发展趋势

从老年志愿服务研究来看，在中国知网（CNKI）以"志愿服务""志愿""志愿行为""志愿者""老年""老龄"作为关键词对学术期刊进行主题检索，共收集相关文献 920 篇，从发文数量上可以大致将我国老年志愿服务研究划分为 4 个时期：2000 年及以前、2001~2008 年、2009~

2017 年、2018 年至今（见图 2）。2000 年及以前，我国关于老年志愿服务的研究总体较少，年发文量少于 5 篇。2001~2008 年，关于志愿服务的研究逐渐增加，主题为群众体育和老年志愿服务，这与我国筹备 2008 年北京奥运会和正式进入老龄化社会的时代背景有关。随着老龄化程度加深及积极老龄化的提出，"老年人不仅是志愿服务的对象，也应该是志愿服务的参与者"这一理念被广泛接受。研究者提出，老年人乃至准老年人是社会的财富，可以用他们积累的丰富知识和经验为社会做出贡献，实现"老有所为",[1] 更多学者聚焦以老年人为主体的志愿服务体系研究。2009~2017 年，我国老年志愿服务逐渐成为党和国家关心的重要议题，2016 年 5 月，中共中央政治局就我国人口老龄化的形势和对策进行集体学习，习近平总书记在会上强调积极应对人口老龄化，发展为老志愿服务和慈善事业;[2] 2017 年党的十九大会议上，习近平同志再次提出积极应对人口老龄化的指示。[3] 在此背景之下，相关研究和讨论也飞速增加，并在 2017 年达到发文数量的峰值，以志愿服务创新和养老服务相结合的时间银行模式、互助养老、志愿者管理和赋能等为主题的研究快速发展。2018 年至今，在积极应对人口老龄化上升为国家战略以及推动新时代老龄事业高质量发展的宏观背景下，积极老龄化成为我国志愿服务发展的理论逻辑，加强志愿服务的本土化研究、构建符合中国特色的志愿服务体系愈加重要，老年志愿服务的相关研究成果数量也稳步上升。研究主题涵盖了老年志愿服务参与、志愿为老服务、积极老龄化、居家养老、时间银行、互助养老等方面。

① 陈茗、林志婉:《城市老年人参与社会公益活动的意愿及其影响因素》,《人口学刊》2004 年第 3 期。

② 《中共中央政治局就我国人口老龄化的形势和对策举行第三十二次集体学习》,中国政府网, 2016 年 5 月 28 日, https://www.gov.cn/xinwen/2016-05/28/content_5077706.htm。

③ 《2017 年"十大老龄新闻"揭晓》,人民网, 2018 年 1 月 23 日, http://world.people.com.cn/n1/2018/0123/c190970-29781879.html。

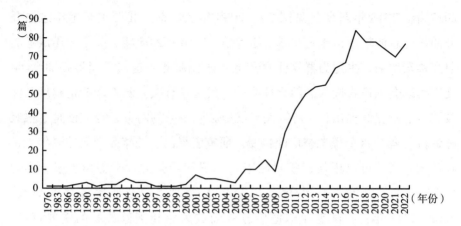

图 2　1976~2022 年全国老年志愿服务研究文献发表情况

资料来源：中国知网。

二　促进老年志愿服务参与的理论依据和政策保障

（一）生产性老龄化和积极老龄化

志愿服务参与是老年人有生产力地参与生活的重要表现。生产性老龄化最早在 1982 年奥地利举办的老年学会议中提出，主要是反对当时认为老年人"无生产力"（Unproductivity）的观点。生产性老龄化认为，如果抛去功能障碍和社会逆境的影响，老年人可以有生产力地参与生活。[①] 它提出了一个基本的观念，即应当利用和提升老年人对社会做出经济贡献的能力，如参与工作、照料和志愿活动等。生产性老龄化提倡为老年人创造丰富的机会，支持他们成为有价值的角色，最终目的是在老龄化社会开发日益增长的老年人力资源。此外，积极老龄化政策框架也提出，"参与"主要包括三个组成部分：一是提供终身的教育和学习机会；二是承认和帮助老年人根据个人需要、喜好和能力积极参与各种经济发展活动、正式和非正式工作或志愿者活

---

① R. N. Butler, H. P. Gleason, *Productive Aging：Enhancing Vitality in Later Life*（1985）.

动；三是鼓励老年人充分参与家庭和社区生活。志愿服务参与始终纳入其中，老年人志愿服务参与是完整社会参与框架的重要方面。

志愿服务参与是老年人积极适应社会角色和融入社会的实践手段。老年持续活动理论、社会角色理论和增权理论均认为老年人只有积极参加社会活动，才能解决原有角色和参与中断而引发的情绪和心理问题，才能加强社会联系与社会支持，更好地适应社会生活，获得较高的生活满意度。研究也显示，自发组织和参与志愿服务活动是老年人参与社区健康治理的一种重要形式，既可以有效延缓老年人认知衰减、促进身心健康、提高生活满意度，又能减轻全社会对"老有所养"的负担，促进老年群体再次成为重要的社会人力资本。[1]

（二）老年志愿服务参与的法律和政策遵循：从倡议到行动

从我国老年志愿服务参与相关政策发展历程来看，可分为萌芽期、倡导和初步形成期、迅速发展和行动期。

1. 萌芽期（1982~2000年）

在我国，虽然"老有所为"和老年人社会参与的概念早有提及，但2000年以前的政策并未明确提及"志愿服务参与"。在萌芽期，老年志愿服务参与始终以社会参与下的公益活动形式出现。

1982年是具有标志性的一年。这一年，老龄问题世界大会在奥地利首都维也纳召开，大会通过了联合国系统老龄工作的第一个指导性文件——《维也纳老龄问题国际行动计划》。在老龄问题世界大会召开期间，民政部依照会议精神发布了《关于为配合老龄问题世界大会开展敬老爱老活动的通知》，该通知强调了鼓励老年人参与体育运动的必要性，同时开始引导老年人发挥自身的丰富经验继续为社会做出贡献，并鼓励其参与各类社会公益活动。此后，政策开始鼓励高知高技能老年人群返回工作岗位，继续发挥"传帮带"作用；对于普通老年人，政策鼓励其参与体育锻炼活动、精

---

[1]　李保平：《健康社区治理能力评估指标体系的构建与应用研究》，硕士学位论文，山西财经大学，2021。

神文化活动，以提升老年生活质量。

1996 年，《中华人民共和国老年人权益保障法》颁布，首次从法律层面规定国家应当为老年人参与社会主义物质文明和精神文明建设创造条件，并对老年人可从事的社会参与活动进行了一次全面的界定，涵盖了有酬社会参与活动和无酬社会参与活动。其中，无酬社会参与活动包括：对青少年和儿童进行社会主义、爱国主义、集体主义教育和艰苦奋斗等优良传统教育；传授文化和科技知识；提供咨询服务；依法参与科技开发和应用；兴办社会公益事业；参与维护社会治安、协助调解民间纠纷；等等。此后的一系列政策以此为依据，强调优化老龄服务，为老年人提供活动设施和继续教育资源，为老年人社会参与提供良好的社会条件。

2. 倡导和初步形成期（2001～2011年）

2000 年以后，随着"公益活动"概念的范畴不断扩大，对公益活动的类别划分也越来越细致。与此同时，中国志愿服务发展在 2008 年迎来重要节点，中国志愿服务工作协调机制初步形成。

2008 年是中国志愿服务发展具有标志性的一年，也是中国志愿服务工作协调机制的建立之年。"5·12"汶川地震救灾工作将广大民众团结起来参与志愿服务，北京奥运会进一步点燃了民众的公益服务参与热情；中央精神文明建设指导委员会发布了《关于深入开展志愿服务活动的意见》，肯定了老年人在志愿活动中的积极作用；我国相继出台了相应的志愿服务与公益法律政策，从内容、标准、制度、流程等方面对志愿服务与公益做出了规定，形成了不同方面的法律政策支持。

3. 迅速发展和行动期（2012年至今）

党的十八大以来，以习近平同志为核心的党中央，顺应人口老龄化背景、中国特色社会主义实践发展要求，进一步推动了中国老龄工作的快速发展。相关举措推动了中国老年志愿服务与公益事业的快速发展，逐渐重视老年人在志愿服务与公益事业中的重要角色，鼓励老年人充分认识自身能力，在获得相应照料的同时积极实现自身价值，促进社会经济发展。

2013 年，新修订的《中华人民共和国老年人权益保障法》颁布，专门在"参与社会发展"章节中增加了"参加志愿服务"的内容，这也是中国首次在涉老政策法规中明确老年志愿服务参与。2017 年发布的《"十三五"国家老龄事业发展和养老体系建设规划》中"扩大老年人社会参与"部分专门将"发展老年志愿服务"单列一节，并提出推行志愿服务记录制度，鼓励老年人参加志愿服务，到 2020 年老年志愿者注册人数达到老年人口总数的 12% 的发展目标。2020 年十九届五中全会后，积极应对人口老龄化上升为国家战略，老年志愿服务参与也越来越受到关注和重视。2021 年，《中共中央、国务院关于加强新时代老龄工作的意见》发布，该意见要求把老有所为同老有所养相结合，完善就业、志愿服务、社区治理等政策措施，充分发挥低龄老年人作用。2021 年发布的《"十四五"国家老龄事业发展和养老服务体系规划》提到支持老年人参与文明实践、公益慈善、志愿服务、科教文卫等事业。

（三）老年志愿服务参与的政策特征

总体来看，近几十年来党和政府大力倡导老年志愿服务，政府、地方和行业等不同层面已逐步形成老年人参与志愿服务的基本政策遵循。习近平总书记对于志愿服务和老年志愿服务事业的重要指示，进一步推进了中共中央、国务院及各行政部门在老年志愿服务方面的立法进程，对中国积极应对人口老龄化提出了新要求，从而加快推进了中国老年志愿服务法律政策体系建设。老年志愿服务参与相关理论和政策实践与老有所为、老有所养相结合，推进了中国养老服务体系的进一步完善，也有助于形成与人口老龄化相适应的经济发展模式和社会环境，为实现中国式现代化提供长久支撑。老年志愿服务参与主要呈现三大政策特征。

第一，法律与政策有机结合。法律部分以《中华人民共和国老年人权益保障法》和《中华人民共和国基本医疗卫生与健康促进法》为主，实现的是权利保障功能，强调的是老年人依法享有的生存权、健康权和社会发展权。而政策体系在保障老年人和为老志愿服务权利的基础上，更注重推进老年志愿服务工作的发展以及发挥老年志愿服务在积极应对人口老龄化方面的作用。法律为老年志愿服务相关政策的制定提供了合法依据和权利基础，政策在法律基础上补充了法律未曾规定的内容，进一步推进了中国老年志愿服务事业的可持续发展，两者辩证统一、有机结合。

第二，法律政策制定主体多元。中国老年志愿服务相关法律的制定主体为最高权力机关全国人大。而政策的制定主体分为两类。第一类是党的领导核心即党中央，发布了党的十八大、十九大、二十大报告等纲领性文件，其中提及老年志愿服务相关内容。第二类是政府行政机关，既有最高行政机关国务院，其发布各种国家战略性规划、纲要，为老年志愿服务相关政策定方向、谋布局，也有具体的行政部门，如民政部、国家卫健委、教育部、国家发展改革委等。目前，既有行政部门独立发文的形式，也有多部门联合发文的形式，但以多部门联合发文形式为主，共同形成了老年志愿服务政策制定的统一体。中国行政部门更多从具体的业务角度切入，在业务领域强调老年志愿服务的作用。中国老年志愿服务相关法律政策的制定主体扮演了不同的角色，彼此之间构建了更加健全的法律政策制定体系。

第三，法律政策内容彰显中华优秀传统文化、契合国家战略。我国老年志愿服务相关法律政策并不是单纯的保障老年人权益的法律条文和推进老年志愿服务事业发展的政策规定，而是融入了中华优秀传统文化，如劳动奉献文化、尊老敬老爱老文化、孝道文化、社会互助文化，这些文化要素都体现在中国老年志愿服务相关法律政策条款中，不仅体现了老年志愿服务的法律责任、义务，而且通过法律政策实现法治和德治的融合。同时，政策制定符合国家战略要求。回顾中国老年志愿服务相关法律政策的内容可以发现，一系列的法律政策并不只是单纯涉及志愿服务权利保障和老年志愿服务事业推进，而是在积极应对人口老龄化、健康中国、无障碍改造、精神文明建设、中华传统文化弘扬、社会主义核心价值观培育、第三次分配路径探索、国家治理体系和治理能力现代化建设、法治中国构建等一系列国家战略目标下提出的老年志愿服务相关规定与要求。

三　中国老年志愿服务参与的影响因素研究

（一）文献综述

在影响老年志愿服务参与的动力因素方面，既有年龄、婚姻状况、受教育程度、健康状况、收入、种族、奉献意识、文化资本等个体因素，也有社会网络、社区环境、社会资本等外部环境因素。在有关动机的研究方面，杜鹏等人对北京朝阳外街道 206 名老年志愿者和 43 名非志愿者老年人的调查显示，老年人最初决定参与志愿服务的动机依次是发挥余热（77.3%）、结识朋友（55.8%）、学习知识（47.1%）、得到认可（21.8%）、弥补空虚感（19.4%）、自我实现（18.9%）和打发时间（10.2%），主要包括履行社会责任、建立社会联系、实现自我价值和实现角色转换 4 个方面；而老年人愿意持续参加志愿服务的动机主要是发挥余热。[①] 费心怡和崔树银对上海虹储小区 150 名老年人的问卷调查结果显示，提供志愿服务的动机依次是帮助有需要的人、获取社会经验、发挥自己的能力、得到心灵满足、拓宽社交圈和获取特殊福利，占比分别为 46.00%、30.67%、22.67%、16.67%、14.00% 和 2.27%，总体而言利他主义动机的占比更高。关于"参与志愿服务是否希望获得回报"的问题，回答希望获得一定形式回报的受访老年志愿者占比为 50.67%，并不希望获得回报的受访老年志愿者占比为 11.33%，38.00%的受访老年志愿者回答不在意。[②] 由此可见，我国老年志愿者群体更追求精神生活质量的提升和社会价值的实现，只有逐步完善与之相配套的管理和激励机制，保证志愿服务实现付出与回报的统一，才能调动老年志愿者的参与热情，推动志愿与公益服务的可持续发展。

[①] 杜鹏、谢立黎、李亚娟：《如何扩大老年志愿服务？——基于北京朝外街道的实证研究》，《人口与发展》2015 年第 1 期。

[②] 费心怡、崔树银：《公众对"时间银行"认知和参与的调查研究》，《价值工程》2013 年第 17 期。

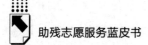
老年人参与志愿服务带来的成效也具有丰富的实证依据,包括增进老年人健康福祉、减少抑郁症状、提高认知功能、提升生活满意度、促进心理健康和降低死亡率等。① 同时,功能健康指数、孤独感等也都受到正式或非正式志愿服务活动的影响。② 还有研究发现,参与志愿服务有助于老年人紧跟社会发展、扩大社会交往、实现角色转换和继续社会化、重建集体生活,以提高老年人社会适应能力、增强社会联结、实现自身价值③。从社区层面来说,志愿服务是社会资本、社区资本产生和培育的重要渠道④。

(二)实证分析

本部分利用中国老年社会追踪调查(CLASS)2014 年、2016 年、2018年和 2020 年的面板数据,描述和分析我国老年志愿服务参与率及其影响因素。⑤ 其中,老年志愿服务参与被定义为老年人在过去一年中参与社区治安巡逻、照料其他老人或小孩(如帮助购物、起居照料等)、环境卫生保护、调解邻里纠纷、陪同聊天、需要专业技术的志愿服务(如义诊、文化科技推广等)、关心教育下一代(不包括自己的孙子孙女)7 项志愿活动。

分析结果表明:2014~2020 年,我国老年人志愿服务参与率自 18.01%升至 28.4%。其中参与率最高的年份为 2018 年(35.9%),2020 年有所下

① 潘露等:《老年志愿者的研究进展》,《中国全科医学》2014 年第 22 期。

② Jenny Onyx, et al., "Volunteering and Health Among Older People: A Review," *Australasian Journal on Ageing* (2003).

③ 韩雯:《老年志愿服务促进老年人继续社会化研究——基于上海市徐汇区老年教育志愿者的调研》,《职教论坛》2018 年第 10 期;刘欢:《社会参与对城市退休老年人继续社会化的影响研究》,硕士学位论文,湖南师范大学,2011;S. Karen, et al., "Fostering Social Ties Through a Volunteer Role: Implications for Older-adults' Psychological Health," *Int J Aging Hum Dev* 4 (2003).

④ S. Child, *Social Capital and Social Networks: The Importance of Social Ties for Health Among Residents of Disadvantaged Communities* (2016); A. Q. Liu, T. Besser, "Social Capital and Participation in Community Improvement Activities by Elderly Residents in Small Towns and Rural Communities," *Rural Sociology* 3 (2010).

⑤ CLASS 由中国人民大学人口与发展研究中心和老年学研究所联合设计执行,是一个全国性、连续性的大型社会调查项目。2014 年数据样本量为 11424 个,2016 年数据样本量为 11492个,2018 年数据样本量为 11419 个,2020 年数据样本量为 11398 个。

降。单因素分析结果表明，与不参与志愿服务的老年人相比，参与志愿服务的老年人自评健康状况显著更好、抑郁得分显著更低、生活满意度显著更高。从影响老年志愿服务参与的特征因素来看，个体层面，女性、低龄、受教育程度更高、已婚有配偶、汉族、中共党员、患慢性病数量更少、自评经济状况更好的老年人参与志愿服务的概率更高；家庭层面，子女数量更少的老年人更倾向于参与志愿服务；社区层面，活动场所设施数量更多、养老服务供给数量更多的社区更有助于老年志愿服务参与。老年志愿服务参与影响因素的逻辑回归分析见表1。

表 1 老年志愿服务参与影响因素的逻辑回归分析

变量	志愿活动 Exp(B)
性别	0.900 * (−0.106)
年龄	0.963 *** (−0.037)
受教育程度(参照组:小学及以下)	
初中	1.330 *** (0.285)
高中	1.281 ** (0.248)
大专及以上	1.644 *** (0.497)
婚姻状况	1.282 *** (0.248)
居住地	0.980(−0.020)
民族	2.028 *** (0.707)
政治面貌	1.841 *** (0.610)
ADL(日常生活活动能力)	0.998(−0.002)
IADL(工具性日常生活活动能力)	0.982(−0.018)
身体疼痛感	1.206 *** (0.188)
患慢性病数量	0.876 *** (−0.132)
自评经济状况(参照组:更差)	
差不多	1.081(0.078)
更好	1.251 ** (0.224)
基本养老保险	0.741 *** (−0.300)
子女数量	0.957 * (−0.044)
居住状况	1.037(0.037)

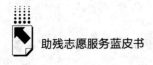

续表

变量	志愿活动
	Exp(B)
活动场所设施数量	1.181 *** (0.166)
养老服务供给数量	1.020+ (0.019)
社区尊老敬老氛围	0.651 *** (−0.430)
R^2	0.100
常数项	3.036 *** (1.111)

注：*** 表示 $p<0.001$，** 表示 $p<0.01$，* 表示 $p<0.05$，+表示 $p<0.1$；括号内为系数 Beta 值；参照组分别为女性、小学及以下、无配偶、农村、少数民族、非党员、无身体疼痛感、更差、无基本养老保险、独居。

（三）促进老年志愿服务参与的行动路径

根据对影响老年志愿服务参与因素的分析，可总结以下促进参与的行动路径。

一是强化老年人参与动机。提供更多志愿服务类型和机会，使老年人能够通过志愿服务继续为社会贡献力量，增强其自我价值感；通过社交活动帮助老年人扩大社交圈、减少孤独感；通过志愿服务培训帮助老年人获取新知识和技能。此外，建立认可机制，表彰和奖励积极参与的老年志愿者，设计丰富多样的志愿服务项目，满足老年人多元化需求，从而填补他们的闲暇时间，实现自我价值。

二是加强家庭和社区层面的支持。鼓励子女数量较少的老年人参与志愿服务，同时获得家庭的支持和理解。增加社区活动场所和养老服务供给，营造友好的社区环境，支持老年人参与志愿服务。通过社区活动和志愿服务组织，加强老年人与他人之间的联系，同时促进社会资本的培育，增强社区凝聚力和老年人的归属感。

三是完善管理和激励机制。建立健全的志愿服务管理体系，包括招募、培训、调度和评估等环节，确保志愿服务的组织和管理科学高效。设计合理的激励措施，如物质奖励等，激发老年人参与志愿服务的积极性。

四是积极发挥群体力量。女性、低龄、受教育程度更高、已婚有配偶、汉族、中共党员、患慢性病数量更少、自评经济状况更好的老年人参与志愿服务的概率更高。因此，应针对这些群体设计符合他们特点的志愿服务项目，充分发挥他们的优势和积极性，鼓励他们带动身边老年人参与志愿服务。

四　中国老年志愿服务参与可持续发展的挑战与展望

（一）主要挑战

1. 老年志愿服务参与保障体系还不健全

第一，体系整体格局还不清晰。老年志愿服务参与是一个包含志愿服务参与主体、服务内容、服务平台、服务保障、服务反馈、服务激励等多要素的体系，实现体系可持续发展的前提是有一个健全的发展格局。但目前尚未形成"党建引领、政府主导、社区协调保障、社会力量协同共建、志愿组织管理实施、全龄志愿者参与共享"的格局，现有格局较为分散，还未真正实现共建共治共享。

第二，体系的运营管理精细化水平不足。当前，我国对于老年志愿服务参与的管理从国家层面到地方层面再到社区层面普遍存在"粗线条"问题，特别是存在一定的管理盲点，也存在不少多头管理点，管理方面的缺位、错位和越位现象都给老年志愿服务参与的可持续发展带来了一定影响。

第三，研究支撑不够全面。当前，国内对老年志愿服务参与的研究仍然有待加强，特别是在中国老年人通过志愿服务和公益路径实现其人力资本价值、发挥人口红利优势、促进社会经济发展，以及中国老年人参与志愿服务、公益的现状与特点等具体领域，国内研究略显不足，缺乏系统性和连续性。

2. 老年志愿服务参与政策发展面临挑战

老年志愿服务参与仍然缺少规范化的志愿者服务制度基础，政策制度呈现碎片化状态。主要体现在以下方面。

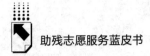
第一，缺少宏观法律政策。目前尚无针对志愿者服务的专门法律文件，志愿服务以及老年志愿服务的开展缺少法理依据。从宏观层面看，不论是时间银行互助养老志愿服务，还是养老服务志愿者管理，都缺少国家宏观层面的法律政策。同时，省级层面的老年志愿服务制度建设水平不均衡。2017年我国颁布了《志愿服务条例》，确定了党委领导、政府主导、社会协同、公众参与的基本格局，明确了志愿服务组织开展志愿活动的具体规定，提出了促进志愿服务发展的措施，但是在具体落实过程中，部分地区还存在规范陈旧和政策建设滞后等问题。具体而言，北京、天津、河北和山西等17个省份根据2017年《志愿服务条例》修订了省级层面的地方性法规或规章制度，吉林、黑龙江、湖北和四川等10个省份尚未完成省级层面的地方性法规或规章制度的修订，而内蒙古、云南、甘肃和青海4个省份尚未出台省级层面的志愿服务条例或办法。

第二，政策缺乏整体性、系统性、针对性。老年志愿服务各种政策措施之间衔接性不强，呈现碎片化状态。从颁布部门来看，全国人大聚焦在法律层面，但是法律对于老年志愿服务的具体权利认定仍然不足。而在政策层面，中共中央、国务院虽然从宏观层面颁布了老年志愿服务相关政策，但强调的是老龄事业的整体发展，而不是具体的老年志愿服务发展。相关国家部委也只是从分管的领域就养老服务或者志愿服务的具体方向制定政策规定。整体来看，法律政策缺乏对老年志愿服务的整体性与系统性规定，仍然只是在某一方面提及老年志愿服务，针对中国特色老年志愿服务发展的法律政策尚未明确，无法回答老年志愿服务相关法律政策如何与积极应对人口老龄化国家战略、老年人现代化全面发展相结合的问题，尚未形成法律政策体系，缺乏连贯性与逻辑性。

第三，老年志愿服务组织管理不足，难以实现目标愿景。由于老年人群的特殊性，发展老年志愿服务通常需要依赖社会组织或团体（如志愿者协会、社工机构或者环保、文明倡导等特定领域的社会组织），通过专业性或权威性较强的社会组织或团体将老年人志愿者组织起来，促进老年人的可持续参与，老年人自我组织、自我管理的志愿服务发展相对缓慢。除了依赖性强、自我组织动力较弱的问题，老年志愿服务还存在组织架构不完善、管理制度不健全、志愿者的培训和发展不足以及沟通与协调不畅的问题。通常表现为缺乏专业的老年志愿服务自我管理团队、老年人参与志愿服务通常依赖社会组织员工或者年轻的志愿者骨干协调管理、老年人群的特殊参与需求往往让步于整体的志愿服务活动规划与执行。此外，缺乏明确的规章制度，志愿者的选拔、培训、激励和考核机制不完善，难以持续吸引和留住志愿者。同时，不同组织和老年志愿者之间的沟通协调不足，容易导致老年志愿服务劳动力资源浪费、合作不畅，影响老年人参与志愿服务的效果与老年志愿服务的可持续发展。

第四，老年志愿服务参与的风险管理有待加强。老年志愿者群体的能力和健康状况各异，在参与志愿服务过程中面临健康、安全、责任、权益保障等多方面风险，现有的法律法规和保障机制对此重视不足，考虑安全保障责任和避免出现与风险相关的争议，很多地方对于老年人参与志愿服务持审慎态度，制约了老年志愿服务的进一步推广。老年人身体状况普遍较弱，志愿服务过程中长时间的体力劳动或站立容易导致疲劳、肌肉损伤等健康问题（如交通志愿者），而且与特定服务对象（如病患、体弱者）接触时可能面临感染疾病的风险，甚至在志愿服务活动中可能引发突发性疾病，如跌倒、心脏病、高血压、中风等。面对复杂服务对象或任务，老年志愿者容易产生心理压力、焦虑或挫折感，可能诱发孤独感或心理疾病。另外，老年志愿者由于体能条件等基本特征，在服务过程中有可能会给志愿组织和服务对象带来安全风险，有可能因老年志愿者操作失误或能力不足而引发事故，关于这些衍生风险的责任划分目前仍属空白。总的来说，老年志愿服务缺乏完善的保险、补偿和责任划分机制，一旦在志愿服务中受伤或出现健康问题，难以获得充分的医疗保障或经济补偿，并且由于志愿服务相关法律法规较为模糊，涉及权责利的协调问题也尚无法律和制度依据，在出现与老年志愿服务相关的纠纷时难以明确责任归属，这些都不利于老年人和志愿服务组织者的权责分工与保护，进而阻碍老年志愿服务的拓展和推广。

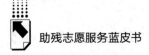

3.老年志愿服务参与存在城乡区域发展不协调的矛盾

老年志愿服务参与的主要人群由于成长的年代和环境不同，参与老年志愿服务活动的类型也有一定差异，如"50后""60后"志愿者更关注健康和邻里关怀等相关的活动，"70后"志愿者更关注老年照护和维权等相关的活动，"80后""90后"志愿者更关注数字化和环境保护等相关的活动，"00后"志愿者更关注青银互动方面的志愿活动，未来代际差异还会更加明显，这要求志愿服务的内容要不断丰富。但由于各地经济发展不平衡，老年志愿服务也存在不平衡。随着城镇化的进一步推进，老年志愿服务的城乡差异不断扩大，一些农村地区的留守老人日益增多，对志愿服务的需求不断增长；同时，地区和城乡间的老年志愿服务也存在一定差异。在服务活动数量方面，经济发展较快的地区和城市相比发展滞后的地区和农村，老年志愿服务更活跃；在软件资源、配套和活动丰富度方面，城市的老年志愿服务相比农村的老年志愿服务要更多、更全，未来亟须促进志愿服务资源在地区间和城乡间的平衡。

（二）建议与展望

面对人口老龄化进程持续加速所带来的挑战，继续发展我国特色老年志愿服务事业，逐步形成可持续发展的老年志愿服务体系，是近期我国老龄工作面临的重点与难点。因此，建立健全志愿服务体系、找准服务供给与需求匹配问题、针对问题与需求精准发力，是我国老年志愿服务体系建设的可行路径。本部分针对上文梳理的问题与挑战，提出以下老年志愿服务参与建议。

1.加强法治建设，推进老年志愿服务制度化

推动中国老年志愿服务制度化需要从法律法规和制度设计两方面发力。在法律法规方面，亟须明确志愿者的权利和义务、志愿服务组织管理制度、志愿者激励等内容。我国应以《志愿服务条例》为起点，不断完善志愿服务立法，为老年人提供志愿服务参与的立法保障，在志愿服务实践中落实，推动老年志愿服务的法治化。在制度设计方面，在志愿服务的相关规章制度中制定专门针对老年志愿服务的制度。同时，需要加强政府和社会对老年志

愿服务事业的政策支持和经费保障，尤其是将老年志愿服务纳入各级政府的公共服务体系，建立健全顺应老龄事业高质量发展趋势的老年志愿服务工作管理制度，确保老年志愿服务的完整性、系统性和可操作性。[①]

2. 针对老年人个性化需求，实现老年群体参与服务的项目化

我国的志愿服务组织在设计老年志愿服务项目时应该坚持"能力本位、需求导向"，充分考虑老年人对于健康促进、社交、实现自我价值的多重需要，并考虑不同背景和能力的老年人，分人群设计一些产出性活动，契合老年志愿者的个性化需要。在依托具体的项目推动老年志愿服务参与方面，我国可以参考国际经验。美国为中国提供了范本，为促进老年志愿服务参与，美国设置了老人团（Senior Corps）、经验团（Experience Corps）、老年活动中心、税收优惠政策项目、跨年龄项目和医疗服务项目等。[②] 这些项目有助于促进老年志愿服务参与，激发老年人的志愿服务热情。

3. 保持供给活力，实现老年志愿服务组织的独立自主化

解决老年志愿服务组织欠缺独立自主性的问题，需要理清老年志愿服务组织和政府的关系，两者并非依赖和被依赖的关系，而应该是合作互信的伙伴关系。在政府层面，政府应该加快转变职能，转变为服务型政府，下放自主权给老年志愿服务组织。在老年志愿服务组织层面，相关组织要获得独立自主空间，需要吸纳和整合资源。为此，相关组织可以积极拓宽筹资渠道，建立多元化资金筹措体系，广泛吸引社会力量参与，与政府、企业、社区、其他社会组织等多元主体协作，建立互信互惠的伙伴关系，促进不同主体之间的资源共享。此外，老年志愿服务组织可以通过承接公益组织活动、志愿服务培训等形式争取更多的资源。只有增强自治意识、提高自治能力，老年志愿服务组织才能实现独立自主化。

4. 推动科学服务，实现老年志愿服务的标准化

要建立一套井然有序、科学合理、兼容并蓄的志愿服务标准，应从志愿

---

① 钱宁：《积极老龄化福利政策视角下的老年志愿服务》，《探索》2015年第5期。

② 孙鹃娟、梅陈玉婵、陈华娟：《老年学与老有所为：国际视野》，中国人民大学出版社，2014，第127页。

者招募制度、志愿者管理体系、志愿者项目设计、志愿者服务培训、志愿者服务组织管理、志愿服务激励制度、志愿服务绩效评估等方面发力。一是推动管理标准化。完善老年志愿服务组织的管理制度，建立健全老年志愿服务组织机构，推动实现标准化管理。二是推动服务标准化。老年志愿服务组织应明确志愿者准入门槛，大力宣传志愿服务理念。三是推动培训标准化。老年志愿服务组织应当整合社会资源，实施志愿者和志愿服务组织能力提升工程，定期开设志愿服务专题培训班，不断提升老年志愿者的服务水平。四是推动品牌标准化。推动标准化志愿服务项目落地落实，培育具有较强专业能力的志愿服务团队；以社区为依托，设立一批中国特色老年志愿服务项目。

5. 探索信息管理，实现老年志愿服务的信息化

以数字化、信息化赋能老年志愿服务参与，推动实现老年志愿服务组织对志愿服务项目、老年志愿者的科学管理，促进资源利用最大化。一方面，聚焦老年人的"数字鸿沟"问题，立足社区，为老年人提供智能手机培训，通过线上线下相结合的形式实现智慧助老，帮助老年人提高数字素养、融入数字社会，使老年人在社会发展中有更强的幸福感和体验感。另一方面，基于大数据和互联网技术，打破信息壁垒，加快建设信息共享的志愿服务管理系统，在志愿服务激励、志愿服务时间储蓄等方面实现科学高效的管理。

6. 加强青银融合共建

青银融合共建能够创造更多的志愿服务机会。通过跨代合作，可以设计出适合不同年龄段人群参与的志愿服务项目，扩大老年人的参与范围。一方面，志愿服务项目的设计应充分考虑青少年和老年人的特点和需求。如老年人可以在社区活动中担任指导角色，而青少年则负责具体执行工作。这种合作方式能够充分利用老年人的经验和智慧，发挥不同年龄段志愿者的优势。另一方面，营造跨代交流的良好社区氛围。跨代合作可以帮助老年人更好地适应快速变化的社会环境。通过与青少年的互动，老年人能够了解和掌握新的知识和技能，增强自身的社会适应能力。这种角色转换和继续社会化的过程能够帮助老年人更积极地融入社会，提升其生活质量和社会价值。

B.13
科技赋能志愿服务发展报告

陈 功 张承蒙 陈子言 谢 婷*

摘 要: 本报告基于科技赋能志愿服务的实践话语,结合国内外典型案例,探讨了科技与志愿服务深度融合的现实图景、实现路径及未来趋势。总结现有的国内外部分案例,可以认为科技正在多维度重塑志愿服务的内容、形式和参与方式,极大提升了服务效率,扩大了覆盖面,催生了在线协作、"云接单"等新型志愿服务模式。然而,数字鸿沟、前沿技术成熟度不高、科技志愿者培养体系不完善等问题,急需政府、市场、社会多方协同应对。科技与志愿服务的融合大势所趋。未来,物联网、虚拟现实等技术将进一步拓展志愿服务边界,但科技向善的理念须始终贯穿其中,方能实现科技与志愿服务的融合发展,进而助力人人可为、人人共享的志愿服务新时代。

关键词: 立法 志愿服务 科技赋能 科技向善

21世纪以来,随着一系列社会、经济、政治和技术的变化,志愿服务实践正在迅速发展。联合国志愿人员组织在《世界志愿服务状况报告2022》中指出,新技术和在线社交的兴起越来越多地为某些志愿者个人和团体提供了志愿服务机会,如肯尼亚的穆翁加诺联盟(Muungano Alliance)的志愿者

---

* 陈功,北京大学人口研究所所长,教授、博士研究生导师,主要研究领域为社会老年学、老龄社会治理;张承蒙,北京大学人口研究所博士研究生,主要研究领域为气候人口学、可持续发展管理、志愿与公益。陈子言、谢婷,系北京大学人口研究所硕士研究生。

利用社区制图和大数据，为当地政府的新冠疫情响应提供了有针对性的建议①。在志愿服务领域，科技的融入不仅提高了服务效率和质量，也推动了志愿服务向着更加智能化、个性化发展。科技的进步也为志愿服务的推广和参与提供了新的途径和平台，如社交媒体、移动应用等，极大地提高了公众的参与度和互动性。在2024年"两会"期间，习近平总书记多次强调新质生产力的重要性，指出新质生产力是推动经济高质量发展的关键，要加快推动信息化、智能化、绿色化、服务化等新型生产力的发展。新质生产力的理念也为公益慈善发展提供重要指引，通过数字化平台和技术支持等形式，志愿服务活动可以更加高效、便捷，并可扩大服务的范围和覆盖面。科技赋能志愿服务发展还体现在能够增强志愿者的凝聚力和共同体意识，是新质生产力在公益实践领域中的一种具体形式。综合现有关于科技、社会参与、志愿服务的研究和学者共识，在开展论述之前，需要先明确"科技赋能志愿服务"和"技术志愿者"两个基本概念。科技赋能志愿服务是指利用现代科技手段来开展和支持志愿服务活动的一种新型志愿服务形式，涉及政府部门、科技企业、志愿者和志愿服务组织等多个主体：政府部门负责制定支持性政策、提供资金支持和制定相应的监管框架；科技企业负责开发和提供包括移动应用、志愿服务相关的技术解决方案；志愿者是科技志愿工具的使用者、参与者和受益者，利用这些工具进行数据记录和资源管理，或提升自身技能，甚至通过互联网平台远程参与志愿服务；志愿服务组织可以通过大数据分析更好地匹配志愿者和服务需求，还可利用社交媒体进行项目宣传和筹款。技术志愿者指运用自身的专业技能，为各类公益事业和社区发展提供技术支持的志愿者群体。技术志愿者的服务内容主要包括：为非营利组织开发应用程序、网站等IT支持系统；利用专业技能为社区提供技术培训；运用先进技术手段参与环境监测、灾难救援等公益项目；为农村贫困地区提供适用技术等。广义的技术志愿者还包括为旨在增进公民福祉的技术推广和应用

---

① 《世界志愿服务状况报告2022》，联合国志愿人员组织官网，2022年3月28日，https：//swvr2022.unv.org/chapter-6/。

提供辅助性支持服务的人员。志愿者在志愿服务领域的重要性与日俱增，成为政府和企业专业技术力量不足的重要补充，信息系统和技术专家都是技术志愿者的主体，依托大量非专业志愿者来建立协作信息系统以及匹配的维护和运行网络，以帮助政府和社区应对人力不足的挑战。

科技主要在提高志愿服务效率、优化资源配置、扩大影响力、促进公众参与以及推动跨界融合等方面为志愿服务赋能。科技在助残志愿服务中的作用主要体现在以下两个方面。第一，科技改变了志愿服务的性质，前沿信息科技的应用使得志愿服务可以跨越空间进行，增强了灵活性和即时性。例如，志愿者可以通过在线教育平台为偏远地区的儿童提供教育支持，而视听、言语障碍人士则可以通过在线平台获得志愿者提供的多种形式的远程服务。第二，利用数据分析、人工智能等技术，志愿服务平台可以对大量的志愿服务数据进行分析，从而更准确地匹配志愿者与服务需求。科技在志愿服务法治化进程中扮演着关键角色，通过提升服务透明度、促进合规性与标准化，以及科学评估，科技正推动志愿服务体系朝着更加公正、高效、可持续的方向发展。一方面，科技可以从数字化管理、公众教育、活动评估监督、政策咨询等方面为法治化提供支撑。科技的迅速发展，可以有效推动相关政策法规落实，如《志愿服务条例》和《中央精神文明建设指导委员会关于推进志愿服务制度化的意见》，以及2024年4月12日发布的《中共中央办公厅 国务院办公厅关于健全新时代志愿服务体系的意见》中明确指出"强化志愿服务与数字技术融合"和"规范有序推进志愿服务信息系统建设"。另一方面，科技也为志愿者权益保障服务、多方协作机制等提供了有力的工具支持。科技手段能够帮助志愿服务组织更好地遵守各项法律法规，同时提高了志愿服务的质量和可追溯性。科技为政策制定和法律执行提供了有力的数据支持，帮助构建更加高效、公正的志愿服务体系。

科技赋能志愿服务发展的背景、全局作用以及对法治化的助力，展示了科技在志愿服务领域的作用日益凸显，不仅可以为残障人士、老年人等服务接受者提供更加全面、高效、个性化的服务，还可以为志愿服务的法治化进程提供强有力的支持。在这一过程中，持续关注科技发展趋势，合理利用科技手段，将成为推动志愿服务质量提升、实现志愿服务法治化的关键。

一　科技在志愿服务中的应用

近年来，关于科技如何影响志愿者管理（特别是在非营利部门、社会组织的志愿者管理）的讨论一直是个热点。学者和社会服务领域实践者都普遍认为，科技提高了志愿者管理的效率和有效性，因为它一方面减少了时间可用性、地理边界和物理限制的障碍，另一方面巩固了社交网络和联系。同样，随着在线志愿服务的兴起，网络科技使潜在志愿者能够有更多选择和更强灵活性，因为在线环境为接触那些原本受日程、距离或其他限制的人（如残障人士，或时间安排受临时限制的人士）提供了新的机会。科技实现了对志愿者资源的重新配置，体现在社交媒体技术使非营利组织能够扩大其志愿者队伍并使其多样化、匹配算法和评估技术，提高了志愿者管理的精准度和速度，技术志愿者的职业网络使得非营利组织增强了招募具有特殊技能的专业人员或志愿者的能力，管理数据平台大大降低了志愿者管理的行政成本。"志愿时间积分""志愿服务时间银行"等新型志愿服务模式的兴起，催生了基于移动应用程序（App）的相互评级系统，也鼓励和激励了非营利组织以可对志愿者产生"附加收益"的方式设计和开展志愿者活动。随着技术的发展，非营利组织对志愿者的认识发生了转变，从"以服务绩效为中心"的志愿者管理策略转变为强调志愿者和预期受益的策略，促成了"以志愿者为中心"的管理逻辑。

（一）数据分析与决策支持

通过收集和分析海量的志愿者信息、服务对象需求、项目执行情况等数据，志愿服务组织可以更加全面、精准地了解服务需求和资源状况，优化项目方案设计和资源配置。数据挖掘和预测分析技术可以帮助识别潜在的服务对象，预测志愿者的行为模式和参与意愿，为招募策略和激励机制的制定提供依据。以红十字会为例，红十字会开发了"红十字志愿者服务管理信息平台"，集合了志愿者注册、项目发布、服务记录、数据统计等功能，该平台不仅便利了红十字会内部管理，也为各级红十字会组织提供了丰富的数据支持。通过对平台数据的分析，志愿服务组织可以掌握不同地区志愿者的年龄、学历、技能等分布情况，从而因地制宜地制定招募方案和培训计划。大数据分析在应急志愿服务中同样发挥着关键作用。此外，数据可视化工具则有助于以直观方式展示志愿服务成果和影响力，为项目评估和改进提供参考。

（二）沟通与协作工具

移动互联网和社交媒体极大地便利了志愿服务中的沟通与协作。志愿者利用微信、QQ、钉钉等即时通信工具随时开展交流讨论，共享信息资源。社交平台是开展志愿服务动员、招募志愿者的创新形式，许多社区志愿服务队也建立了自己的微信群，方便了日常沟通和活动组织。新冠疫情期间，广州市越秀区一条招募核酸检测点志愿者的链接在网端迅速传播，发布仅仅24小时就有3500人报名，仅仅两天报名人数就超过4000人，报名链接有25万次点击。广州市志愿者协会联合多家单位发起"阻击疫情、志愿有你"在线招募活动。活动页面除了提供防疫志愿活动报名，还设计了答题、转发等互动环节，引导市民参与疫情防控，传播防疫知识，有效带动了社会力量参与抗疫。

（三）信息管理与公共意识形态的塑造

先进的信息管理系统为规范和提升志愿服务组织管理水平提供了有力支撑。共青团作为青年志愿服务的发起和牵头组织，也建立了相关的志愿服务信息平台，以"志愿北京"为例，该平台可实现志愿者网上注册、活动发布和报名、志愿服务记录和统计、星级认证、表彰奖励等。该平台运行以来，极大地优化了全市志愿服务的运行机制和管理模式，推动了志愿服务事

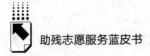

业标准化、规范化发展。在此类平台上，用户可以浏览各地青年志愿服务项目库，在线进行志愿服务培训并考核，参与积分激励，同时对志愿服务过程进行全记录。数字化的志愿服务管理，将志愿服务与团员激励相结合，也是增强青年群体公民意识的新抓手。这一系列机制有助于引导青年践行社会主义核心价值观，增强社会责任感。

（四）科技志愿服务的城乡发展

我国城乡志愿服务的科技化程度还存在显著差距。城市地区信息基础设施完善、科技人才集中，为志愿服务组织应用前沿科技提供了优越条件。例如，深圳蓝天救援队使用无人机航拍搜救技术，成功开展多次救援行动。北京、上海、南京等一线城市也涌现许多互联网志愿服务创新项目，如为老年人提供智能手机等设备的使用培训等。而农村地区受制于经济、人才等因素，志愿服务科技化水平相对滞后。为积极构建社会实践和志愿服务育人体系，引领大学生积极投身科技志愿服务事业，我国相关部门积极成立大学生科技志愿服务队，结合学生成长需求和社会需要，选派高校师生走进基层深入开展"长流水、不断线"的科技志愿服务活动，取得了一定成果。依托高校人才优势，这些志愿团队给农村地区带去了适用的技术，提升了农村居民生产生活技能。同时，直播电商等新业态的兴起，给农村志愿服务带来新的可能，一些"西部计划"志愿者、返乡大学生志愿者开始尝试利用直播平台助农增收，成为乡村振兴的一抹亮色。

总的来看，我国志愿服务事业正处于从"数字化"向"智能化"跃升的关键时期。如何立足国情，运用科技赋能志愿服务创新发展，激发亿万名志愿者的热情和潜力，值得社会各界共同探索。

二　科技赋能志愿服务的典型案例

创新扩散理论由埃弗雷特·罗杰斯提出，解释了创新如何在社会中传播。在分析科技赋能志愿服务时，可以借用此理论分析科技工具的接受度和传播过程，基于该理论演绎的"创新优势—兼容性—复杂性—可观察性—可复制性"分析框架，更好地理解技术在志愿服务中的实际应用过程，从而为科技赋能志愿服务制定更有效的策略，同时为志愿服务组织提供一定的参考和启示。

（一）国际案例

1. 高新技术：热成像无人机——提升比利时志愿者动物救助成效

（1）技术简介

热成像无人机是无人机和红外热成像技术的结合，它被广泛应用于测绘、监测、灾难救援等不同领域。无人机简单来讲就是无人驾驶的飞机，红外热成像技术是通过红外传感器接收位于一定距离的被测目标所发出的红外辐射，再由信号处理系统转变为目标的视频热图像的一种技术，它将物体的热分布转换为可视图像，并在监视器上以灰度级或伪色彩显示出来，从而得到被测目标的温度分布场[1]。

（2）应用案例

比利时一个名为"拯救小鹿斑比"（Sauvons Bambi）的非营利组织将无人机应用到野生动植物保护的公益领域。该组织的任务是在农民使用农用机械铲平草丛之前，召集志愿者使用热成像无人机进行探测，一旦无人机上的热传感器发现了躲在草丛中的小鹿、野兔或者其他生物，救援人员便可将之转移到安全区域，这样一来便可避免农业机械对动物的损害，从而协助志愿者实现对这些动物的救助。热成像无人机扩大与提升了"拯救小鹿斑比"的救援范围和效率，并且其救助行为不仅得到了当地政府的资金支持，还得到了当地农民的广泛认可。"拯救小鹿斑比"官网首页显示，通过组织无人机志愿者飞行员利用无人机热成像技术及其他方面的努力，该组织 2020 年拯救的动物数量为 57 只，2021 年拯救的动物数量为 204 只，2022 年拯救的

---

① 郑兆平等：《红外热成像测温技术及其应用》，《红外技术》2003 年第 1 期。

动物数量达 353 只，2023 年拯救的动物数量则增加到了 834 只①。热成像无人机不止在比利时得到运用，该组织官网首页还披露，由于热成像无人机的使用，德国每年拯救的动物数量超过 15000 只。

（3）场景广泛

热成像无人机除了能应用于动物救助方面，还可广泛应用于环保监测、灾难救援等不同志愿服务场景中，尤其是在一些危险的或者不便于人力执行的任务中，热成像无人机可以很好地发挥其功能和作用，造福人类。借助热成像无人机，志愿服务组织和志愿者得以广泛拓展志愿服务的应用场景，扩大志愿服务范围。

（4）风险管理

热成像无人机既有利于做好志愿服务过程中的风险预警，也有助于事后风险处理，从而改变了以往志愿服务中的常规风险管理模式。当志愿者需要在一些危险或紧急情形下完成任务时，借助热成像无人机进行探测，可以及时排除志愿服务场景中的安全隐患，降低志愿服务过程中发生危险的概率，保障志愿者人身安全。如若在极端服务场景下，志愿者在服务过程中出现意外，还可利用无人机热成像技术协助志愿者完成紧急搜救工作，减少人员伤亡。

（5）效能提升

热成像无人机在多样化志愿服务场景中得到广泛的应用，且应用场景还在不断丰富，由此热成像无人机可以持续拓展人类志愿服务的范围，并帮助公益组织和志愿者提升工作效率。同时，无人机技术飞速发展，伴随无人机续航时间、信号处理、图像传输等技术的改进，热成像无人机设计不断进步和成熟，热成像无人机的工作质效必将在未来获得持续提升，这使得应用热成像无人机的公益组织和志愿者在志愿服务各场景中得以提升工作效能，从而推动志愿服务水平进一步提高。

---

① 拯救小鹿斑比官网，https：//sauvonsbambi.be/。

2. 智能应用：Be My Eyes——为盲人、视力障碍者提供志愿服务支持

（1）应用简介

Be My Eyes 是一款致力于免费为盲人、视力障碍者提供志愿者服务的 App，目前在全球拥有超过 100 万名注册志愿者，他们通过 Be My Eyes 提供服务。[①] 当盲人、视力障碍者在日常生活中遇到困难时，他们可以通过 Be My Eyes 与志愿者实现实时语音通话、视频通话，在志愿者的帮助下解决面临的困难。专业帮助是志愿者服务的替代方案，如果盲人、视力障碍者需要与企业方面进行联系，他们还可以通过 Be My Eyes 中的专业帮助平台，与经过培训的企业代表进行联系并获取服务。此外，由于安卓系统和 IOS 系统的用户都可以自由下载 Be My Eyes，且基于它形成的超 100 万人的志愿者服务网络，Be My Eyes 在协助志愿者为盲人、视力障碍者提供即时支持上具有广泛的影响力，形成了良好的口碑。

（2）科技与 AI

Be My Eyes 需要在联网环境下使用，之所以 Be My Eyes 能够保证志愿者对视力障碍求助者进行及时回应，除了是因为它庞大的志愿者注册数量之外，还是因为网络对通信的支持。5G 或可提高 10~20 倍的速度，视力障碍求助者使用 Be My Eyes 进行视频通话，其视频画面会更加清晰，这有助于志愿者更好地辨别视力障碍求助者周围的环境以提供更好的帮助和服务。与此同时，Be My Eyes 目前已经成功将 Be My AI 整合到它的 First Contact Center 中，推出了全球首个为视力障碍者提供人工智能视觉支持的服务，人工智能技术的使用在给 Be My Eyes 带来更高接听效率的同时，有助于提升视力障碍求助者的问题解决率。

（3）核心特征

Be My Eyes 的核心特征之一是基于 5G 网络和人工智能技术的及时回应。一般情况下，志愿者会在 30 秒内对视力障碍求助者进行及时回应。这在一定程度上为低视力者或盲人减少对家人的依赖、保持独立性提供有效支

---

① Be My Eyes 中文官网，https：//www.bemyeyes.com/language/chinese-simplified。

持，也极大地提升了志愿者线上服务的效率。Be My Eyes 的核心特征之二是精准匹配。Be My Eyes 的志愿者来自世界各地，在将视力障碍求助者与志愿者进行匹配时，需要综合考虑语言和时区的问题，否则将无法顺利完成服务，而 Be My Eyes 在运营的过程中恰好较好地考虑了语言和时区的问题。基于上述及时回应及精准匹配的特征，越来越多的视力功能正常的志愿者通过 Be My Eyes 为视力障碍者及盲人提供支持服务。

3. 互联网公益：美国众筹网站 GoFundMe——打破志愿服务众筹的时空限制

（1）网站概况

2010 年，GoFundMe 作为一个营利性众筹平台在美国成立，它为有资金使用需求的个人、机构、企业、组织及项目提供筹款平台，有意愿的捐赠者则可以通过该平台为集资者捐款。GoFundMe 是为个人、企业和慈善事业提供小额筹资的渠道，集资者可利用该网站以邮件、文字等形式通过社交媒体分享自己的故事，从而为达成自己的目标进行资金筹资。GoFundMe 中涉及的募捐项目被划分为 21 个，其中包括了志愿者和慈善两个部分的项目内容，这意味着个人、企业和机构发起的志愿服务项目或慈善项目都可以通过该平台进行募捐，从而解决资金筹措问题。

（2）面向全球

作为一个全球性的、通过社交媒体进行众筹的网站，在募捐要求上，GoFundMe 对发起者有实名要求，以保证众筹项目的可靠性和真实性，而捐赠者则可以匿名进行捐赠。互联网的发展为志愿服务项目和活动使用类似于 GoFundMe 这样的众筹网站进行募集资金提供了极大的便利，志愿服务项目和活动通过在 GoFundMe 上发布相关的募捐信息，再通过社交媒体转发，就可以获得来自熟人甚至来自世界各地陌生人的捐款。因此，志愿服务项目和活动通过 GoFundMe 进行筹资可以很好地扩大筹资渠道，助力其落地实施。

（3）社交属性

GoFundMe 的众筹方式具备明显的社交属性，这种社交属性有助于志愿服务项目筹资信息在人际网络中快速传播，扩大筹资范围。GoFundMe

要求集资者的信息与 Facebook 上的信息保持一致，如若志愿服务项目通过 GoFundMe 进行筹资，这样的信息设置要求可以保障熟悉项目发起者的人对志愿服务项目的信任，提升熟人对志愿服务项目筹资信息进行转发的可能性，利用好 GoFundMe 的社交属性有助于提高志愿服务项目捐赠者的信任度，提高与扩大众筹效率和范围。

（4）作用和影响

GoFundMe 等众筹网站可帮助志愿服务项目实现跨时空大规模捐款，相较于线下义演、讲座等传统志愿服务筹资方式，志愿服务项目发起者通过 GoFundMe 可以将项目信息传递给熟人，甚至传播到世界的各个角落，从而实现跨地域、跨时间捐款。如果志愿服务项目的内容本身具有足够的意义和价值，志愿服务项目发起者通过 GoFundMe 等众筹网站，甚至可以撬动超大规模的民众为志愿服务项目提供支持，实现对志愿服务项目资金的赋能。

通过 GoFundMe 等众筹网站进行志愿服务项目筹资的过程也是一个激活社会资本的过程。志愿服务项目发起者在 GoFundMe 等众筹网站中可以发起志愿服务项目并进行转发，吸引来自世界各地同频者的关注和支持，激活潜在的社会资本，形成关注相应志愿服务项目和活动的社会网络，给志愿服务项目和活动带来更多社会资源。

（二）国内案例

1. 虚拟现实技术助老志愿服务项目的经验

（1）虚拟现实（VR）技术简介

VR 技术自 20 世纪 60 年代问世以来，经历了从概念到实践的漫长发展历程。VR 技术通过创建逼真的三维虚拟环境，为用户提供了一种全新的视觉、听觉和触觉一体化的体验，其在社会服务领域的应用越来越广泛，尤其是在志愿服务中的应用，极大地提高了服务效率和质量。回忆疗法又称怀旧疗法，是基于 Erikson 的心理社会发展理论提出的，最早出现在 Butler 的《生活回忆》中，该作品将回忆描述为一个常人正常思考的过程，人们通过回忆自己的经历以及曾经未解决的困难和冲突，缓解目前所处环境带来的压力①。在此过程中，老年人利用熟悉的知识、技能和策略形成稳定的活动模式并适应衰老，而远期记忆通常是老年人最后受影响的系统，增加老年人使用远期记忆的次数，可改善他们的整体认知功能②。

基于 VR 技术的回忆疗法已成为目前热门领域，模拟老年人过去生命历程中的重要场景，创造一个人工交互环境来激励和充分吸引参与者，通过"故事叙说""问题外化""由薄到厚"等方法帮助老年人改变他们觉得受压抑的生活方式，缓解孤独情绪。在此背景下，伴随沉浸式 VR 康复技术和回忆疗法干预认知障碍的研究和发展，基于 VR 技术的回忆疗法有望成为减少认知障碍、满足老年人需求的有效手段之一。

（2）志愿者借助 VR 技术增进老年福祉

随着人口老龄化不断加剧，认知障碍问题日益成为全球关注的焦点。根据世界卫生组织的数据，全球大约有 5000 万人患有阿尔茨海默病或其他痴呆症，到 2050 年将增加到 1.52 亿人③。而痴呆症患者的护理亦是重要的公共卫生问题，尤其是在人口老龄化严重的地区④。

老年人在戴上特制的 VR 眼镜后可以感受不同年代、不同国家的生活场景，通过 VR 程序将自身置于过去真实环境中，能够随意与过去经历对话，不断提高自身记忆识别能力。在此背景下，北京大学人口研究所的学生志愿团队设计了一个基于 VR 技术的老龄福祉社会创新项目。该项目围绕认知症护理的重要公共卫生问题，提出创新技术解决方案，以回忆疗法这一非药物干预模式，探索技术赋能公益助老的新路径。该项目落地于北京某养老公

① R. N. Butler, "The Life Review: An Interpretation of Reminiscence in the Aged," *Psychiatry* 26 (1963): pp. 65–76.

② Y. C. Lin et al., "The Effect of Reminiscence on the Elderly Population: A Systematic Review," *Public Health Nursing* 20 (2003): pp. 297–306.

③ 《Dementia（痴呆症）实况报道》，WHO 官网，2023 年 3 月 15 日，https://www.who.int/news-room/fact-sheets/detail/dementia.

④ 《公共卫生领域应对痴呆症全球现状报告》，WHO 官网，2021 年 9 月 1 日，https://www.who.int/publications/i/item/9789240033245.

寓，根据国际指南改编，结合老年人的集体回忆将 VR 回忆疗法本土化，每次大学生志愿者会帮助老年人佩戴 VR 设备进行观影，通过沉浸式的 VR 技术让老人重返过去的年代，身临其境地体验年轻时候的生活场景，视频播放完毕后，主持人引导老年人围绕该周主题分享自己过去的经历，在体验、回忆、表达的过程中激活远期记忆，并通过与同龄人相互启发，达到锻炼理解力的目的。项目设计得到了来自北京大学人口研究所、北京大学第六医院等不同院系的多位专家的建议和指导，极大保障了志愿服务项目方案的科学性和可行性，显著降低了试验可能存在的伤害和其他风险。本项目为进一步保障研究流程合理、合规、合法，积极接受科研实验伦理培训，并进行了伦理审查备案。

（3）经验总结

该项目展现了科技创新如何驱动传统公益服务模式的转型。该案例表明利用前沿科技，公益项目能够更好地满足社会发展的需求，以创新的内容和形式吸引更多的资源和参与者投入公益事业。综上所述，该项目成功地展示了科技与公益深度结合的巨大价值和广阔前景。创新科技的应用，不仅为解决具体的老龄社会问题提供了有效的方案，也对公益服务的发展模式、社会对科技的认识和态度产生了深刻的影响。

（4）社会效益

该项目为老年人提供了与不同年龄层的人进行交流和互动的机会，这种代际交流极大地丰富了老年人的社交生活，增加了社会资本。"VR+回忆疗法"的体验不仅丰富了他们的精神世界，还增进了他们在养老机构的福祉。VR 技术助老带来的正面情绪反馈对老年人的整体健康状况产生直接和积极的影响。最后，该项目还为养老机构提供了一种通过科技手段改善老年人生活质量的创新服务模式，养老机构可以借此机会探索更多科技与养老服务相结合的可能性，为老年人提供更加多元化、个性化的服务。

该项目体现了一种"技术主导、青银共建"的创新服务机制。这种模式不仅拓宽了青年志愿者的服务领域，也提升了服务的效果和质量，使得志愿服务更加多元化和专业化。此外，该项目的实施为我国青年参与联合国可持续发展目标提供了培育路径，让青年志愿者直接参与老龄化这一全球性问题的解决，对培养青年的全球视野和社会责任感具有重要意义。该项目不仅是一次成功的社会服务实践，还是对当前公益理念和志愿服务模式的一次重要创新。它推动了社会服务理念和实践的进步，具有较强的可复制性和较大的推广空间，通过较低的服务成本即可实现对老年人的大范围覆盖，能够极大增进广大老年人的福祉。

2.其他科技赋能志愿服务案例

随着科技的快速发展，人工智能、物联网（IoT）、增强现实（AR）等技术在志愿服务领域的应用日益增多。这些技术不仅为服务对象提供了便利，还极大地提高了志愿服务的效率和质量。

（1）云共享科技赋能志愿者

技术培训与能力提升是科技赋能志愿者的重要方面。智能手机应用和数据收集与分析软件的培训，如云共享平台使得志愿者能实时更新和共享工作文档，大大提高了志愿者的工作效率。新冠疫情期间，视频会议和协作工具的应用更是成为跨地域交流和协作的关键。2017年8月8日四川九寨沟7.0级地震后，浙江省地震局利用大数据采集了1031.99万条手机位置记录和4.46万个空间格网位置，使用手机位置数据从时间和地理维度上对灾区人口进行了量化分析，并剔除微观误差数据来估算灾区通信基站退服分布，为震后快速获取灾区人口实时动态分布提供了有效信息，这种方法也可以为志愿服务力量的配置提供参考。近年来，商业大数据公司也积极参与灾害应急服务。2021年河南洪灾期间，阿里云紧急开发了"河南暴雨积水地图"，标注了郑州各区域积水受灾情况，帮助志愿者精准、高效地开展救援工作。

（2）信息匹配技术赋能服务对象

科技在提供个性化服务、提高服务可及性和增强互动体验方面，给服务对象带来了显著的好处。同时，VR和AR技术为服务对象提供了沉浸式的学习和体验机会，如虚拟博物馆参观，极大地增强了学习的兴趣和效果。浙江省"智慧助残"是科技助力志愿服务，围绕志愿者需求精准实现服务对接的案例，这一平台围绕残疾人基本保障、共同富裕、社会力量助残和助残能力提升等重点任务，聚焦困难残疾人帮扶，以及残疾人出行、康复、就业等重点环节，切实解决残疾人出行难、就业难等问题，帮助社会助残精准对接。该平台可以和基层街道、社区等政务体系对接，服务对象可以在"社会助残"板块发布需求（"下单"），就会有志愿者迅速响应（"接单"），极大提升了服务对象的便利度。浙江省"智慧助残"整合了无障碍出行服务，配套无障碍信息化设施，可实现精准定位、实时导航，并提供出行雷达和位置播报服务，让使用者快速获取位置信息。

（3）科技赋能志愿服务系统

科技的应用提升了志愿服务管理的效率与透明度，大数据的收集和分析为志愿服务组织提供了精准的服务需求信息和服务效果评估，推动了志愿服务资源分配的优化。此外，科技的发展还促进了志愿服务模式的创新，如社交媒体平台的众包方式动员了更多公众参与。以基于微信小程序的"AED急救地图"为例，这一小程序以满足群众和志愿者对 AED 急救设备点位的需求，方便急救场景下能快速查询、准确定位为目标。"AED 急救地图"发布后，可以通过 120 指挥调度系统开放 AED 设备和城市急救志愿者定位，选择"一键呼救"，即通知 AED 附近的急救志愿者，实现快速急救。注册志愿者可以通过小程序随时接收附近的求助信息，并利用位置共享、一键导航等功能迅速赶赴救援。目前，该小程序已覆盖 31 个省份 100 多个城市，北京市政府计划 2024 年培训重点公共场所工作人员 3 万余人次，以满足救援需求。

三 案例比较和经验总结

（一）案例的共同点和差异

通过对比不同的案例可以看到，不同案例在运用科技赋能志愿服务方面有相似之处。它们都善于运用前沿科技手段，围绕服务对象的实际需求提供个性化解决方案，极大地提升了服务效率和质量。总的来看，科技赋能志愿服务的案例共同点为：提升服务效率，运用先进的技术，如红外热成像、人工智能、VR等，极大地提升了志愿服务的效率和质量；打破时空限制，扩大志愿服务的覆盖面，如无人机可以深入人力难以触及的区域，而在线平台可以连接全球的志愿者和受助者；丰富志愿服务的内容和形式，满足了服务对象多样化的需求，从动物保护到视障帮扶、从应急救援到老年关怀，科技让志愿服务更加多元化、个性化；吸引社会参与，激发了公众互帮互助的热情，众筹平台为志愿项目提供了广泛的资金来源，VR体验激发了青年学生参与助老服务的兴趣；推动跨界合作，整合多方资源，热成像无人机项目得到了政府和公益组织的支持，VR技术助老项目汇聚了医学、老年学、计算机等多学科的专家力量。

但这些案例在具体应用中也呈现一定差异：技术路径不同，有的偏重硬件设备（如热成像无人机），有的侧重软件平台（如众筹网站），有的则是软硬件相结合（如"VR设备+视频内容"）；服务领域各异，动物保护、扶残助困、应急救援、养老助老等，体现了志愿服务的多样性；参与主体有差异，青年学生、社会公众、公益组织、政府部门等，在不同案例中发挥着各自的作用；运作模式不一，有的是完全依托志愿者的力量，有些是志愿者与受助者点对点连接，也有依托平台汇聚和调度资源的模式；服务方式有别，有着远程服务和面对面服务、即时响应式服务和长期陪伴式服务等差异。

总的来看，这些案例尽管存在差异，但都体现了科技与志愿服务深度融合的趋势。随着科技的进一步发展，志愿服务的内容、形式、参与方式将更加丰富，为应对社会挑战、共创美好生活提供有力支撑。

（二）案例中科技赋能的路径

分析这些案例可以清晰地看到，科技对志愿服务的全方位赋能。对志愿者而言，无人机、协作平台等极大提升了工作效率，在线培训让他们能够持续提升知识和专业能力。科技赋能志愿服务的路径可以概括为"智能化、网络化、个性化、生态化"。对服务对象而言，Be My Eyes、VR设备等带来了个性化、精准化的服务，数字化让偏远地区群众获得优质资源。对志愿服务系统而言,大数据分析优化了资源配置,区块链技术提升了运作的透明度。这些变化的背后是科技与志愿服务加速融合、深度重塑彼此的过程,志愿服务组织、志愿者、服务对象的关系也更加扁平化、互动化,一个全新的、科技引领的志愿服务生态正在悄然形成。

推动从单一的志愿者服务转向涵盖捐赠、培训、研发等环节的志愿服务生态系统,还需要在技术创新、跨界合作、人才培养等方面持续发力。比如,鼓励高校、企业、公益组织联合攻关,加速前沿技术在志愿服务场景中的应用落地;完善科技志愿者的职业发展通道,为志愿服务输送源源不断的高素质人才;搭建开放共享的志愿服务数据平台,为科学决策提供支撑。唯有如此,科技和志愿服务才能实现更高层次、更可持续的融合发展。

(三)成功经验与不足

通过案例分析,可以总结出一些在利用科技赋能志愿服务过程中的成功经验。

以需求为导向,因地制宜选择技术路径。无论是热成像无人机动物搜救还是 VR 技术助老项目,都是从实际需求出发,有针对性地选择了合适的技术手段,不是为了技术而技术。发挥志愿者主体作用,调动社会参与热情。通过设计友好的界面,让视障人士与志愿者无障碍沟通;借助社交网络,让公众可以便捷地参与志愿项目众筹。这些做法都充分尊重和调动了志愿者的积极性。注重跨界合作,整合多方资源形成合力。VR 技术助老项目成功汇聚了医学、老年学、计算机等不同学科的专家力量,政府、高校、社区多方联动,取得了效益倍增而成本递减的效果。重视隐私保护和伦理审查。在运用大数据、人工智能等技术时,案例项目都严格遵循了数据隐私保护原则,并通过专业伦理委员会审查,最大限度地降低了对服务对象的侵扰和伤害。探索可持续发展路径。面对新技术的高昂成本,一些项目积极探索政府购买、社会众筹等多元化筹资渠道,确保项目能够长期运转下去造福社会。

但也应看到，案例及科技助力志愿公益的广泛实践中仍存在一些不足和有待改进之处。技术鸿沟问题依然突出。偏远山区、贫困人口等数字弱势群体，难以充分享受科技进步的红利，还需要在基础设施建设、数字素养培育等方面下更大功夫。部分领域科技成熟度不高，远未达到规模化应用的程度。以 VR 技术助老项目为例，设备价格昂贵、视频内容匮乏等制约进一步加剧。科技志愿服务人才培养的系统性设计不完善。目前，科技志愿者队伍建设缺乏系统的培养计划和职业发展通道，导致人才供给不足。高校、企业、社会组织应加强协同，共同搭建科技志愿者的成长平台。社会认知较片面。尽管科技志愿服务开展得如火如荼，但公众对其功能、内涵的认识还比较片面，参与热情有待进一步激发。媒体、政府等要加大宣传力度，营造良好的社会氛围。顶层设计和法律保障略显滞后。我国应完善科技志愿服务方面的专门的政策法规，健全行业标准、管理制度，以更好地规范和引导科技志愿服务行为。

科技赋能志愿服务不仅提高了服务对象的生活质量，提高了志愿者的工作效率和团队协作能力，还优化了志愿服务系统的管理和服务模式。科技赋能志愿服务大有可为，但仍是一个循序渐进的过程。面对科技更新的挑战和成本问题，政府、企业和社会需要共同努力，探索可持续发展的模式。未来，随着科技的不断进步，科技赋能志愿服务的潜力将进一步被挖掘，为解决社会问题提供更多的可能性。

四　结论和未来展望

（一）科技向善、技术公益的未来发展趋势

公益与志愿服务领域需要持续优化以利用新的科学技术，需要不断更新和改进服务内容与形式以满足服务对象的不同需求。技术与志愿服务的结合，已经开辟了志愿服务发展的新蓝海：一方面，物联网、区块链等技术将广泛应用于志愿服务全流程管理，实现人员注册、服务记录、时长认证等环

节的智能化，提高志愿服务运行效率；另一方面，VR、AR 等沉浸式技术将重塑志愿服务场景，不仅能够满足特定服务对象的健康需求，还能在更大程度上让志愿者和服务对象获得更加身临其境的体验。

（二）科技政策和科技立法给志愿服务发展带来的机遇和挑战

科技发展也带来了新的伦理挑战，如如何防范大数据滥用，保护服务对象隐私安全，人工智能决策是否会加剧志愿服务中的不平等，虚拟志愿服务如何确保情感价值的传递，这些问题都给非营利组织带来了额外成本和风险。由于志愿者"流动性"的增强，非营利组织一线工作人员若单纯依赖科技工具、采用并接受新网络技术作为沟通和报名参加志愿活动的手段，则对技术不熟悉的志愿者可能会被排斥在外，而负责志愿者协调的工作人员，必须投入大量时间和精力来协调更加多元化的志愿者群体。另外，知识和资源的匮乏以及部分服务对象的需求，可能是一些非营利组织、志愿团体对科技利用程度相对较低的原因。

党的二十大报告指出，完善科技创新体系，健全新型举国体制，强化国家战略科技力量。只有这样，才能为科技助力志愿服务高质量发展营造良好的政策环境。"十四五"规划等相关政策的陆续出台，也将进一步调动社会各界参与科技志愿服务的积极性，推动形成社会化、市场化、专业化的志愿服务发展新格局。在精神文明建设、社会治理、应急管理等众多领域，科技志愿服务大有可为，但目前尚缺乏明确的政策指引。一些前沿技术，如人工智能、区块链等在志愿服务场景中应用的行为规范、管理办法亟待制定。破解这些制度性困局，需要进一步健全以科技促进志愿服务发展的政策法规体系。

（三）以科技助推志愿服务法治化的重要性和必要性

推进志愿服务法治化，是社会文明进步的重要标志，而科技是破解"志愿服务黑箱"（志愿者参与动机复杂化、志愿服务发起主体行政化、志愿人力资本异化等问题）的重要手段。大数据、人工智能等技术可广泛应用于志愿立法、志愿政策制定、志愿服务相关执法司法等环节。同时，区块链、电子签名等技术在志愿服务时长认证、激励回馈等方面发挥潜力，有利于提高志愿服务公信力，维护志愿者权益。以科技助推志愿服务法治化，有利于调动社会力量参与志愿服务的积极性，推动形成政府主导、社会参与、市场驱动、法治保障、科技支撑的志愿服务发展新格局。法治也为科技赋能志愿服务提供了基本遵循，规范了志愿服务行为，保障了志愿者和服务对象的合法权益。立足新时代，志愿服务要想高质量发展，必须坚持科技引领和法治保障双轮驱动，不断提升志愿服务的制度化、规范化、专业化水平。

综上所述，本报告探讨了科技赋能志愿服务的缘起、路径、案例以及面临的机遇和挑战。这一议题的提出，既顺应了新一轮科技革命的时代大势，也呼应了志愿服务转型升级的内在需求。通过梳理科技发展的宏观趋势、国内外先进实践的微观案例可以看出，科技正全方位、深层次地重塑志愿服务的形态和内涵。鉴于志愿服务的道德属性和价值诉求，要打造安全可控、适用普惠的"志愿服务科技"，将科技向善的理念始终贯穿于赋能志愿服务发展的过程，充分考虑志愿服务的伦理规范，防范科技异化风险。

志愿服务发展既依托于国家推动下的制度化建设，也需要广大社会成员发自内心地认可和主动且持续地参与志愿服务。新时代呼唤更多"志愿精神+科技范式"的跨界融合和创新探索，科技是"志愿公益新质生产力"的基石，而人民群众对美好生活的需要日益增长，为科技志愿服务提供了肥沃的土壤。志愿服务通常不是一个单一、固定的实践，而是一个包含多种元素和动机的复杂社会现象。科技赋予了志愿服务新的时代内涵，使"人人公益"变得生活化和现实化，一系列参与公益志愿的技术方案，也可为全球范围内的公益事业提供宝贵的经验和启示。随着科技赋能的进一步深入，志愿服务也必将在党和国家事业发展全局中发挥更加积极的作用，人人可为、人人共享的志愿服务新时代必将到来。

参考文献

李东平等:《基于手机位置数据的四川九寨沟 7.0 级地震人流分析》,《中国地震》2017 年第 4 期。

Cheryl Hiu‐Kwan Chui, Chee Hon Chan, "The Role of Technology in Reconfiguring Volunteer Management in Nonprofits in Hong Kong: Benefits and Discontents," *Nonprofit Management and Leadership* 30 (2019).

Friederike Fleischer, "Technology of Self, Technology of Power. Volunteering as Encounter in Guangzhou, China," *Ethnos* 76 (2011).

区域篇

B.14
上海市助残志愿服务发展报告

赵云亭　张祖平*

摘　要： 上海市结合自身状况，围绕助残志愿服务进行了丰富的实践和探索，形成了诸多可复制可推广的经验。构建助残志愿服务组织体系、加强助残志愿服务能力培训、整合助残志愿服务多方资源、探索科技助残志愿服务路径、创新助残志愿服务激励机制、完善地方立法和政策措施等是上海市推进助残志愿服务的主要举措，并取得了良好成效。同时，上海市面临助残志愿服务宣传效果有待提升、助残志愿服务保障制度有待健全、助残志愿服务激励机制有待完善、助残志愿服务队伍建设有待加强等挑战。基于此，本报告提出了创新数字赋能助残志愿宣传与服务路径、加强助残志愿服务制度化建设、完善助残志愿服务激励保障机制和强化助残志愿人才队伍建设的发展建议。

* 赵云亭，上海海洋大学讲师、博士，上海海洋大学新时代文明实践与志愿服务研究中心秘书长，主要研究领域为志愿服务与基层治理；张祖平，上海海洋大学新时代文明实践与志愿服务研究中心常务副主任、中国志愿服务联合会理事、中国青年志愿者协会常务理事、上海市青年志愿者协会副会长，主要研究领域为志愿服务理论与政策。

关键词: 志愿服务 助残志愿者 上海市

《中华人民共和国国民经济和社会发展第十四个五年规划和 2035 年远景目标纲要》指出,要保障残疾人基本权益,提升残疾人关爱服务水平,保障残疾人的发展权利和机会。党的二十大报告进一步强调,要完善残疾人社会保障制度和关爱服务体系,促进残疾人事业全面发展。为贯彻落实党中央和习近平总书记关于推进志愿服务事业发展和残疾人事业的重要指示批示精神以及党中央、国务院决策部署,上海市及各区结合自身状况,围绕助残志愿服务进行了丰富的实践和探索。

一 上海市助残志愿服务的发展现状

截至 2023 年,全市共有持证残疾人 60 多万名。课题组综合考量上海市不同区助残志愿服务推进情况,选取浦东新区、嘉定区、闵行区、虹口区进行重点调查,并对其他各区情况加以补充了解。在此过程中,课题组主要运用问卷法和访谈法对各区助残志愿服务进行资料的收集,共发放并回收 1512 份有效问卷。围绕问卷和访谈资料对上海市助残志愿服务的发展现状展开分析。

(一)助残志愿者队伍现状

1. 助残志愿者队伍逐年壮大

问卷数据显示,近 4 年,助残志愿者逐年增加,其中 2020 年新增占比为 7.54%、2021 年为 12.63%、2022 年为 10.58%(受新冠疫情影响稍有下降),2023 年约有 189 名志愿者加入助残志愿者队伍,占比约为 12.50%(见图 1)。

2. 助残志愿者队伍年龄跨度大,存在老龄化趋势

问卷数据显示,助残志愿者年龄最大的为 78 岁,出生于 1945 年,最年

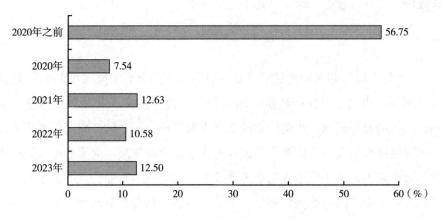

图1 新增助残志愿者占比情况

轻的为14岁，出生于2009年。通过助残志愿者年龄频数分布直方图可以看出，助残志愿者年龄分布较为广泛，涉及各个年龄段，主要集中于20~60岁，尤其集中在40~50岁，40岁及以上的助残志愿者约占64.81%（见图2）。

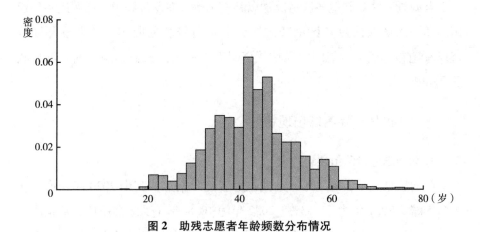

图2 助残志愿者年龄频数分布情况

3. 助残志愿者队伍以群众为主

问卷数据显示，助残志愿者队伍中群众占比最大，为78.70%，中共党员（含预备）占比次之，为15.87%，共青团员占比为5.10%（见图3）。

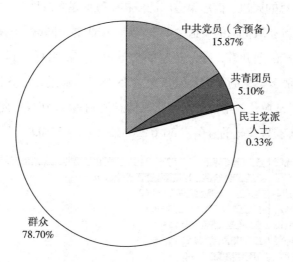

图3 助残志愿者政治面貌分布情况

4. 助残志愿者队伍受教育程度较高

总体而言，助残志愿者队伍的受教育程度较高，高中及以上受教育程度占比超过90%。大专、高职和本科受教育程度占比较大，分别为35.91%、35.05%（见图4）。

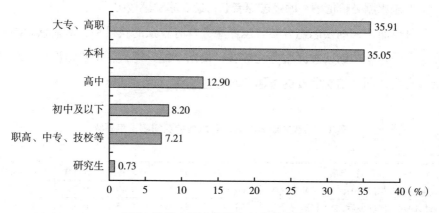

图4 助残志愿者受教育程度分布情况

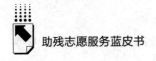
（二）助残志愿者参与助残服务状况

1. 获取信息的渠道：信息渠道广泛多样，微信是主阵地

助残志愿者获取信息的渠道主要有微信、QQ 群、网站、电视、社区宣传栏、单位或学校的通知等，获取信息的渠道较为广泛多样。其中，最主要的获取助残志愿服务信息的渠道是微信，占 78.04%，通过社区宣传栏获取信息的占 48.68%，从单位或学校的通知获取信息的则占 31.02%。此外，从网站、电视、QQ 群等获取信息的分别占 30.03%、23.54%、22.09%（见图5）。

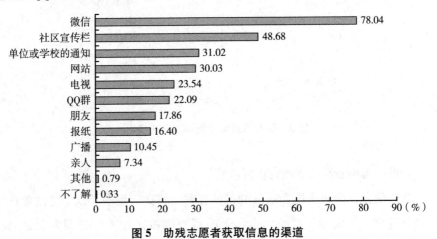

图 5　助残志愿者获取信息的渠道

2. 志愿服务价值感：助残志愿者获得感、幸福感较强

总体而言，助残志愿者参与志愿服务具有较强的获得感、幸福感。同意和非常同意参与助残志愿服务能够获得快乐、提升能力、增长知识、收获尊重、自我认同、结交朋友的志愿者均超过 90%（见表1）。

表 1　助残志愿者参与志愿服务的获得感、幸福感

单位：%

题目/选项	非常同意	同意	一般	不同意	非常不同意
在参加助残志愿服务时,总是非常快乐	60.85	32.08	5.49	0.26	1.32
参加助残志愿服务后,能力得到提升	58.80	33.33	6.35	0.33	1.19
通过助残志愿服务,增长了知识	60.65	31.75	5.95	0.40	1.26

题目/选项	非常同意	同意	一般	不同意	非常不同意
在助残志愿服务活动中总能得到他人的尊重	59.92	32.08	6.42	0.33	1.26
助残志愿服务经历帮助我在职业上获得更多成功机会	55.82	32.21	9.92	0.79	1.26
志愿者活动让我感到自己很重要	57.54	32.80	7.94	0.60	1.12
志愿者活动是一种结交新朋友的方式	58.33	34.33	5.95	0.33	1.06

注：表格内为选择该选项的占比。

3. 服务类型多样化，社区融入类占比最大

助残志愿者参与服务的类型呈多样化趋势，涉及社区融入、技能培训、邻里守望、扶残助学等数十项。其中，社区融入类最多，占63.62%，技能培训、邻里守望、扶残助学、交通引导次之，分别为43.52%、41.80%、38.96%、33.07%（见图6）。

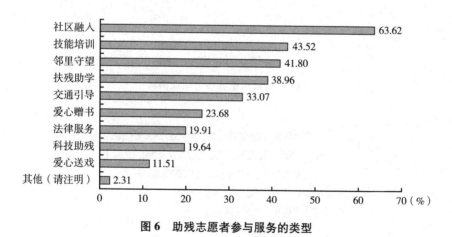

图6　助残志愿者参与服务的类型

4. 培训和保障：培训情况总体向好，但保障深度有待拓展

关于培训，超过七成的助残志愿者表示大多数活动和每次活动都有培训，而有7.41%的助残志愿者表示不到一半活动有培训，有6.61%的助残志愿者表示从未有过培训（见图7）。关于保障，志愿者组织提供的最主要

的保障包括助残志愿者实名注册、服装、身份卡、餐饮或误餐补助、徽章等其他标识、保险、交通补贴等。其中，实名注册保障和服装保障均超过半数，分别占 67.39% 和 51.12%，但与志愿者生命安全等诉求最为相关的保险、交通补贴等保障的占比偏低（见图 8）。

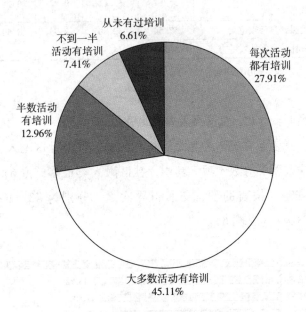

图 7　助残志愿者参与培训情况

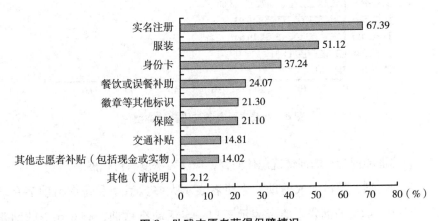

图 8　助残志愿者获得保障情况

（三）助残志愿者的助残志愿服务认知状况

1. 对报酬与馈赠的态度：超七成助残志愿者持否定态度

有 56.42% 的助残志愿者认为不应该接受服务对象提供的报酬与馈赠，有 16.67% 的助残志愿者认为不应该接受，但若服务对象坚持也可以接受，除此之外，有 13.62% 的助残志愿者则表示应该接受（见图 9）。

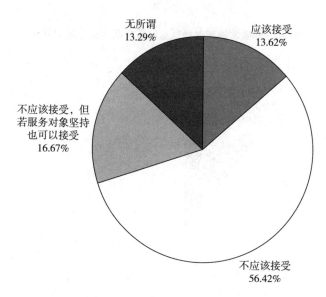

图 9　助残志愿者面对服务对象提供的报酬与馈赠的态度

2. 补贴与奖励：基础性的报销补贴和适当奖励符合助残志愿者的期待

关于助残志愿服务期间的补贴，有 45.30% 的助残志愿者认为应只报销与助残志愿行为相关的开支，有 29.10% 的助残志愿者认为应在报销的基础上有适当的奖励，有 23.94% 的助残志愿者则表示不需要任何补偿（见图 10）。关于是否支持国家机关、企事业单位、学校优先招收助残志愿服务活动成绩突出者，认为"应该支持，这样可以鼓励志愿精神"的占比近九成，为 89.68%（见图 11）。

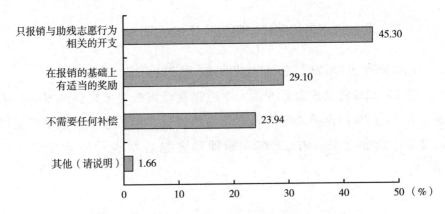

图 10　助残志愿者对助残志愿服务期间的补贴的看法

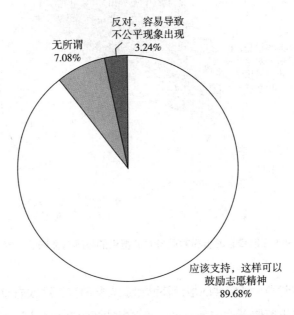

图 11　关于是否支持国家机关、企事业单位、学校优先招收
助残志愿服务活动成绩突出者

3. 最担心的风险：因服务疏忽而需承担责任的风险

近六成的助残志愿者最为担心因服务疏忽而需承担责任的风险，身体伤害风险也是助残志愿者主要担心的风险类型。而担心身体伤害风险、健康风

险、精神伤害风险、财产损失风险的占比分别为 37.04%、21.89%、21.56%、10.12%（见图 12）。

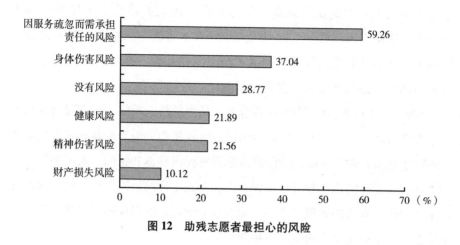

图 12　助残志愿者最担心的风险

二　上海市助残志愿服务的举措及其成效

（一）构建助残志愿服务组织体系

助残志愿服务组织体系是推动助残志愿服务工作的基础和保障，科学、合理、有效的组织体系有助于提升助残志愿服务的水平与效能。为了提高残疾人事业发展质量，为残疾人提供高质量的志愿服务，上海市高度重视残疾人工作组织体系的建立。

在市级层面，成立上海市人民政府残疾人工作委员会（以下简称"残工委"），组织架构包括主任、第一副主任、副主任和委员。其中主任由上海市副市长担任，副主任由上海市政府副秘书长，以及市残联、市教委、市民政局、市人社局、市卫健委、市发改委、市经信委、市委宣传部、市住房和城乡建设管理委等部门主要领导担任，委员包括市绿化和市容管理局、市农委、市民族宗教委、市文广局、市政府法制办、市体育局、市财政局、市政府侨办、市房屋管理局、市司法局、市统计局等与残疾人事业相关的部门领导。残工委主要是在市政府的领导下，综合协调有关全市残疾人事业方针、政策、法规、计划的制定与实施工作，协调解决全市残疾人工作中的重大问题，指导各区人民政府残疾人工作委员会工作，组织协调中国残联和国际残疾人组织在本市的重大活动，接受国务院残疾人工作委员会的指导并贯彻落实相关工作部署。残工委的建立为推动上海市助残志愿服务提供了坚实组织基础。

另外，上海市各区不断探索适合本区特点的组织网络，一方面建立助残志愿者队伍体系，另一方面将社会组织、院校机构、爱心企业等多方主体纳入助残志愿服务组织网络，为助残志愿服务提供支撑和帮助。组织网络的不同主体间有明确的角色分工，强调多层、多元主体的协同参与。这为助残志愿服务提供了有效的管理和支持，能够推动助残志愿事业的高质量发展，真正地提高与增进残疾人的生活质量和福祉。

例如，浦东在上海助残志愿服务总队下形成了"1+1+36+N"的助残志愿服务组织架构。第一个"1"指的是浦东残联志愿服务总队，负责统筹、组织和协调浦东助残志愿服务工作；第二个"1"是上海市浦东新区助残（志愿者）服务中心，负责浦东残联志愿服务总队的宣传、动员、服务、活动等具体工作，其服务包括助盲出行、助聋就医、助心圆梦、助爱寻梦等，另外，联动社会组织、企业、学校、残疾人协会等主体共同推进助残志愿服务；"36"是指36个街道（镇）助残志愿服务队，开展街道助残志愿服务工作，在区村之间发挥链接作用；"N"是指村居助残志愿联络点，推进村居助残志愿服务工作。

嘉定区残联秉持"党建引领、阳光助残"的理念，建立了"委办局党组织—助残社会组织—爱心企业—区残联共建单位"的"四级架构"模式。另外，自2012年起，嘉定区残联运用社会化运作管理模式，设立嘉定区助残志愿者服务中心，由其委托第三方社会服务机构，即嘉定区关爱残疾人康复培训中心，负责日常运作管理工作，并以此为依托构建起"1+12+4"助残志愿服务队："1"，即"阳光四叶草"嘉定区助残志愿者服务总队；"12"，即12个街（镇）助残志愿者服务分队；"4"，即4个具有一定专业资质的面向不同类型残疾人的助残志愿者服务分队，分别是"零距离"党员助残志愿服务分队、"向日葵"自强志愿服务分队、"译嘉人"手语志愿服务分队、"手拉手"爱心志愿服务分队。通过构建不同层级、不同专业水平相互整合的助残志愿服务队，以个性化助残项目实现精细化助残服务。

（二）加强助残志愿服务能力培训

在开展助残志愿服务时，助残志愿者会有许多疑惑。比如，在陪护盲人过马路时，需要注意什么？如何参与助残志愿服务？现在都有哪些助残志愿服务活动？在这一情境下，对助残志愿者进行培训有助于他们获得更多关于助残的知识和技能，让他们更加积极地参与社会公益活动。总体来说，目前上海市残联对助残志愿者的培训主要有线上培训和线下实地培训两种形式。

1.培训方式

在助残志愿者的培训方式中，线上培训和线下实地培训是两种主要的形式。线上培训采用腾讯会议等在线平台进行，具有高效便捷、省时省力等优势，适用于远距离培训和大规模培训。而线下实地培训则主要在助残机构和组织内进行，更能增强志愿者对组织的参与感与归属感。

（1）探索线上培训，扩大助残志愿服务培训覆盖面

随着科技的不断发展，线上视频会议已经成为人们日常工作、学习和社交的常见方式之一。在这一背景下，腾讯会议作为一种在线视频会议工具，因使用方便、功能性强和功能丰富等优点，受到各行各业的欢迎，尤其是在助残志愿服务领域，腾讯会议的应用为志愿者提供了高效便捷的线上培训，不仅节约了时间和成本，还提升了他们的技能水平，使他们更好地参与助残活动，为社会做出更多的贡献。

许多助残志愿组织也开始运用腾讯会议进行线上培训，以满足志愿者日益增长的学习需求。例如，"浦东残联"微信公众号推出"助残文化及志愿服务技能分享"培训。助残志愿者可以在推文中扫码报名，实时进入腾讯会议进行学习。培训的内容主要包括"志愿服务文化及技能分享"、"实操

演练"以及"现场考核"三个方面。

另外，随着腾讯会议的广泛应用，学习助残志愿知识和技能变得更加便捷和高效。2022 年 7 月 17 日，上海慈爱公益基金会成功地举办了一场关于志愿服务的线上培训活动，此次活动以志愿服务基本理念为主题，为志愿者阐述了志愿服务的概念、特征、意义等五个方面内容。朱慧老师深入浅出地以案例分析为例，生动形象地进行了专业的讲解。培训中，志愿者积极参与讨论，共同探讨了志愿服务中的一些细节问题，并分享了参加志愿者活动中遇到的趣事和问题的解决办法等。本次线上培训活动共有 10名上海慈爱公益基金会志愿者代表参与，为志愿者提供了一个相互了解和交流的平台。

（2）线下实地培训：增强归属感与参与感

当志愿者参与助残服务时，线下实地培训能够使志愿者之间更好地交流和合作，分享彼此的经验和技巧，相互学习和借鉴，增强参与感和归属感，使他们更好地服务残障人士。

以金山区残联为例，2019 年 11 月 1~2 日，区残联结合区委"不忘初心 牢记使命"主题教育，为助残志愿者开展了为期两天的线下实地培训。此次线下实地培训包括参观学习上海中共一大会址、体验视障人群所处的黑暗世界以及参观上海市阳光康复中心等活动。通过这些活动，助残志愿者不仅提高了对党的历史和党的事业的认识，还体验了残疾人的生活和了解了其所面临的困难。同时，通过素质拓展活动，助残志愿者锻炼了身体协调、战术策略及团队协作能力，提高了服务水平和能力。

此外，杨浦区助残者协会社工与复旦大学新闻系、上海体育学院特奥团的 9 名志愿者在区残联二楼多功能厅举办了一场助残志愿者培训活动。通过热身游戏，志愿者增强了相互间的交流与合作，提高了现场的活跃度。此外，为了让志愿者更好地了解残疾人，培训中还设置了"蒙眼过障碍物"的游戏，以让志愿者亲身体验残疾人在生活中遇到的困难与挑战。在仅有的一小时培训中，志愿者深刻领会了七类残疾人的特点，并且能够从残疾人的角度出发，为他们提供更好的服务。

2. 培训内容

助残志愿组织对志愿者的培训是提高志愿者服务质量和专业性的重要手段。培训内容主要包括助残心理疏导与情绪纾解和助残知识与技能两个方面。

（1）助残心理疏导与情绪纾解培训

许多残障人士经常面临许多心理困境，如相对剥夺感和社会孤立等。因此，作为助残志愿者，心理疏导培训至关重要。该培训的目的是帮助志愿者更好地了解残障人士的情感需求，提高志愿者的服务质量和服务态度。在培训中，助残志愿者将学习如何识别和理解残障人士的情绪反应，以及如何运用有效的沟通技巧和情绪管理策略来支持他们。通过这些培训，志愿者将能够为残障人士提供更好的支持和帮助，帮助他们克服心理上的困难和挑战。

例如，上海市残联的助残志愿者曾前往不同的实训点进行培训交流。在上海悦苗残疾人寄养园，志愿者在现场结合黄志华老师、路微波老师、马莹教授等课程中有关助残服务、心理疏导及情绪纾解等理论知识，同寄养园的智力障碍小朋友沟通互动，对辅具轮椅的使用也得到了很好的实践。

另外，为提升志愿者的心理健康水平和专业工作素质，上海一致心理咨询职业技能培训中心曾承办市残疾人工作者心理专业技能培训，团体辅导主题为"心理压力自我调适"。培训包括图片测试体验、心理学理论讲解、小动物园活动、自评及心理调适技巧指导等环节。此次培训旨在通过有效的心理疏导与情绪纾解，帮助助残志愿者更好地应对工作和生活中的挑战。

（2）助残知识与技能培训

知识与技能培训是为了提高志愿者的专业水平，让他们掌握一定的助残服务知识和技能，使他们更好地服务残疾人。在这方面的培训中，志愿者将学习如何进行残疾人的康复训练、如何使用手语与聋哑人对话、如何使用各种辅助器具和设备。这类知识和技能的掌握可以提高志愿者的专业性，让他们更加熟练地处理各种情况，为服务对象提供更好的服务。

例如，上海市残联举办的助残志愿服务知识与技能讲座活动，每期培训40余名助残志愿者。请全国"最美志愿者"解海霞授课，讲解了助残志愿服务须知和注意事项，并分享了宝贵的志愿服务经验；另一堂课则着重于肢体类辅具实务操作培训，让志愿者亲身体验轮椅车的基本结构、分类和操作技巧，以便更好地为肢体残疾人提供服务。此外，2023年上海市残联已成功举办了多个培训班，包括助盲出行、手语培训等，帮助志愿者掌握更多知识和技能，为残障人士提供更加恰当、得体的服务。

又如嘉定区残联为鼓励社会各界学手语，提升助残志愿服务能力，开展了"百个服务窗口千人学手语"培训活动。2023年4月19日，阳光志愿者手语培训在嘉定区阳光天地举行，19名阳光助残志愿者参与了此次培训。活动现场，手语导师对手语表达特点、手语数字、称谓等进行生动形象的讲解，并进行手语助聋实操演练，让志愿者通过学习掌握手语沟通技巧，为残障人士提供更优质的服务。由此，助残志愿者可以更加积极地参与社会公益活动，以理解残障人士的需求和情绪，增强同理心和包容性。

（三）整合助残志愿服务多方资源

在扶残助残领域，助残志愿服务需求大于供给是长期存在的矛盾。尽管越来越多的志愿者和组织加入助残志愿服务中，但由于残障人士数量的增加以及服务需求的多样化和复杂化，供给仍然难以满足需求。在此情形之下，资源的整合和利用效益的最大化显得尤为重要。上海市积极整合现有的志愿服务资源，整合各级残联、志愿组织、企业、社区等各方力量，同时挖掘潜在资源，充分利用各区域布局特点，实现助残志愿服务与各类资源设施有效结合，为残障人士提供更好的服务。

1. 整合横纵资源，构筑助残志愿服务资源网络

建立纵向到底、横向到边、多级联动的志愿服务队伍。上海市以助残志愿服务总队为主体，以志愿者服务基地和16个区残联系统志愿服务团队为两翼，上下联动、区域互动，积极推动助残志愿服务融入全市新时代文明实践中心建设的大局，营造志愿帮扶残疾人的良好社会氛围。浦东新区划分为东、西、南、北、中5个区域，建立助残志愿者档案管理系统，定期开展志愿者助残培训，并进行督导及协助，提高服务成功率和服务对象满意度。

2.利用辖区资源，开展多元化助残志愿服务

一是"助残志愿服务+医疗"。以医院为依托，将志愿服务与就医相结合，为残障人士提供就医服务。例如，提供助聋门诊和助盲门诊，由志愿者为视听障碍人士提供一对一全程就医协助。此外，还有社区义诊、助检、就医配药等其他助残志愿服务形式。例如，徐汇区大华医院"心系残障人士健康，志愿服务保驾护航"体检助检志愿服务活动；社区配药、送残就医；等等，为残障人士提供全方位的就医保障。二是"助残志愿服务+公共文化服务设施"。为进一步整合社会助残资源，拓展多样化的助残志愿服务领域，上海市积极探索志愿服务新阵地，以各类博物馆、图书馆、科普馆等文化服务设施为基地开展助残志愿活动。例如，上海自然博物馆于2018年开展的首批"自然无碍"系列活动、上海保利大剧院开展的文化助残工作等。此外，上海汽车博物馆、嘉定图书馆、嘉定气象科普馆、上海新时尚·垃圾分类科普馆等单位也获评"示范型阳光助残基地"。上海市扶残助残新时代文明实践志愿服务工作取得显著成效，进一步丰富了残疾人的精神文化生活。三是"助残志愿服务+体育赛事"。2019年，由上海市残联、上海市体育局、上海市体育总会联合主办的"爱在上海"残健融合运动会集结志愿者与残障人士，面向不同的残障群体（聋人组、视障组、肢残组、智力障碍与精神障碍组），采取残障人士与志愿者共同组队的方式完成定向赛或项目体验活动。2020年后，残健融合运动会的形式更为多样，加入了乒乓球训练赛、趣味运动会、红色运动会、融合电竞赛等形式。

3.依托社区资源，打造残障人士"15分钟服务圈"

为了让残障人士在家门口就能享受到助残服务，上海市开展了助残服务进"家门口"的试点工作，按照区委"15分钟服务圈"的标准，以残健融合、平等参与为理念，整合社区资源，健全全村居残协组织架构，建立助残志愿服务站，打造一村一居志愿服务品牌。此外，金山区积极搭建社区义卖平台，探索"让爱流动"义卖模式，开展残障人士手工作品义卖活动，增强残障人士的自尊心与自信心。

4.调动各方力量，协同助力助残志愿服务

上海市积极探索多主体参与助残志愿新模式，积极调动各方力量，实现助残志愿主体多元化。例如，浦东新区残联联合爱心企业、专业组织，推出"谱梦空间公益助残平台"，聚力打造"一个具有强大生命力的总 IP"，吸引更多的爱心企业加入助残事业，营造浓厚的助残扶残氛围，一起为扶残助残助力，帮助残疾人圆梦。金山区残联致力于培养青少年志愿者队伍，通过申请高中生实践基地，利用寒暑假带领高中助残志愿者开展残健融合活动。此外，金山区培育学龄前儿童的助残意识，组织幼儿园儿童与本区阳光之家学员共同演出，增进学龄前儿童对残障人士的了解，助残志愿服务理念的培养"从娃娃抓起"，营造扶残助残的浓厚氛围。

（四）探索科技助残志愿服务路径

上海市积极推动助残志愿数字化转型，利用互联网、大数据、移动应用等技术手段，促进助残志愿服务的创新和发展，探索科技赋能助残志愿服务新路径。

1.志愿服务信息数字化管理，实现数据互联互通

注重助残志愿者信息管理，上海"云助残服务平台"通过数字化手段，为志愿者提供了注册、报名、管理个人信息等在线服务，使志愿者个人信息管理变得规范、方便。此外，该平台为志愿者提供在线的服务记录和反馈，方便志愿者及时了解自己的服务历史和表现。通过数据分析，有效匹配服务需求和志愿者资源，提高服务的效率和质量。小程序注册个人用户与上海志愿者网注册志愿者同源管理，志愿者在"云助残服务平台"注册、认领需求并线下完成服务的，服务时长将同步在上海志愿者网进行记录。

2.搭建数字平台，提供助残志愿线上指导与培训

推动助残志愿数字化转型，利用数字平台提升助残培训资源的可及性。"云助残服务平台"的手语课堂、助残培训等线上课程使志愿者培训打破时空限制，随时随地均可进行；浦东新区依托阳光天地 App 推出针对视障者的"助盲出行服务项目"，依托残疾人智慧服务平台，通过网上预约、定点定时、全程陪护"一站式服务"，让助盲出行像网约车接单一样便捷。

3. 加强扶残助残政策宣传，营造关爱残疾人的社会氛围

以现代社交媒体为平台和阵地，普及"平等、参与、共享"的残疾人观，打造和谐助残文化。嘉定区利用区残联门户网站、微信公众号、残疾人广播专栏等宣传阵地，引导助残扶残的社会风尚。积极推动区残联与融媒体合作，打造公益文创 IP "我嘉心坊"，讲好残疾人故事，让更多人了解残障人士的内心世界。

4. 借助科技企业力量，弥合残疾人数字鸿沟

充分运用现代信息科技手段，加大惠残助残技术应用和成果转化力度，推动残疾人工作数字化转型。例如，"智慧助我行"科技助残志愿服务分队依托专业化科技服务公司提供老年残疾人培训，使其学会使用智能手机，弥合数字鸿沟，让老年残疾人也能享受便利生活，实现数字化社会的共享和可持续发展。

（五）创新助残志愿服务激励机制

残疾人长期以来都是社会各界关注的群体，党的二十大报告强调"完善志愿服务制度和工作体系"，为助残志愿服务未来的发展指明前进方向和工作路径。相较于其他志愿活动，助残志愿活动因其服务对象主要面向的是残疾人，对志愿者专业性要求更高，活动强度更大。为志愿者提供完善的激励保障机制不仅有利于提高志愿者参与助残服务的程度以及服务质量，还能够推动稳定、热心、积极的志愿者队伍的形成。上海市积极践行"奉献、友爱、互助、进步"的精神，探索建立健全助残志愿服务保障激励机制的做法，初步建立起多样化、阶梯式的保障激励机制。

1. 物质奖励与精神激励相结合，实现正向激励效果

在助残志愿者激励方面，采取物质奖励和精神激励相结合的方式，以更好地体现对助残志愿者的重视和支持，鼓励其更加积极地参与助残志愿服务。一是节省志愿服务成本，为志愿者提供各类津贴、实物奖励等，如上海志愿者网等志愿服务平台为志愿者提供车补、餐补、饮水、志愿者服装、助

残志愿服务工具等。二是设计征集志愿者专属标识、提供时长证明、志愿表彰、荣誉证书、主题团建机会等，为志愿者提供精神激励。例如，上海市残联向社会公开征集"上海助残志愿者"服务标识、发布宣传口号"志愿于心，助残于行"和昵称"小石榴"，为志愿者提供专属身份证明。此外，以上海志愿者网、"云助残服务平台"等为依托，为助残服务志愿者提供志愿时长证明，累计助残志愿服务时长达到一定小时数后可获得荣誉证书、荣誉称号等。以"云助残服务平台"为例，为营造扶残助残的社会氛围，吸引更多的人参与助残志愿服务，"云助残服务平台"特别制定了相关奖励机制，平台上线第一年为志愿服务时长满 5 小时及以上的志愿者发放激励卡，其后上线"积分排名"在线展示并鼓励志愿服务时长多的志愿者。三是提供主题团建等活动，增强志愿者集体荣誉感。例如，浦东残联志愿服务总队邀请为不同类别的残疾人提供助残志愿服务的志愿者前往长兴岛开展了"闪亮的你"助残志愿者团建赋能活动；上海市杨浦区助残者协会组织会员单位成员开展户外团队拓展活动，促进会员之间的联系与了解，创造会员之间的合作机会，为助残扶残的工作注入新的活力、提供新的思路。

2. 采取阶梯式的激励机制，激发助残志愿服务积极性

为激励志愿者更积极、长久地参与助残志愿活动，上海探索建立阶梯式的激励机制。根据所累积的助残志愿服务时长设置不同等级的"星级志愿者"，并附有各个等级的奖励细则，定期举行表彰会、颁奖典礼等，通过微信公众号、新闻报道等媒介加以宣传，在社会上树立助残志愿者的良好形象，营造志愿扶残助残的浓厚氛围。例如，浦东新区设置了 5 个档次的志愿时长分级，对服务小时数达到 50/100/150/200/250/300 小时数的助残志愿者分别授予 1~5 星荣誉志愿者称号并颁发证书；闵行区志愿服务总队建立了内部服务时间和服务内容的星级评定制度，鼓励志愿者长期参加助残志愿服务活动。

3. 提供助残志愿者保险，保障志愿者人身安全

通过购买医疗保险、社会保险等，为志愿者提供人身安全保障和良好的服务环境，包括面向全体志愿者的保险和只针对残障志愿者的保险。对于在

上海志愿者网登记注册的志愿者，在参加志愿服务活动期间，因从事志愿服务活动而遭受意外伤害的，可获得保险理赔。但目前似乎并未建立专门针对助残志愿者群体的保险体系；针对残障志愿者的保险，上海恩三青年发展促进中心启动了"残障志愿者人身意外公益保险项目"，为残障志愿者提供个人公益保险投送服务，保障范围涵盖人身意外伤害的定额理赔、医疗费用、康复护理费用等，为残障志愿者提供全方位的保护。

（六）完善地方立法和政策措施

为了倡导奉献、友爱、互助、进步的志愿服务精神，保障助残志愿者、志愿服务组织和志愿服务对象的合法权益，鼓励和规范助残志愿服务，发展助残志愿服务事业，上海市高度重视助残志愿服务的法律法规和政策的制定与完善。早在2009年4月23日，上海市第十三届人民代表大会常务委员会第十次会议通过了《上海市志愿服务条例》，该条例中对志愿者、志愿服务组织的权利和义务、负责部门及其职责、志愿服务保障制度、志愿服务激励机制等进行了明确规定和说明，为助残志愿服务的发展提供了法律支撑和政策保障。2019年11月15日，根据国家和社会的发展需求以及志愿服务的前期基础与最新发展，上海市对《上海市志愿服务条例》进行了全面的修改和完善。

三 上海市助残志愿服务存在的困难

（一）助残志愿服务宣传效果有待提升

通过问卷调查和调研可以发现，约有41.73%的助残志愿者认为"获取相关信息困难"是目前助残志愿服务存在的主要问题，而目前助残志愿者获取信息的渠道主要有微信、QQ群、网站、电视、社区宣传栏、单位或学校的通知等，信息获取渠道广泛，微信是助残志愿者最为依赖的信息获取渠道，而从其他渠道获取信息的占比均不足五成。数据反映出如下问题：信息传播过度依赖微信渠道，其他信息渠道仍有待拓展，多种信息渠道可以结合使用；信息渠道多样但获取信息仍较为困难，这意味着信息渠道堵塞，不够顺畅，信息未能主动精准投送至相关方，相关信息的宣传力度不足；信息传播方式仍需改进，智慧化程度不高，信息质量有待提升。通过实地调研可以获悉，"获取相关信息困难"的问题普遍存在于两个阶段，第一个阶段是从社会爱心人士到成为助残志愿者的阶段，众多社会爱心人士"有心无信""志愿无门"，寻求参与助残志愿服务却不知从何入场，该阶段存在着信息不对称问题，抑制了社会爱心人士的志愿热情，阻碍了助残志愿队伍的进一步扩大。第二个阶段是从助残志愿者到成为长期可持续助残志愿者的阶段，有众多志愿者参与服务的次数较少，尚未形成长期可持续服务，原因可能在于，该阶段存在着信息推送与宣传不力、信息宣传效果欠佳等问题，未能形成特殊群体友好氛围和吸引人留住人的品牌效应。

（二）助残志愿服务保障制度有待健全

国家层面，2010 年中央文明办、民政部、司法部等八部门出台《关于加强志愿助残工作的意见》，这是首次由政府主管部门针对助残志愿服务出台工作意见。紧接着，2013 年中国残联出台《中国助残志愿者注册管理办法（试行）》（以下简称《办法》），将助残志愿活动纳入制度化管理，明确了助残志愿者的权利和义务，建立了助残志愿活动的组织管理制度。但《办法》中对助残志愿者具备哪些必需条件，具体享有哪些权利、哪些保障并未做出明确规定。2015 年 5 月，中国残联、中央文明办、民政部、共青团中央四部门联合出台《关于进一步做好志愿助残工作的通知》，这是首次在政府文件中明确助残志愿服务需要的物质保障内容，提出"积极引导本系统内项目资金等资源，用于支持开展志愿服务的保险、交通、培训等工作"，但对具体资金来源未做出明确规定。而 2022 年，中国助残志愿者协会先后发布了《"十四五"中国志愿助残服务方案》和《志愿助残阳光行动实施方案（2023—2025 年）》，制定了助残志愿服务的总体任务目标及其细化落实方案和行动指南。上海层面，尚未有关于开展助残志愿服务的专门性政策制度，较为相关的是《上海市残疾人事业发展"十四五"规划》和《上海市志愿服务条例》，但其中对助残志愿服务的监督管理、评估标准与流程、助残社会组织管理、志愿者激励保障与权益维护等问题的回应仍较为宽泛，精细化程度不够，制度建设有待健全。同时，针对实践过程中出现的残疾人亲属的终极忧虑，急需制度有所回应和突破。

（三）助残志愿服务激励机制有待完善

激励与赋能机制主要体现在薪酬津贴、培训、保障等方面。关于薪酬津贴问题，问卷调查显示，仅 20% 左右的助残志愿者反映接受过交通补贴、餐饮或误餐补助或其他志愿者补贴（包括现金或实物）。而约 75% 的助残志愿者认为应只报销与助残志愿行为相关的开支甚至在报销的基础上有适当奖励。助残志愿者对一定的薪酬津贴的激励存在较大的需求，而当前多数志愿组织筹款能力不足、筹款渠道单一、造血功能弱，从而导致其面临经费保障不足的困境，难以满足助残志愿者的合理物质需求，严重影响助残志愿者的积极性，不利于助残志愿服务的可持续发展。关于培训问题，相对而言，助残志愿服务是更具专业性的志愿服务，是需要经过专业的培训后才能上岗的，且助残志愿服务工作难度和工作强度也较大。然而，接受调查的助残志愿者中仍有约 15% 反映助残志愿服务存在培训不足的现象，这既不符合《上海市志愿服务条例》中明确规定的志愿者享有"获得与所从事的志愿服务活动相关的信息和培训"条目，也不利于更好地赋能和保障助残志愿者，严重妨碍了助残志愿服务效果的实现。关于保障问题。除上述薪酬津贴和培训外，助残志愿者的保障亦存在不足。目前，助残志愿者的保障较多为"实名注册""服装"两大类，进行保险购买和提供徽章等其他标识的仅两成左右，而众多助残志愿者明确表示担心助残志愿服务中存在因服务疏忽而需承担责任的风险、身体伤害风险等。现阶段，助残志愿者的安全与合法权益保障仍存在较大的提升空间。

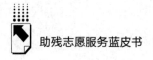

（四）助残志愿服务队伍建设有待加强

助残志愿服务中人才队伍建设的问题主要体现在以下几个方面。第一，年龄结构老化。问卷调查表明，当前 40 岁及以上的助残志愿者约占64.81%，而 30 岁以下的助残志愿者占比仅约 6.88%。助残志愿者队伍需要更多的新生力量，需要招募更多的年轻人。第二，专业型、高素质人才不足。分别约有 29.56% 和 28.97% 的助残志愿者表示当前助残志愿服务中志愿机构/团体组织不力、专业队伍建设落后。助残志愿服务由于其特殊性，对服务队伍的专业性有一定的要求，而残障人士群体内部又有不同的分类，这更给助残志愿服务增添了难度。除了专业性的硬要求外，助残志愿者自身的心理素质和服务素养等综合能力亦是进行助残志愿服务的关键，就目前而言，这方面的专业型、高素质人才还相当匮乏，实践中对助残志愿者应具备的基本素质和能力也缺乏系统、全面的专业性指导和有针对性的培训。

四　上海市助残志愿服务的对策和建议

（一）创新数字赋能助残志愿宣传与服务路径

拓宽助残志愿政策、服务信息等宣传渠道，利用互联网、大数据等数字化手段，线上线下多渠道开展全方位、立体化、矩阵化宣传，营造特殊群体友好型氛围。加强助残志愿服务品牌建设，培育枢纽型社会组织和标志性人才，以点带面，以个体带动群体，以品牌效应推动志愿服务宣传效果的提升。推进助残志愿智能化建设，利用先进技术手段进行志愿服务数字化宣传与管理，创新开展智慧助残服务。

（二）加强助残志愿服务制度化建设

适时出台上海层面关于开展助残志愿服务的专门性政策制度，对助残志愿服务领域中的监督管理、评估标准与流程、助残社会组织管理、志愿者激励保障与权益维护等核心诉求，进一步细化落实方案和行动指南，加强各区残障人士档案和台账管理，重视档案和数据库建设，实现助残志愿服务标准化和规范化。

（三）完善助残志愿服务激励保障机制

深入研究志愿者薪酬补贴难题，提供志愿服务荣誉表彰，通过保险购买等方式保障志愿者人身安全，满足志愿者物质需求和精神需求，激发志愿服务积极性，吸引更多青年才干加入助残志愿服务领域，稳定并扩大志愿者服务队伍。加强志愿者培训，培养其政治思想觉悟、项目管理能力、法律规范履行能力、专业服务能力等，提升助残志愿者专业化程度。培育社会组织新生力量，挖掘优秀管理人员，开展能人达人建设。

（四）强化助残志愿人才队伍建设

市级层面统筹，加强市级、区级、街镇资源有效衔接与共享。建立多主体联动体系，吸引更多市场、社会力量加入助残志愿服务领域，链接社区、邻里资源，整合各条线志愿者，集中力量，协同开展服务，形成合力，稳定并扩大志愿者服务队伍，提高助残志愿服务社会化和协同化程度。

B.15
北京志愿服务高质量发展报告

代恒猛*

摘　要： 北京志愿服务起步早、规格高、影响深远，一系列重大活动、重要政策和规章制度在我国志愿服务发展历程中具有引领和开创性意义，尤其是 2008 年北京奥运会以来，首都志愿服务大力推进志愿服务法治化、组织化、体系化建设，探索构建了党委领导、政府主责、社会协同、公众参与的志愿服务制度和工作体系，初步形成了具有中国特色、时代特征、首都特点的志愿服务发展路径和工作模式。本报告系统考察了首都志愿服务发展历程和发展成就，并在分析当前存在的"碎片化""零散化"问题的基础上，提出推动首都志愿服务高质量发展的对策和建议。

关键词： 立法　志愿服务　高质量发展　北京

党的十九届四中全会、党的二十大和党的二十届三中全会一再强调，要"健全志愿服务体系""完善志愿服务制度和工作体系""推动志愿服务体系建设"。究其原因，在于我国志愿服务领域长期存在的"碎片化""零散化"问题亟待破解。2024 年 4 月 12 日，《中共中央办公厅 国务院办公厅关于健全新时代志愿服务体系的意见》，这是第一次以中央文件的形式对志愿服务体系做了全面部署。在此背景下，加强志愿服务体系化建构，解决"碎片化""零散化"问题，推动志愿服务高质量发展，成为当前志愿服务工作的

---

* 代恒猛，北京市团校党的群众工作教研部部长，北京志愿服务发展研究会副会长，博士后，副研究员，主要研究领域为志愿服务、党的青年工作。

重心所在。

"志愿者的微笑"是北京"最美的城市名片"。首都志愿服务起步早、站位高，经历了 2008 年北京奥运会等重大活动，在志愿服务体系化建构方面进行了长期探索，形成了相对完善的党委、政府组织领导体制和以枢纽型社会组织为核心的"三会一中心"执行机制。在中国特色志愿服务发展历程中，在一些关键节点、重大活动、重要制度等方面，往往都有北京志愿者的参与和产生的影响。但与其他省份情形相似，首都志愿服务也在一定程度上存在着"碎片化""零散化"问题，迫切需要加强志愿服务制度和工作体系建设，更好地发挥志愿服务在助力首都新时代发展方面的积极作用。

本报告以首都志愿服务法治化、组织化、体系化建设为研究对象，坚持问题导向、系统思维和实践标准，探寻北京的经验做法、存在的问题和下一步工作对策。本报告的定量数据来自调查，少数数据来源于网上。本报告依托北京市志愿服务联合会的会员代表、全市一级志愿服务组织，通过全市 16 个区和 1 个大兴开发区等区级层面志愿服务联合会，组织全市各领域、各系统、各层级志愿服务组织填写调查问卷，共回收有效问卷 380 份，实现对全市各类志愿服务组织的有效覆盖。在北京市志愿服务联合会的支持下，依托"志愿北京"信息平台，获取全市志愿服务组织及团体的重要数据，主要包括志愿服务组织及团体的注册情况、服务时长、主要参与志愿服务类型、获得表彰情况等。此外，本报告对相关部门和志愿服务组织开展了专项访谈，参与北京市志愿服务指导中心组织的对西安、广州等地志愿服务考察工作。经统计分析后，与平台大数据以及重点访谈之间相互印证。

一 北京志愿服务的发展历程

现代意义上的首都志愿服务，最早可以追溯到新中国成立之初的开国大典期间北京义务清扫工作。此后，从孕育阶段到起步阶段，从成熟阶段到进入新时代，首都志愿服务经历了一个长期的发展过程。

第一阶段：孕育阶段（1949~1982 年）

　　首都志愿服务起步早。1949年新中国成立之初，为配合10月1日开国大典，北平市人民政府动员党政军民学商各界，对全市积存多年的垃圾进行大清除，组建"北平青年建设队""星期六义务劳动队""劳动服务队"等，义务参与天安门广场整修工作。其间，青年团北平市委筹委会和北平市学联要求高校动员4300名学生，没想到短短两天时间，竟然有18000人报名要求参与。①

　　1954年1月，我国第一支青年突击队由18名团员青年在北京展览馆工地上发起成立。1955年8月北京青年志愿垦荒队成立，其中包括男队员48名，女队员12名。青年突击队和北京青年志愿垦荒队的成立，具有广泛而深远的社会影响。北京青年志愿垦荒队受到时任团中央第一书记胡耀邦同志的接见，并被称为"我们首都青年做了一件很有意义的事情，这就是组织了祖国的第一支垦荒队"。

　　现代意义上的首都志愿服务是在"学雷锋"活动的基础上发展起来的。1963年3月5日，《人民日报》发表毛泽东同志亲笔题词，号召全国人民"向雷锋同志学习"。周恩来、刘少奇、朱德、邓小平等党和国家领导人也都为雷锋题词。随后，一场影响深远的学习雷锋活动，在神州大地迅速兴起。雷锋的事迹广为传颂、家喻户晓，学习雷锋活动在全国持续开展、影响深远，雷锋精神成了新中国社会风尚的一种标志，激励着一代又一代中国人。在雷锋精神的感召下，首都青年和各界群众踊跃参与义务劳动和各类公益活动，以实际行动践行"为人民服务"的誓言。

　　第二阶段：起步阶段（1983~2000年）

　　改革开放后，市场机制的引入和国企改革，推动了城乡街居制改革，使得社区重新成为人们生活的重要场所。北京作为首都，要创建社会建设和社会治理的"首善之区"。在此背景下，西城区大栅栏针对社区群众生活需求，于1983年创立"综合包户"的志愿服务帮扶机制，拉开了我国现代意

① 《天安门广场升起新中国第一面五星红旗》，北京市人民政府网站，2021年9月30日，https：//www. beijing. gov. cn/ywdt/zwzt/fdbnlqhxzc/hsyj/202109/t20210930_ 2506047. html。

义上志愿服务的发展序幕。

1983 年，北京市宣武区大栅栏街道团委发起学雷锋"综合包户"志愿服务活动。2 月 27 日，第一份学雷锋"综合包户"协议在西柳树井幼儿园签订。按照协议，大栅栏地区的百货、副食等行业以及街道办事处的团员青年，为本地区的 19 户孤寡老人定期提供日用百货、卫生巡诊等十项综合服务。①"综合包户"套结对帮扶模式，促进了志愿服务制度化、常态化，具有深远影响。

20 世纪 90 年代初，我国志愿服务的排头兵和生力军——青年志愿服务逐渐发展起来。1993 年 11 月，我国第一个由学生发起的志愿服务社团——北京大学爱心社成立。1993 年 12 月 5 日，北京市成立全国第一个省级志愿者协会——北京志愿者协会。这一枢纽型社会组织的成立，在首都志愿服务事业中具有至关重要的地位和意义。12 月 19 日，神州大地天寒地冻，铁路停滞。2 万余名铁路青年打出"青年志愿者"的旗帜，在京广铁路 2400 公里沿线开展"为旅客送温暖"志愿服务，标志"中国青年志愿者行动"正式启动。②

第三阶段：成熟阶段（2001~2010 年）

2001 年 7 月，北京获得 2008 年奥运会举办权。在喜迎奥运的过程中，首都各界群众以各种方式参与其中，形成"我参与、我奉献、我快乐"的热潮。2005 年 6 月，北京奥运会"1+6"志愿者项目启动。据统计，2008 年北京奥运会期间，累计 170 万名志愿者参与服务，包括 10 万名赛会志愿者、40 万名城市志愿者、100 万名社会志愿者，以及 20 万名啦啦队志愿者，"志愿者的微笑"成为北京"最美的城市名片"。③ 在北京奥运会的有力推动下，志愿服务精神日益深入人心，志愿服务成为现代社会不可或缺的精神

---

① 《全国首份学雷锋"综合包户"协议走过 40 年》，"中国青年网"百家号，2023 年 3 月 3 日，https：//baijiahao. baidu. com/s? id=1759334788177519091&wfr=spider&for=pc。

② 《【理响中国】健全新时代志愿服务体系的重大意义》，人民网，2024 年 4 月 26 日，http：//theory. people. cn/n1/2024/0426/c40531-40224439. html。

③ 《北京奥运会、残奥会志愿者工作新闻发布会》，中国网，2008 年 7 月 16 日，http：//www. china. com. cn/zhibo/2008-07/16/content_16013446. htm。

和文化元素。

在此期间，北京颁布了一系列法规政策，推动志愿服务健康有序发展。其中，2007年9月14日，北京市第十二届人民代表大会常务委员会第三十八次会议通过《北京市志愿服务促进条例》；2009年3月21日，中共北京市委、北京市政府联合发布《关于进一步加强和改进志愿者工作的意见》；2010年10月，北京市政府颁布《北京市志愿者管理办法（试行）》。这一系列法规政策的颁布实施，进一步推动了首都志愿服务的制度化、规范化。

第四阶段：进入新时代（2011年至今）

党的十八大以来，以习近平同志为核心的党中央高度重视志愿服务，从全面深化改革的全局出发，对志愿服务工作做出一系列重要决策和部署。习近平总书记亲自主持审定一批志愿服务政策文件，对新时代志愿服务做出一系列重要指示批示，为志愿服务发展提供了根本遵循。在此背景下，首都志愿服务也踏上了新的历史征程。

这一阶段，大型活动服务保障日益成为亮点和常态。继2008年奥运会、2009年中华人民共和国成立60周年庆祝活动等大型活动之后，首都志愿者先后参与了一系列重大活动服务保障，诸如丝绸之路峰会、中华人民共和国成立70周年庆祝活动、世界文明大会、中非合作论坛、"一带一路"国际合作高峰论坛、中国国际服务贸易交易会、建党100周年庆祝活动、2022年北京冬奥会、2022年北京冬残奥会等。首都广大志愿者尤其是青年志愿者在参与活动中获得了成长和进步。2022年4月8日，习近平总书记在2022年北京冬奥会、冬残奥会表彰大会上指出，广大志愿者用青春和奉献提供了暖心的服务，向世界展示了蓬勃向上的中国青年形象。①

其间，首都志愿服务品牌项目不断涌现。其中，毛主席纪念堂志愿服务项目于2011年3月设立，由共青团北京市委员会、中央办公厅毛主席纪念堂管理局共同发起，项目口号是"为主席站岗，为人民服务"。该项

---

① 《习近平：在北京冬奥会、冬残奥会总结表彰大会上的讲话》，中共中央党校（国家行政学院）网站，2022年4月8日，https://www.ccps.gov.cn/xxsxk/zyls/202204/t20220409_153553.shtml。

目延续至今，成为首都特色红色教育志愿服务项目。2017年10月，北京团市委在试点基础上，推出清洁空气、节水护水、垃圾分类、文明出行以及背街小巷整治"五大青年行动"。试点期间，约20万名北京志愿者深入全市16个区的279个试点社区参与活动。[①] 此外，西部支教、暖冬行动等常规项目也持续开展。对外交流交往方面也取得了积极进展。2007年以来，北京团市委、北京市志愿服务联合会与联合国开发计划署（UNDP）、联合国志愿人员组织（UNV）建立合作关系，先后开展了四期联合国志愿服务合作项目。

此外，以2017年国务院颁布实施《志愿服务条例》为契机，北京对志愿服务法规政策做了进一步的修订和完善。2020年12月，北京市第十五届人民代表大会常务委员会第二十七次会议修订《北京市志愿服务促进条例》。2022年1月，由北京市社会建设工作领导小组修订后的《北京市志愿者服务管理办法》印发。在此期间，应急管理等特定领域也出台了一些志愿服务专项法规政策。2022年8月，北京市突发事件应急委员会办公室、北京市民政局、北京市志愿服务联合会等联合印发《北京市应急志愿服务管理办法》。

二 北京志愿服务取得的主要成效

经过多年来的发展，首都志愿服务组织体系逐步成形，形成了首都精神文明委统一领导、"三会一中心"牵头执行落实、四级志愿服务组织体系有效覆盖、社会各方力量广泛参与的发展态势，志愿服务参与规模和服务领域不断扩大，在落实重大任务、服务群众生活、创新社会治理、传承社会文明等方面发挥越来越重要的作用。

第一，党委、政府高度重视，确立了首都文明办牵头抓总的组织领导

---

① 《北京团市委开展"五大青年行动"志愿活动 深入279个社区》，千龙网，2017年12月7日，https://beijing.qianlong.com/2017/1207/2230855.shtml。

体制。

北京作为首都，历来重视志愿服务工作的组织领导。早在 2007 年 9 月，北京市人大通过的《北京市志愿服务促进条例》，就已经提出要建立志愿服务协调机制。同年 10 月，在党的十七大召开之际，北京成立了由市委书记、市长挂帅的社会建设工作领导小组，设立市委社会工作委员会、市社会建设工作办公室，负责全市社会建设政策研究和社会建设工作综合协调，包括具体负责综合协调全市社区建设、社会组织建设、社会工作者队伍建设、志愿者工作、社会公共服务和社会领域党的建设等 6 个方面工作。

这种情况在 2014 年发生了改变。2014 年 2 月，中央精神文明建设指导委员会印发《关于推进志愿服务制度化的意见》，要求"各级文明委要加强总体规划、协调指导、督促检查，文明办要发挥好牵头作用，推动志愿服务制度化发展"。同其他省份一样，北京落实中央的统一决策部署，对原有的志愿服务组织管理体制进行及时调整，确立了首都文明办牵头、各部门协作的工作机制。2020 年 12 月，修订的《北京市志愿服务促进条例》以地方性法规的形式确立了首都精神文明委统一领导、首都文明办牵头抓总、市民政局行政管理、群团（团市委）发挥独特优势的组织领导体制。

作为这一体制的执行机制，北京市在市级层面确立了北京市志愿服务联合会、北京志愿服务基金会、北京志愿服务发展研究会和北京市志愿服务指导中心"三会一中心"的组织架构。在"三会一中心"执行机制中，北京市志愿服务联合会居于核心位置。2009 年，中共北京市委、北京市政府联合发布《关于进一步加强和改进志愿者工作的意见》，提出将北京志愿者协会改造升级为北京市志愿服务联合会，使之成为联合各部门、各系统、各领域志愿者组织的枢纽型社会组织。之后，比照中国志愿服务联合会，在2020 年修订的《北京市志愿服务促进条例》中进一步明确"北京市志愿服务联合会是本市志愿服务枢纽型社会组织，履行引领、联合、服务、促进的职责"。

2020 年 5 月，北京市志愿服务联合会第二届会员代表大会召开，406 名代表参会，市委宣传部（首都文明办）、市委社工委、市民政局、市委政法委、团市委等 13 家单位成为副会长单位,联系全市一级志愿服务组织 400 多个。相较于其他省份,北京通过人大立法的形式确认枢纽型社会组织的职能,并从资金募集、理论研究、业务指导等多维度强化工作落实,这是首都志愿服务统筹推进各项工作的成功做法和宝贵经验。

第二,组织覆盖面稳步扩大,初步构建了覆盖城乡的四级志愿服务组织体系。

志愿服务组织是志愿服务发展的重要主体。在筹备 2008 年北京奥运会期间,北京积极发展一些专业性的组织和协会,将一些志愿者的管理和服务保障工作交由志愿服务组织。这些志愿服务组织在北京奥运会举办过程中经受了历练,并不断发展。北京奥运会结束后,这些志愿服务组织转入日常,成为首都志愿服务组织的重要来源和中坚力量。

进入新时代,在党委、政府的支持和发展政策的推动下,首都志愿服务组织发展迅速。统计分析表明,进入新时代以来,首都各级各类志愿服务组织如雨后春笋般涌现,促进我国志愿服务事业全面发展并迅速壮大。在受访的 380 家志愿服务组织中,2012 年以来成立的组织有 338 家,占比为 88.95%。截至 2022 年底,"志愿北京"信息平台实名注册志愿者 458.1 万名,注册志愿组织团体 7.7 万个。

这一阶段组织建设成效主要体现在,北京构建了覆盖市、区、街乡、村居的四级志愿服务组织体系。以北京市志愿服务联合会为枢纽型社会组织,形成了市(北京市志愿服务联合会)—区(各区志愿服务联合会)—街道、乡镇(青年志愿服务组织)—社区(村)(青年志愿服务队)的组织体系。全市 16 个区和经开区,均已成立专门的志愿服务联合会或协会(朝阳区正在履行程序中)。此外,全市 27 个委办局、83 所高校、306 所高中、337 所初中全部建立了志愿服务组织,在小学带动 1 万余支红领巾小分队开展志愿服务。从新时代文明实践组织体系来看,全市建成了 17 个文明实践中心、345 个文明实践所、6946 个文明实践站,通过新时代文明实践组织体系进一步为志愿服务组织动员体系加强保障。

在接受问卷调查的志愿服务组织中,以区级为主要服务区域的组织有

119 家，占 31.32%；以街道、乡镇为主要服务区域的组织有 190 家，占 50.00%；以社区居委会、村委会为主要服务区域的组织有 261 家，占 68.68%。此外，还有部分组织的服务区域辐射到外省、京津冀地区以及全国，组织数量有 5 家。相关调研数据表明，首都志愿服务覆盖城乡的四级志愿服务组织体系已基本成形。

第三，项目整合全面加强，探索形成了"志愿+"项目体系。

进入新时代，首都志愿服务项目化运作特征日益成熟。总体说来，大致形成了以 2022 年北京冬奥会等为代表的大型活动服务保障体系；以西部支教、暖冬行动、青春伴夕阳等为代表的常规青年服务项目体系；以毛主席纪念堂志愿服务项目、"五大青年行动"，以及与四期联合国志愿服务合作项目为代表的特色品牌项目体系。2014 年第一届中国青年志愿服务项目大赛举办以来，北京每年参赛获得金奖、银奖、铜奖的项目数都位居前列，在全国发挥了很好的示范引领作用。在此基础上，2021 年 5 月，北京市发布《北京市"十四五"时期青少年事业发展规划》，以"重点项目"的形式组织实施青年志愿服务"十百千"品牌深化工程。

从受访志愿服务组织的服务内容来看，扶贫济困、帮老助残、扶幼助弱、社区服务、环境保护、科普宣教、文艺宣传、恤病助医、法律援助、就业创业、应急救灾、宣传倡导、支教助学、青少年服务、服务大型活动等各个横向领域都有相应志愿服务组织提供服务，形成了有效覆盖。具体来说，提供社区服务和环境保护志愿服务的组织占比较高，分别为 85.79%、74.47%；提供青少年服务、科普宣教、帮老助残、宣传倡导志愿服务的组织占比均在 40% 以上，分别为 55.00%、53.42%、50.00%、43.95%；提供文艺宣传、扶幼助弱、服务大型活动、扶贫济困志愿服务的组织占比均在 25% 以上，分别为 33.95%、32.63%、32.37%、25.26%；以应急救灾、法律援助、支教助学、就业创业、恤病助医为服务内容的志愿服务组织占比相对较低（见图 1）。可见，首都志愿服务组织能够充分参与城市治理及民生保障等各方面的服务，但对志愿者专业性、职业化要求相对较高的专业志愿服务还有较大成长空间。

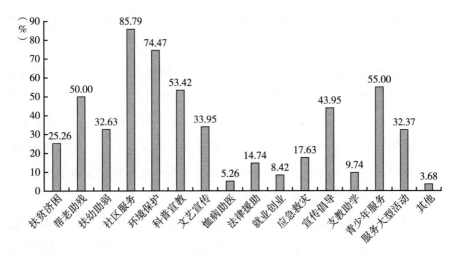

图 1　受访志愿服务组织的服务内容

顺应首都城市战略定位和超大城市治理，积极探索跨部门、全方位、系统性推进志愿服务的路径和工作模式。2022 年，北京市志愿服务联合会会同北京市志愿服务指导中心，对接首都"四个中心"核心功能定位，制定《新时代首都志愿服务"志愿+"项目体系建设工作方案》。这一方案的重点是围绕参与首都治理中心工作，推出"志愿+"项目体系，主要包括城市规划、经济建设、生态文明、文化科技、教育发展、社会建设、法治建设、人才培养、接诉即办、重大活动及应急等十个方面。"志愿+"项目体系的建设，不是简单地将原有分布到各个部门、领域的项目重新梳理和归类，而是要加强各项工作的统筹协调，在机制、模式上加强对接，进一步促进各类资源和主体力量的有机整合和广泛覆盖。

第四，社会环境不断优化，逐步建立了较为完善的社会支持和保障体系。

在法规政策方面，优化志愿服务发展环境。2009 年 3 月以来，中共北京市委、北京市政府发布《关于进一步加强和改进志愿者工作的意见》，北京市人大审议通过修订的《北京市志愿服务促进条例》，北京市政府发布《北京市志愿者管理办法（试行）》等法规政策。之后，各条例和办法又经过修订，进一步明确了志愿者享有的各项权利和义务，志愿者有权获得必要的物质保障、教育培训和安全、卫生条件。

在资金投入方面，2009年12月，北京志愿服务基金会成立，政府每年投入财政资金1000万元，用于全市志愿服务。2010年以来，北京每年开展市级社会建设专项资金购买社会组织服务，连续开展了9年小微志愿服务项目支持计划。2022年6月，中共北京市委社会工作委员会、北京市民政局、北京市财政局印发《北京市政府购买社会工作服务预算管理实施细则》，为政府购买社会工作服务提供政策依据。

在激励和保障方面，注册志愿者全员保险制度稳步推进。2014年6月，北京市推出了覆盖全体实名注册志愿者的人身意外险，采取"财政出资保障、企业让利履行社会责任、社会组织具体实施"的运作模式，覆盖全体实名注册志愿者。这是全国首个由财政出资的志愿者保险。在激励和表彰方面，持续实施五星级志愿者认定工作。从2015年1月启动实施五星级志愿者认定至今，北京市先后开展了九批认定工作，全市五星级志愿者已达10675名，涌现了一批优秀志愿者，成为首都志愿者的先锋和典型。

在信息平台建设方面，依托"志愿北京"信息平台开展"云注册"，为志愿服务组织提供服务。2020年修订的《北京市志愿服务促进条例》，以省级人大立法的形式认定北京市志愿服务信息平台为北京市统一的志愿服务信息系统。在参与调研的各类组织中，"志愿北京"的使用率和普及度最高，占比为94.47%，并且96.84%的受访志愿服务组织已在"志愿北京"信息平台注册。针对"在'志愿北京'信息平台注册对本组织开展志愿服务有无帮助"这一问题，368家已在该平台注册的志愿服务组织中，272家志愿服务组织认为"很有帮助"，占比为73.91%；75家志愿服务组织认为"较有帮助"，占比为20.38%；选择"效果一般"和"帮助不大"的志愿服务组织占比分别为4.62%和1.09%；没有志愿服务组织选择"完全没帮助"（见图2）。可见，94.29%的志愿服务组织对该平台的作用给予了充分肯定，满意度较高。

综上，北京持续加大对志愿服务的支持和保障力度，逐步形成了涵盖法

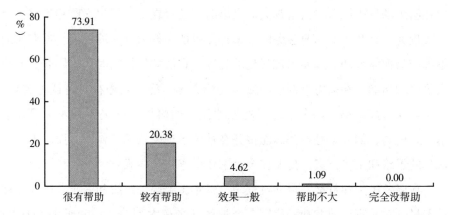

图2 在"志愿北京"信息平台注册对本组织开展志愿服务有无帮助

规政策、资金投入、平台支撑、人才队伍等方面的社会支持和保障体系，优化了志愿服务发展的整体环境。受访志愿服务组织对首都志愿服务的发展环境评价较高，其中，62.63%的志愿服务组织认为首都志愿服务发展环境"非常好"，29.74%的志愿服务组织认为首都志愿服务发展环境"比较好"，7.63%的志愿服务组织认为首都志愿服务发展环境"一般"，没有志愿服务组织选择"比较差"和"非常差"。可见，92.37%的志愿服务组织充分肯定了首都志愿服务的发展环境，满意度较高。

三 北京志愿服务存在的不足和问题

党的十八大以来，习近平总书记先后十多次视察北京，对首都工作做出一系列重要指示。志愿服务是首都工作的重要组成部分，在推动首都高质量发展方面具有独特优势。对标中央对北京工作的要求，对照人民群众对美好生活的期盼，首都志愿服务的作用还没有完全发挥，在组织体系建设方面还存在着与形势任务不完全适应的情况，在一些具体环节、机制和流程方面还需要进一步梳理、优化和加强。

1. 在服务首都发展工作大局方面，还需要进一步聚焦聚力、精准施策

服务大局大事，是首都志愿服务应有的工作站位。调研发现，党委、政

府在组织动员志愿者参与首都大局大事时，还存在一些思想误区和不足。突出表现为，有些人对志愿服务的理解仍然停留在好人好事的层面，没有从助推国家治理体系和治理能力现代化的高度，理解和把握新时代志愿服务的社会价值和功能。在助力首都核心城市功能方面，受访对象都是持认可观点。但在如何对接首都"四个中心"功能建设、如何将志愿服务融入基层社会治理新格局、如何更好发挥志愿服务在社会治理中的积极作用方面，还缺乏成熟的思路和工作方案，需要在今后工作中进一步探索。

在服务民生和首都发展的过程中，青年志愿服务组织和志愿者还存在种种不足。对北京市回龙观和望京2个地区6个超大型社区的调研访谈表明，包括青年在内的志愿服务和志愿服务组织在参与超大型社区基层治理方面的深度和广度还非常有限。其中，既有资金投入较少、专业性不足、主动性不强等因素，还有服务内容和手段较滞后等因素。过去，青年志愿服务为广大居民提供的内容以较为初级、简单的"扶一把""帮着拎下东西"等为主。但如今这些简单的志愿服务内容，已经不能满足居民对志愿服务日益增长的需求，迫切需要加强统筹和归口管理，进一步优化调整、转型升级。

2. 在跨部门协调合作方面，仍存在一些历史和现实的客观制约因素

虽然近些年出台了相关法规文件，明确了部门之间协作关系，但由于各种客观因素，不同系统、不同领域之间条块分割、各自为政的问题依然不同程度存在。以重大活动服务保障为例，在活动筹备期间，一般都会临时组建某某大型活动志愿服务工作指挥体系，各部门作为责任单位，定期会商研判、交流对接，部门之间的协作配合比较到位。但在志愿服务的常规工作方面，作为北京市志愿服务联合会的会员单位，除了在每年会员代表大会召开之时有所沟通、交流之外，平时则缺乏部门协作的机制和惯例。即使偶有沟通交流，也往往是靠部门领导之间的情感推动。调查数据显示，30.53%的志愿服务组织认为，当前首都志愿服务组织动员体系在党委领导、政府主责方面存在着"政出多门，部门之间缺乏有效协作"的问题。

通过访谈了解到，志愿服务管理工作分散于各个职能部门，大多处于非主流、边缘化的状态。很多部门单位往往是由团委代管志愿服务工作，缺乏

专门的职能处室和充足的人员配备。即使是牵头主抓机构，如市区级文明办，日常管理工作也就一两名人员牵头负责，工作力量严重不足。在街道、乡镇层面，志愿服务相应职权纳入相关职能机构，如社会建设办、民政科等部门，由该部门工作人员代管开展。这种情况的长期存在，制约了各系统、各领域志愿服务事业的快速发展。

3. 在志愿服务组织建设方面，一些组织的社会公信力和组织动员力比较薄弱

全市各类志愿服务组织依法登记的占比很少，绝大多数志愿服务组织不具有法人资格。通过对 229 家未在民政部门依法登记的志愿服务组织进行原因调查发现，从客观因素来看，"缺乏启动资金"成为最主要原因，占比为46.29%；"缺乏办公场地"占比为 34.93%；"缺乏专职工作人员"占比为32.31%；"没有主管部门"占比为 21.40%。从主观因素来看，18.34%的受访志愿服务组织认为"依法登记会增加运行成本，不想登记"。此外，还有23.58%的志愿服务组织选择了"其他"原因（见表1）。其中，不清楚登记的流程及相关手续、属于高校志愿服务组织、不具备法人资格等因素的出现频次较高。

表1　受访志愿服务组织未在民政部门依法登记的原因

单位：家，%

选项	小计	占比
没有主管部门	49	21.40
缺乏专职工作人员	74	32.31
缺乏办公场地	80	34.93
缺乏启动资金	106	46.29
依法登记会增加运行成本,不想登记	42	18.34
其他	54	23.58
本题有效填写组织数	229	—

由于不具有法人资格，志愿服务组织在获得社会资源方面受限，资金来源渠道较狭窄，项目执行和服务群众的能力、社会公信力整体不强。从受访

志愿服务组织的资金来源来看，组织从党委、政府以及村（居）委会所获得的资金支持相对较多，占比在30%以上；企业、事业单位的资金支持，社会募集，基金会等社会组织的支持以及会费收入占比分别为15.26%、10.53%、7.11%、2.89%（见图3）。此外，选择"其他"选项的部分志愿服务组织，其经费由组织者/负责人个人以及志愿者提供，或者通过项目获得经费，或者由志愿服务联合会等枢纽型社会组织支持，或者自筹经费。同时，44家组织表示无任何资金来源，占比为11.58%。

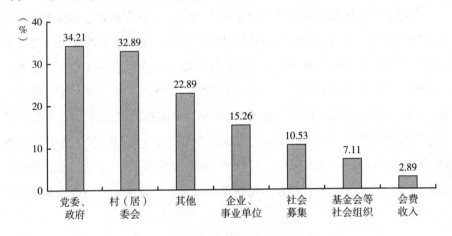

图3 受访志愿服务组织的资金来源

从志愿服务组织自身情况来看，大量志愿服务组织内部治理机制不完善，没有形成长期规范有效的规章制度。参与此次问卷调研的志愿服务组织，对自身组织建设方面存在的主要缺陷排序是："自我管理不完善""人员招募与选拔机制不健全""缺乏对志愿者的科学培训和有效管理""志愿者流失率高""资金来源上对政府的依赖性过高""缺乏明确的发展战略""缺少与政府的对话和沟通"等。可见，"自我管理不完善"占据了首位。

在这种情况下，志愿服务组织的年度动员志愿者人数总体偏低。从受访志愿服务组织一年大概动员的参与志愿服务活动的人次来看，一年动员人次低于500人的有261家，占比为68.68%。数据表明，志愿服务组织的社会动员力有限。

4. 在促进公众踊跃参与方面，现有政策仍整体滞后于首都志愿服务发展

志愿服务的开展，需要国家、社会、公众共同参与。在访谈中发现，现有的法律法规、支持和优惠政策还远远满足不了快速发展的志愿服务需求，远未达到解决志愿者后顾之忧的程度。其突出表现在，北京现有法律与全国其他省份一样，还是以条例、办法等为主的法律形式，法律位阶较低，社会资源的整合动员能力明显不足。在实际工作中，知晓并依照条例开展工作的机构和个人较少，很多志愿服务组织还是处于一腔热情的状态，需求方出于感恩心态也不大会计较是否规范安全。

此外，在志愿服务组织的依法登记管理、资金支持、时长记录、队伍管理、激励保障等方面，相应的配套政策、措施和办法应进一步明确和细化，推动相关规定落到实处。比如，很多文件提到志愿者保险问题，但如何为志愿者提供保险，涉及保障范围、险种选择、资格认定等方面的内容，到目前为止尚无明确的政策文件进行确认和规范。其他各项工作也大多如此，基本还处于粗放式管理的阶段。调研发现，37.63%的受访志愿服务组织认为，要想广泛组织公众参与志愿服务，应协调相关公共服务设施，为志愿者提供便利通道和优惠政策等；40.00%的受访志愿服务组织认为，用人单位应为员工参与志愿服务提供便利；56.05%的受访志愿服务组织认为，要记录时长，对优秀志愿者进行激励和表彰。

四　北京志愿服务高质量发展的对策和建议

当前面临百年未有之大变局，中国特色社会主义进入新时代。党的二十大明确了新时代新征程中国共产党的使命任务。在此背景下，首都北京开启了全面建设社会主义现代化新航程。认真贯彻习近平总书记关于北京工作和志愿服务的一系列重要指示，认真学习贯彻党的二十大和市第十三次党代会精神，紧紧围绕首都发展工作大局，坚持属地原则、问题导向和系统思维，进一步加强志愿服务法治化、组织化、体系化建设，着力打造志愿服务高质量发展的"北京样板"。

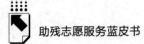

第一，加强统筹与归口管理，将坚持和加强党的全面领导贯穿全过程、各方面。近些年，伴随我国志愿服务事业蓬勃发展，长期以来存在的"碎片化"、"零散化"以及多头管理等问题亟待破解。虽然2014年以来，在中央文明委的推动下，各地普遍建立起文明办牵头抓总的组织体系，但由于缺乏统一的社会工作平台和强有力的统筹协调体制，部门分割、工作力量分散等问题依然不同程度存在。中央这次机构改革方案，旨在通过设立社会工作部，加强社会工作的统筹和归口管理，强化党对社会工作的领导，有助于从根本上解决上述问题。就北京而言，自2007年设立市委社会工作委员会，作为市委派出机构牵头全市社会建设工作，在以政府购买的方式资助小微志愿服务项目等方面进行了积极探索。2023年初，北京贯彻落实中央决策部署，从社会建设工作的整体布局出发，在整合民政局、首都文明办等相关部门部分职能的基础上，成立市委社会工作部，着手对志愿服务体制机制进行统筹整合和科学设计。目前，各项工作还处于机构初建、制度创设和人员磨合阶段。在此背景下，以此次机构改革工作为契机，切实加强全市志愿服务的归口管理，需要重点抓好"统"和"分"的关系，实现统分结合、有机发展。一是做好"统"的工作，由市委社会工作部牵头抓总，搭建好全市志愿服务统筹协调的机制平台。根据机构改革方案，市委社会工作部作为市委组成部门，牵头负责全市志愿服务工作的统筹规划、协调指导、督促检查等职责，职责重心在于抓总和集成，形成党领导下的归口管理。二是抓好"分"的工作，理清不同政府部门的职能职责，做到权责清晰、恪尽职守、各司其职。在市委社会工作部的牵头抓总下，北京市政府各相关部门在各自工作领域发挥行政管理职能，团市委、市工会、市妇联等群团组织在各自领域牵头青年志愿服务、职工志愿服务、巾帼志愿服务等工作。以市委社会工作部的成立为标志，初步建立市委社会工作部牵头、各相关部门分工协作的志愿服务工作组织领导体制，进一步加强志愿服务工作的归口管理和科学统筹。

第二，聚焦首都城市核心功能，提升服务首都发展工作大局的参与度和贡献度。北京市第十三次党代会指出，北京最大市情就在于是首都，首都工作关乎"国之大者"。过去十年，首都志愿服务积极助力国家战略发展和北京市重点工作，使志愿服务成为首都的一张金名片。进入新时代，首都发展的全部要义就是加强"四个中心"功能建设，提高"四个服务"水平。聚焦首都城市核心功能，充分发挥志愿服务在社会治理方面的积极作用，这是新时代首都志愿服务发展的战略定位和工作重心。现在要进一步回答如何聚焦的问题，这是当下工作的重心和关键。这里需要明确工作重点，也需要创新工作模式。比如，在政治中心功能建设方面，抓好重大国事活动的志愿者服务保障，让服务对象受到政治熏陶，激发青少年"强国有我 请党放心"的政治情怀；在文化中心功能建设方面，抓好中华民族悠久文化的传承、北京中轴线非遗文化保护等，教育引导青少年坚定文化自信；在科技创新中心功能建设方面，积极开展各类科普活动，普及科技知识、激发青少年科技热情；在国际交往中心功能建设方面，以志愿服务助力民间外交，开展国际交流、讲好中国故事、促进民心相通等。坚持融合融入，认真研究、通盘考虑，科学规划，进一步拓展工作领域，健全服务模式，深化和细化各项工作举措。

第三，强化政府行政职责，着力在规划、支持、引导和监管等方面持续发力。中央成立各级社会工作部，并不是替代政府作用，而是通过优化机构设置和职能配置，更好地履行政府行政职责。调研发现，受访的志愿服务组织对政府的期待中，加大政策支持力度占 67.89%，加强科学规划引导占 65.53%，增加财政资金投入占 54.74%，强化志愿服务监管占 50.79%，提供场地、人才等方面的支撑保障占 50.53%。区别于传统大包大揽模式，政府行政职责主要体现为支持、引导和监管。2017 年国务院颁布实施的《志愿服务条例》、2020 年新修订的《北京市志愿服务促进条例》，进一步优化和加强政府职能，突出表现在：一是研究编制志愿服务发展专项规划，定期发布全市志愿服务发展的统计数据，发挥规划导向作用，引导、促进志愿服务健康发展；二是会同相关部门，就志愿服务一些专项性问题，如志愿服务组织依法登记、资金投入和政府购买服务、政府行政管理和时长记录、志愿服务组织第三方评估等，抓紧出台一批支持性、引导性的政策、措施和办

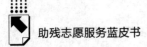

法；三是强化行政监管职能，构建政府、社会、行业组织等各方力量参与的动态监管体系。近些年，通过 12345 政务服务便民热线、市民直接投诉举报等形式，涉及志愿服务的举报投诉呈现高发态势，容易引发舆情。设立专业执法队伍，建立健全行政监管、行业自律和社会监督有机结合的监督管理机制。

第四，做实枢纽型社会组织功能，促进组织联合与社会协同机制建设。相较于其他省份，北京市志愿服务有着完善的落实执行机制，即"三会一中心"。其中，根据市委、市政府授权，北京市志愿服务联合会作为枢纽型社会组织，在政治上发挥桥梁、纽带作用，在业务上发挥龙头引领作用，在日常管理和服务上发挥骨干作用。调研发现，22.63%的志愿服务组织通过行业组织或枢纽型社会组织参与重大活动或事件。进入新时代，枢纽型社会组织在提高与促进组织联合和社会协同方面的地位与作用更加重要。以此次改革为契机，进一步优化调整，做实枢纽型社会组织功能。一是优化调整北京市志愿服务联合会的牵头落实机制。根据机构职能调整，在市委社会工作部的牵头机制下，依托"三会一中心"执行机制，加强和优化各相关部门的工作协调和力量整合，推动中央、市委决策落地。健全联合会副会长单位季度例会制度，定期就全市志愿服务年度工作进行会商、协调，推动党委决策落地。二是发挥好北京市志愿服务指导中心"秘书处"职能。坚持在市委社会工作部和团市委的业务指导下，健全北京市志愿服务指导中心作为联合会的"秘书处"职能，使其更好地承担全市志愿服务工作和发挥重大活动的协调、指导作用。三是加强志愿服务研究会、基金会的支撑保障功能。强化北京市服务研究会的专家智库作用，培育中国特色志愿服务话语体系和理论体系，做实北京志愿服务基金会的资金募集功能，不断夯实首都志愿服务持续健康发展的根基。

第五，深化组织培育赋权增能，持续提升社会公信力和组织动员力。志愿服务组织是重要实施主体，肩负着组织实施的重要职能。从北京情况来看，志愿服务组织普遍存在规模小、资金实力不强等问题。社会公信力和组织动员力，与新时代首都志愿服务发展还不适应，与人民群众的期望还有一定差距。以这次改革为契机，抓住组织建设这一关键环节，深化志愿服务组织的培育赋权增能。既要加强志愿服务组织的孵化和培育，解决志愿服务组织"有没有"组织覆盖问题，还要开展赋权增能，加强志愿服务组织的自身建设，解决"好不好"的问题。为破解大量志愿服务组织没有依法登记的难题，北京依托"志愿北京"信息平台为各类非注册法人组织——志愿服务团体提供在线"云注册"服务，赋予其"志愿北京团体"资格，赋予其通过"志愿北京"信息平台发布项目、招募志愿者和记录时长等组织功能。截至2023年底，"志愿北京"信息平台实名注册志愿者461.3万人，注册志愿服务团体7.5万个。事实说明，在线"云注册"更多地满足了非法人志愿服务团体的需求，成为破解其法律赋权不足问题、弥补社会公信力缺失的一种替代选择。

第六，构建供需对接统合平台，实现资金、项目、人才、阵地等要素高效集约。随着志愿服务的规模和体量越来越大，组织化、专业化程度越来越高，资源要素高效配置问题也日益凸显出来。这次机构改革，将志愿服务纳入社会工作的整体架构，有助于进一步提高资源利用效率和服务精准性。根据《"十四五"城乡社区服务体系建设规划》，着眼构建与政府服务、市场服务相衔接的社会志愿服务体系，在各类公共服务设施、窗口单位及其他公共场所设立志愿服务站点，在社区综合服务设施中配置志愿服务工作站，形成与社区服务站、新时代文明实践站"多站合一"的工作格局，发挥"志愿北京"信息平台的支撑作用，构建志愿服务供需动态匹配对接平台。一是围绕"事从哪里来"，建立健全社区志愿服务需求征集机制。以困难群众和"一老一小"等特殊人群为重点，通过社区摸排广泛征集辖区志愿服务需求，探索将志愿服务组织认领、政府购买服务等方式转化为服务项目清单。二是围绕"人从哪里来"，孵化社区志愿服务组织和培育志愿者工作队伍。立足基层公共服务体系建设，结合服务项目招募志愿者，组织党团员到社区报到，打造"党员+社工+志愿者"的服务模式。三是围绕"资源和经费从哪里来"，推动各类资源和要素下沉社区。借助"接诉即办"等基层社会治理创新形式，积极推动各级党委、政府将公共资源下沉基层，注重发挥

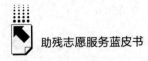
"两企三新"、各类行业性商会协会等主体的优势作用。

第七，健全制度和工作体系，进一步夯实高质量发展的工作基础。党的二十大强调，"完善志愿服务制度和工作体系"。树立系统化思维，推动志愿服务制度和工作体系建设，重点包括法规政策建设、活动运行机制建设、社会支持保障体系建设等，努力形成一套规范、有制度可依的志愿服务制度和工作体系。例如，加强志愿服务法规政策建设，进一步明确和规范志愿服务过程中的权责关系，将志愿服务纳入法治化轨道。适应新时代首都发展和社会建设工作要求，加强活动运行机制建设，以社区为主要场所，加强志愿者的招募、培训、记录时长、褒奖激励等制度建设。加强第三方评估。突出解决保险问题，探索建立"时间银行"等有效激励方式。本次问卷调查中，34.47%的受访志愿服务组织提出，应加强与保险公司的合作，为志愿者提供合适的险种。访谈中，很多志愿者提到，志愿者所在单位的理解和支持特别重要。加强支持保障体系建设，在保障志愿服务正常运行的基础上，进一步培育志愿服务文化，优化社会发展环境，形成纵到底、横到边的社会支持保障体系，助力首都志愿服务高质量发展。

参考文献

北京志愿服务发展研究会：《中国志愿服务大辞典》，中国大百科全书出版社，2014。

陆士桢：《中国特色志愿服务概论》，新华出版社，2010。

民政部社工司编《志愿者管理手册》，中国社会出版社，2014。

王名：《非营利组织管理概论》，中国人民大学出版社，2002。

王忠平、沈立伟主编《志愿服务组织建设与项目管理》，中国人民大学出版社，2018。

北京市志愿服务联合会：《北京志愿服务工作指南2015》（内部资料）。

B.16
武汉市志愿服务实践创新报告

赵建建　徐宝剑*

摘　要： 武汉市志愿服务实践依托本地特色优势资源，历经四个发展阶段，实现五大创新模式：以大学之城为基石，打造实践育人模式；应江湖之城之危，构建应急救援模式；以革命城市为阵地，创新"红色基因"传承模式；以英雄城市为契机，完善抗灾关爱模式；以文明城市为目标，创建绿色美丽志愿服务模式。形成三大地方经验：党建引领，聚合资源，推动志愿服务持续化精细化发展；多方联动，共同缔造，助力超大城市治理现代化；择优推选，典型示范，打造武汉志愿服务特色品牌。未来须将武汉市志愿服务发展提升为有原则高度的文明实践，同时，注重在志愿服务运行机制的终端环节落实志愿服务保障体系和法治建设。

关键词： 志愿服务　志愿组织　武汉

武汉是一座英雄城市，也是一座"志愿者之城"。进入新时代，武汉市全面贯彻落实习近平总书记关于志愿服务的重要指示精神，坚持不懈健全志愿服务体系，壮大志愿服务力量的社会基础，丰富志愿服务项目路径，以创新志愿服务工作体制机制为重点，着力实现志愿服务规范化管理、常态化服务、品牌化培育、项目化配置、信息化支撑、社会化运作，构建多元共建共治共享的城市志愿服务"共同体"，深入推进基层社会治理创新。

---

* 赵建建，博士，华中科技大学副教授，硕士生导师，主要研究领域为马克思主义中国化和中国志愿服务；徐宝剑，博士，北京市普惠公益民生研究院研究员，北京电子科技职业学院马克思主义学院讲师，主要研究领域为习近平经济思想和社会建设。

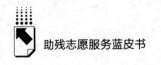

一　武汉市志愿服务发展历程及整体规划

改革开放以来,武汉市志愿服务工作在市委统一领导、政府负责、社会协同、公众参与的运行机制下,积极规划并组织实施,市委宣传部文明创建处指导协调和负责推动志愿服务工作,武汉市志愿服务实践依托本地特色优势资源,顺势而为,历经四个发展阶段,形成了比较完整清晰的整体发展格局。

(一)武汉市志愿服务发展历程及特点

1. 号召动员阶段

20 世纪 90 年代,武汉铁路局、武汉市多家电台和高校响应团中央、团省委号召,推动武汉志愿服务萌发。1993 年 12 月,武汉铁路局作为首批团队参与团中央和全国铁道团委组织的两万余名铁路志愿者在京广铁路沿线率先开展的志愿服务活动,拉开了"中国青年志愿者行动"的帷幕。1994 年 8 月,国内首条志愿公益热线——秋云倾心热线在武汉开通。2003 年 3 月,华中农业大学的徐本禹放弃读研前往贵州省大方县猫场镇狗吊岩村为民小学、大水乡大石小学支教两年。2005 年 2 月,徐本禹当选"感动中国·2004 年度人物"。同年,华中农业大学"本禹志愿服务队"成立。2006 年,华中农业大学"本禹志愿服务队"研究生支教团被纳入共青团中央、教育部实施的中国青年志愿者扶贫接力计划。本阶段,在上级相关部门的动员下,市民积极响应武汉市志愿服务的招募,属于萌发阶段。

2. 组织培训阶段

2008~2012 年,武汉市志愿服务逐步走向组织化,推动开展志愿服务注册、培训等事项。2008 年 2 月 20 日,武汉市志愿者联合会宣告成立,其下设青年、残疾人、老年、红十字、教育、职工、社区、机关干部、妇女、公安等 10 个分会。2010 年,武汉红十字会正式开展志愿服务活动,之后,细分拓展到 126 家红十字志愿者基地。同年,武汉水上救援志愿队成立(2015 年 6 月,在武汉市民政局正式注册为长江救援志愿队),开展多项救援保障、应急救援培训等活动。武汉市志愿者联合会等相应组织机构的成立标志着武汉市志愿服务开始走向组织化。

3."志愿者之城"建设阶段

2013~2022年，武汉市志愿服务进入了蓬勃发展阶段。2013年12月5日，习近平总书记给华中农业大学"本禹志愿服务队"回信，肯定他们在服务他人、奉献社会中取得的成绩和进步，勉励他们弘扬志愿精神，为实现中华民族伟大复兴的中国梦做出新的更大贡献。[①] 为深入学习贯彻习近平总书记重要回信精神，团省委、省志愿者协会2014年开始进行"本禹志愿服务队"创建评选，打造"本禹志愿服务队"品牌，进一步弘扬"奉献、友爱、互助、进步"的志愿精神。2019年军运会激发了市民投身志愿服务的热情，志愿者人数创新高。2020~2022年，武汉市深入开展"志愿服务关爱行动"，组织志愿者为小区封控中的居家群众提供代购代送基本生活物资等服务。此后，"有时间就做志愿者，有事情就找志愿者"成为武汉这座"志愿者之城"的口号。同时，疫情防控类、党史宣讲类、文化文艺类、乡村振兴类、环境保护类、民生服务类、文明宣传类、卫生健康类等各类优秀志愿服务项目层出不穷。

此外，武汉市志愿服务还走到省外和国外。2021年7月，武汉市消防救援支队坚守在郑州市郑东新区白洲镇居民小区转移被困群众。2021年10月，长江救援志愿队驰援山西。2022年中建三局"爱心妈妈"志愿服务队沿"一带一路"走到北非和南洋，武汉志愿服务在国外形成影响力。

4.志愿服务新时期

2023年，社会工作部统筹协调志愿服务后，武汉市志愿服务呈现新发展趋势。不断拓宽服务领域，延伸服务触角，助力超大城市社会治理创新，优化提升社区志愿服务，活化社区志愿服务阵地，推进新时代文明实践。2023年武汉举办马拉松，武汉马拉松组委会同多所在汉高校合作，招募

---

① 《给华中农业大学"本禹志愿服务队"的回信》，教育部网站，2013年12月6日，http://www.moe.gov.cn/jyb_xwfb/xw_zt/moe_357/s7865/s8417/s8420/201410/t2014102 4_177258.html。

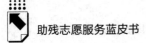

7000 名志愿者，报名人数达到 36601 人，创下历史新高。2024 年初武汉市遭遇冻雨，各区街道、社区志愿者，以雪为令，扫雪除冰，解决雪灾造成的急难愁盼问题。

综上所述，武汉以重要时间节点和重大赛事活动推动志愿服务蓬勃发展，内容由点到面，紧跟武汉市发展规划和战略部署，服务范围由内向外，武汉市志愿服务初步形成国际影响力。

（二）政策支持及整体规划

武汉市先后出台了《武汉市社区志愿服务制度化建设考核细则》《武汉市志愿服务条例》等 20 多个规范性文件，在制度、政策层面对志愿服务进行了顶层设计和整体布局。

1. 推动志愿组织建设，规范志愿服务主体

2014 年 9 月，为贯彻落实好中央文明委《关于推进志愿服务制度化的意见》和《社区志愿服务方案》精神，武汉市文明办特制定了《武汉市社区志愿服务制度化建设考核细则》。2016 年 3 月，湖北省第十二届人民代表大会常务委员会第二十一次会议通过《武汉市志愿服务条例》，规范了志愿服务的主体，界定了志愿者、志愿组织、志愿服务的含义，志愿者的权利和义务，志愿组织的职责，志愿服务的范围、类型和应遵守的规定等，为促进武汉市志愿服务事业发展、建设"志愿者之城"提供了遵循。

2. 拓展志愿服务内容，注重资源整合

随着武汉市志愿服务的领域范畴不断扩大，政策引导和支持也在多领域展开。在养老志愿服务领域，2021 年以来，武汉市出台了《市人民政府关于加快推进养老服务高质量发展的实施意见》《市人民政府关于推进基本养老服务体系建设实施方案的通知》《武汉市养老机构消防安全标准化管理细则》等文件，指出要探索养老志愿服务制度，完善养老志愿服务"时间银行"。在基层社会治理领域，2022 年 8 月，武汉市印发《关于创新"五社联动"机制提升社区治理效能的实施方案》《武汉市街道（乡镇）社会工作服务站建设管理办法（试行）》，要求充分发挥志愿服务作用，积极培育发展社区志愿服务队伍，促进"五社"资源联动，提升基层社会治理水平。在生态环境保护领域，武汉市人民政府印发《武汉市创建国家生态文明建设示范市规划纲要》，争取在2025年将武汉建设成国家生态文明示范市。在灾害应急救援领域，市政府办公厅印发了《武汉市自然灾害和生产安全事故应急救援队伍建设管理办法（试行）》，要求建立由志愿者群体组成的社会救援队伍。

3. 举办志愿项目推选活动，完善志愿服务反馈激励机制

武汉市多年连续将志愿服务纳入年度民政工作要点，推动志愿服务常态化发展，开展志愿服务优秀项目推选及展示等各类主题活动。2016年武汉市文明办、武汉市委宣传部命名"武汉市学雷锋活动示范点"和"武汉市岗位学雷锋标兵"，到2022年已命名第七批。2017年，由武汉市文明办、市民政局联合开展的"武汉以我为荣"——武汉市优秀志愿服务项目推选及路演展示活动，面向全市遴选一批创新型志愿服务项目，进一步深化志愿服务关爱行动，弘扬武汉特色志愿服务文化，激励号召市民群众热爱武汉、建设武汉。随着制度的完善和配套政策的相继出台，武汉市志愿服务日益系统化和专业化，武汉"志愿者之城"建设开始走向整体规划（见图1）。

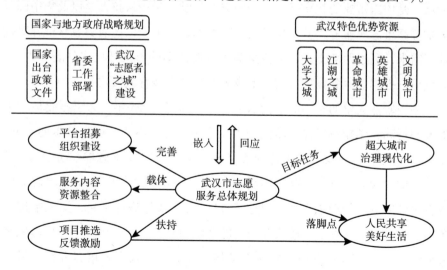

图1 武汉市志愿服务规划设计总框架

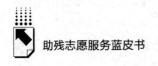
二 武汉市志愿服务实践的创新模式

武汉市志愿服务依托其作为大学之城、江湖之城、革命城市等的历史文化地理资源，以打造新时代英雄城市为契机，以共创生态文明城市为目标，形成志愿服务实践育人、应急救援、"红色基因"传承、抗灾关爱和绿色美丽等五大实践创新模式，取得多元成效。

（一）大学之城：打造志愿服务实践育人模式

实践育人是高校思想政治工作的重要环节。2018年5月，中共湖北省委高校工委、湖北省教育厅印发《"五个思政"改革示范点实施方案》，深入推进"五个思政"改革创新，鼓励开展社会公益、志愿服务、暑期"三下乡"、大学生志愿服务西部计划等实践活动。志愿服务成为武汉市高校实践育人的重要载体，成为"五个思政"的有效平台。

1.模式主体及做法

武汉市志愿服务实践育人模式的主体是高校大学生。武汉作为一座大学之城，是中国重要的教育基地。华中农业大学、华中科技大学以及华中师范大学等高校志愿服务团队在校党委、团委的领导下，以优质的教育资源对接基层需求，通过西部支教、科技赋能和主题活动等形式开展多项服务内容，培育了一批志愿服务典型人物，形成志愿服务实践育人模式。

华中农业大学的"本禹志愿服务队"成立于2005年。为了延续徐本禹的爱心行动，学校每年在应届优秀毕业生中招募志愿者开展支教志愿服务。华中农业大学坚持以"本禹志愿服务队"为抓手，实施志愿服务"4221"工程，即在校内建立了400个本禹志愿服务小组，创建了21支本禹志愿服务特色分队并实行动态管理；打造了20项品牌志愿服务项目，深入推进特色项目建设，扩大重点志愿服务项目的影响力和覆盖面；培育了一批志愿服务典型人物。2020年，华中农业大学将志愿服务写入人才培养方案，引导青年学生在投身志愿服务的过程中培育公共服务意识和奉献精神。自2020

年以来，该校新生志愿者注册率达100%。

华中科技大学志愿服务项目始终坚持"志愿点亮青春，服务追求卓越"的理念，以服务基层、需求对接、科技赋能为模式，探索出符合社会需求和学校特色的志愿服务体系。例如，华中科技大学建筑与城市规划学院"先锋党员奔赴基层"志愿服务项目自2008年成立以来，在寒暑假社会实践中累计派出25支队伍扎根乡村，用设计规划等专业知识助力脱贫攻坚、乡村振兴；软件学院"AI宝贝：让寻亲不再孤单"志愿服务项目，通过图像修复人工智能算法，利用"全局修复""人脸增强""超分辨率重建"三大技术，已经为1000多名走失儿童修复照片，也顺利帮助了11名走失儿童与家人重聚。

华中师范大学恽代英"互助社"开展常规志愿服务活动和特色志愿服务活动，前者着眼于校园文明建设，后者侧重大型赛事活动、主题志愿服务活动等。以2023年为例，在恽代英"互助社"的带动下，华中师范大学累计有5.1万人次青年志愿者积极投身迎新工作、返乡支教、社区实践、校园文明、120周年校庆、武汉马拉松、华人华侨创业发展洽谈会等2400余项志愿服务活动。

2. 实践成效及问题

武汉市高校志愿服务在实践育人方面发挥了突出作用。一是增强了青年志愿者对党的思想引领的政治认同和拥护，促使他们深刻领会"志愿服务要同'两个一百年'奋斗目标同行"的精神内涵，涵养"致知无央，充爱无疆"的文化底蕴。二是在志愿服务实践中，武汉市大学生深入了解社会问题的本质和复杂性，增强了社会责任意识。三是志愿服务提供了多元化的学习机会，促进学生综合素质的全面提升，包括领导力、团队协作、沟通技巧等，帮助青年学生不断成长和完善。目前，高校志愿服务实践育人模式面临的突出问题是，大学生毕业后，其在校时的志愿者身份、志愿服务时长等如何作为一种奖励机制融入社会工作系统。

（二）江湖之城：构建志愿服务应急救援模式

长江汉江交汇，在武汉形成两江四岸350公里岸线。这里江水湍急，夏

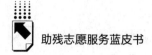

秋汛期，水流最急时达到每秒 6 米。武汉三镇溺亡事故多发。2023 年 7 月，武汉市人民政府办公厅出台《武汉市自然灾害和生产安全事故应急救援队伍建设管理办法（试行）》，要求建立包括志愿者群体在内的社会应急救援队伍，参与应急救援任务。

1. 模式主体及做法

社会应急救援队伍是指社会组织或志愿者建设的、经法定程序登记注册的应急救援队伍，主要由专业志愿者组成，旨在"以人为本"，在应对灾害事故、保障人民群众生命财产安全方面发挥重要作用。武汉市相关单位和民间组织积极构建应急志愿服务组织，如长江救援志愿队、武汉蓝天救援队等，它们的发展壮大提高了武汉市的灾害防范和救援能力。

长江救援志愿队由具有应急救援专业知识的志愿者组成，于 2015 年 6 月 28 日在武汉市民政局正式注册。该志愿队定期进行救援演练和培训，不断提升队员的救援技能和应对能力，确保在关键时刻高效展开救援行动。这支救援志愿队参与水上灾害救援工作，为受困群众提供帮助，并在水上搜救任务中协助执法部门寻找失踪者。该救援志愿队还多次参与全国大型抗震救灾活动，如 2016 年夏季湖北抗洪抢险、2021 年河南洪水救援、2023 年河北洪水救援。

武汉蓝天救援队是一支纯公益的民间应急救援力量，队员来自各行各业，其中骨干力量由退役军人和参加了国内应急救援方面专项培训的队员组成，志愿者团队是其重要组成部分。武汉蓝天救援队服务内容主要包括：疫情防控消杀、应急通信保障、赛事保障、水域救援、高空绳索救援、建筑坍塌救援、应急救援项目培训等。近年来，该救援队主要参与了长江之星沉船打捞、武汉军运会部分项目赛事保障、疫情期间武汉大型场馆消杀、中华慈善总会转运抗疫物资、2021 年河南洪水救援、2023 年河北洪水救援、土耳其地震救援等大型救援活动。

2. 实践成效及问题

武汉市志愿服务应急救援模式的实施取得了显著的救援成效，对当地、其他省（区、市）乃至全国都产生了积极影响。一是该模式有效减少了灾害事故的损失，保障了公民生命财产安全，为应对水灾带来的挑战提供了有力支持。二是该模式在武汉市发挥了积极的示范效应，激发了社会各界参与应急救援的热情，形成了良好的社会共治氛围，提高了社会整体的抗灾能力和紧急事件处置水平。三是该模式被其他省（区、市）借鉴和推广，促进了全国范围内志愿服务体系的建设和救援能力的提升，为构建全国统一、快速、高效的应急救援网络做出了积极贡献。目前，该模式面临的问题是需要进一步完善应急志愿服务力量的登记注册、服务保障、奖惩评价、救援补偿等制度性安排，并积极推动地方性法规标准制定修订工作，构建更完备的应急志愿服务制度体系。

（三）革命城市：创新志愿服务"红色基因"传承模式

武汉作为拥有丰富的革命历史资源和红色文化底蕴的城市，持续探索并推动通过志愿服务活动创新"红色基因"的传承模式，孕育了武汉革命博物馆"我在红巷讲党史"等志愿者团队。

1. 模式主体及做法

武汉革命博物馆下辖武昌毛泽东旧居、中共五大会址、武昌农讲所、起义门和中国共产党纪律建设历史陈列馆等，这些场馆大多坐落在武昌都府堤这条不足 500 米的"红巷"，共同构成武汉地区红色景点最多、内涵最丰富的红色旅游资源富集区。在都府堤社区有这样一群爷爷，为了给来"红巷"旅游的游客传播党史知识，义务当起了讲解员，每天在"红巷"穿梭，因此他们也有了这样的一个名号："红巷爷爷"。2018 年，在都府堤社区的号召下，"红巷爷爷"志愿者服务队正式成立，成员最初由社区 15 名退休党支部书记组成，平均年龄 75 岁。"红巷爷爷"志愿者服务队通过举办红色文化讲座、展览等方式，向公众传递革命精神和理念、宣传红色文化精神、培养爱国热情，并融入基层社区治理；通过创立红色文化体验营，开展线上线下活动，提升社区居民对红色文化的认知和体验。"红巷青马"是"红巷爷爷"团队中的青年志愿者分支，汇集武汉 30 多所高校的青年力量，通过举办红色文化教育培训课程、青年论坛、文艺晚会、社区义务服务等活动，推动红色文化事业在青年群体中的传承。"红巷苗苗"是"红巷爷爷"团队中的儿童志愿者分支，通过寓教于乐的方式，如红色文化主题游戏、亲子活动、手工制作等形式激发儿童对红色文化的兴趣。目前，由"红巷爷爷""红巷青马""红巷苗苗"组成的武汉革命博物馆"我在红巷讲党史"志愿者团队，共计3000余人，平均每年志愿者义务讲解15000余批，服务观众30万余人。

2. 实践成效及问题

武汉市志愿服务"红色基因"传承模式使不同年龄段的党员和群众融入同一志愿服务项目，凝心聚力将红色文化精神传播给更广泛的人群，取得了显著成效。一是在"红巷爷爷"志愿服务项目中，老一辈革命党员的讲述让红色文化得以活化、具体化，触动并感染更多的人。二是"红巷青马"志愿服务项目通过文艺演出、主题沙龙等形式，使红色文化与当代生活融合，培养了青年学生的民族自豪感和社会责任感。三是"红巷苗苗"志愿服务项目潜移默化地对儿童和青少年进行传统文化和爱国主义情感教育，为少年儿童的全面成长和未来发展提供了积极引领和指导。目前，武汉市志愿服务"红色基因"传承模式的地域范围主要是武汉革命博物馆各场馆、都府堤社区红巷及周边中小学校，如何进一步扩展志愿服务"红色基因"传承模式的地域范围，成为当前面临的主要问题。

（四）英雄城市：完善志愿服务抗灾关爱模式

疫情发生后，武汉市认真贯彻落实习近平总书记关于做好疫情防控工作的重要讲话和指示精神，根据中央领导同志要求和中宣部、中央文明办统一部署，在湖北省委宣传部、省文明办指导下，深入开展"志愿服务关爱行动"，为打赢疫情防控的阻击战发挥了重要作用，做出了重要贡献。习近平总书记多次深情赞叹武汉是英雄的城市，武汉人民是英雄的人民。[1]

---

[1] 《习近平总书记多次深情赞叹英雄的城市、英雄的人民，武汉人民"从来没有被艰难险阻压垮过"》，"长江日报"百家号，2023年9月7日，https：//baijiahao.baidu.com/s？id=1776336758250893969&wfr=spider&for=pc。

1. 模式主体及做法

武汉市"志愿服务关爱行动"的主体是广大市民。2020 年 2 月 23 日,武汉市防控指挥部和市委宣传部、市文明办分别发出招募通告,本着就地就近就便的原则,由所在社区负责统一招募志愿者参加专项行动。广大市民积极响应、踊跃参与,"共有 7 万余人通过'学习强国'和'文明武汉'平台报名,审核通过 4 万余人,每天有 2 万余人上岗从事专项行动,实现全市社区全覆盖。"① "志愿服务关爱行动"精细精准抓管理。一是按照"谁招募、谁管理、谁负责"原则进行队伍管理,规范志愿者的服务行为。二是做好志愿者岗前线上培训,引导志愿者掌握疫情常识和防护知识,做到不培训不上岗。三是构建社区负责人、网格员、志愿者"三位一体"工作架构,实施志愿者发一次信息、打一遍电话、上一次门的"三个一"联系沟通方法。四是协调公安、民政、市场监管等部门严格依据《武汉市志愿服务条例》等对少数单位和个人违规招募、假冒志愿者进行牟利、损害志愿者名誉和安全等行为进行处理,切实保护志愿者人身和财产安全,维护志愿者良好形象。

2. 实践成效及问题

"志愿服务关爱行动"在武汉疫情防控中起到了重要作用,赢得了全社会普遍赞誉。一是传递了党和政府的温暖。专项行动开展以来,社区居民买菜难、买药难等问题得到有效解决。群众深切地体会到中国共产党领导和中国特色社会主义制度的显著优势,巩固了我们党执政的群众基础。二是带动全市各项志愿服务活动蓬勃开展。"志愿服务关爱行动"是一次让人民群众接近志愿服务、走向志愿服务的宝贵机会,人民群众参加志愿活动的热情高涨,使得志愿服务在武汉这座英雄城市蔚然成风。三是推动志愿服务融入基层社会治理。"志愿服务关爱行动"激活了以"网格"为主要形式的治理单元,创新了共建共治的工作机制,呈现政府主导有力、群众参与有序、资源配置有效的治理模式。目前,如何使应对特殊时期重大突发公共卫生事件的

---

① 郭劲、刘红蕾、龙昕琪:《微光成炬 温暖江城——武汉市"志愿服务关爱行动"的启示》,《思想政治工作研究》2020 年第 5 期。

"专项行动"有效对接后疫情时代武汉市志愿服务机制建设、措施运用、平台搭建等方面的普遍性要求是有待进一步探索的问题。

（五）文明城市：创建绿色美丽志愿服务模式

在推进生态文明建设、创建文明城市的过程中，武汉市重视发挥志愿者队伍的作用，创建了绿色美丽志愿服务模式。

1. 模式主体及做法

东湖绿道、府河湿地、长江沿边等地域是武汉生态文明建设和绿色发展的重要阵地。东湖文旅集团绿道巾帼服务队通过凝聚"党建+服务"强大合力，着力打造"巾帼服务"党建品牌，以"至真、至诚、至微、至善"为服务理念，以"柔性管理+贴心服务"为工作标准，用实际行动展示武汉文明旅游形象，获得社会各界的广泛好评。据统计，巾帼服务队日均徒步巡逻10公里，累计劝导不文明行为2100余次，为游客提供咨询服务2400余次，提供医疗服务50余次，妥善处理各类突发事件10余起，成为绿道景区一道靓丽的人文风景线。

柏泉候鸟守护志愿服务队在府河湿地的天鹅湖沿线设立3座护鸟帐篷，为42个种类近2万只候鸟打造临时家园，形成"候鸟天堂"。在候鸟守护志愿服务队十几年的守护下，府河湿地每年聚集的水鸟稳定在四五十种2万只左右。如今，越来越多的市民来到府河湿地观鸟，也有越来越多的人自发维护观鸟秩序，形成了爱鸟护鸟、文明观鸟的文明新风尚。

自2019年以来，长江环保集团青年志愿者协会打造了"青春建功大保护·守护碧水创先锋"志愿服务品牌，累计组织开展志愿服务活动150余次，开展环保宣讲30余次，为长江大保护事业汇聚磅礴青春力量，曾获第十届"全国母亲河奖"绿色团队奖。

2. 实践成效及问题

以提高生态文明建设水平为目标，武汉市绿色美丽志愿服务模式取得的成效如下。一是市民生态文明意识增强。志愿者通过参与各项环保活动，如垃圾分类、植树造林等，向社会传递环保理念，提升了市民对环境保护的认识和重视程度。二是城市环境质量改善。志愿者通过湿地保护、水源地保护、爱鸟护鸟活动等生态建设项目，促进了城市空气清新、水源清澈、绿化覆盖率提升，有效改善了城市的生态环境质量。三是公众参与度提升。志愿者的示范作用和倡导推动更多市民参与环保志愿服务活动，形成了公众自发参与环保行动的潮流，为实现文明城市创建目标凝心聚力。目前，有效挖掘荆楚文化中的环保理念并使之转化为新时代生态文明建设的重要精神动力成为一项重要课题。

三 武汉市志愿服务实践的主要经验

武汉市着力建设专业化社区治理骨干队伍，将党建引领基层社会治理纳入超大城市现代化治理"八大工程"一体实施，以志愿服务为依托，努力探索多方联动、共同缔造、典型示范等城市治理创新路径，形成基层党组织领导下的共建共治共享格局。

（一）党建引领、聚合资源：推动志愿服务持续化精细化发展

1. 大中小学抓实党建引领，推动学校志愿服务持续化

武汉市大中小学学校党委高度重视志愿服务工作，始终从服务党和国家发展的政治高度定位志愿服务的育人功能，坚持立德树人，践行为党育人、为国育才的使命，扎实推进学校志愿服务持续化。例如，华中科技大学在校党委统一领导部署下，将大学生志愿服务西部计划工作纳入学校全局工作，与高校服务精准扶贫、西部边疆建设等国家战略一体谋划、融合推进。主要经验如下。一是出台项目实施办法，成立学校项目办，校团委及相关单位共同负责落实。二是党委书记、校长多次赴当地看望志愿者，分管校领导全程参加西部计划志愿者党史学习教育宣讲会。三是将西部计划项目分为推免类和就业类，分批招募、一体培养。四是讲好西部计划志愿服务故事（见图2）。比如，制作以志愿者故事为脚本的《奋斗的青春献给党》等专题影像作品，持续在各类媒体平台推送志愿者故事，使更多同学受到感染和鼓励，接力到西部去、到基层去、到祖国和人民需要的地方去建功立业，形成推动学校志愿服务持续发展的闭环效应。

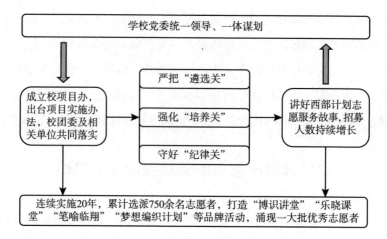

图2　华中科技大学党委统一领导下的志愿服务运行机制

据悉，华中科技大学自2003年开始实施西部计划（研究生支教团）项目，迄今已连续实施20年，累计选派750余名志愿者赴新疆、西藏、云南、贵州、广西、四川、湖北等中西部地区，参与教育帮扶、脱贫攻坚、乡村振兴、基层治理等。长期以来，西部计划（研究生支教团）志愿者青春接力，在基层一线、西部边疆挥洒汗水、播种希望，坚持"志""智"双扶，打造了"博识讲堂""乐晓课堂""笔喻临翔""梦想编织计划"等品牌活动，涌现了"全国最美志愿者"等一大批优秀志愿者，凸显了育人成效。

2.文明实践站抓牢党建引领，推动常态志愿服务阵地化

新时代文明实践站是推动志愿服务常态化的重要阵地。武汉市共创英雄城市，推动志愿服务深入人心，"让志愿服务人人可为、处处可为"，要求常态志愿服务阵地化，新时代文明实践站通过党建"深根工程"，把志愿服务送到离群众最近的地方。例如，汉阳区自2021年初启动实施"5443行动计划"——建强"区—街—社区—小区（网格）—楼栋"五级组织体系，打造党群服务、物业服务、民调服务、志愿服务四站一体的小区"红色驿站"，加强社区干部、下沉党员、综治队伍、志愿者四支队伍建设，做实业委会、居民小组、物业企业三方联动，让居民"小事不出小区，大事不出社区，难事不出汉阳区"。该计划启动以来，小区"红色驿站"开满汉阳大

街小巷，成为群众家门口的服务阵地。2021 年前，区注册志愿者总人数年均保持在 10 万人左右，约占全区常住人口的 15%；2021 升，区注册志愿者总人数猛增至近 50 万人，意味着近六成汉阳人是志愿者。2022 年 3 月，汉阳区推出党建引领基层治理 3.0 版——"深根工程"，将 378 个"红色驿站"、143 个"阳小驿"（江城蜂巢）延伸发展为新时代文明实践点，广泛开展小区遍访行动，将党组织扎根到最前沿，把服务送到群众的心坎上。

3. 社区组织抓紧党建引领，推动邻里守望志愿服务精细化

志愿服务进社区，是引导广大居民参与社区治理的重要路径，也是提升便民服务精细化水平，推动邻里守望、互帮互助的重要抓手。武汉市武昌区南湖街中央花园社区以党建为引领，组建"五心"志愿服务队，积极开展"顺民心、暖民心、聚民心、知民心、得民心"等"五心"行动，解决居民群众日常生活琐事中的小烦恼。顺民心的"啄木鸟"志愿服务队每天在辖区内巡逻两次，发现问题及时通知居民、物业公司、社区居委会进行整改；暖民心的"岔巴子"志愿服务队上门看望慰问独居老人，展现邻里守望相助之情；聚民心的"吹鼓手"志愿服务队用腰鼓、快板、渔鼓、舞蹈等文艺形式编排节日活动，宣讲党的精神；知民心的"管得宽"志愿服务队每月开展一次便民秀场活动，免费为居民提供理发、修伞、修鞋、修拉链、配钥匙等服务；得民心的"老顽童"志愿服务队通过社区"道德讲堂"在辖区内广泛宣传先进模范人物精神，将文明实践寓教于乐，让文明实践根植群众。再比如，华锦社区持续以党建引领、"社会治理+文明创建"为特色，发挥银发先锋参与社区治理的积极性，充分体现了老党员"退休不褪色，离岗不离责"的使命担当，成为"我是党员我来干"的践行者、前行者。

（二）多方联动、共同缔造：志愿服务助力超大城市治理现代化

2021 年 7 月，《市人民政府办公厅关于印发进一步提升城市能级和城市品质工作实施方案的通知》强调，坚持以习近平新时代中国特色社会主义思想为指导，围绕建设现代化大武汉目标任务，推动城市治理能力现代化。《2023 年武汉市民政工作要点》明确指出，深化党建引领社区多元共治机制，增强

社区公共服务功能，推动打造共建共治共享的基层社会治理新格局。

1. 多元共建，激发民众参与热情

超大城市治理一般面临规模焦虑和治理负荷两大难题，前者集中体现在人口密集的城市交通出行问题上，后者则主要是老龄化问题。武汉市志愿服务通过城市轨道、养老助老类志愿服务多元共建，激发民众参与热情，化解这两大难题。2012年武汉地铁文明志愿服务总队成立，坚持以问题为导向，不断推动志愿服务项目化发展，持续围绕社会热点问题孵化新项目（见表1）。2015年，为整合社会志愿力量，营造安全文明出行氛围，武汉地铁通过打通各公共服务企业、学校、社区等不同主体之间的服务壁垒，根据"共建共治共享"原则，启动武汉地铁"志愿服务合伙人"项目，为广大市民乘客搭建开放、高效的志愿服务体验平台，让每一次地铁出行都是一场志愿服务活动，推动武汉地铁志愿服务工作高质量发展。2023年，来自武汉市44所高校、21个社区、5个企事业单位及3个社会团体的共106个志愿服务团队与62座地铁站达成共建协议，基本实现了重点地铁站的全覆盖，超万名志愿者开展了近4万小时志愿服务，引导、帮扶乘客达百万人次，助力塑造武汉文明城市形象。

表1 武汉地铁"文明伴你行"志愿服务总概况

发起者	武汉地铁文明志愿服务总队		孵化项目(启动年份)	项目亮点
启动时间	2012年		地铁志愿服务合伙人项目(2015年)	企业、学校、社区与轨道交通车站一对一共建
注册人数	7.1万人	服务原则与志愿目标：	"文明地铁 爱心伴乘"志愿服务项目(2015年)	专业信息平台——"文明地铁+"微信小程序
服务时长	60万小时	问题导向传播文明	"乘地铁 游武汉"志愿服务项目(2019年)	武汉景点导航攻略"二维码"
覆盖站点	219座		"E心关爱 共享未来"志愿服务项目(2021年)	心理科普疏导乘客焦虑
引导、帮扶人数	数百万人次		"地铁艺术+"志愿服务项目(2022年)	"地铁艺术课堂"进社区、进学校、进车站

由华中师范大学等高校志愿者组建的 e 家养老院智慧社区居家养老项目聚焦当前居家养老模式下老年人需求间歇性、志愿者服务时间零碎及难以科学匹配等现实困境，在长达 6 个月的调研的基础上，于 2021 年着手成立多元化、专业化的养老志愿服务队，与华中师范大学 4 个附属社区及 53 个"大学生社区实践计划"对接社区积极合作，建立 App 志愿者库，搭建"e 守护"智慧养老平台，一站式打通老年人、高校志愿者、社区工作者的沟通壁垒，助力克服养老困境。

2. "五社联动"，提升基层共治效能

改革开放以来，随着"单位制"弱化，"社区制"的社会生活模式不断演进，打破了中国传统社会"个人—家庭—社会"的"差序"格局，逐渐形成以社区为平台、社会组织为载体、社会工作为支撑的"三社联动"现代社区治理模式。"五社联动"是"三社联动"的延续与发展，从功能结构上看，"五社联动"是以社区为平台、社会工作者为支撑、社区社会组织为载体、社区志愿者为依托、社会慈善资源为助推的新型社区治理机制（见图 3）。2002 年初，第一阶段"五社联动"志愿服务模式已覆盖武汉市 87 个社区、其他市州 123 个乡镇（街道），探访康复患者等重点人群 6991 人，为 4410 人提供专项心理支持服务，受益人群达 156.8 万人次。① 2022 年 8 月，武汉市总结经验，市民政局发布的《关于创新"五社联动"机制提升社区治理效能的实施方案》要求以"五社联动"机制，全面提升社区治理效能。

3. 共同缔造，共享美好治理成果

2022 年 8 月，武汉市委办公厅、市政府办公厅联合印发《开展美好环境与幸福生活共同缔造活动试点工作实施方案》。共同缔造的关键在于拓宽群众参与治理的渠道。2023 年 6 月，江夏首个党群服务驿站"龙小驿"在纸坊街正式挂牌，其一方面作为社区网格中方便居民办事的场所，另一方面

---

① 《湖北省：以"五社联动"项目为抓手 促进志愿服务创新发展》，《中国民政》2022 年第 4 期。

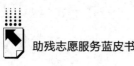

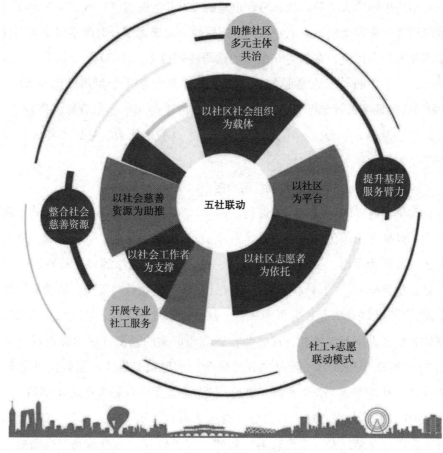

图 3 "五社联动"功能结构

配备各种服务设施，为周边环卫工人、快递员、外卖小哥、巡逻民警等一线人员提供暖心空间。纸坊街通过广泛动员社区党员、报到党员、老干部志愿服务队、新兴业态群体等进驻"网格党群服务驿站"，引导他们主动认领志愿服务岗，为居民提供帮办代办、矛盾调处、志愿活动等服务，着力打造"党的服务在驿站、群众有事立刻办"的家门口的"会客厅"。江夏区界镇社区通过共商共议，依托 16 支志愿服务队伍，采取"志愿活动+市场化运作"的方式，成立了本土化的家政服务公司——暖馨家政公司，对志愿者进行专业家政培训，带动广大居民就业，共享治理成果。

（三）典型示范、择优推选：打造武汉志愿服务特色品牌

武汉市志愿服务中涌现出一大批精神高尚、事迹突出、群众公认、影响广泛的先进典型，在深化公民道德建设、提升社会文明程度等方面发挥了鲜明的导向作用。

1.宣传发动，择优推荐，营造"我为人人，人人为我"的社会氛围

为总结经验、树立榜样、激励典型，2016年，武汉市委宣传部命名"武汉市学雷锋活动示范点"和"武汉市岗位学雷锋标兵"，截至2022年已命名第七批。2021年，武汉市文明办会同有关部门开展年度全市学雷锋志愿服务"四个一批"先进典型宣传推选活动。经宣传发动、择优推荐、综合考核等环节，推选出"武汉市最美志愿者"、"武汉市最佳志愿服务组织"、"武汉市最佳志愿服务项目"和"武汉市最美志愿服务社区"。在此基础上再形成拟向省文明办、中央文明办推荐的候选先进典型名单，并进行公示。此举措营造"我为人人、人人为我"的浓厚社会氛围，引领带动更多的人积极参加学雷锋志愿服务，提升社会文明程度。

2.典型示范效应凝心聚力，铸牢中华民族共同体意识

志愿服务典型示范能够凝心聚力，铸牢中华民族共同体意识。武汉市紫阳街起义门社区新时代文明实践站充分挖掘社区资源，以红石榴少数民族志愿服务队为核心，引导居民共同从事公益帮贫扶困，形成团结少数民族、铸牢中华民族共同体意识的典型志愿服务示范。一是积极链接中南财经政法大学的优质教师资源及大学生志愿团队，开展形式多样的志愿服务活动。二是精准开展技能培训，提升少数民族群众创业就业能力。比如，直播平台角色互换，向社区居民展示民族特色食品、土特产等，通过直播带货拓宽资源渠道。三是"红石榴"宣讲队以快板形式，唱响十九届六中全会精神振兴曲；"萤火聚光"青少团白天进校园、晚上进家庭，传播党的好声音。志愿服务队深入基层面对面，拉近和群众的距离，使党的方针政策宣讲融入群众日常学习生活。每逢节日，红石榴少数民族志愿服务队的少数民族经营户还会自发捐钱购买各种生活物资，到社区上门慰问困难群众，生动展现了各族群众守

望相助、手足相亲的民族团结情怀。

3. 特色品牌项目突出，打造武汉"英雄城市、道德高地"良好形象

武汉市志愿服务特色品牌项目突出，助推打造武汉"英雄城市、道德高地"良好形象。自 2015 年全国学雷锋志愿服务"四个 100"先进典型推选活动启动以来，武汉市先后有 50 个典型入选。比如，获评 2022 年度全国学雷锋志愿服务"四个 100"先进典型的中建三局三公司"爱心妈妈"工作室依托企业区域分支机构，在北京、湖北等 8 个区域设立分队，志愿者达 326 人。团队结合企业实际，切实发挥自身优势，开展进社区、进工地、进校园、进家庭关爱暖心活动 80 余次，落实办实事项目 43 个，捐赠新鞋子、衣物、文具 12 批次，创建"爱心妈妈图书馆"3 个。此外，"本禹志愿服务队"已经成为响彻全省乃至全国的志愿服务品牌。湖北全省创建省级"本禹志愿服务队"182 支，编排的话剧《牵挂》先后在国家大剧院和高校巡演 50 多场，公益项目涵盖支教、扶贫、环保、关爱特殊群体等，志愿服务遍及全国多个省（区、市）。

四　武汉市志愿服务实践的发展趋势展望

建设中华民族现代文明、创造人类文明新形态，是有原则高度的实践。未来须将武汉志愿服务发展提升为有原则高度的文明实践以把握其本质和探索发展规律，同时，对志愿服务助力社会治理创新和超大城市社会治理进行大胆探索，在志愿服务运行机制的终端环节完善落实武汉志愿服务保障体系。

（一）加强地方特色创新，为构建中国特色志愿服务自主知识体系提供武汉智慧

第一，结合武汉志愿服务实践特色，将志愿服务发展提高到原则高度进行理论提炼和多学科交叉创新。武汉志愿服务依托本地特色优势资源进行的五大模式创新为中国式现代化面临的协同治理难题提供了重要启发，这不仅是志愿服务的武汉模式，也为中国式现代化进程视域下区别于西方志愿服务

发展的中国特色志愿服务提供了实践证明。因此，需要政治学、经济学、社会学、历史学、公共管理学等多学科领域专家定期或不定期就武汉志愿服务实践发展进行学术研讨，将马克思主义人学理论与武汉具体实际相结合，将志愿服务发展提高到原则高度进行理论提炼和多学科交叉创新。这有利于纠正长期以来学界在志愿服务基础理论研究领域"以西解中"的理论偏向，加快构建以马克思主义为指导的中国特色志愿服务自主知识体系，增强主体性原创性。

第二，将荆楚传统文化与现代志愿服务结合，探索志愿精神传承的武汉模式。随着武汉志愿服务实践的发展壮大和新时期高质量发展提出新诉求，弘扬和传承荆楚传统文化中的精神动力基因，成为推动志愿者深度参与新时代文明实践的重要趋势。一是促进志愿者开拓志愿服务实践新领域，满足人们更高层次更高水平的美好生活需要，涉及领域广泛，需要相关部门和志愿者继承荆楚先民筚路蓝缕、敢为天下先的精神特质。二是继承荆楚文化注重以系统观念看待生态环境的理念精神，提升志愿者尤其是党员干部志愿者的专业素养，采用统一的数据化新手段整合生态治理领域，使其走向融合统一。三是继承以屈原爱国主义精神为代表的爱国主义精神，提升新时代志愿文化新境界。将荆楚儿女的爱国主义、励精图治的情怀，有效融入志愿服务实践，助力提升新生代志愿文化新境界。

（二）建立健全志愿服务激励制度，着力提升武汉志愿服务体系化水平

2024年4月，《中共中央办公厅 国务院办公厅关于健全新时代志愿服务体系的意见》指出，健全新时代志愿服务体系，要坚持系统观念。这不仅是健全志愿服务体系的根本原则，更是推进志愿服务事业发展的重要法宝。

第一，建立健全志愿服务激励制度体系。武汉市志愿服务"时间银行"、积分兑换等激励制度还不完善，表彰类别过于单一。推动志愿者回馈服务扩大至整个家庭，提高回馈服务折现率。进一步制定、执行志愿者在就业招聘、医疗服务、住房保障等环节享有优先地位的细化措施。推动志愿服

务表彰类别、形式多元化，拓展志愿服务表彰范围。

第二，加大资金扶持力度，拓宽经费来源渠道。推动志愿服务事业可持续发展离不开资金支持网络。武汉市志愿服务资金主要来自政府拨款、市场捐赠和社会捐助。扎实推进武汉市志愿服务五大模式成熟健康发展，还可以拨付、设立各种类别的志愿服务专项资金，如高校志愿服务专项资金、应急救援志愿服务专项资金、生态环保志愿服务专项资金等。同时通过财税制度和其他政策激励社会力量参与志愿服务，提升志愿服务捐赠的积极性，形成多方位、多层面的经费筹集模式。

（三）推进志愿服务法治建设，为志愿服务事业繁荣提供根本保障

《中共中央办公厅　国务院办公厅关于健全新时代志愿服务体系的意见》第七部分突出了注重权益保障、提供法治支撑等工作。武汉市应进一步完善地方立法，大力推进志愿服务法治建设，为推动志愿服务事业的繁荣提供法律支持与保障。

第一，完善立法、促进志愿服务规范化、专业化。法治化、规范化、常态化日益成为志愿服务的主要趋势，是顺应现代志愿服务事业发展的基本特征。结合武汉市实践经验加快地方立法，完善相关法规和制度，适应志愿服务事业的前进步伐，满足急需、适度超前，做好顶层设计。对志愿服务法规的基本理念、基本精神、基本方向进行总体把握，充分体现引领法、促进法、保障法、规范法的立法定位，明确立法目的、促进措施、倡导条款等内容，涵盖政府职责、志愿服务激励措施、志愿回馈机制等，覆盖志愿服务活动的各要素、全过程，以推动志愿服务活动的有序、规范开展，为提高志愿服务质量、建立志愿服务行业标准提供法律指引。

第二，强化法律法规对志愿者信息的保护。武汉市应使用统一的系统平台对志愿者注册、志愿活动记录以及信息发布等进行管理，并制定相应的法规，依法做好对志愿者信息的保护。同时要建立一套对志愿者、志愿服务组织时长录入的有效监督体系，增强大数据等现代科学技术手段的运用，防止虚假录入志愿服务时长的情况产生，并应当对虚假录入行为进行相应的处罚。

天津市和平区新兴街朝阳里社区志愿服务
实践报告

侯彦一 王二莎 李宛芙*

摘 要： 天津市和平区新兴街朝阳里社区是"全国第一个社区志愿者组织发祥地"，自1988年13名志愿者组成"义务包户服务小组"，经过30余年（探索发展期、创新发展期、提质增效期）的探索和发展，截至2024年8月已有3996名注册志愿者，社区超过80%的常住居民是志愿者，志愿精神已成为朝阳里社区的"最美底色"。朝阳里社区在探索经验的基础上，不断完善理论和方法，总结了可供复制和推广的"百姓志愿 百姓实践 百姓美好生活"社区志愿服务发展模式，为天津市乃至全国社区志愿服务推广提供了参考蓝本。本报告归纳了天津市和平区新兴街朝阳里社区志愿服务发展历程，分别从党建引领、融合发展、自下而上三个方面对志愿服务发展模式经验进行了总结，从推动基层社会治理、精细化组织管理、调动社会资源能力、志愿服务项目形式以及资金来源渠道五个方面梳理了朝阳里社区志愿服务在未来持续深入发展方面面临的挑战，并结合社区实际，从拓展服务领域、强化资源整合、吸引群众参与、创新社会治理、挖掘青年力量、强化经费保障这六个方面提出对策建议。

关键词： 社区志愿服务 社区志愿组织 天津市

---

* 侯彦一，天津市和平区委宣传部副部长，区文明办主任，主要研究领域为精神文明建设、志愿服务；王二莎，天津市和平区委宣传部精神文明建设工作科科长，主要研究领域为精神文明建设、志愿服务；李宛芙，天津市和平区委宣传部精神文明建设工作科四级主任科员，主要研究领域为精神文明建设、志愿服务。

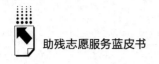

一 和平区新兴街朝阳里社区志愿服务的发展历程

朝阳里社区自 1988 年 13 名志愿者组成"义务包户服务小组"为社区困难家庭提供志愿帮扶以来，经过 30 余年的探索、创新和提质升级，形成了特色鲜明的"百姓志愿 百姓实践 百姓美好生活"社区志愿服务发展模式，社区志愿服务精神和志愿文化得到了飞跃式的提升，"志愿红"已经成为朝阳里社区最亮丽的底色。

（一）探索发展期（1986~2008年）

1988 年，朝阳里社区 6 名居委会成员和 7 位小区积极分子组建了"义务包户服务小组"，成为全国第一个社区志愿者组织，形成以"送煤、送菜、送炉具"为主要内容的"老三送"。1989 年 3 月 18 日，天津市和平区新兴街率先成立社区服务志愿者协会，志愿服务工作制度初见雏形。社区志愿服务论证会在朝阳里社区召开，全国 13 家新闻单位记者首次报道社区志愿服务工作经验，社区志愿服务工作获得广泛关注。21 世纪初，朝阳里社区志愿服务向多领域多方面探索，组织精神文明"百颗星"评选，通过先进事迹鼓舞群众；成立社区志愿者协会，规范志愿者管理；开通社区志愿服务网站，拓展网络阵地；顺应时代发展，将志愿服务内容由"老三送"更新为"送岗位、送知识、送健康"的"新三送"，服务内容逐步完善。

在 30 余年的探索发展过程中，朝阳里社区在制度建设方面，率先成立志愿者组织党支部，形成项目管理、服务互动、资源整合、党员奉献、激励汇报五项工作机制；在平台建设方面，建立社区志愿服务站，开通社区志愿服务网站，线上线下的志愿服务平台更加健全；在团队建设方面，志愿者队伍纳入新生力量，年龄层次、文化结构更加合理，同时，随着团体会员单位逐步加入，专业服务水平不断提升；在文化建设方面，开辟文化广场，创作了一批文艺作品，以文艺作品的形式宣传志愿理念，弘扬志愿精神，效果更加明显。让"有爱心学志愿者，有能力做志愿者，有时间当志愿者"逐渐成为社区居民的共识。

（二）创新发展期（2009~2018年）

2009年，民政部正式确认天津市和平区新兴街为"全国第一个社区志愿者组织发祥地"，为朝阳里社区志愿服务事业的发展奠定了基石。在此期间，朝阳里社区在志愿者规范管理、志愿服务项目规范管理、志愿服务资源共建融合等方面进行创新发展，不断提升志愿服务效率和水平。依托志愿服务信息管理平台，创新志愿服务时长记录方式，在民政部会议上做经验分享；推出爱心助空巢、关爱老雷锋、关爱农民工、关爱流动花朵、邻里守望等特色志愿服务项目，推动志愿服务项目品牌化、项目化发展；注重经验总结和示范引领，志愿服务典型工作经验被新闻联播报道，产生全国最美志愿者等先进典型。朝阳里社区志愿服务从团队建设、规范管理、项目运作、成果展示等方面都取得了创新发展。

（三）提质增效期（2019年至今）

2019年1月17日，习近平总书记视察和平区朝阳里社区，与志愿者代表亲切交谈并做出重要指示，为和平区做好新时代志愿服务工作注入了强大的政治动力、精神动力和工作动力。朝阳里社区深入贯彻落实习近平总书记关于志愿服务的重要指示精神，以新发展理念为引领，回应新时代对志愿服务的要求，持续健全志愿服务工作体系、夯实志愿服务阵地建设、深化志愿服务实践活动，把志愿服务的品牌擦得更亮，形成"送快乐、送品牌、送服务"的"新新三送"，找到了志愿服务的"幸福密码"是"老百姓的文明实践、老百姓的志愿服务、老百姓的美好生活"。

朝阳里社区的志愿服务事业经过30余年的发展，截至2024年8月，共有56家党建共建单位、38支志愿服务团队、3996名注册志愿者，通过"面向群众发现典型，把握导向挖掘典型，关心关爱培育典型，全面立体宣传典型"的选树优秀志愿者体制机制，拥有了一大批深入社区、服务居民的优秀志愿者。2023年，朝阳里社区挂牌成立了天津市中国特色社会主义理论体系研究中心主题实践基地。志愿精神在和平区、天津市持续传承，志愿服务深度融入社会治理。

二 和平区新兴街朝阳里社区志愿服务的发展实践

（一）坚持党建引领，打通服务群众"最后一公里"

党建引领，是朝阳里社区志愿服务发展的基石。多年来，朝阳里社区积极探索党建引领志愿服务新路径，以志愿服务队伍为载体、以党员志愿者为支撑，以党建引领社区志愿服务，以社区志愿服务创新党建发展。坚持"聚资源"与"用资源"相统一，充分发挥党建共建、区域联建的工作优势，以社区为圆心，拓宽志愿服务半径，统筹整合辖区内阵地资源，立足基层组织这一"主轴"，搭建平台、整合资源，推动志愿服务规范化、有序化、常态化，助力基层社会治理能力和水平有效提升。朝阳里社区将党的立场主张贯穿文明实践志愿服务全过程，找准志愿服务与社区党建、社区治理、社区服务的结合点，将党建事业发展和社区志愿服务发展有机结合，依托"一条红线贯穿始终、志愿服务常态化项目化、5条举措推动全民公益"的"朝阳里志愿服务型社区125工作法"，形成"支部发动、组织带动、群众主动"的志愿服务格局。

一是坚持"一条红线"贯穿始终。一方面，朝阳里社区发挥社区党委"主心骨"作用，坚持用党的领导这"一条红线"织密"红色网格"，建立健全"党建引领、成果共享"的多方参与机制，充分发挥"红色网格""红色业委会""红色物业""三红"建设作用，把"三红"建设作为党建引领基层治理的重要内容，社区党委探索建立"多网合一、一网统管、一格多员、一员多用"红色网格组织体系，划分网格区域、织密网格体系、强化网格队伍，将11个党支部建在网格上，将党小组建在楼门内，在楼门内推选、挂牌一批党员中心户，以党员中心户为骨干带领楼门志愿者激活"红色细胞",将红色文化和红色精神传递到楼门和群众中,推动居民自我管理、自我服务,以此助推党组织工作。另一方面,党员是志愿服务的发起者,也是志愿服务的主要推动者,朝阳里社区依托"和平夜话"实践活动,将入列轮值的党员干部编入网格,精准对接到户,采取"一人一卡一码"方式,每周1~2次深入社区,让党员干部真正把身体"沉下去"、问题兜上来、诉求解决好,让志愿服务坚持经常、融入日常、干在平常。社区党委分别建立了"中心派单—志愿者接单—群众评单"自上而下和"开门询单—所站制单—志愿者接单—群众评单"自下而上的服务模式,既搭好平台让更多党员走进群众家里,把党的政策与温暖送到基层,又通过精准问需、精细服务,将群众关心关注的难点问题统上来,以社区"小网格"推动基层"大治理"。

案例——社区检察岗 点亮民心灯

借助"和平夜话"平台,区检察院在朝阳里社区设立了"社区检察岗",旨在以人民为中心、以服务社区为着力点,创新服务形式,融入社区治理。通过走访,检察院的党员干部了解到李阿姨所在楼门的楼道灯不亮了很多年,系该楼门某住户通过私占电表维持家中用电,如强行切断电源,将影响其正常生活,激化居民矛盾。且经了解政策得知,楼门内公用电表只能由居民代表以个人证件进行办理,且每楼门有且只能有公用电表一块。经新兴街道党工委办事处、和平区人民检察院、国网城南供电和平服务中心、朝阳里社区和社区居民多方协同,共商共议,几番现场实地考察,几经修改方案,达成共识,分阶段、分步骤,循序渐进,使问题标本兼治。以新兴街朝阳里社区的名义向电力部门申请一块临时楼道灯电表,在楼道安装分表,使楼道灯和对讲机恢复正常使用,优先解决楼道内多年灯不亮、电不通困扰居民日常生活的问题,后续跟踪调解居民家庭纠纷,以从根本上解决问题,营造和谐的邻里氛围。

二是推进志愿服务常态化、项目化。朝阳里社区在坚持推进常规志愿服务活动的基础上，不断孵化志愿服务队伍，扩充志愿服务项目库，细化志愿服务范畴，实现志愿服务形式由"一对一""点对点"服务转变为专业团队定向服务、项目团队设点服务；服务内容由单一式服务转变为为老、助学、就业培训等全方位服务，服务形式由被动提供资助转变为主动关注居民需求。设立扶危济困基金、护绿巡逻、爱心助空巢、心目影院、手机使用培训、天使助残等社区志愿服务项目 23 项。先后推出健康义诊、和平夜话、金葵花快乐营地、天使助残、军辉溢彩等特色项目，都受到社区居民广泛认可和欢迎。每天按计划开展志愿服务活动，每月设立"志愿服务在朝阳"奉献日，每年设立"3.18 志愿服务活动周"，集中组织开展志愿服务广场日活动，推动志愿服务常态化开展。每月在志愿服务小广场开展志愿服务广场日活动，成为社区居民共同的习惯。同时，这些志愿服务项目在社会上形成了良好的品牌形象，吸引越来越多的企事业单位及社会组织关注和参与，已经形成"广泛关注、积极参与、良好互动"的志愿服务局面。

三是实施"5 条举措"推动全民公益。朝阳里社区以"和平区社区志愿服务展馆"作为"全民公益基地"，免费向居民群众、单位组织开放，全年接待学访、调研、参观 300 余次；社区以专业的社工队伍为专业化"公益引导团队"，帮助社区志愿者加入团队、记录时长、规范管理，对接社会组织和企事业单位提供社会资源；以每季度一场的设点服务、义卖集市等形式举办"全民公益集市"活动，打造"公益集市"品牌，通过设点服务、跳蚤市场、义卖集市等形式，整合汇聚更多的社会力量开展志愿服务、参与社区治理，使其从"局外人"变为"局内人"；社区以"公益嘉年华"搭建全民公益的展示平台，邀请社区共建单位、志愿者团队参与，为共建单位搭建更多志愿服务平台，为社区居民提供多样化、专业化、精准化、精细化服务；社区设立"公益基金"，定期组织拍卖会、公益集市，在社会各界和居民群众的帮助下注满公益"能量池"，把志愿服务引向全民公益，打通宣传群众、教育群众、关心引领群众、服务群众的"最后一公里"。

（二）坚持融合发展，用志愿服务激发基层活力

朝阳里社区志愿服务自下而上的社会化志愿服务参与模式与自上而下的政府引导志愿事业发展模式之间的良好配合，搭建起双轨并行、多方联动的志愿服务格局。在长期志愿服务发展中，朝阳里社区不断探索，打造"一圈一体一群"的融合方式，构建新时代文明实践综合体，聚焦群众诉求，精准精细服务群众，与辖区驻区单位签订共驻共建协议，根据志愿服务需求清单、服务清单、考核清单，实现双向发力、双向受益，用志愿服务激发基层活力。

一是打造15分钟志愿服务圈。朝阳里社区结合居民实际需求，拓展志愿服务活动阵地，围绕群众日常生活需要，整合社区新时代文明实践站、学雷锋志愿服务站、党群服务中心、党员活动室、社区文化站、理论宣讲基地、科普基地、爱国主义教育基地等公共活动空间以及公园广场、学校等社会资源，统筹文化服务、教育服务、科技服务和体育服务等社会服务工作，打造点多面广、功能完备的15分钟志愿服务圈。涵盖由党员、退役军人、教师、医护人员、手艺人、志愿者组成的"手艺人服务点""温馨家园志愿服务点"等18个种类共276个服务点，开创了一门一"党员志愿服务之家"，一楼一"退役军人义务服务点"，一小区一个"义务理发点"、多个"医护义务服务点"和"教师志愿服务之家"，一网格多个"商户新时代文明实践站"和"学雷锋服务驿站"的志愿服务良好局面。通过夯实志愿服务活动阵地的"硬基础"实现"群众在哪里，志愿服务活动就延伸到哪里"的新布局。

二是构建新时代文明实践综合体。朝阳里社区建立多方互动机制，整合辖区单位资源，发挥党建共建、区域联建优势，引进周边共建单位组成志愿服务团队。与天津医科大学、天津联通等29家驻区单位，中国银行等24家外区单位互联共建，助力社区治理。建立社区志愿服务资源项目库，针对社区居民痛点难点，善借台、巧搭台，充分调动驻区单位、社会组织等服务群众的积极性，供电公司、供水公司、区排水所定期到社区进行排查，解决居

民生活中的大事小情；引入康养机构，在社区打造鹤童养老新模式，提供助餐、助浴、助医等便捷服务。把服务延伸到居民家中，凝聚楼门院长、党员、退役军人、医护工作者各方力量，让居民拥有更多幸福感。建立津塔、创新大厦等高端楼宇"大党委"等，把基层各类组织和群众紧紧凝聚在党组织周围。对于非公经济组织，依托"党建之友"联谊会、联席会，吸纳有影响力、有热情的非公经济人士，组织"业主沙龙""党建课堂"等活动，引导他们积极参与区域的志愿服务活动，打造共建共治共享的社会治理格局。

案例——"红马甲"进网格 激发共治新活力

在日常走访中，朝阳里的网格员了解到很多老年人对于学习智能机的使用有很大的需求，经走访街内商户，链接社会资源，动员社会各界力量，由链家地产成员组建的贝壳公益手机课堂志愿服务队正式成立。团队的脚步遍布新兴街道多个社区，采用"手把手""一对一"的教学方式，将"手机课堂"设在老年人的身边，教会老年人使用微信交流、发朋友圈、视频通话、使用微信钱包等。此外，志愿者还向老年人宣传了防范电信诈骗的相关知识，帮助老年人提高防诈骗能力，让老人在轻松"玩转"智能手机、跨越数字鸿沟的同时，有意识地规避诈骗风险。自队伍成立至2023年底，累计服务80余课时，600余人次受益。社工站还积极引导团队在"为民服务"的基础上增加"慈善资源"属性，涉及助力大筛、物料提供、社区微治理等领域。

三是精准化精细化服务居民群众。从宏观角度来看，和平区积极发布新时代志愿服务"动员令"，纵向建立区、处两级领导干部以包联社区为重点，科级及以下党员干部以服务领域、服务对象为重点的新时代文明实践志愿服务队伍矩阵；横向调动各类行政和事业单位力量，邀请、吸纳驻区企业加入志愿服务队伍，精准对接群众需求，持续推动新时代文明实践活动走深走实。从实际效果来看，朝阳里社区充分发挥群众主体作用，调动群众的积极性、主动性、创造性，常年开展理论宣讲、文化活动、市民教育、健身活动、科普宣传、家长学校、学雷锋志愿服务等活动，引导居民群众参与社区治理，社区年均开展新时代文明实践活动 300 余场次，社区居民年均享受志愿服务 5600 件次。

（三）鼓励自下而上，释放"百姓志愿"的治理效能

与全国各地区相比，朝阳里社区志愿服务的最大特色亮点就是"百姓志愿"。朝阳里社区志愿服务的起源，就是居民自发组成了志愿互助队伍，从社区居民邻里守望、互帮互助出发，多年来，社区志愿者始终活跃在社区志愿服务、社会宣传、理论宣讲的一线，是社区志愿服务的中坚力量。朝阳里社区不断深化志愿服务建设，持续擦亮"百姓志愿"的特色招牌，形成了以群众需求为导向、以社区居民为主体、以邻里互助为形式、以群众创造为活力、以群众口碑为基础的"百姓志愿"品牌。

一是以社区居民为主体，以群众需求为导向。群众在哪里，志愿服务就延伸到哪里。群众既是志愿服务的参与者，也是志愿服务的受益者。30 多年来，星星之火呈现燎原之势，朝阳里社区的志愿者服务队伍从最初的 1 支邻里互助队伍扩大到 2024 年的 38 支注册志愿服务队伍，从最初的 13 人到 2019 年的 3127 人再到 2024 年 8 月的 3996 人，整个社区超过 80% 的居民是志愿者，真正做到社区居民群众既是志愿服务的参与者，也是志愿服务的受益者。新兴街朝阳里社区的优秀志愿者齐昌达，是一位年过 80 岁的癌症患者。2020 年，在社区的支持和鼓励下，他加入了社区志愿服务队，发挥他会理发的特长，开始为居民义务理发，至今已经为老人理发 150 人次，在帮助他人的同时，齐大爷的状态变得越来越好，收获了自信和快乐。

朝阳里社区志愿服务内容从"老三送"开始，到"新三送"，再到"新新三送"，逐步完善义务理发、健康义诊、文明祭扫、理论宣讲等 40 余项志愿服务。服务内容贴近社区发展和群众需求，不断变化，每年年初通过"全覆盖居民问需调查问卷"收集居民对社区服务的需求，在此基础上，针对群众实际需求，提供定制化服务，梳理出 81 条养老需求、151 条便民服

务等共性问题，制定社区服务项目清单，为居民提供精准化精细化服务。在社区的支持下，在老人床边安装了扶手，在卫生间里铺上防滑垫，安置了可折叠坐浴椅，在马桶两侧安装了扶手，为 32 户失能、半失能老人和高龄低收入老人进行了家庭适老化改造，为 20 世纪 50 年代的老小区改造新增近 30 个停车位。截至 2023 年底，共完成居民房屋修缮、消除隐患、矛盾调解、为老服务等居民心愿共计 3200 余个。

二是畅通志愿服务渠道，搭建志愿服务平台。畅通志愿者参与社区治理的渠道，志愿服务由"官方"向"民间"转变，社区居民"自下而上"自发为社区做贡献，居民自发成立了"朝阳之声""绿趣园"等 18 支来源广泛、贴近群众需求的志愿服务队伍，辖区内专业团队定向服务、项目团队设点服务，线下依托新时代文明实践站、学雷锋志愿服务岗，线上依托"志愿和平"App，通过"点单""派单""接单""评单"流程，提供点对点的"定制化"服务，累计服务 274 件次。社区通过搭建资源与需求对接的志愿服务平台，把深度挖掘出的辖区资源优势转变为社区治理效能，在志愿服务的实践中形成了基层共建共治的强大合力。比如，社区通过平台点单了眼科医院的"光明大巴"项目，把主任专家"点"到了家门口，帮刘玲大妈提前发现了青光眼隐患，使其及时接受治疗，诸如此类的志愿服务项目，社区居民年均可以享受 5600 件次。朝阳里社区聚焦群众最关心、最直接、最现实的利益问题，将志愿服务作为社区服务的补充机制。在此基础上，形成以 108 个基础服务项目为主体，以 N 项社区特色服务为支撑的"108+N"多元治理机制，涵盖文化、体育、治安、便民服务等 8 个系列 19 个种类志愿服务项目，志愿服务成为社区治理的有益补充。

三是促进居民美好生活，提升社区治理效能。朝阳里社区贴近群众需求，根据群众意愿搭建群众参与志愿服务的平台，组织群众参与文艺演出、结对帮扶、环境清整、治安巡逻等各类志愿服务活动，使志愿服务融入社区日常工作，融入居民日常生活，成为为群众提供精准化、精细化服务的一个重要组成部分，让群众拥有参与其中的体验感、获得感和幸福感。聚焦居民实际需求，结合辖区内老年人多的实际情况，居民自发组织开展"花甲助耄耋"志愿服务活动，主动与独居老人结对子。此外，社区持续深化邻里守望、爱心助空巢、公益集市等10多个常态化志愿服务品牌项目，使关爱服务与社区治理相互促进、合二为一，许多居民既是奉献爱心、关爱助人的志愿者，也是热心社区事务、积极参与治理的好伙伴，如今，朝阳里的志愿者活跃在社区志愿服务、社会宣传、理论宣讲的一线，有成立义务理发站、服务孤老残障人士的80多岁的退役军人齐达昌，有以温馨家园项目服务邻里的优秀志愿者杨建华、裘孝英夫妇，有争做"新时代红娘"、服务单身青年的优秀巾帼志愿者李鸳玲，还有言传身教弘扬家风家训的周岩……在这些志愿服务中坚力量的带领下，居民参与社区共建共享的积极性、主动性不断提升。

案例——花甲助耄耋，邻里更有爱

2023年10月，天气转凉，和平区朝阳里社区对80岁左右独居、患病的老年人进行挨个走访，看看大伙有什么新需求。79岁的幺恩普一个人住，这几天老寒腿犯了，行动不方便，今年63岁的郑有霞做志愿者已经7年多了，社区就把她和幺恩普结为对子，每天郑有霞都会上门帮着给拾掇屋子、送点饭。作为老小区，朝阳里社区的居民中60岁以上的老人占比超过33%，其中空巢老人、独居老人的数量非常庞大。为了能够更好地帮助这些老人，朝阳里社区积极发动社区志愿者，开展"花甲助耄耋"行动，组织60岁以上生活能够自理、有余力帮助别人的志愿者加入助老的队伍。目前朝阳里社区75岁以上的空巢独居老人结对率达到100%。

三 和平区新兴街朝阳里社区志愿服务发展面临的挑战

朝阳里社区志愿服务历经30余年的探索发展，积累了丰富的实践经验，取得了较为明显的工作成效以及相对成功的发展成果，然而，面对时代的发

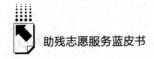
展，面对群众需求的变化，社区志愿服务需要不断探索创新，朝阳里社区志愿服务要在现有发展的基础上实现突破，仍然面临一些挑战。

（一）志愿服务推动基层社会治理的优势与短板

志愿服务在推动基层社会治理方面具有巨大的优势，社会治理要保障公共安全、化解社会矛盾、培育自治社会，与群众生产生活息息相关，需要各方面共同参与、共建共享，而志愿服务是群众参与社会治理不可或缺的有效载体和重要渠道，提供服务和帮助可以推动社会治理发展，促进社会和谐稳定。朝阳里社区志愿服务已经成为社区治理共同体中的一种有生力量，社区志愿者是基层治理的重要力量之一，在带动居民参与、服务社区建设、推动社区治理创新等方面发挥着积极的作用。但是朝阳里社区建设年代较早，社区居民以老年群体为主，存在志愿者队伍年龄老化、新生志愿者力量匮乏、社区志愿者"断档"的问题，需要进一步形成和构建社区治理共同体，为社会治理注入活力与动力。

（二）社区志愿服务精细化组织和服务水平有待提升

社区志愿服务需要精准化的组织和协调过程，朝阳里社区已建立社区党组织、社区居委会、社区新时代文明实践站联合管理模式，在志愿服务的组织等方面较为规范合理，但是社区志愿者协会和社区志愿服务组织在精细化职责划分和服务内容全领域覆盖上，仍与发展成熟的志愿服务组织存在一定差距。志愿服务组织自身的社会动员能力、自主创新能力、服务供给能力等较为薄弱，在满足社区居民多层次、多样化、高质量的志愿服务需求方面还有很大的提升空间。

（三）社区志愿服务组织调动社会资源能力有待加强

资源是推动志愿服务有效融入基层社会治理的物质基础，只有提升资源动员能力，才能保证志愿服务活动的顺利开展和自身发展的可持续性。目前，朝阳里社区依托区志愿者协会、社会组织孵化中心，已与公益社团、企业等社会团体建立起一定的合作关系，然而社区志愿服务组织广泛调动社会资源、寻求更为深入的合作的能力仍然需要加强。无论是公益团体，还是企业组织、商会、行业协会、高等院校等，都具有能够参与志愿服务事业发展的丰富资源。因此在社会组织的专业性、公益性和志愿性之间找到平衡点，有效实现志愿服务专业化、精细化和落地化，以及更为广泛地调动社会组织参与志愿服务的能动性，需要更为系统的资源统筹。

（四）社区志愿服务项目和活动形式有待进一步创新

朝阳里社区是全国第一个社区志愿服务组织的诞生地，朝阳里社区志愿服务历经 30 余年的建设和发展，其经验无论是对于和平区其他各社区志愿服务的发展，还是对于天津市乃至全国其他城市社区志愿服务的发展，都具有较强的可借鉴性。然而，朝阳里社区在打造志愿服务精品项目，形成可复制、可推广的工作经验方面有待进一步加强，在推陈出新、孵化培育更适应时代特色的志愿服务项目方面还有提升空间，需要进一步挖掘和发挥其作为志愿服务领域整体性品牌的应有价值。

（五）社区志愿服务资金来源多样化渠道有待拓展

稳定的资金来源是志愿服务持续化运作的前提条件与物质保障，和平区政府设立了社区志愿服务专项资金，朝阳里社区也通过社会组织捐赠、资金自筹等形式推进志愿服务工作，但是总体来讲，志愿服务的资金渠道仍然以政府财政资金为主，发动社会捐赠（包括企业和公益捐赠）的情形不多，自主筹集资金效果不够明显，在志愿服务资金筹集渠道和资金来源广泛性等方面有待进一步拓展。

四 关于和平区新兴街朝阳里社区志愿服务持续发展的对策建议

依托朝阳里社区的全域志愿服务工作体系以及"百姓实践、百姓志愿、百姓美好生活"的志愿服务模式，本报告从社区建立志愿服务双向对接机制、推动志愿服务区域共建共享、强化志愿服务资源阵地建设、志愿服务赋能基层社会治理、传承优秀传统、探索多渠道社区志愿服务资金来源等方面，对和平区新兴街朝阳里社区志愿服务持续发展提出相应的对策建议。

（一）建立志愿服务双向对接机制，拓展服务领域

志愿服务不仅是基层社区共建共治共享的重要力量，更是群众生活幸福感、获得感、安全感的重要来源。需要进一步建立健全志愿服务精准供需对接渠道，畅通"双向"对接机制，形成"自上而下组织发动，自下而上积极参与"的工作模式。一方面，加强自上而下的组织规划和设计，将志愿服务活动与党史学习教育、"我为群众办实事"实践活动、文明城区创建、重点中心工作等紧密结合，形成党委统一领导、党政齐抓共管、牵头部门组织协调、相关部门各负其责、社会多方动员、全员积极参与的组织体系和工作机制，推动社区志愿服务制度化、常态化、精准化建设。另一方面，延伸工作触角，拓展志愿服务外延，加强自下而上的主动参与和合作。充分发挥志愿服务联合会、社会组织孵化中心、志愿服务协会作用，广泛发动社会组织、社区居民、志愿者积极参与，相互配合，形成合力，全方位打造贯通教育、医疗、文化、交通、法治建设等领域的志愿服务组织体系，围绕"扶老、助残、救孤、济困"等群众关心的服务需求精准开展各类公益创投项目，推动爱心人士、行业协会、社会组织紧密联系、形成合力，根据社会需要和群众需求，不断完善并拓展志愿服务种类，创新志愿服务的形式和内容，孵化培育可持续发展的项目。

（二）推动志愿服务区域共建共享，强化资源整合

需要建立健全主题鲜明、贴近实际的志愿服务融合机制，构建有活力、有效率的新型基层社会治理体系，打造共建共治共享的社会治理格局。一方面，充分发挥社区、党员中心户、各楼院互助小组、各家庭互助小组的作

用，对辖区内的公益组织、社会团体、企业等进行充分调研和深入分析，发掘特色志愿服务公益团体或特色志愿服务项目，建立合作平台，广泛吸收不同类型组织的发展经验，持续挖掘不同类型的服务项目，创新志愿服务项目类型，持续发挥党员中心户的核心作用，带领楼门志愿者推动区域共建。另一方面，推动共建平台和载体，推进志愿服务数字化平台建设，依托"志愿和平"平台、天津文明网、天津志愿者服务网，以及全国其他志愿服务数字网络平台，完善社区志愿服务网建设，打造共享的社区志愿服务资源信息库，完善志愿服务项目共享和"点单—派单—接单—评单"工作模式，便于群众查找合适的志愿服务项目，以此拓展志愿服务项目宣传渠道和志愿者来源渠道。建立多方互动机制，调动区域政治、行政和社会"三大资源"，助力社区治理。针对社区居民痛点难点，善借台、巧搭台，把驻区单位、社会组织等服务群众的积极性充分调动起来。

（三）强化志愿服务资源阵地建设，吸引群众参与

一方面，要推动志愿服务阵地提质增效、惠及群众；完善"阵地共用、队伍共育、活动共办、资源共享"的运行机制，高标准打造新时代文明实践志愿服务基地，优化15分钟文明实践志愿服务圈，制作"社区志愿服务地图"。不断拓展志愿服务阵地，不只是党群服务中心、文明实践中心、文化服务中心、公共文化设施、志愿服务站、日间照料中心等固定建设场所，也可以动员辖区商户、爱心企业设立志愿服务站点，组织社区志愿者、志愿服务团队建设"流动志愿服务站"，以"固定+流动"的形式，加强志愿服务阵地建设。另一方面，要鼓励志愿服务阵地创新特色、造福群众。夯实志愿服务阵地基础建设，以新时代文明实践站为样板，将志愿服务阵地建设成集理论、文化、民生等服务平台于一体的多功能场所，达到"有场地、有制度、有人员"等创建要求，通过完善设施、丰富功能，满足群众多样化、个性化需求，实现"群众在哪里，志愿服务就延伸到哪里"的志愿服务布局。

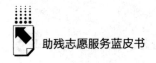

（四）以志愿服务创新社区治理，赋能基层社会治理

基层治理是社会治理现代化的重要基础，志愿服务是基层社会治理的有益补充。首先，要结合推进党建引领基层治理体制机制创新，完善社区与社会组织、社会工作者、社会志愿者、社会慈善资源"五社联动"，落实在职党员、驻区单位党组织到社区"双报到"制度，发挥社会力量、党员、干部等群体在参与基层治理、有效服务群众等方面的重要作用，充分彰显志愿服务在社会治理中的重要功能。其次，以"先进性"不断提升基层治理能力与水平。依托志愿服务阵地，通过理论宣讲、价值引领、文化熏陶等各项志愿服务活动不断提升群众的文化素养，营造良好的基层治理环境。与此同时，党员干部在志愿服务中不断提升工作能力与工作水平，从而形成基层治理环境与基层治理能力、水平相互促进的良性循环，推动社会文明的整体进步。最后，要进一步完善全社会共同参与的治理格局，凝聚起基层治理与社会发展的新动力，畅通群众参与社区治理的平台和渠道，推动社会治理和服务重心向基层下移，充分依靠和发动群众，推动实现居民自我管理、自我教育、自我服务有机统一，巩固"百姓志愿、百姓实践、百姓美好生活"的发展成果，让人民群众有更强的获得感、幸福感。

（五）发挥青年志愿者力量，传承优秀传统

志愿服务可持续发展，单纯依靠现有志愿者的力量很难实现，需要更多新鲜血液的注入。一是要鼓励辖区内中青年人参与社区志愿服务，多听取他们的意见和建议，在志愿服务理念方面不断更新，在志愿服务方式方面始终创新，在志愿者队伍建设方面坚持纳新。二是支持老志愿者带动家庭成员、街坊邻里参与志愿服务，创造新老志愿者交流分享的条件，鼓励老志愿者与青年志愿者结对，帮助青年志愿者尽快成长。三是挖掘社会力量，积极联络辖区内学校、个体经营者、民营企业经营者，聚沙成塔，集腋成裘，汇聚个体力量，让志愿者走进来，让志愿服务传下去。

（六）探索志愿服务资金多渠道来源，完善经费保障机制

一是完善志愿服务资金保障机制。目前朝阳里社区参照和平区志愿者管理制度，已制订志愿服务保险保障计划，为志愿者购买保险，给予优秀志愿者慰问和激励。下一步建议在财政支持下，为社区志愿服务发展建立多种类型的专项资金，用以保障志愿服务事业长期发展，形成可持续的发展保障。二是广泛动员包括企业、商会、行业协会等在内的社会力量，探索多元化的资金募集渠道。通过企业资助、社会捐助等形式，筹备资金资源用于志愿者培训辅导、服务过程的成本支持和社区志愿者的激励回馈，为志愿者提供基础保障。三是发挥社区志愿服务正反馈作用，进一步加强对志愿服务项目的设计规划，加强志愿服务经验推广，培育打造品牌项目，吸引更多的社会主体参与，拓展多元化的资金募集渠道。

借　鉴　篇

B.18
美国志愿服务立法研究报告

余益伟*

摘　要：　美国志愿服务的繁荣在一定程度上归功于法律的持续倡导，相对完善的法律体系为美国志愿服务项目管理和志愿者权益保护提供了保障。本报告梳理了美国现行联邦和各州志愿服务法律体系及其主要内容。美国联邦层面志愿服务相关法律涵盖了志愿服务管理机构及其职责、志愿服务项目及其运作、志愿者免责与保护、志愿服务激励和认可、志愿者培训与教育、志愿服务资金调配与支持、社区合作和非营利组织支持等方面。新近提交给美国国会参众两院审议的诸多法案和决议显示了美国志愿服务立法的增强趋势，包括调整机构职能，健全志愿服务工作体系；丰富供给内容，扩大志愿项目服务范围；提供法治支撑，加强对志愿者的法律保护；强化激励褒奖，增强对志愿者的福利与荣誉激励；加强志愿培训，提升志愿服务专业化水平；注重财政保障，新增志愿服务资助；整合社会资源，促进非营利组织参与。美国志愿服务立法能为我国志愿服务立法提供有益启示，例如立足现实

---

* 余益伟，博士，江苏大学讲师，主要研究领域为协同治理、志愿服务。

需要，建立综合性法律体系；扩展志愿服务范围，完善可执行框架；持续倡导与调整，注重可操作性与可评估性；搭建公私合作平台，促进志愿服务全民参与。

关键词： 志愿服务　立法　美国

一　现行志愿服务立法体系概览

（一）联邦层面的法规

当前，美国联邦层面的志愿服务法律可分为两类。一类围绕志愿服务项目管理，主要包括《1961 年和平队法案》《1973 年国内志愿服务法》《1990 年国家和社区服务法》《1993 年国家与社区服务信任法》《2009 年爱德华·M.肯尼迪服务美国法》；另一类致力于保护志愿者相关权益，主要有《1997 年志愿者保护法》和《应急响应志愿者激励保护再授权法案》。其中，《1990 年国家和社区服务法》、《2009 年爱德华·M. 肯尼迪服务美国法》和《1997 年志愿者保护法》这三部法律被视为基础性的联邦法律，它们建立了相关法律框架，支持和促进横跨各个领域的志愿服务。

1. 志愿服务项目相关法律

（1）《1961 年和平队法案》

《1961 年和平队法案》（*Peace Corps Act of 1961*）首次以法案形式为建立和运作和平队提供了法律框架。和平队是美国第一个海外志愿服务计划，派遣美国志愿者到海外参与各种发展项目，涉及教育、卫生、农业和环境等各个领域。该法案将和平队作为一个独立的机构设立在美国政府的行政部门内，该队至今仍在进行国际发展和文化交流活动。[1]

---

[1] The Peace Corps Act, Public Law 87-293-Sept. 22, 1961, https://www.govinfo.gov/content/pkg/STATUTE-75/pdf/STATUTE-75-Pg612.pdf#page=1.

（2）《1973 年国内志愿服务法》

《1973 年国内志愿服务法》（*Domestic Volunteer Service Act of 1973*）为当时已有的联邦志愿服务计划确定了定义、目标、管理、执行、拨款、志愿者权利等方面的法律依据。主要内容包括：①授权设立运作（ACTION）机构对联邦志愿服务项目进行管理，同时建立了国家志愿服务顾问委员会。②授权成立美国国民服务团（AmeriCorps），旨在通过密集的服务来解决教育、公共卫生、环境保护和灾害响应等领域的社区需求。③授权长者服务计划（Senior Corps）的各种项目，包括退休和长者志愿者计划、寄养祖父母计划和长者同伴计划。④强调通过志愿服务来解决社区需求，特别关注帮助不发达地区人口，改善所有美国人的生活质量。[①]

（3）《1990 年国家和社区服务法》

《1990 年国家和社区服务法案》（*National and Community Service Act of 1990*）旨在推动并支持美国国家和社区服务项目。该法案的主要内容包括：①成立新的联邦独立机构——国家和社区服务委员会（National and Community Service Commission），负责管理和支持各种志愿服务和社区服务项目。②授予资金支持民间社区服务志愿者计划，提高社区参与度。③设立国家志愿服务计划（National Service Program），为参与者提供从事志愿服务活动的机会。④提供奖学金和其他教育援助，以鼓励年轻人参与志愿服务项目。⑤支持地方社区服务项目，帮助社区解决特定的社会问题，并促进社区团结和发展。[②]

（4）《1993 年国家与社区服务信任法》

《1993 年国家与社区服务信任法》（*National and Community Service Trust Act of 1993*）修正了 1990 年立法中的项目，建立新的国家和社区服务公司

---

① Domestic Volunteer Service Act of 1973, https：//americorps. gov/sites/default/files/document/%40% 20Domestic% 20Volunteer% 20Service% 20Act% 20of% 201973% 20% 28as% 20amended% 20through%20PL%20111-13%29. pdf.

② National and Community Service Act of 1990, https：//americorps. gov/sites/default/files/document/ YYYY_ MM_ DD_ National_ Community_ Service_ Act_ Of_ 1990_ as_ Amended_ by_ the_ Serve_ America_ Act_ ASN. pdf.

（Corporation for National and Community Service，CNCS）和几个国家服务项目。该法案的主要内容包括：①授权国家和社区服务公司作为负责促进和支持美国各地志愿服务和服务计划的联邦机构，CNCS 合并了此前 ACTION 与国家和社区服务委员会的全部职能。②创建美国国民服务团（AmeriCorps）项目，为美国人提供全职或兼职服务岗位。③授权资金用于支持国家和社区服务计划，包括向非营利组织、学校和社区团体提供资金以支持其服务倡议。④支持一系列服务计划，解决关键的社区需求，如教育、公共安全、健康、环境保护和灾难响应。[①]

（5）《2009 年爱德华·M. 肯尼迪服务美国法》

《2009 年爱德华·M. 肯尼迪服务美国法》（*Edward M. Kenedy Serve America Act of 2009*）扩大和重新授权了各种国家和社区服务项目，包括美国国民服务团项目、长者服务计划项目、学习和服务美国项目。主要内容包括：①增加每年可提供的美国国民服务团岗位数量，并增加美国国民服务团成员可以参与的服务活动类型。②关注教育和环境服务，要求美国国民服务团优先考虑这些领域的项目。③为长者服务计划项目提供额外的资金和支持，包括退休和长者志愿者计划、寄养祖父母计划和长者同伴计划。④建立社会创新基金（Social Innovation Fund），向实施创新和基于证据以解决紧迫社会问题的组织提供资助。⑤创建志愿者生成基金（Volunteer Generation Fund），以支持组织招募、管理和留住志愿者，解决社区需求。[②]

2. 志愿者权益保障相关法律

（1）《1997 年志愿者保护法》

《1997 年志愿者保护法》（*Volunteer Protection Act of 1997*，VPA）旨在保护非营利组织和政府机构的志愿者免受在履行职责过程中的过失责任。其主要内容包括：①提供免责保护。如果志愿者在履行职责过程中并且出于善意

---

① National and Community Service Trust Act of 1993，https：//www. statecommissions. org/assets/cncs_ statute_ 1993%283%29. pdf.

② The Edward M. Kenedy Serve America Act Summary，https：//americorps. gov/sites/default/files/document/Summary_ Edward_ M_ Kennedy_ Serve_ America_ Act. pdf.

行事，通常情况下不会因其行为或疏忽而导致的损害承担个人责任。②说明免责例外情况。该法案不会保护志愿者免受因故意或刑事过失、严重疏忽、鲁莽行为或在酒精与药物影响下采取的行动的责任。③为赞助志愿者的非营利组织和政府机构提供豁免权。①

（2）《应急响应志愿者激励保护再授权法案》

《应急响应志愿者激励保护再授权法案》（The Volunteer Responder Incentive Protection Reauthorization Act）最初于 2007 年颁布，2011 年到期。当时的立法目的一方面是将《1997 年志愿者保护法》所提供的免责保护延伸到在紧急情况或灾难期间提供服务的志愿应急响应者；另一方面是修订《国内税收法》的条款，允许州和地方政府对向志愿消防员和紧急医疗服务提供者支付的福利实行免税。2020 年 12 月 21 日，众议院和参议院通过了《志愿者应急响应者激励保护法》。②

（二）州适用的法规和政策

由于美国国会立法授权国家和社区服务公司统管美国国内的志愿服务计划，因此美国各州的法律主要围绕志愿者权益保护和免责条款设立。《1997 年志愿者保护法》规定了最低限度的保护，优先于州法律，除非州法律提供更大程度的保护。《1997 年志愿者保护法》通过后，一些州立法机构澄清或扩大以前提供的保护，并根据各州情况增加了一些具体规定。例如，《修订华盛顿法典》（RCW 4.24.670）规定，除了《1997 年志愿者保护法》规定的四种免责情形外，还要求非营利组织购买公共责任保险。③

总的来看，美国各州法律所提供的保护仍然存在一些差异，反映了州立

---

① Volunteer Protection Act of 1997, https：//www. govinfo. gov/content/pkg/PLAW－105publ19/pdf/PLAW－105publ19. pdf.

② National Volunteer Fire Council, Legislative Victory! Congress Passes Permanent Extension of Volunteer Responder Incentive Protection Reauthorization Act, https：//www. nvfc. org/legislative-victory-congress-passes-permanent-extension-of-volunteer-responder-incentive-protection-act/.

③ Liability of Volunteers of Nonprofit or Governmental Entities, https：//app. leg. wa. gov/rcw/default. aspx？cite＝4. 24. 670.

法机关的偏好或具体关切。一些州的志愿者保护法只保护为非营利组织服务的董事和官员；另一些则保护少数志愿者，如消防员或其他从事紧急服务的人员。许多对董事和高管的保护都是立法者为了应对 20 世纪 80 年代中期影响非营利组织的保险危机而制定的。[1] 因此，一些法律给予在组织中制定政策的志愿者比执行政策的志愿者更多的保护。

各州常见的志愿者免责例外情形包括：排除自愿行为被认定为故意或肆意保护的例外，志愿者的重大过失例外，在驾驶机动车时不法行为的例外。此外，各州法律中不太常见的例外情况包括：欺诈或信义不当行为的例外，司法部部长或其他州官员提起的诉讼的例外，提供某些专业服务的例外情况，知道违反法律的例外。

二 美国志愿服务相关法规内容

（一）志愿服务管理机构及其职责

《1993 年国家与社区服务信任法》设立 CNCS 作为美国联邦政府唯一的志愿者服务机构，由总统根据参议院的建议任命的两党董事会管理。董事会由包括主席在内的 4 名成员组成，负责制定公司的政策和方向。行政团队则由包括首席执行官、办公室主任、战略合作高级顾问、首席风险官、首席运营官、首席财务官、首席信息官、首席人力资本官以及各项目运营总监在内的 25 人组成。[2] 法规规定，CNCS 的首席执行官应建立和维护一个分散的地方结构，为每个州设立一个办事处。2020 年 9 月，CNCS 更新了品牌战略和架构，正式将 AmeriCorps 作为其运营名称。其为教育、经济、灾害服务、

---

[1] Nonprofit Risk Management Center, State Liability Laws for Charitable Organizations and Volunteers，https：//www. probonopartner. org/wp-content/uploads/2016/01/stateliabilitylawsfor-charitiesandvolunteers. pdf.

[2] AmeriCorps, Statutes and Regulations，https：//americorps. gov/about/agency-overview/statutes-regulations.

环境管理、健康、退伍军人和军人家属提供志愿服务，主要工作是建立志愿者和各级各类志愿服务组织之间的联系，提供资金和技术支持，其服务系统覆盖全国，合作伙伴包括各州公立机构和民间组织。

（二）志愿服务项目及其运作

在 AmeriCorps 的各项服务项目中，主要有两项与志愿服务直接相关，分别是 AmeriCorps VISTA 和 Senior Corps，《1973 年国内志愿服务法》以来的联邦法案对其运作进行了规定。

设立于 1965 年的 AmeriCorps VISTA 是一个反贫困计划，旨在为非营利组织和公共机构提供所需资源，以增强它们减贫的能力。AmeriCorps VISTA 致力于为 18 岁及以上的来自不同背景的美国人提供机会，志愿者可以为一个组织全职服务一年，创立或扩展旨在帮助个人和社区摆脱贫困的项目。

Senior Corps 项目的目的是为老年人提供服务机会，使 55 岁及以上的人通过服务为社区做出贡献。它包括：①长者同伴计划（Senior Companion Program，SCP），老年志愿者为面临住院风险并努力维持有尊严的独立生活的成年人提供关键支持服务和陪伴。②退休和长者志愿者计划（Retired and Senior Volunteer Program，RSVP），老年志愿者分享他们的知识、经验和技能，以促进个人和社区的发展。③寄养祖父母计划（Foster Grandparent Program，FGP），老年志愿者对有需要的儿童产生积极影响。

（三）志愿者免责与保护

《1997 年志愿者保护法》规定在以下条件下免除非营利组织或政府实体的志愿者对其代表该组织或实体的作为或不作为所造成的损害的责任：①志愿者当时是在他或她的责任范围内行事；②志愿者在发生损害的国家有适当的执照或其他授权可从事该活动或执业；③损害不是由于故意或者犯罪的过失、重大过失、鲁莽的过失或者对被损害人的权利或者安全的故意、公然的漠视造成的；④损害不是由志愿者驾驶机动车、船舶、飞机或国家要求经营人或所有人持有经营执照或持有保险的其他车辆造成的。

《1977年志愿者保护法》还规定了志愿者对他们造成的任何损害负有完全责任的情况：①构成暴力犯罪或国际恐怖主义的行为，如果被告已经在法庭上被判定犯有此类罪行；②构成仇恨犯罪的行为；③构成性犯罪的行为；④被发现违反了州或联邦民权法律的行为；⑤受药物或醉酒影响的行为。

（四）志愿服务激励和认可

1.税收激励

根据美国当前税收法律，志愿劳动与个人的税务申报中捐赠现金或实物商品类似，是不可抵扣的。但是，志愿者可以就他们为志愿服务所发生的费用（包括前往志愿地点的旅行费用、制服和用于工作的物品）申请慈善捐款抵扣。不过，这些费用必须是慈善机构本应承担的费用，志愿者个人的费用是不可抵扣的。例如，志愿者在休息时吃的一顿饭被视为个人费用而不是慈善机构的费用。此外，志愿劳动在税收方面也受到优惠待遇，因为非营利组织在这方面不需要支付工资税。[1]

2.志愿者的认可与荣誉

总统志愿服务奖（President's Volunteer Service Award，PVSA）是美国联邦政府授予志愿服务的最高荣誉。这个奖项由总统服务与公民参与委员会于2003年设立，并由AmeriCorps管理，与"光点"机构（Points of Light）合作颁发，以表彰鼓励为他人服务的志愿者。PVSA是一个非功绩性奖项，包括两个类别：年度奖和终身成就奖。志愿者可以根据上一年的服务时间和年龄，获得铜奖、银奖或金奖。[2] 表1显示了总统志愿服务奖的每个类别奖项所需的小时数。

---

[1] Katherine Toran, *Tax Policy and Volunteer Labor* (Urban Institute, 2014).

[2] Yulin Tong, Jian Li, "How Do Developed Countries Motivate Volunteering: A Comparative Analysis of National Recognition Awards for Volunteers in the United Kingdom, United States, Canada, and Ireland," *Social Work and Social Welfare* 4 (2022): pp. 252-262.

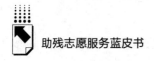

表 1　总统志愿服务奖各类别奖项所需小时数

单位：时

年龄段	铜奖	银奖	金奖	终身成就奖
儿童(5~10岁)	26~49	50~74	75+	4000+
青少年(11~15岁)	50~74	75~99	100+	4000+
青年(16~25岁)	100~174	175~249	250+	4000+
成年(26岁及以上)	100~249	250~499	500+	4000+

资料来源：AmeriCorps, Eligibility Requirements, https://presidentialserviceawards.gov/eligibility.

（五）志愿者培训与教育

美国各项志愿服务法案一般将志愿者招募、培训授权给管理机构，除了《1961年和平队法案》外，不对志愿者招募、培训进行详细规定，但是确保了志愿者在招募和培训方面得到充分支持。

《1961年和平队法案》对志愿者招募和培训规定了以下内容：①法案授权和平队对志愿者进行招募，这些志愿者将在被当地政府要求并且和平队能够为其发展工作做出重要贡献的国家提供服务。②法案规定和平队负责对志愿者进行培训，以确保他们具备执行任务所需的技能和知识。这些培训通常包括语言培训、文化适应培训以及特定项目领域的专业培训等内容。③法案规定和平队应提供志愿者所需的支持和指导，以确保他们能够顺利开展工作并解决在服务期间遇到的问题。

（六）志愿服务资金调配与支持

《1990年国家和社区服务法》规定国家和社区服务委员会可根据规定，向各州或地方申请人提供拨款，使这些州或申请人能够开展该法中的国家或社区服务项目。《2009年爱德华·M.肯尼迪服务美国法》规定，除非另有规定，否则CNCS的拨款年限最多为3年，并且指示CNCS拨款考虑申请人增加志愿者参与满足社区需求的程度，同时也考虑申请人的使命。

《2009年爱德华·M.肯尼迪服务美国法》授权成立志愿者生成基金

（Volunteer Generation Fund），向州政府和非营利组织提供资助，以招募、管理和支持志愿者。拨款中的50%将提供给各州，剩余的50%将根据竞争原则分配给州委员会和非营利组织。第一年需要20%的配对资金，第四年及以后需要增加到50%，即志愿者生成基金2010年拨款5000万美元，2011年拨款6000万美元，2012年拨款7000万美元，2013年拨款8000万美元，2014年拨款1亿美元。

（七）社区合作和非营利组织支持

《2009年爱德华·M.肯尼迪服务美国法》第三部分规定社区资金，占比15%，以及新的授权资金，包括资助和固定金额资助，用于将服务学习整合到科学、技术、工程和数学课程，能源保护，应急和灾难准备，减少数字鸿沟，高中学生指导中学生，以及研究和评估。符合资格的实体包括州教育机构、州委员会、属地、印第安部落、高等教育机构、公立或私立非营利组织、资助实体、公立或私立小学及中学、地方教育机构，或者这些实体的联合体（包括营利组织的联合体）。

《2009年爱德华·M.肯尼迪服务美国法》授权非营利组织能力建设计划，向中介组织提供至少20万美元的资助，支持提供组织发展援助，包括最佳实践、财务规划、资助申请撰写和适用税法遵守等方面的培训，特别是面临资源困难挑战的小型和中型非营利组织。联邦份额不得超过50%。

三 美国志愿服务立法新近趋势分析

本报告梳理了2023年至2024年3月提交给美国国会两院商议的相关法案、决议，其中诸多法案涉及志愿服务项目管理与志愿者保护。这些正在进行的立法活动整体趋势是扩大美国的志愿主义，包括调整机构职能，健全志愿服务工作体系；丰富供给内容，扩大志愿项目服务范围；提供法治支撑，加强对志愿者的法律保护；强化激励褒奖，增强对志愿者的福利和荣誉激

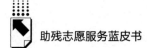

励；加强志愿培训，提升志愿服务专业化水平；注重财政保障，新增志愿服务资助；整合社会资源，促进非营利组织参与；等等。

（一）调整机构职能，健全志愿服务工作体系

《国家服务行动法案》（H. R. 1588①，S. 779②）提议重新授权和修订各种国家和社区志愿服务计划。具体而言，一是将国家和社区服务公司更名为美国服务队管理局，将其从一个政府公司转变为一个执行部门，并修改其成员、领导和权力；二是重新授权行政部门实施的项目；三是设立国家服务基金会，代表行政机关接受和管理馈赠。另外，《美国志愿公司法案》（H. R. 5680）③提议将和平队、国家和社区服务公司划归美国志愿服务公司。上述提案旨在提高美国志愿服务管理机构的效率，增加其权威，从而更好地推动志愿服务项目更加灵活和高效的运作。

（二）丰富供给内容，扩大志愿项目服务范围

《2023年小型企业SCORE法案》（S. 1744）④提议SCORE协会管理退休高管服务队（Service Corps of Retired Executives，SCORE）计划，以便参与该计划的志愿者向小型企业提供私人化的、免费的商业专业知识，并举办教育研讨会，确保SCORE计划为其每个分支机构招募多样化的志愿者，并且向农村和服务不足的社区提供服务。该法案反映出美国在丰富志愿服务供给内容，扩大志愿项目服务范围方面的尝试。

---

① H. R. 1588-ACTION for National Service Act, https：//www. congress. gov/bill/118th-congress/house-bill/1588? q=%7B%22search%22%3A%22H. R. 1588%22%7D&s=1&r=1.

② S. 779-ACTION for National Service Act, https：//www. congress. gov/bill/118th-congress/senate-bill/779? q=%7B%22search% 22%3A% 22S. 779%22%7D&s = 2&r = 1. 在美国立法活动中，"S."通常代表"参议院"（Senate），"H. R."表示众议院（House of Representatives）。例如"S. 1234"表示在参议院提出的法案、决议或其他立法文件，而"H. R. 1234"表示在众议院提出的法案、决议或其他立法文件。

③ H. R. 5680-American Volunteering Corporation Act, https：//www. congress. gov/search? q=%7B%22source%22%3A%22legislation%22%2C%22search%22%3A%22H. R. 5680%22%7D.

④ S. 1744 – SCORE for Small Business Act of 2023, https：//www. congress. gov/bill/118th-congress/senate-bill/1744? q=%7B%22search%22%3A%22S. 1744%22%7D&s=4&r=1.

（三）提供法治支撑，加强对志愿者的法律保护

《2023 年选举工作人员保护法案》（S. 1318）[①] 提议对选举工作人员的某些保护，包括禁止披露与联邦选举有关的选举官员、投票工作人员或选举志愿者的信息。《2023 年健康专业人士见义勇为法案》（H. R. 2819）[②] 拟扩大对志愿保健专业人员在特定公共卫生领域或国家紧急情况或重大灾害期间提供某些保健服务过程中作为或不作为造成的损害的责任保护范围。上述两个立法提案关注为志愿者提供法治支撑和法律保护，增强他们在参与选举工作或开展公共卫生领域的志愿服务时的安全感。

（四）强化激励褒奖，增强对志愿者的福利与荣誉激励

在 2023 年至 2024 年 3 月提交给美国国会两院商议的与志愿服务相关的法案中（见表 2），最常见的要求是提高志愿者福利待遇水平，包括放宽志愿者获得公共服务贷款、住房项目、医疗补助的资格，为志愿者提供更多免责保护，为志愿服务提供慈善税收减免等。同时，国会两院的一些决议涉及对志愿者进行感谢、鼓励和激励。

表 2　2023 年至 2024 年 3 月美国国会拟提高志愿者福利待遇水平的相关提案

序号	法案编号	名称	主要内容
1	H. R. 7457	《和平队和美国服务队学生贷款减免法案》	指示教育部计算和平队志愿者和美国服务队成员获得符合条件的联邦直接贷款的延期或宽免的月数,以获得公共服务贷款减免的资格,并用于其他目的
2	H. R. 5829	《卫生保健从业者灾难保护法》	该法案拟扩大对紧急情况下通过社区卫生中心,而不是最初赞助他们的社区卫生中心提供自愿卫生保健服务的卫生保健从业人员的责任保护范围
3	H. R. 5682	《服务机会法案》	扩大和平队和美国服务队志愿者获得的财政、医疗和教育福利范围,并用于其他目的

---

① S. 1318 – Election Worker Protection Act of 2023, https：//www.congress. gov/bill/118th - congress/senate–bill/1318? q = %7B%22search%22%3A%22S. 1318%22%7D&s = 5&r = 1.

② H. R. 2819–Good Samaritan Health Professionals Act of 2023, https：//www. congress. gov/bill/118th- congress/house–bill/2819? q = %7B%22search%22%3A%22H. R. 2819%22%7D&s = 6&r = 1.

续表

序号	法案编号	名称	主要内容
4	H. R. 4787 S. 1988	《志愿急救人员住房法案》	该法案扩大合格志愿急救人员参加某些住房项目的资格范围
5	S. 1996	《志愿飞行员支持法案》	要求联邦航空管理局局长允许志愿飞行员组织报销志愿飞行员在支持志愿飞行员组织的任务和其他目的飞行时所产生的某些飞机运营费用
6	H. R. 3104	《帮助我们的英雄法案》	该法案允许对真正的志愿消防员和紧急医疗救援人员的服务进行慈善税收减免。这些人员每提供 1 小时的服务在一个纳税年度内可扣除 20 美元。任何个人的服务时间不得超过 300 小时
7	H. R. 1079	《医疗援助工作要求法案》	该法案规定医疗补助计划对身体健全的成年人的工作要求。具体而言,该法案要求年龄在 18 岁至 65 岁的个人,并且由于医疗状况、家庭状况或其他列出的原因而无法工作,每月至少工作 120 小时,参加工作计划或每月至少志愿工作 80 小时,或根据每月平均值,这些组合至少每月工作 80 小时,以便有资格获得医疗补助
8	S. 1063 H. R. 1551	《医疗援助工作机会法案》	该法案规定医疗补助计划对身体健全的成年人的工作要求。具体而言,该法案要求年龄在 18 岁至 65 岁的个人,并且由于医疗状况、家庭状况或其他列出的原因而无法工作,以每月平均水平为基础,每周至少工作或志愿工作 20 小时,以便有资格获得医疗补助

资料来源:根据美国国会 2023 年至 2024 年 3 月立法活动搜索整理, https://www. congress. gov/quick-search/legislation? wordsPhrases = volunteer&wordVariants = on&congresses% 5B% 5D = 118&legislationNumbers = &legislativeAction = &sponsor = on&representative = &senator = 。

(五)加强志愿培训,提升志愿服务专业化水平

《2023 年西部野火支援法案》(S. 1764①, H. R. 482②)拟确立应对野火的项目,其中包括培训和认证愿意在野火事件中协助美国农业部或内政部的

---

① S. 1764-Western Wildfire Support Act of 2023, https://www. congress. gov/bill/118th-congress/senate-bill/1764? q=%7B%22search%22%3A%22S. 1764%22%7D&s = 1&r = 1.

② H. R. 482 – Western Wildfire Support Act of 2023, https://www. congress. gov/bill/118th-congress/house-bill/482? q=%7B%22search%22%3A%22H. R. 482%22%7D&s = 5&r = 1.

志愿者的项目。《21 世纪创业法案》（S. 1222）① 拟要求小企业管理局（SBA）为退休高管服务队的志愿者开发一套课程，向代表性不足的学生（少数民族学生、残疾儿童等）传授创业知识。上述两个立法提案希望通过提供专业化的培训和认证，有针对性地提高志愿者的专业水平和服务能力，提高志愿服务的专业化程度，从而更好地满足特定领域的需求。

（六）注重财政保障，新增志愿服务资助

《国家服务行动法案》（H. R. 1588②，S. 779③）提议增加项目参加者的生活津贴，从应纳税所得额中扣除，并提高国家服务教育奖励金额。《服务从家开始法案》（H. R. 5678）④ 拟要求教育部实施支持学生参与地方政府和志愿服务的项目。教育部必须为各州拨款，向那些为政府或非营利组织或代表政府或非营利组织从事志愿服务工作的合格学生发放有竞争力的奖学金。《2023 年寄养青少年辅导法案》（H. R. 3443）⑤ 拟指示卫生与公众服务部为那些为寄养儿童和有寄养经验的儿童提供指导的项目提供资助。《2023 年社区树木法案》（S. 1380）⑥ 拟规定向各州、印第安部落、地方政府单位、经批准的组织和当地社区树木志愿者团体提供额外援助，以种植和维护树木。

这些立法提案都提议为志愿服务提供财政保障或新增资助，有助于推动志愿服务事业的发展和壮大，为志愿者提供更好的支持和保障，确保志愿服务项目的资金来源和人员构成更为稳定。

---

① S. 1222 – 21st Century Entrepreneurship Act，https：//www. congress. gov/bill/118th – congress/senate – bill/1222？q＝%7B%22search%22%3A%22S. 1222%22%7D&s＝8&r＝1.

② H. R. 1588–ACTION for National Service Act，https：//www. congress. gov/bill/118th–congress/house–bill/1588？q＝%7B%22search%22%3A%22H. R. 1588%22%7D&s＝1&r＝1 .

③ S. 779 – ACTION for National Service Act，https：//www. congress. gov/bill/118th – congress/senate – bill/779？q＝%7B%22search%22%3A%22S. 779%22%7D&s＝2&r＝1.

④ H. R. 5678–Service Starts at Home Act，https：//www. congress. gov/bill/118th–congress/house–bill/5678？q＝%7B%22search%22%3A%22H. R. 5678%22%7D&s＝4&r＝1.

⑤ H. R. 3443 – Foster Youth Mentoring Act of 2023，https：//www. congress. gov/bill/118th–congress/house–bill/3443？q＝%7B%22search%22%3A%22H. R. 3443%22%7D&s＝6&r＝1.

⑥ S. 1380 – Neighborhood Tree Act of 2023，https：//www. congress. gov/bill/118th – congress/senate – bill/1380？q＝%7B%22search%22%3A%22S. 1380%22%7D&s＝8&r＝1.

（七）整合社会资源，促进非营利组织参与

《2023 年非营利利益相关者共同参与和推进法案》（H. R. 3245）① 拟在总统办公室设立一个非营利部门合作办公室，在行政部门设立一个非营利部门合作政府间委员会，以及一个非营利部门咨询委员会。该法案拟规定：财政部必须参与的活动包括分析和公开发布相关行动对慈善捐赠和非营利部门的影响；劳工统计局应每两年发布一份关于无薪志愿者队伍趋势的报告，并在某些季度报告中将非营利组织作为一种独特的雇主类别；国家和社区服务公司必须参与特定的活动，包括向国会提出更新服务年奖学金的建议，以使服务不足和边缘化社区获得享受国家服务的机会；经济分析局必须在其国民账户计划中建立一个关于非营利性和相关机构以及志愿者工作的账户；管理和预算办公室应从事特定的活动，包括向收集非营利部门现有数据的相关联邦机构征求信息。

该提案有助于促进非营利组织参与社会事务，推动社会资源的整合和有效利用，为政府与非营利组织之间的合作提供框架和机制，搭建志愿服务多方参与平台。

四　美国志愿服务立法对中国志愿服务法治建设的启示

美国志愿服务立法在一定程度上推动了美国志愿服务的繁荣。据 AmeriCorps 最新报告，2020 年 9 月至 2021 年，约 23.2% 的美国人，即 6070 万人，通过组织进行了正式志愿服务。总体而言，这些组织的志愿者们共计提供了估计为 41 亿小时的服务，经济价值为 1229 亿美元。正式志愿服务率受新冠疫情影响从 2019 年的 30% 下降到 2021 年的 23%。非正式帮助包括在组织背景之外帮助他人，如为邻居做好事。美国人在 2019 年和 2021 年的调查中，非正式帮助他人的比例保持稳定。在 2020 年 9 月至 2021 年，近 51%

---

① H. R. 3245-Nonprofit Stakeholders Engaging and Advancing Together Act of 2023, https：// www. congress. gov/bill/118th－congress/house－bill/3245？q =% 7B% 22search% 22% 3A% 22H. R. 3245%22%7D&s = 10&r = 1.

的美国人，即 1. 247 亿人，与邻居互相帮助。①美国志愿服务立法的启示有如下几点。

（一）立足现实需要，建立综合性法律体系

《中共中央办公厅 国务院办公厅关于健全新时代志愿服务体系的意见》提出，要"积极推进志愿服务国家立法，推动有关部门制定实施细则。鼓励地方根据发展实际，加强和完善有关志愿服务地方立法"②。美国志愿服务立法在法律框架建设方面能够为我国志愿服务立法提供借鉴。美国志愿服务立法通过提供综合性法律框架，为志愿者服务和国家服务项目提供指导和支持。第一，以社会现实需要为基础进行立法。美国志愿服务立法通常以"国会发现"（Congress Findings）作为其进行立法和设定法律目标的依据，反映其对社会需要的回应。第二，明确志愿服务的法律地位和角色。美国的志愿服务立法赋予了志愿服务明确的法律地位，将其纳入国家政策框架中。第三，立法通过设立国家机构和州级机构，为志愿服务项目提供了组织和管理支持。这种支持有助于确保志愿服务项目的有效实施。

（二）扩展志愿服务范围，完善可执行框架

美国志愿服务立法通过制定相关法律法规，建立了完善的可执行框架，为志愿服务活动的开展提供了志愿者的权利保护、组织管理、项目实施等各个方面明确的法律依据和指导。第一，美国志愿服务立法涵盖了灾难救援、基础设施改善、环境保护、能源节约以及城市和农村发展等多个领域，范围广泛。第二，立法确立了资金和资源分配的机制，包括通过联邦拨款、州级拨款和其他资金来源支持。第三，美国的志愿服务立法要求相关部门制定实施细则，明确志愿服务的具体内容、标准和程序。我国亦需要建立完善的实

---

① AmeriCorps, Volunteering and Civic Life in America Research Summary, https://americorps. gov/about/our-impact/volunteering-civic-life.

② 《中共中央办公厅 国务院办公厅关于健全新时代志愿服务体系的意见》，中国政府网，2024年 4 月 22 日，https://www.gov.cn/zhengce/202404/content_ 6946879. htm。

施细则和管理机制，规范志愿服务的组织、管理和运作，确保其高效、有序开展。

（三）持续倡导与调整，注重可操作性与可评估性

美国志愿服务立法经验表明，持续倡导与调整、积极稳妥推进是推动志愿服务事业发展的关键。一方面，美国志愿服务法律内容反映出实用主义特色，尤其注重实用性、可操作性和可评估性。美国涉及志愿服务的法案的绝大部分篇幅以项目管理为主，项目管理细则式的法律规定不仅使得项目极具操作性，而且也提高了项目在其他组织和社区中的可复制性。另一方面，强调政策和法律的效果，形成证据—目标—计划—执行—评估的政策闭环。除了基于现实社会需要进行立法，并对项目的计划和执行进行详细规定外，美国志愿服务立法要求对志愿服务项目进行评估，并根据评估情况决定拨款数额。

（四）搭建公私合作平台，促进志愿服务全民参与

美国志愿服务法律体系为政府部门、非营利组织和私营企业之间的合作提供了法律框架。第一，激励私营企业参与。立法通过税收优惠、奖励措施等方式吸引私营企业投入资源和资金支持志愿服务活动。第二，共享资源和经验。立法鼓励政府部门、非营利组织和私营企业共享资源和经验，共同推动志愿服务事业的发展。第三，制定共同目标和指标。立法要求各方在合作过程中制定共同的目标和指标，并对项目的进展和成效进行评估和监测。第四，建立联合融资机制。立法鼓励政府部门、非营利组织和私营企业共同参与志愿服务项目的融资，实现资源的整合和优化利用，提高项目的可持续性和稳定性。第五，强调全民参与。美国志愿服务倡导多样化和包容性，鼓励不同背景和群体的人参与志愿服务活动。多样化和包容性有助于吸引更广泛的志愿者群体，扩大志愿服务的覆盖面，提高其影响力。

B.19
德国志愿服务立法研究报告

陈 晨 李筱菁*

摘 要： 德国的志愿服务工作起步较早，有悠久的历史，志愿服务相关立法也较为完备。本报告对德国志愿服务立法的相关概念和理论、相关法规的发展历史、内容和保障范围进行了全面梳理，总结了德国在志愿服务立法方面的经验和对我国的启示。研究发现，德国志愿服务立法具有权责明确，组织体系合理；基于辅助原则的发展模式；强调人的尊严与个性自由发展；重视志愿者激励机制设计；规范的监督管理和追惩机制等优势。对于我国来说，可通过立法完善政府与志愿组织之间的紧密合作机制、构建积极健康的志愿服务环境、重视志愿者激励机制、完善监督与追惩机制，提升机构管理水平，推进志愿服务法治化建设。

关键词： 志愿服务 立法 德国

一 概念界定与理论背景

（一）志愿服务概念界定

德国志愿服务（Freiwilligendienst）是指德国各种非营利组织、社会福利机构、政府部门等机构为促进社会发展，提升公民参与意识和社会责任感而开展的服务项目。根据志愿组织的法律地位及其作为社会资本的重要性，

---

* 陈晨，博士，南京林业大学信息科学技术学院、人工智能学院讲师，主要研究领域为物联网和可穿戴传感器；李筱菁，博士，南京特殊教育师范学院中国残疾人数据科学研究院副教授，主要研究领域为残疾人事业发展。

369

德国志愿组织可以被视为"非营利组织""非营利部门"①，这强调了志愿组织作为社会资本的一种表现。也有学者在研究欧洲志愿组织时提出了"民间组织"这一称谓，强调了志愿组织作为社会领域的关键参与者角色。根据志愿组织与政府和企业性质机构之间的区别，德国的志愿组织也可被视为"第三部门"等。各方角色分工明确，但合作紧密，通过志愿者力量和社会资源的整合，为社会提供多样化，具有灵活性和创新性的公共服务，覆盖政府和市场无法覆盖的领域。②

（二）"福利多元主义"与志愿服务

德国乃至欧洲的志愿服务体系都部分根植于"福利多元主义"理论。在这一理论体系中，志愿组织被纳入了多元化的社会福利结构。一方面，德国志愿服务涵盖了多个领域，志愿者参与的项目多样化，有效地满足了社会各个领域的需求，同时也为志愿者提供了更多的选择空间。另一方面，德国的志愿服务体系由政府、非营利组织以及企业共同支持和参与，形成了一个多方合作的模式。政府提供相关法律法规和政策支持，鼓励和规范志愿服务活动；非营利组织则承担起组织和管理志愿者的责任，为志愿者提供培训和支持；企业也积极参与志愿服务，通过捐款、赞助和员工参与等方式支持社区发展。

（三）志愿服务中的助残活动

德国志愿服务在助残领域发挥着重要作用。一方面，德国有完善且覆盖范围广泛的慈善组织网络，成立"公民基金会"，并推动该模式在德国广泛传播。另一方面，从联邦州到各地方政府都有反对歧视和主张包容共存的教育项目，鼓励年轻人积极参加志愿服务，去医院、养老院或者特殊教育学校

---

① D. H. Smith, "Altruism, Volunteers, and Volunteerism," *Journal of Voluntary Action Research* 10 (1981): pp. 21-36.

② L. M. Salamon, H. K. Anheier, *Defining the Nonprofit Sector: A Cross-national Analysis* (Manchester: Manchester University Press, 1997).

提供包括助残服务在内的一系列志愿服务。总之，德国社会救助方面立法和规章制度完善，强调社会中的弱势群体理应获得社会保障，且也有一定的责任义务回馈社会。在这种理念下，志愿服务中的助残理念和活动被广泛接受且发展迅速。

二 德国志愿服务法律发展历史与法律政策体系

（一）德国志愿服务法律发展历史

德国志愿服务的源起有宗教背景，历史悠久。早期志愿服务是教友之间的相互援助和关爱的自发行为，延续至第二帝国时期。1788 年，德国汉堡的商人卡斯帕尔·福格特（Caspar Voght）创办了一所救济院，将帮助穷人视为社会的义务。这标志着德国有组织的志愿服务的开端。1881 年，威廉皇帝颁布了实施社会保障制度的诏书，根据当时的《疾病保险法》和《老年和残疾保险法》，国家开始支付护理费用，并鼓励团体和个人参与义务护理[①]。第一次世界大战期间，大量伤病员需要照料，教会组织动员民众协助红十字会提供救助，无薪或支付极低薪水。然而，这种方式导致了志愿服务范围的局限性和参与积极性的不足。到了魏玛共和国时期，随着对现役军人的需求大幅下降，国民服兵役的义务可以通过在社区或福利机构进行至少12 个月的民间服务来替代。在此期间，志愿者通常不会获得报酬，但根据工作岗位的具体情况，有时也会获得少量报酬作为生活补贴。二战后，德国出现了大量人员空缺岗位，尤其是对病患、残障人士和老人进行照顾和护理的岗位。为了重建德国并推进社会发展，德国志愿服务开始扩大成一种由政府或民间协会组织的具有广泛性和社会性的服务。

1954 年，巴伐利亚州大主教蒂茨菲尔宾格（Hermann Dietzfelbinger）号召

---

① Philipp Stemmer, "Freiwilligedienste in Deutschland: Eine Expertise zur Aktuellen Landschaft der Inlands-und Auaslandsfreiwilligendienste in Deutschland," *Freiburg: Zentrum für Zivilgesellschaftliche Entwicklung* (2009): pp. 11-13.

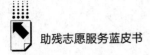

青年教友积极参与社会服务活动，为所在社区提供一年的志愿服务，照料病人和行动不便者，参与社会服务活动者可获得少量零花钱作为报酬。随后，其他州也纷纷效仿。1962 年，主教惠克特（Gertrund Rückert）提出，高中毕业生们在上大学之前应该有机会参与一年的义务服务，以帮助他们确定个人发展和职业方向。这项计划被称为"Philadelphischen Dienst"，也是"志愿社会年"的前身。

为了推动志愿服务在德国社会中的发展，并为更多德国青年提供社会实践的机会，以上两位主教和当时的联邦家庭部部长黑克（Heck）共同努力。联邦议院于 1964 年通过了《促进志愿社会年法》，明确了"志愿社会年"（Freiwilliges Soziales Jahr，FSJ）的概念，成为年轻人开展志愿服务的法律依据。随着人们环境保护意识的增强以及社会对环境问题的关注，志愿服务组织开始积极参与生态和环保的公益活动。1993 年，联邦议会颁布了《促进志愿生态年法》，正式将"志愿生态年"（Freiwilliges Ökologisches Jahr，FÖJ）纳入法律体系。

然而由于两部法律内容存在重叠，出于法律条款合理化的考虑，2008 年 5 月 31 日联邦议会决定废止旧法，代之以《促进青年志愿服务法》（*Jugendfreiwilligendienstegesetz*，JFDG）。该法在整合前两部法律部分条款的基础上，明确了志愿服务的两种形式——志愿社会年和志愿生态年，同时将志愿者年龄限制在 27 岁以下。2011 年，联邦议会通过了《联邦志愿服务法》（*Bundesfreiwilligendienstgesetz*，BFDG），基于"联邦志愿服务"理念全面推进志愿服务计划。

《促进志愿社会年法》《促进志愿生态年法》构成了德国志愿服务立法的基础。在这两部法律中，关于志愿者权利保障的规定通常是通过与其他法律相互衔接来实现的。这两部法律的生效使得德国的志愿服务体系得到了进一步的完善。

（二）德国志愿服务法律体系内容

德国是一个高度重视志愿服务的国家，也是较早在志愿服务领域进行专项立法的国家之一。随着第二次世界大战战后经济复苏和人口老龄化加剧，福利社会需求和人力资源短缺成了不可避免的矛盾。在此背景下，德国政府以立法为重要手段通过一系列的措施，积极推动志愿服务事业的发展，力求实现社会福利与人力资源的优化配置。

《促进志愿社会年法》（FSJ 法）和《促进志愿生态年法》（FÖJ 法）为志愿服务奠定了坚实的法律基础。FSJ 法提出了"志愿社会年"的概念，同时规定志愿者可以从志愿服务中获取少量零花钱，激发年轻人参与社会服务的热情。FÖJ 法则针对环保领域，明确了"志愿生态年"的概念。这两部法律都鼓励年轻人在进入大学之前用大约一年的时间投身社会或环保志愿服务事业。作为回报，志愿者不仅可以获得相关岗位的培训和教育辅导，还享受租房、交通、社会保险等方面的优惠。

2002 年，德国对上述两部法律进行了全面修订，进一步扩大了志愿服务的范围。除原有的社会服务之外，修正后的法律允许青少年志愿者参与更多元化的志愿服务活动，包括体育、文化、古籍保护等方面①，甚至可以选择到欧洲以外的地区从事志愿服务，例如参与联邦家庭、退休者、妇女和青年部的国际志愿者服务项目，联邦经济合作与发展部的"面向世界"项目，或是德国联合国教科文组织委员会和外交部合作的志愿服务项目"文化无国界"（Kulturweit）②。这不仅丰富了志愿服务的内涵，也为青少年提供了更多展示自我、锻炼能力的机会。2008 年，联邦议会将两部法律废止，并将其中的法条重新梳理整合，推出了替代法案《促进青年志愿服务法》（JFDG 法）。这部法律明确地将青年志愿者定义为完成全日制义务教育且未满 27 岁的青少年或成人青年，为青年志愿者提供了更全面的保障。

2011 年，《联邦志愿服务法》（BFDG 法）以"联邦志愿服务"取代了传统的社区服务。该法在 JFDG 法的基础上进一步规范了 FSJ 和 FÖJ，对已经运行了 55 年之久的青少年志愿社会服务模式进行了补充，重新定义了志愿服务

---

① 叶松竹梅：《发达国家志愿者服务的立法研究》，《法制与社会》2008 年第 14 期。

② Politisch-gesellschaftliche Teilhabe, Tatsachen über Deutschland, https://www.tatsachen-ueber-deutschland.de/de/leben-deutschland/politisch-gesellschaftliche-teilhabe.

的适用范围以及志愿者的条件（从16~27岁的青年扩展到所有年龄段成员）。立法机关从内容和任务方面规定了联邦志愿服务的含义和宗旨，如联邦志愿服务应主要在贫困人群聚居住的地区进行。此外，联邦志愿服务的范围还可扩大到体育、文化、教育等应用领域。①

目前，德国共有约3900万人参与了志愿服务，其中积极性最高的14~24岁青年中共有60%在从事志愿服务。② 志愿服务不仅能造福社会，还能让年轻人更深入地了解社会，提高其独立解决问题的能力，实现自我价值。表1总结了德国曾经和现行的多部志愿服务单行法律。这些法律为德国的志愿服务体系的运作提供了坚实的法律基础，使得德国的志愿服务系统运行得更加合理有效，同时保障了志愿者的权益。

表1　德国志愿服务法案一览

颁布年份	法案名称	主要内容	特点
1964	《促进志愿社会年法》（FSJ法）	• 确定了"志愿社会年"（FSJ） • 规定了志愿者可以获得少量报酬	第一次将社会志愿服务以法律条文形式确定下来，为志愿者参加社会志愿服务提供了法律保障
1993	《促进志愿生态年法》（FÖJ法）	• 确定了"志愿生态年"（FÖJ）	专门为生态环保领域的志愿者设计的法案
2008	《促进青年志愿服务法》（JFDG法）	• 规定了志愿服务的两种基本形式：FSJ和FÖJ • 明确了青年志愿者的年龄应在27岁以下	是对《促进志愿社会年法》和《促进志愿生态年法》的整合和改进，至此德国的志愿服务法律体系全面建成
2011	《联邦志愿服务法》（BFDG法）	• 在FSJ和FÖJ的志愿服务框架上，引入联邦一级的对应概念"联邦志愿服务"（BFD） • BFD扩大了志愿服务的范围和志愿者人群	志愿服务的法律体系得到进一步的完善

---

① Bundesfreiwilligendienstgesetz-BFDG, https：//www. bundes-freiwilligendienst. de/gesetz/.

② Nicole Hameister, et al. , "Monitoring Civil Society. The German Survey on Volunteering 1999-2019," *Soziale Welt* 2（2023）：294-314.

三 德国志愿服务法律基本理念与保障范围

（一）基本理念

德国志愿服务的基本理念可细分为以下两点。

在国家层面，国家必须对志愿服务进行整体规划和管理，以确保其符合国家发展方向和价值体系。

在个人层面，通过志愿服务必须达到提升青年个体素养与能力的目标，因此志愿服务应作为非正规教育的重要内容，以促进青年的全面发展。

德国志愿服务不以具体内容而以时间投入和个体素养提升为导向，重视以不同方式将志愿服务、家庭生活与职业生涯结合起来，以应对志愿服务专业化和职业化进程不断加快带来的问题。德国青年部调查数据显示，志愿服务对于促进人际交往和提升个人能力的作用尤为重要。而 2011 年在《联邦志愿服务法》中提出的联邦志愿服务（BFD）是一个广泛性的志愿服务项目，用来部分消减兵役制度和社区服务暂停的影响，目的是在德国创造一种新的志愿文化，并使尽可能多的人参与志愿服务成为可能。

（二）适用人群及保障内容

1.《促进青年志愿服务法》的适用人群及保障内容

（1）适用人群

本法在第 1 条第 1 款明确规定了青年志愿服务属于"市民参与"（Bürgerschaftliche Engagement）的特殊形式，已经完成全日制义务教育且尚未达到 27 岁的青少年和青年人适用本法。

（2）工作时间

依据《促进青年志愿服务法》，志愿社会年和志愿生态年的服务期限通常为连续的 12 个月。志愿服务的组织者也可以将这种志愿服务划分为若干个时段，每个时段持续时间不少于 3 个月。志愿者与全职职员工作时间相

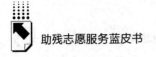

同，工作时间为每周 35~40 个小时。

（3）工作范围

志愿服务的工作集中在社会、慈善或非营利部门。德国对《金融服务法》进行了修订，扩大了志愿服务的领域，涵盖了体育、历史遗迹保护、政治和文化领域等。志愿者可以参与到助老、助穷、助残等社会救济和慈善工作当中，如全职在残疾人机构工作。同时相关部门也可以将少年监狱、特殊学校、消防中队等活动区域组合起来交由志愿者自由选择。

（4）志愿者的权利和义务

按照《促进青年志愿服务法》的规定，志愿者享有接受培训的权利和义务。志愿服务的组织者需要为志愿者提供专业的培训，每个阶段培训时间不得少于 5 天，总计不得少于 25 天。如果志愿服务延长，培训时间也要相应延长。培训时间计入志愿服务的时间。如果志愿服务的地点在国外，那么接受培训的时间更长，为期 12 个月的国外志愿服务需要参加至少 5 周的培训。

志愿服务期间，志愿者可以获得免费的食宿和旅费报销，有权获取工作用服装，依法享受带薪假期，同时也可以获取一定数额的零用钱（Taschengeld），零用钱数额因机构而异，且该笔零用钱的数额不得超过退休金的 6%。有关该书面协议的内容，受德国《民法典》中相关条款的约束。

另外，该法也规定了个人信息的保护。依照第 12 条的规定，对志愿者的个人信息，志愿服务组织只能收集和使用志愿者的姓名、出生日期、通信地址等，如果需要进一步采集信息，需遵循相关法律规定。

2.《联邦志愿服务法》的适用人群及保障内容

（1）适用人群

根据本法第 2 条规定，本法所称的"志愿者"指的是年龄不超过 27 岁、已完成全日制义务教育、不谋取报酬、不从事职业教育或类似全职工作的个人，或者年满 27 岁或以上，但每周可以投入超过 20 小时从事全职或兼职志愿服务的个人。

联邦志愿服务不设年龄上限。任何完成全日制义务教育的人都可以参与

BFD（根据联邦州规定，年满 16 岁，有时早至 15 岁）。年轻的志愿者可以通过 BFD 增强他们的工作和社交技能，而年长的志愿者则贡献自己的生活和专业经验。从这个角度讲，对任何联邦民众而言，BFD 的资格都不会因为年龄过期，终生有效，这也符合《高等教育框架法》第 34 条第 3 款的相关规定。

（2）工作时间

一般来说，联邦志愿服务期限为 12 个月，最短为 6 个月，最长可延长至 18 个月。在特殊情况下，允许最长可延至 24 个月。联邦志愿服务基本上是全天服务。27 岁以上的志愿者也可以选择提供每周 20 小时以上的兼职服务。

（3）工作范围

按照本法第 3 条第 1 款的规定，联邦志愿服务通常在福利机构作为全日制的辅助力量，尤其是在诸如儿童、青少年救助机构，福利院，健康护理和老人护理机构，残疾人救助机构以及在环境保护领域和可持续发展教育机构。服务场所包括福利协会的成员机构等，也包括非协会医院、护理机构、儿童之家、日托中心、学校、青少年机构、残疾人机构、疗养院、多代之家、自助团体、体育俱乐部、博物馆、文化机构、民防和灾害保护机构、生态项目赞助商和市政部门。其中，助残是 BFD 项目中重要的目标领域之一。

（4）志愿者的权利和义务

虽然志愿者与服务单位之间不构成雇佣关系，但从法律保护的角度来看，志愿服务在很大程度上等同于雇佣关系。根据本法规定，如果志愿者在联邦政府的要求下从事了某一行为，在此过程中因故意或者过失引起损害，则该损害由联邦政府承担。志愿者在履行自己的职责时引起损害，则志愿者被视同职员来承担责任[①]。

在联邦志愿服务中除了可以获取每月不高于 250 欧元的少量零用钱外，还允许获取如食宿及替代现金的实物福利，但是这些福利需要依法纳税。而

---

① 王漠：《德国志愿服务立法的特点》，《新疆人大》（汉文）2016 年第 1 期。

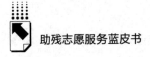

零用钱是可以免税的，相关规定在《所得税法》中予以明确。

志愿者在志愿服务期间通常作为法定健康保险公司的成员强制投保。根据《社会法典》（Sozialgesetzbuch，SGB）第 5 条第 1 款的规定，参加 BFD 的年满 55 岁的老年养老金领取者也必须参加强制保险。

（三）德国相关法律对志愿服务法律的支持

德国的志愿服务法律立法分散，存在许多与其他法律的交叉点，与志愿服务相关的规定散布在诸多法律条文中。因此在执行过程中，常常需要其他法律的支持来共同完成对志愿者权利的保障。

1. 对老年和收入能力下降人群的基本保障

根据《社会法典》第十二章（SGB XII），获得老年基本保障福利和收入能力下降以及需要生活费用援助的人也可以参加联邦志愿服务或青年志愿服务。同时，这也符合《高等教育框架法》第 34 条第 3 款的相关规定：任何人都不应因完成志愿服务而有损自己的利益。

2. 外国志愿者

外国人参加德国的联邦志愿服务需要满足一些先决条件，他们必须持有有权在德国工作的居留证。根据《居留法》第 18 条，可以向来自国外的志愿者颁发居留证，专门用于参加社会服务的工作。

根据《居留法》第 5 条第 1 款，一般只有在生计有保障的情况下才可以签发居留证（签证也是居留证）。具体而言，根据《居留法》第 2 条第 3 项，外国参与者无须使用公共资金（例如住房福利）即可支付其生活费用，即可被视为生活有保障。联邦政府对联邦志愿服务机构的补贴不构成授予居留许可的障碍。

原则上，根据《居留法》第 19c 条第 1 款，外国志愿者也可以获得专门参加联邦志愿服务的居留许可，同时这样符合《劳工法》第 14 条第 1 款和《居留法》第 19e 条的规定。

根据《居留法》第 60a 条，国外人士如果拥有相关移民当局颁发的相应就业许可证，可以参加联邦志愿服务。

3. 休假和乘车福利

《联邦休假法》适用于 BFD 参与者。成年志愿者在服务 12 个月后有权享受至少 24 个工作日的假期，这些假期不包括周日或公共假期，只计算工作日。未满 18 周岁的青少年根据《青少年就业保障法》的规定享有更长的假期。《联邦公务员和法官特殊度假条例》第 3 条规定，履行志愿服务的国家公务员或法官可以享受最长 24 个月的无薪休假。

根据《铁路交通公共服务补偿调节条例》第 1 条第 1 款第 2 项的规定，参与青年志愿服务的志愿者，在乘坐铁路时有权享受一定的优惠。类似的规定也适用于公交车和有轨电车，具体规定可参考《道路交通公共服务补偿调节条例》。

4. 社会保险

根据《社会保险法》的规定，志愿者提供志愿服务的行为，并不属于《社会保险法》第四卷第 8 条和 8a 条意义上的就业，因此也就不能享有选择医疗保险的自由，依据《社会保险法》第三卷第 27 条、第 150 条和第 344 条的规定，志愿者只能选择购买公立保险（强制保险），其费用由志愿服务使用者承担。从实践的角度来看，公立保险更加快捷方便，所涵盖的范围也较一般的私立保险更广泛。按照《社会保险法》第七卷第 67 条以及第 82 条的规定，如果志愿者符合该法定义下的孤儿身份，在其参加志愿服务期间可以领取半额或者全额的救助金至 27 岁。

这些规定旨在加强对志愿者利益的保护，确保其在收入相对微薄的情况下，仍然可以享受到相关的医疗、社会保险以及相关的福利救助。这也体现了《基本法》所倡导的法治国和社会国的理念。

5. 志愿服务替代兵役义务

《兵役法》规定了德国公民有服兵役的义务，然而由于个人健康或者宗教信仰的原因，一些人拒绝履行兵役义务。因此，《民役法》第 14c 条规定允许被批准的拒绝服兵役者通过志愿服务来替代。经批准的拒服兵役者可以收到书面确认，并在 22 岁之前完成比原应履行的民役期限长 2 个月的志愿服务。如果拒服兵役者能在 24 岁之前通过前述方式证明已完成志愿服务，可以免除非战时状态下的相应的民役。

6.社会救济与助残

作为社会救济和慈善的一部分，志愿服务与助残活动密不可分。《残疾人康复与社会参与法》规定了残疾人可享受的各项援救措施，其中包括大量的志愿服务。志愿服务在残疾人康复领域发挥着不可或缺的补充功能。根据《联邦社会救助法》（该法后并入《社会法典》第十二卷），在没有康复机构承担康复义务或残疾人家庭没有经济收入的情况下，社会救济机构将向残疾人提供社会救济。这种救济主要通过社工走访、一对一定点帮扶等方式来进行，依赖大量志愿者的参与。

除了以上列举的例子，还有很多单行法与志愿服务在法律规定上有对接之处。表2整理了一部分对志愿服务有支撑作用的法律条文，由此可看出德国的志愿服务法律体系之完善，若干法律中有支撑法条。整个法律体系规定虽然分散，但是规定详尽且互相衔接，值得我国立法过程中加以借鉴。

表2　其他法律与志愿服务法律体系的对接

与志愿服务对接的法律法规	关于志愿服务的规定内容
《基本法》	作为德国宪法，保障了个人权利和社会公平，为志愿服务提供了基本的法律保障
《民法典》	志愿者与志愿服务机构签订书面协议时，关于志愿服务提前结束的条件受本法制约
《残疾人康复与社会参与法》	残疾人可享受各类援救措施，包括各类型的志愿服务
《公益法与捐赠法》	明确了志愿者赔偿责任与意外事故保险，规定了志愿服务实际支出抵偿款(如车费、电话费等)的免税额
《金融服务法》	修订后将志愿服务工作领域扩大至体育、保护历史遗迹、政治和文化领域等
《社会保险法》	第159条规定，志愿者领取的零用钱的数额不得超过退休金的6%

与志愿服务对接的法律法规	关于志愿服务的规定内容
《所得税法》	第 3 条与第 32 条中明确志愿服务获取的零用钱可以免税
《社会法典》	明确了老年人也可参加志愿服务的权利； 包含了残疾人康复与社会参与法等支持残疾人的法律，促进志愿服务在残疾人康复领域的发展
《高等教育框架法》	第 34 条第 3 款规定，任何人都不应因完成志愿服务而有损自己的利益
《居留法》	第 18 条规定，可以向来自国外的志愿者颁发居留证，专门用于参加社联的工作； 第 2 条规定，外国参与者无须使用公共资金（例如住房福利）即可支付其生活费用，联邦政府对联邦志愿服务机构的补贴不构成授予居留许可的障碍； 第 19c 条和第 19e 条规定，外国志愿者可以获得专门参加联邦志愿服务的居留许可； 第 60a 条规定，国外人士如果拥有相关移民当局颁发的相应就业许可证，可以参加联邦志愿服务
《联邦休假法》 《青少年就业保障法》 《联邦公务员和法官特殊度假条例》	成年志愿者在服务 12 个月后有权享受至少 24 个工作日的假期； 未满 18 周岁的青少年有权享受更长假期的权利； 履行志愿服务的国家公务员或者法官可以享受最长 24 个月的无薪休假
《铁路交通公共服务补偿调节条例》 《道路交通公共服务补偿调节条例》	参与青年志愿服务的志愿者，在乘坐铁路、公车和有轨电车时有权享受一定的优惠
《社会保险法》	志愿者必须参加强制保险，购买社会保险的费用由志愿服务使用者承担
《民役法》	第 14c 条规定，经过认可的拒服兵役者可通过承担更长时间的志愿服务来替代服兵役，且必须在 22 岁以前完成
《劳工法院法》 《民法典》	第 2 条第 1 款第 8 项规定，当志愿者同志愿服务接受者或者志愿服务组织者发生民事纠纷时，由劳工法院管辖； 志愿者在志愿服务过程中在法律地位上，享有与其他劳动者同等的待遇和地位
《负担平衡法》	第 265 条规定，未满 27 周岁仍然从事"志愿社会年"或者"志愿生态年"项目的志愿者，享有法律意义上的"儿童"所应享有的所有权利

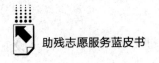
四　德国志愿服务法治化建设经验与对我国的启示

德国志愿服务体系具有深厚的社会基础，并拥有较为完善的法律制度，这不仅保障了志愿者的权益，还促进了完善的志愿服务组织的形成，提高了社会参与度。总体来说，德国的志愿服务法律在多个方面展现出独特性，使其与其他西方发达国家的志愿服务体系有所区别，其经验也值得我国在志愿服务立法方面进行借鉴。

（一）权责明确，组织体系合理

现行的《促进青年志愿服务法》和《联邦志愿服务法》，都对志愿者的权利义务进行了明确的规定，维护了志愿服务活动中各方的利益。立法中积极使用财政税收手段支持志愿服务，政府对资金支出做出了详细的分配规定，充分保障各机构的正常运行和志愿者的基本支出。同时，志愿服务组织体系的建立是确保志愿服务工作落到实处的基本保证。德国志愿服务法强调基层原则。从地域上看，下一层级优先负责。这是针对德国作为联邦制国家的各层级（联邦、州与地方）之间关系以及与欧盟之间的合作关系而设定的。从功能上看，社会组织优先负责。这是针对政府与社会组织之间的分工而设定的。政府对志愿服务的支持主要通过资金、项目、政策支持等手段，引导各方实现联结，发挥聚合效应。

德国现行法律中明确的权利责任分配和合理化的组织体系都可以为我国提供借鉴。我国尚无相关法规为志愿服务各方的有效联结提供引导。虽然一些地方性法规中提到志愿者有接受培训的权利，但是并未明确培训的内容和细节，这导致志愿者可享受的权利不明确，不利于志愿服务工作的开展和持续改进。德国在立法方面对志愿服务组织专业化运作和规范化管理的规定可为我国提供一定借鉴。

（二）基于辅助原则的发展模式

德国志愿组织规模与政府高福利支出有关，形成基于辅助原则的发展模式。在这一发展模式中，志愿服务机构在提供福利产品和社会服务方面具有优先权，政府则扮演着辅助性角色，提供支持和协助。辅助原则为志愿服务体系的法治化提供了重要指导，确保政府和社会充分支持和尊重这些组织在社会福利服务领域的作用。德国通过建立健全法律框架和制度，推动助残志愿服务的规范化和标准化，保障志愿者权益，提升服务质量。在辅助原则下，德国的志愿服务体系在法律和政策的支持下得以规范和发展。国家公权力并没有过多介入志愿服务，转而倡导民众自发组织，全社会共同行动来维护志愿服务体系。

对于我国来说，政府可借鉴德国的发展模式，与志愿服务组织加强辅助原则下的合作关系，志愿服务事业发展应同时立足于更加完善的法律法规体系，由政府保障志愿服务的合法性和规范性。通过建立政府与志愿组织之间更加紧密的合作机制，推动我国志愿服务领域的法治化建设，加强政府对志愿组织的支持和引导，促进志愿服务事业的发展，推动志愿服务在各个领域实现更好发展。

（三）强调人的尊严与个性自由发展

德国在志愿服务法治化建设过程中始终强调人的尊严与个性自由发展，这为德国志愿服务体系法治化奠定了基础。就助残志愿服务来说，《联邦志愿者服务法》在规定志愿者服务和志愿服务组织的法律框架的同时，强调残疾人和助残志愿者的尊严和个性发展，在组织内部规定了志愿者的权利和福利。这说明德国在注重规范化和制度化建设的同时，注重保障志愿者和服务对象的权益与尊严。这种尊重个体尊严的理念贯穿于整个志愿服务体系，使得志愿服务不仅是为服务对象提供帮助，更是为志愿者自身的成长与发展提供机会和平台。

我国自古以来就有"以人为本"的人文思想，提倡对人的尊重和对人性发扬。我国在志愿服务领域法治化实践过程中应考虑充分尊重志愿者与被服务对象的意愿，将两者的尊严与个性发展放在同等重要的位置。对残障群体的尊严保障是人权保障的基本要求，需要从物质层面和精神层面同时满足个体发展需求，实现志愿服务供给内容的多元化。对志愿者的尊严保障则是保障促进志愿服务的规范和长远发展的必要条件，有助于建立积极、健康的志愿服务环境，推动志愿服务事业的良性发展和社会认可度的提升。

（四）重视志愿者激励机制设计

在德国志愿服务法治化建设中，志愿者激励机制的设计起着至关重要的作用。志愿者可通过专业培训或实践，提升自身志愿服务能力和技能并得到社会认可和肯定。以《促进志愿社会年法》《促进志愿生态年法》规定的"志愿社会年""志愿生态年"项目为例，通过参与该项目，青年志愿者可以接受来自专业人士的培训、指导和监督，逐步提高自己的社会能力，并了解社会对他们志愿服务行为的感知和评价，这对其未来职业定位也大有裨益。同时，德国《高等教育框架法》保证了青年志愿者顺利完成志愿服务工作而不会失去大学入学的机会。此外，根据德国《居留法》，联邦政府也可以向来自国外的志愿者颁发居留证，专门用于参加志愿服务协会的工作，这也是德国从立法角度激励志愿者的重要举措之一。

对于我国来说，可以从立法层面考虑为志愿者提供多样化志愿服务项目，激励和吸引在校学生、有就业压力的年轻人参与志愿服务，志愿者可以享受税收、交通、社会保障等多方面的优惠政策。在项目实施过程中注重提供专业就业培训和指导，培养志愿者的个人能力和社会责任感，促进志愿者的成长和发展，吸引更多人积极参与志愿服务，推动社会公益事业的发展。

（五）规范的监督管理和追惩机制

德国在志愿服务法治化建设中极其注重科学的制度设计。为了形成规范的监督管理机制，德国强化慈善法治建设，采取分散立法的模式，在多部法律中明确对社会志愿活动的监督和审查机制。在行业组织监管问题上，德国社会福利问题中央研究所（Deutsches Zentralinstitut für Soziale Fragen，DZI）是最具代表性的权威机构，对各类申报的志愿组织的内部管理机制、资金状况等进行审查，确保监管机制的执行。此外，德国通过多部法律规范了志愿服务的各项活动，对志愿者的派遣方、接收方和协调方均明确了相应的权利和义务，每名志愿者的工作都有明确定位，即志愿服务不能代替领取薪资岗位的日常工作等。

在我国，近年来社会经济的飞速发展使得缺乏必要立法保障的社会服务事业暴露出一些矛盾。在缺乏法律依据的情况下，权责不清、职责不明可能导致服务机构和组织的责任推诿；资源分配不均可能导致部分弱势群体无法得到应有的帮助，志愿服务质量参差不齐等。随着我国志愿服务人数增加，涉及的财产、物资金额也逐渐增大，对志愿服务组织和机构进行严格监管以保障被服务对象和志愿者的权益尤为重要。应当健全法律体系，完善监管和追惩机制，从而提升我国志愿服务机构的管理水平，推动志愿服务事业的可持续发展。

附　录
融入中国残疾人事业发展大局
阿里巴巴助残志愿服务行动

　　结合国家政策，在助残志愿服务的引领下，2024 年，"助残扶弱"升级为阿里巴巴集团（以下简称阿里巴巴）四大公益业务方向之一。助残行动几乎覆盖所有业务板块，万名阿里人深度参与助残志愿服务行动，已成为阿里巴巴一道公益风景线。结合志愿服务，阿里巴巴形成了完善的助残体系。一是创业就业无障碍，云客服、万人残疾人商家创业就业助力计划、饿了么"听障骑手"等项目，助力逾万名残疾人伙伴增加劳动收入。二是科技无障碍，阿里巴巴旗下 13 款 App 已完成无障碍升级改造，10 款 App 产品获得无障碍国家一级标准认证，还免费开放 27 项专利技术。2024 年 9 月，在我国《无障碍环境建设法》实施一周年之际，阿里巴巴面向社会发布"十大科技无障碍行动"，服务残疾人伙伴的衣食住行。三是无障碍志愿服务，结合阿里巴巴 3 小时公益文化及数字化能力，为我国志愿服务立法贡献力量。2024 年，阿里巴巴获得中国助残志愿者协会颁发的"全国阳光助残志愿服务基地"荣誉称号。四是生态助力无障碍，"阿里巴巴公益""天天正能量"等平台与爱心商家、爱心网友、媒体伙伴等一起，通过资助优秀助残项目，发现、传播和激励残疾人"凡人善举"等方式参与助残。结合阿里巴巴助残志愿服务行动，阿里巴巴生态链接更深入，形成"政府引导、企业行动、社会组织参与、志愿者助力、残疾人受益"多元助残模式。在中国残联、浙江省残联的指导下，链接中国残疾人福利基金会、中国残联各专门协会、属地残联、助残公益组织等联合开展助残。2024 年，通过公益宝贝平台募集助残善款 1300 余万元支持就业、听障、视障、心智障碍等 12 个助残项目，通过人人 3 小时平台联动 55 家公益机构开展了 303 场阳光助残志愿服务活动，开展了助力中国残联"美丽工坊"项目绽放巴黎（残奥会），助力中国盲协"阿炳杯"器乐大赛成功举办，助力中国助残志愿者协会开展无障碍环境建设倡导及志愿服务行动，助力中国肢残协会为全国五十城残友提供免费观影权益等系列助残行动。

　　"没有残疾伙伴参与的公益活动是不完整的"残健融合理念，在阿里巴巴已深入人心。面向未来，阿里巴巴确定了长期助残行动方针：结合助残志愿服务，坚定不移地把助残行动融入我国残疾人事业发展大局，融入阿里巴巴集团可持续发展战略。以深入、务实、有心、创新的持续行动助力残疾人事业高质量发展，为实现中国式现代化作出贡献。

Abstract

Volunteer service is a significant hallmark of social civilization and progress, and a vivid practice of the Party in the new era to guide and mobilize the people to contribute their wisdom and strength, create a better life, and achieve their goals. As an important component of volunteer service, volunteer service for persons with disabilities (PWD) is a crucial means to promote the comprehensive development of undertakings for the disabled. The report to the 20th National Congress of the Communist Party of China proposes to "improve the volunteer service system and work system" and "improve the social security system and care service system for PWD, and promote the comprehensive development of undertakings for PWD," pointing out the direction for promoting the high-quality development of volunteer service for PWD. Against the backdrop of abundant local legislation and implementation experience in China, as well as the vigorous development of volunteer service in China, the compilation of the Blue Paper closely follows the significant responsibilities and opportunities of serving China's modernization, aligns with international development trends, and conducts research on the relevant theories and practical issues of the legalization of volunteer service, providing decision-making references for advancing volunteer service legislation and promoting the construction of China's volunteer service legal system.

The Blue Paper comprises five parts: "General Reports," "Topical Reports," "Special Topics," "Regional Reports," and "Experience and Lessons." The first General Report follows the research of the first Blue Paper on volunteer service for PWD, continuing to focus on this field, comprehensively analyzing the new developments in China's volunteer service for PWD, summarizing the practical experience and achievements of its development, grasping the new requirements for improving the volunteer service system for PWD in the new era, and clarifying the ideas and directions for high-quality development of volunteer service for PWD in China. The second General Report closely focuses on the theme of the legalization of volunteer service, conducting a comprehensive and in-depth study of its development status, objectively presenting the development trend of the legalization of volunteer service in China. The Topical Reports comprehensively sort out the development of volunteer service in China from various aspects, including legislative concepts, protection of volunteer rights and interests, volunteer service organizations, volunteer service activities, the volunteer service system and work system, work system and legalization, the legalization of the volunteer service feedback system. The Special Topics section focuses on current hot issues such as public interest litigation, emergency volunteer service, elderly volunteer service and technology-enabled. The Regional Reports section pays attention to volunteer service practices at the provincial, municipal, and community levels, laying a solid foundation for volunteer service legislation. The Experience and Lessons introduces the legislative experiences of volunteer service in the United States and Germany, and puts forward legislative suggestions based on China's national conditions.

Keywords: Volunteer Service for Disabled; Volunteer Service Work System; Legalization

Contents

I   General Reports

Abstract: Volunteer Service for Persons with Disabilities (PWD) plays a crucial role in fulfilling the needs of this community, enhancing their social engagement and integration, and elevating their quality of life. It is an important means to promote the comprehensive development of the cause of persons with disabilities. The report comprehensively reviews the new developments in China's volunteer service for PWD in the past two years from six aspects, systematically summarizes the valuable experience of China's volunteer service for PWD from five aspects, and elaborates on the development direction and tasks of China's volunteer service for PWD from the perspective of improving the system of volunteer service for PWD in the new era. The new developments in China's volunteer service for PWD in the past two years mainly include: the steady advancement of the institutional construction, the gradual improvement of the organization system, the continuous strengthening of the team construction, the extensive development of service activities, the continuous release of the demonstration effect of service brands, and the increasingly strong atmosphere of volunteer culture. Party building leadership, people-oriented, multiple cooperation, typical cultivation, and cultural cultivation are the valuable experiences gained in China's volunteer service for PWD. On the basis of existing achievements, China's volunteer service for PWD in the future needs to further improve the mobilization system, supply system, organization system, position system, cultural system, and security system of volunteer service for PWD, and actively build a new pattern of international cooperation and exchange in volunteer service for PWD.

Keywords: Volunteer Service for PWD; Volurteer Service System; System Construct

B. 2 Report on the Legal Development of Volunteerism in China

Professor Mo Yuchuan's Team / 030

Abstract: The rule of law is an important guarantee for the development of volunteerism. The rule of law of volunteerism is the highest form of institutionalisation of volunteerism, to enhance the professionalism and systematisation of volunteerism with a complete system of legal norms and a systematic system of institutional operation, to safeguard the legitimate rights and interests of volunteers and voluntary organisations, and to guide and regulate volunteerism, so as to further promote the development of volunteerism, and to improve the degree of civilisation and the level of governance of society as a whole. The development of the rule of law in China's volunteerism has gone through four stages of development: sprouting and starting, development and standardisation, promotion and adjustment, deepening and perfecting. The major issues in promoting the rule of law for Chinese volunteerism in the new era include: adhering to institutional self-confidence, strengthening the legislative work at the national level; adhering to the righteousness and innovation, and forming the characteristics of legislation at the local level; adhering to the problem-oriented approach, and promoting the implementation of legal norms; and adhering to the systemic concept, and perfecting the rule of law safeguards for volunteerism. At present, the focus of the rule of law practice of volunteerism is to effectively promote the effective implementation of the Regulations of Volunteerism, and at the same time, efforts should be made to launch the Volunteerism Law of the People's Republic of China as soon as possible, so as to form a complete system of legal

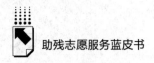

助残志愿服务蓝皮书

norms and systematic operation of the system of volunteerism in Chinese style.

Keywords: Volunteer Service; Legal System; Rule of Law

II   Topical Reports

B.3   Report on Development of Legislative Ideas of Volunteer

Service in China

Gao Huanyue, Xu Shuang and Zhao Haiquan / 057

Abstract: The idea of volunteer service is in line with China's excellent traditional culture. Starting from the 1949 Communist Youth League Youth Volunteer Reclamation Team, volunteer service organizations have gradually emerged and formed a scale nationwide since 1981. They have gone through the initial exploration period of learning from Lei Feng, the initial exploration period of aligning with international standards, the period of popularizing ideas, and the era of legalization. The concept of public welfare in volunteer service clearly appeared in the 2017 *Volunteer Service Regulations*, which is specifically reflected in the principles of voluntariness, gratuity, equality, integrity, and legality. At present, in the process of accelerating the legislation of volunteer services, it is necessary to further clarify the principles of dedication, friendship, mutual assistance and progress, equality, voluntariness, integrity and legality, highlight the protection of the legitimate rights and interests of volunteers, volunteer service organizations, and volunteer service recipients, cultivate and practice socialist core values, and promote social civilization and progress.

Keywords: Volunteer Service; Dedicative Spirit; Core Values of Chinese Socialism

B . 4　Report on the Development of the Protection of the Rights and Interests of Volunteers in China

Ye Jingyi, Zhou Yinan and Zhou Siwei / 075

Abstract: The protection of volunteers' rights and interests is an important part of the legalization of volunteer service practice, and only by protecting the rights and interests of volunteers can we promote the further development of volunteer service. Since the beginning of volunteer service practice, the protection of volunteers' rights and interests has been continuously valued. With the promulgation of a series of policies and regulations, the protection of volunteers' rights and interests has embarked on the track of institutionalization and standardization, and great progress has been made in the registration and management of volunteer information, the signing of volunteer service agreements, and the training of volunteers. In the face of the current incomplete legal normative system and imperfect dispute resolution mechanism, this report points out that the principle of "promotion law" should be adhered to as soon as possible, and the national volunteer service legislation should be carried out, and separate provisions should be made for the protection of volunteers' rights and interests. At the same time, pay attention to coordinating with legal norms in other fields to handle disputes in practice, and actively introduce social forces to strive for financial security and public support for volunteer services. Finally, in line with the development trend of the times, we should actively use digital technology and innovate the information management mechanism of volunteer service.

Keywords: Protection of Volunteers' Rights and Interests; Normative System; Responsibility Mechanism; Judgment Rules

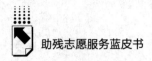

B.5　The Development of Voluntary Service Organizations in China
　　and Its Legal Protection

Qi Yue, Chen Xiangshun, Zhang Shuo and Dong Meng / 091

Abstract: Currently, China's volunteer service organizations and the cause
of volunteer service have made significant progress and development, volunteer
service organizations play an increasingly important role in promoting social
civilization progress, but at the same time, they also face many challenges such as
insufficient legal protection, weak professionalism in service, and shortage of
operating funds. In addition, with the development of China's economy and
society, volunteer service organizations have also shown a trend of continuous
improvement in their systems, increasing socialization, and accelerating the
integration and development of information and networking.

Keywords: Volunteer Service; Volunteer Service Organization; Sustainable
Development; Legal Construction

B.6　Report on the Development of Volunteer Service Activities
　　in China　　　　　　　　　　　*Liang Jingyu, Ma Bin* / 109

Abstract: Volunteer service activities have developed comprehensively and
in-depth across various industries and fields, becoming an important approach to
address key and difficult social issues. It has played an irreplaceable role in uniting
the strength of the masses, stimulating citizens' participation in society, and
enhancing the level of social civilization. At the same time, the development of
volunteer service activities in our country also faces problems such as unbalanced
and insufficient development, some hidden illegal activities, and difficulties in law
enforcement, policy, incentives, and supervision. To further promote the
institutionalization, professionalization, and standardization of volunteer service,
it is necessary to get out of the law enforcement dilemma, enhance the legal

effectiveness of volunteer service; improve publicity and training to promote the implementation of volunteer service systems; focus on participation motivation to expand the supply of volunteer service activities; and improve the guarantee mechanism to control the risks of volunteer service activities.

Keywords: Volunteer Service Activities; Social Participation; Legalization; Institutionalization

B.7 Report on Improving the Volunteer Service System and
Work System for Helping the Disabled   *Luo Yan* / 129

Abstract: Volunteer services for the disabled are an integral part of the cause for the disabled within socialism with Chinese characteristics, a vital component of the socialization of volunteer services, a significant indicator of the cultural progress in socialism with Chinese characteristics in the new era and journey, and a crucial aspect of common prosperity for all people. The initiation, formation, and development of volunteer services for the disabled in China have always been accompanied by political and economic development, moving forward in tandem with the advancement of the country's disability affairs. The continuously improving macro environment is the fertile ground for the growth of China's volunteer service for the disabled. The characteristics and effectiveness of volunteer services for the disabled reflect the superiority of China's socialist system. Improving the system and work framework of volunteer services for the disabled is the key to the high-quality development of volunteer services for the disabled in China at this stage. Therefore, exploring a system and work mechanism for volunteer services for the disabled under the leadership of party building, government-led initiatives, primary responsibility of the Disabled Persons' Federation, societal promotion, multifaceted assistance, and public participation is essential. This approach aims to refine the mechanisms for organizational mobilization, service management, guidance and training, support and security, and collaborative coordination in volunteer services for the disabled. It is a crucial guarantee for ensuring the healthy operation of such services and holds

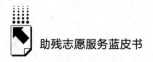

significant practical significance and social value for supporting common prosperity in Chinese-style modernization and ensuring "no one with disabilities is left behind".

Keywords: Volunteer Services for the Disabled; Service System; Work Mechanism

B.8 Perfecting the Volunteer Service System and the Developmentof Voluntary Service Legalization

Tan Jianguang, Su Min / 149

Abstract: The rapid development of volunteer services needs policy support and institutional safeguards. Report to the 20th CPC National Congress of the Communist Party of China pointed out that we should improve the volunteer service and work system, and the development of volunteer service has entered a new stage of adjustment and integration. Generally speaking, there are still some problems in the development of voluntary service in China, which are not strong enough, lively enough, solid enough and deep enough. Therefore, we should speed up the construction of a strong, dynamic volunteer service system with overall planning, public participation, scientific support, professional guidance and innovative development. By promoting the volunteer service legislation of the National People's Congress, we should ensure that we will do a good job in the construction of the volunteer service system and the legal development of volunteer service on the condition of the premise of adhering to social legislation, promoting policy stability, ensuring financial support, conducting a thorough professional demonstration, ensuring public participation, focusing on keeping pace with the times and empower better Living. Then, the volunteer services can achieve faster and better development against the backdrop of Chinese modernization.

Keywords: Voluntary Service; Voluntary Service System; Legalization of Voluntary Service

Abstract: The volunteer service feedback system plays an important role in the entire legal system of volunteer service. Specifically, it refers to taking certain measures at both the material and spiritual levels to give back to volunteers who have performed well in volunteer service, in order to maximize their enthusiasm for service and improve their service quality, ultimately promoting the sustainable development of volunteer service. Looking at the international situation, many countries have established mature systems for moderate feedback in volunteer service, but there is still significant room for improvement in legislation in this field in China. This report intends to explore the path of legalizing the moderate feedback system for voluntary service from the perspectives of fully leveraging government functions, enriching social participation channels, and strengthening legislative protection. This report mainly includes five parts: the first part is a brief introduction to the basic situation of the moderate feedback system for volunteer service, including basic concepts, main characteristics, and evolution process. The second part focuses on the rationale and opportunities for incorporating moderate feedback into volunteer service, including the legitimacy foundation, unity of internal spirit, and alignment with future development trends. The third part introduces the shortcomings of the current moderate feedback system for volunteer service in China, mainly from three aspects: theory, norms, and implementation. Considering that there are already some mature experiences abroad, the fourth part specifically introduces some experiences of volunteer service feedback from outside the country, as well as some inspirations and reflections obtained after comparative learning. The fifth part explores the legal path of moderate feedback system for volunteer service in China, mainly from three perspectives: government functions, social participation, and legislative adjustment, highlighting the guiding significance of administrative law.

Keywords: Volunteer Service; Moderate Feedback; Rule of Law

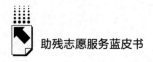

Ⅲ Special Topics

B.10 Report on the Development of "Heart for the Public"

Procuratorial Public Interest Litigation Volunteer Service

Qiu Jinghui / 186

Abstract: The Supreme People's Procuratorate has been developing the application of "Heart for the Public" procuratorial cloud platform, to implement the reform and deployment of the 20th National Congress of the Communist Party of China about the "the system of public-interest litigation will be improved" and "The system and working mechanisms for volunteer services will be improved". After going through three stages of pilot exploration, promotion, and comprehensive development, "Heart for the Public" procuratorial public interest litigation volunteer service has achieved positive development. It has made significant achievements in the field of barrier-free environmental construction, and the prosecutorial public interest litigation volunteer service for the protection of women's rights is rapidly developing. Technological volunteer service assists in case handling, and the volunteer team continues to grow. However, there are still the following issues: Insufficient understanding of the "Heart for the Public" prosecutorial public interest litigation volunteer service; the functions of the "Heart for the Public" volunteer prosecutorial cloud platform urgently need to be upgraded; the stickiness between volunteers and prosecutors needs to be enhanced; the precision and standardization of volunteer service need to be further strengthened; the construction and development of volunteer service demonstration bases are unbalanced. This report proposes countermeasures and suggestions such as the integrated development of online and offline, the implementation of classified management of volunteers, and the joint construction and sharing of service resources, in order to further assist in improving the level of "Heart for the Public" prosecutorial public interest litigation volunteer service.

Keywords: "Heart for the Public"; Procuratorial Public Interest Litigation; Volunteer Service

B.11 Report on the Development of Emergency Volunteer

Sevrices in China *Professor Mo Yuchuan's Team /* 207

Abstract: Emergency volunteer service is an important social force for emergency rescue and an important part of China's emergency management system. The response to public emergencies shows that emergency volunteer service has the characteristics of urgency, particularity and risk, and must be highly valued and properly implemented. The development of emergency volunteer service in China has experienced three stages: budding, improving quality and increasing efficiency, and deepening the system. Positive progress has been made in public authorities, hub organizations, volunteer organizations and individual volunteers. The practice of emergency volunteer service in China and the development of emergency volunteer service in the United States, Britain and France point out the direction for the modernization of Chinese emergency volunteer service, that is, we should gradually improve the emergency legal system, optimize the coordinated action system, improve the security incentive system and innovate the professional training system to promote the steady and far-reaching cause of emergency volunteer service in China.

Keywords: Emergency Volunteer Service; Protection of Rights and Interests; Institutional Improvement

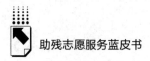

B.12   Research Report on Service in Volunteering and Its

Sustainable Development among Older Adult in China

Liu Shangjun, Wu Yixuan, Wang Yingying,

Zhang Chengmeng and Chen Gong / 226

Abstract: Older adult volunteer service is a significant form of social engagement among the elderly and a crucial aspect of productive aging. This report analyzes the current status and research trends of older adult volunteer service in China, which found that in comparison to countries with more mature volunteer systems, the service rate among older adults in China is relatively low. However, we have the vast scale and abundant human resources are abundant. The research topics related to older adult volunteer participation in China encompass areas such as active aging, home-based care, and mutual aid care. Based on theoretical foundations and policy research, this report examines the factors influencing older adult volunteer service in China, including individual, family, and community levels. It proposes action paths to enhance service, such as strengthening the motivation of older adults and bolstering support at the family and community levels. In response to challenges facing the sustainable development of older adult volunteer service in China, such as inadequate support systems and unbalanced development between urban and rural areas, this report recommends strengthening legal and policy frameworks and implementing project-based operations for services involving older adults.

Keywords: Older Adult Volunteer Service; Social Engagement; Population Ageing

B.13   Report on the Development of Technology-Empowered

Volunteer Services

Chen Gong, Zhang Chengmeng, Chen Ziyan and Xie Ting / 247

Abstract: This report based on the practical discourse of technology-enabled volunteer services and incorporating typical cases from both domestic and international contexts, explores the current landscape, implementation paths, and future trends of the deep integration of technology and volunteer services. By summarizing existing cases from around the world, it can be concluded that technology is reshaping the content, form, and participation methods of volunteer services in multiple dimensions, significantly enhancing service efficiency and coverage. This has given rise to new volunteer service models such as online collaboration and " cloud-based task acceptance. " However, issues such as the digital divide, the insufficient maturity of frontier technologies, and the lack of a comprehensive technology volunteer training system urgently require coordinated efforts from the government, market, and society. The integration of technology and volunteer services is an inevitable trend. In the future, technologies such as the Internet of Things (IoT) and virtual reality (VR) will further expand the boundaries of volunteer services, but the concept of technology for good must always be upheld to achieve the integrated development of volunteer services and technology, thereby fostering a new era of volunteerism where everyone can participate and benefit.

Keywords: Legislation; Volunteer Service; Technology Empowerment; Technology for Good

Ⅳ Regional Reports

Abstract: Based on its own situation, Shanghai has conducted rich practice and exploration around volunteer disability services, forming many replicable and promotable experiences. The main measures taken by Shanghai to promote disability volunteer services include building a volunteer service organization system, strengthening the training of disability volunteer service capabilities,

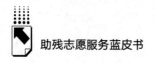

integrating multiple resources of disability volunteer services, exploring the path of scientific and technological disability volunteer services, and innovating incentive mechanisms for disability volunteer services, which have achieved good results. At the same time, there are challenges that need to be addressed, such as the need to improve the publicity effect of disability assistance volunteer services, the need to improve the guarantee system for disability assistance volunteer services, the need to improve the incentive mechanism for disability assistance volunteer services, and the need to strengthen the construction of disability assistance volunteer services team. Based on this, development suggestions have been proposed for innovative digital empowerment of volunteer disability promotion and services, strengthening the institutionalization of volunteer services, improving the incentive and guarantee mechanism of volunteer disability services, and strengthening the construction of volunteer disability talent teams.

Keywords: Volunteer Service; Disabled Volunteers; Shanghai

B. 15 Report on the High-Quality Development of Volunteer Service in Beijing *Dai Hengmeng* / 292

Abstract: Beijing's volunteer service has a long history, high standards, and far-reaching impact. A series of major events, important policies, and regulations have played a pioneering role in China's volunteer service development. Especially since the 2008 Beijing Olympic Games, Beijing's volunteer service has made great strides in promoting the legalization, organization, and systematization of volunteer service, exploring the establishment of a system of volunteer service with the leadership of the Party, the responsibility of the government, social coordination, and public participation. It has also developed a path and working model of volunteer service with Chinese characteristics, features of the times, and characteristics of the capital. The report systematically examines the development history and achievements of Beijing's volunteer service and puts forward countermeasures and suggestions for promoting its high-quality development based on an analysis of the current fragmentation and dispersion problems.

Keywords: Legislation; Volunteer Service; High-Quality Development; Beijing

B. 16　Report on Innovation in Volunteer Service Practice in Wuhan

Zhao Jianjian, Xu Baojian / 313

Abstract: The practice of voluntary service in Wuhan has relied on local characteristic and advantageous resources, has gone through four stages of development, and realized five innovative models: practical education model; emergency rescue model; "red gene" inheritance model; emergency rescue model; green and beautiful model. Three major local experiences: the guidance of party construction and resource aggregation promote the sustainable and refined development; multi party cooperation and joint creation promote the modernization of megacity governance; selecting the excellent ones as a typical demonstration of the characteristic brand to create a good image of Wuhan. In the future, the development of voluntary service in Wuhan must be upgraded to a principled and civilized practice. At the same time, attention should be paid to the implementation of the voluntary service guarantee system and the construction of the rule of law in the terminal link of the voluntary service operation mechanism.

Keywords: Volunteer Service; Voluntary Organization; Wuhan

B. 17　Report on Volunteer Service Practice in Chaoyangli

　　　　Community, Xinxing Street, Heping District,

　　　　Tianjin City　　　*Hou Yanyi, Wang Ersha and Li Wanfu* / 335

Abstract: Chaoyang Li Community, Xinxing Street, Heping District, Tianjin is "the birthplace of the first community volunteer organization in China".

Since 1988, 13 volunteers formed a service group (for helping the people in need). After more than 30 years of exploration and development (exploration and development period, innovation and development period, quality and efficiency improvement period), there are 3996 registered volunteers, and more than 80% of the permanent residents are volunteers. Volunteerism has become the "most beautiful background" of Chaoyang community. On the basis of exploring experience, Chaoyang Li Community has constantly improved the theories and methods, and summarized the development model of community volunteer service of "people volunteer people practice people's better life" that can be copied and promoted, providing a reference blueprint for the promotion of community volunteer service in Tianjin and even the whole country. This report summarizes the development process of community volunteer service in Chaoyang Li, Xinxing Street, Heping District, Tianjin, and summarizes the experience of volunteer service development mode from three aspects: party building guidance, integrated development, and bottom-up. From five aspects of promoting grassroots social governance, fine organization and management, mobilizing social resources, forms of volunteer service projects and funding sources, the paper sorted out the challenges faced by Chaoyang Li community volunteer service in the future sustained and in-depth development. Countermeasures and suggestions are put forward from six aspects: expanding service fields, strengthening resource integration, attracting mass participation, innovating social governance, tapping youth power and strengthening fund guarantee.

Keywords: Community Volunteer Service; Community Voluntary Organization; Tianjin

V   Experience and Lessons

B. 18   Research Report on Legislation for Volunteer Service

in the USA   *Yu Yiwei* / 352

Abstract: The prosperity of volunteer service in the USA can be attributed, to a certain extent, to the continuous advocacy of legislation. A relatively well-developed legal system has also provided detailed regulations for the management of volunteer service programs and the protection of volunteers' rights. This report outlines the existing federal and state volunteer service legal systems and their main content in the USA. Federal volunteer service laws in the USA cover various aspects, including the management agencies and their responsibilities, the operation of volunteer service projects, volunteer immunity and protection, incentives and recognition for volunteer service, volunteer training and education, funding allocation and support for volunteer services, community cooperation, and support for nonprofit organizations. Numerous bills and resolutions recently submitted to both houses of the U. S. Congress demonstrate an increasing trend in volunteer service legislation. These include adjusting institutional functions and improving the volunteer service system; enriching the supply content and expanding the scope of volunteer projects; providing legal support and enhancing legal protection for volunteers; strengthening incentives and awards, and improving volunteer welfare, tax benefits, and honorary incentives; enhancing volunteer training and increasing the professionalism of volunteer services; emphasizing financial guarantees and adding new funding for volunteer services; and integrating social resources to promote the participation of nonprofit organizations. The volunteer service legislation in the USA can offer extensive and beneficial insights for the development of volunteer service legislation in our country. These insights include establishing a comprehensive legal system based on actual needs; expanding the scope of volunteer services and improving executable frameworks; continuous advocacy and adjustments with a focus on operability and assessability; and building

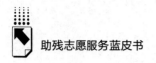
public-private partnership platforms to promote widespread public participation in volunteer services.

Keywords: Volunteer Service; Legislation; USA

B.19　Research Report on Legislation for Volunteer Service

　　in Germany　　　　　　　　　*Chen Chen, Li Xiaojing* / 369

Abstract: Germany's voluntary service work started early, has a long history, and the legislation related to voluntary service is also relatively comprehensive. This report comprehensively reviews the relevant concepts and theories of voluntary service legislation in Germany, the development history, content, and scope of safeguarding of relevant regulations, and summarizes the experience of Germany in voluntary service legislation and its enlightenment for our country. The study points out that Germany's voluntary service legislation has advantages such as clear rights and responsibilities, a reasonable organizational system, a development model based on the principle of assistance, emphasis on human dignity and individual freedom development, attention to volunteer incentive mechanism design, standardized supervision, management, and punishment mechanisms. For our country, we can improve the close cooperation mechanism between government and voluntary organizations through legislation, establish a positive and healthy voluntary service environment, emphasize the volunteer incentive mechanism, improve supervision and punishment mechanisms to enhance institutional management level and promote the legalization of voluntary service construction.

Keywords: Volunteer Service; Legislation; Germany

社会科学文献出版社

皮书

智库成果出版与传播平台

❖ 皮书定义 ❖

皮书是对中国与世界发展状况和热点问题进行年度监测，以专业的角度、专家的视野和实证研究方法，针对某一领域或区域现状与发展态势展开分析和预测，具备前沿性、原创性、实证性、连续性、时效性等特点的公开出版物，由一系列权威研究报告组成。

❖ 皮书作者 ❖

皮书系列报告作者以国内外一流研究机构、知名高校等重点智库的研究人员为主，多为相关领域一流专家学者，他们的观点代表了当下学界对中国与世界的现实和未来最高水平的解读与分析。

❖ 皮书荣誉 ❖

皮书作为中国社会科学院基础理论研究与应用对策研究融合发展的代表性成果，不仅是哲学社会科学工作者服务中国特色社会主义现代化建设的重要成果，更是助力中国特色新型智库建设、构建中国特色哲学社会科学"三大体系"的重要平台。皮书系列先后被列入"十二五""十三五""十四五"时期国家重点出版物出版专项规划项目；自2013年起，重点皮书被列入中国社会科学院国家哲学社会科学创新工程项目。

法律声明

"皮书系列"（含蓝皮书、绿皮书、黄皮书）之品牌由社会科学文献出版社最早使用并持续至今，现已被中国图书行业所熟知。"皮书系列"的相关商标已在国家商标管理部门商标局注册，包括但不限于 LOGO（▨）、皮书、Pishu、经济蓝皮书、社会蓝皮书等。"皮书系列"图书的注册商标专用权及封面设计、版式设计的著作权均为社会科学文献出版社所有。未经社会科学文献出版社书面授权许可，任何使用与"皮书系列"图书注册商标、封面设计、版式设计相同或者近似的文字、图形或其组合的行为均系侵权行为。

经作者授权，本书的专有出版权及信息网络传播权等为社会科学文献出版社享有。未经社会科学文献出版社书面授权许可，任何就本书内容的复制、发行或以数字形式进行网络传播的行为均系侵权行为。

社会科学文献出版社将通过法律途径追究上述侵权行为的法律责任，维护自身合法权益。

欢迎社会各界人士对侵犯社会科学文献出版社上述权利的侵权行为进行举报。电话：010-59367121，电子邮箱：fawubu@ssap.cn。

社会科学文献出版社